리눅스 운영체제 실습

리눅스 운영체제 실습

자연 · 공학도서 24

리눅스 운영체제 실습

LINUX operating system Practice

이창훈

배재대학교 출판부

리눅스 운영체제 실습

인　쇄 ‖ 2025년 02월 05일
발　행 ‖ 2025년 02월 10일

지은이 ‖ 이창훈
발행인 ‖ 김　욱
발행처 ‖ 배재대학교 출판부
35345 대전광역시 서구 배재로 155-40(도마동)
전　화 ‖ 042-520-5657 /
팩　스 ‖ 070-4850-8407
홈페이지 ‖ http://library.pcu.ac.kr/press

ISBN 978-89-6332-152-3
정가　25,000원

※ 파본은 교환해 드립니다.

머리글

리눅스는 단순히 하나의 소프트웨어를 넘어, 전 세계 개발자들이 협력하여 발전시킨 특별한 오픈소스 운영체제이다. 운영체제를 개발하는 일은 보통 대규모 자본과 인력이 필요한 어려운 작업인데 리눅스는 단 한 사람의 아이디어와 열정에서 시작되었고, 수많은 개발자가 자발적으로 참여해 지금까지 유지 발전되고 있다. 이는 자신이 만든 것을 아낌없이 공개하고 공유하려는 오픈소스 정신의 진정한 승리라 할 수 있으며, 리눅스가 소프트웨어 산업에서 특별한 위치를 차지하게 된 이유이기도 하다.
리눅스는 발전하는 과정에서 수많은 배포판으로 분화되었다. 각 배포판은 공통적으로 리눅스 커널을 공유하지만, 사용자 인터페이스와 기능, 최적화된 환경은 저마다 다르게 구성되어있다. 현재 리눅스 배포판은 그래픽 사용자 인터페이스를 지원하며, 설치와 사용이 매우 편리해졌다. 이제는 윈도우즈나 Mac OS 같은 상용 운영체제에 익숙한 사용자들도 리눅스에 쉽게 입문할 수 있다.
본 교재는 Ubuntu 배포판을 중심으로 리눅스 환경을 학습한다. Ubuntu는 Debian 기반으로 개발된 리눅스 배포판으로, 학습자와 초보자에게 친숙한 환경을 제공한다. 또한 강력한 커뮤니티 지원과 정기적인 업데이트로 서버부터 데스크톱, 모바일 환경까지 폭넓게 활용할 수 있는 대표적인 배포판이다. 학습 환경으로 VirtualBox를 활용하는 이유는 안전하고 유연한 실습 환경을 제공하기 위해서이다. VirtualBox는 사용자의 실제 시스템에 영향을 주지 않고 독립된 가상 환경에서 리눅스를 설치하고 실습할 수 있도록 해준다. 스냅샷 기능으로 학습 도중 발생할 수 있는 실수를 쉽게 복구할 수 있으며, 다양한 운영체제를 동시에 테스트할 수 있다는 장점도 있다.

본 교재는 다음과 같은 주제로 리눅스를 체계적으로 학습할 수 있도록 구성되었다.

1. 리눅스 소개
   리눅스의 역사와 특징, 다양한 배포판의 공통점과 차이점을 살펴보며 리눅스 환경의 전반적인 이해를 돕는다.
2. Ubuntu 설치
   VirtualBox를 활용하여 Ubuntu를 설치하는 과정을 단계별로 안내한다. 이를 통해 가상 환경에서 리눅스를 안전하게 실습할 수 있다.
3. 리눅스 명령어
   파일 및 디렉토리 관리, 권한 설정 등 기본적인 명령어를 학습하며 리눅스 시스템 운영의 기초를 다진다.

4. 파일 편집기

   vim 텍스트 편집기의 사용법을 익혀 텍스트 기반 환경에서 파일을 편집하고 관리하는 능력을 배양한다.

5. 네트워크

   네트워크 설정, IP 관리, 네트워크 상태 확인 등 리눅스에서 네트워크를 관리하는 방법을 학습한다.

6. 시스템 관리

   사용자 계정 관리, 프로세스 관리, 서비스 설정, 시스템 로그 분석 등 실무에 필요한 시스템 관리 기술을 배운다.

7. 파일 시스템

   리눅스 파일 시스템의 구조와 디스크 관리 방법을 학습하여 데이터를 효율적으로 관리하고 문제를 해결할 수 있는 능력을 배양한다.

리눅스는 서버, 데스크톱을 넘어 모바일 환경까지 확장되었으며, 소프트웨어 산업 전반에서 필수적인 기술로 자리 잡았다. 리눅스를 배우면 시스템 운영에 대한 깊은 이해뿐만 아니라, 오픈 소스 정신을 체감하며 자신의 아이디어를 자유롭게 실현할 수 있다. 리눅스를 배우는 과정은 단순히 새로운 기술을 익히는 것을 넘어, 문제 해결 능력과 효율적인 시스템 운영 방식을 습득하는 과정이기도 하다. 본 교재를 통해 리눅스를 보다 깊이 이해하고, 실무 환경에서 응용할 수 있는 탄탄한 기반을 쌓기를 바란다.

목 차

CHAPTER 1 리눅스 소개

1.1 리눅스의 역사 8
1.2 윈도우즈와의 비교 11
1.3 리눅스 장점 11
1.4 리눅스 용도 13
1..5 리눅스 배포판 15

CHAPTER 2 Ubuntu 설치

2.1 VirtualBox 설치 22
2.2 가상 머신 만들기 29
2.3 가상 머신에 Ubuntu 설치 34
2.4 Ubuntu 수동 설치 41
2.5 한글 환경 설정 52

CHAPTER 3 리눅스 명령어

3.1 온라인 매뉴얼 64
3.2 시스템 종료 및 다시 시작 68
3.3 쉘 71
3.4 쉘 명령어 74
3.5 파일 열람 83
3.6 소유권 88
3.7 허가권 89
3.8 파일 내용 보기 – cat, more, less 91
3.9 일 관리 명령 – touch, cp, mv, rm, find 95
3.10 디렉터리 및 관리 명령– pwd, cd, mkdir, rmdir 101
3.11 파일 관련 명령 – 링크, 필터, 파일비교, 파일속성, 아카이브 103

CHAPTER 4 문서 편집기
4.1 gedit ······ 128
4.2 vi 편집기 ······ 136

CHAPTER 5 네트워크
5.1 네트워크 관련 용어 ······ 164
5.2 IP주소 ······ 169
5.3 도메인이름 ······ 172
5.4 넷마스크 ······ 174
5.5 네트워크 설정 ······ 178

CHAPTER 6 시스템 관리
6.1 사용자(계정) 관리 ······ 198
6.2 프로세스 관리 ······ 213
6.3 시스템 정보 ······ 222
6.4 패키지 관리 ······ 229

CHAPTER 7 파일 시스템
7.1 파일 시스템 ······ 246
7.2 파티션 ······ 250
7.3 파티션 관리 도구 ······ 265

부록 라즈베리파이 OS 설치 및 환경 설정
라즈베리파이 OS 설치 ······ 288
라즈베리파이 OS 기본 설정 ······ 296
한글 설정 ······ 302

CHAPTER 1

리눅스 소개

1.1 리눅스의 역사

유닉스UNIX는 워크스테이션이나 서버 등 중형 컴퓨터에서 가장 유명한 운영체제Operating System로 AT&T 벨연구소(현 루선트테크놀로지사)에 의해 개발되었다. 이것은 1960년대 중반에 GE사 등 여러 회사가 공동으로 개발하고 있던 대규모 OS인 Multics 계획이 중도에 무산되자 AT&T사가 여분의 기능을 삭제하여 독자적으로 Unics(UNIX)라는 이름으로 만들어 낸 것이다. 유닉스의 주요 특징은 컴퓨터에서 많은 처리를 동시에 하는 **다중 작업**Multi-tasking과 재전송이나 정정 기능을 가진 통신 프로토콜 TCP/IP이다. 1960년대 당시 컴퓨터는 아주 고가여서 1대의 컴퓨터를 여러 대의 콘솔(키보드와 모니터로 구성된 단말장치)로 공동으로 이용하였기 때문에, 연산 능력을 높이기 위해서는 효율적으로 시분할하는 **다중 사용자**Multi-user 및 다중 작업을 지원하는 OS로 유닉스가 필요하게 되었던 것이다. 또한 여기에 인터넷의 원형으로 일컫는 ARPAnetAdvanced Research Projects Agency Network: 미국방성이 계획한 분산형 네트워크으로 미국 전체 군이나 대학 연구실을 **네트워크화**하기 위해서도 유닉스의 TCP/IP가 최적이었던 것이다.

유닉스가 널리 알려지기 시작한 것은 그것뿐만이 아니다. 초기의 유닉스는 프로그램의 소스코드가 무료로 공개되었다. 이후로 AT&T사에 의해 상품화되었지만, 많은 유닉스 연구자는 공개된 소스코드를 참조하여 OS를 확장하고 여러 응용 프로그램을 연이어 발표해왔다. 그 결과 유닉스는 미국뿐만 아니라 전 세계 중형 컴퓨터나 워크스테이션 등 서버급 이상의 시장을 석권하게 되었다.

다중 작업 및 다중 사용자 환경을 지원하는 고속 고성능 커널과 TCP/IP에 의한 통신 기능을 갖춘 유닉스의 효용성은 GUIGraphic User Interface가 전성기인 지금에 와서도 그다지 손색이 없다. 특히 서버 분야에 있어서는 지금도 넓은 시장을 차지하고 있다.

유닉스는 발전해 가는 과정에서 AT&T사에 의한 유닉스 코드의 라이선스화가 계기가 되어 크게 두 가지로 나누어지게 되었다. 하나는 AT&T사의 라이선스를 바탕으로 발전한 System V계열로 Solaris, AIX, HP-UX 등이 있다. 또 하나는 버컬리 대학이 공개소스를 바탕으로 독자적으로 확장한 BSD계열이 있다. 이 BSD계열도 초기에는 완전히 무상이 아니었다. AT&T사가 보유한 코드를 내부에 갖고 있었기 때문에 라이선스 비용이 발생하였던 것이다. 이후 AT&T사와의 오랜 기간의 재판과 독자 코드의 개발로 이로부터 자유로워진 것이 FreeBSD이다. Apple에 의해 NeXT와 FreeBSD 코드를 바탕으로 Darwin이 개발되었고 이후 OS X, Mac OS와 모바일 OS인 iOS로 이어지게 된다.

유닉스는 많은 연구자와 벤더에 의해 확장되어 서로 조금씩 달라져 거기에서만 실행되는 프로그램들이 늘어남에 따라 IEEEInstitute of Electrical Electronic Engineers는 POSIXPortable Operating System Interface for UNIX 규격을 정하여 유닉스 시스템 사이는 물론 포터블 OS 사이의 응용 프로그램 간의 호환성을 보증할 수 있게 하였다. 다시 말해 유닉스에 국한하지 않고 POSIX에 준하는 OS이면 OS에 관계없이 응용 프로그램이 동작할 수 있게 된 것이다. 이러한 POSIX가 리눅스(LINUX) 탄생의 주된 요소가 되었다.

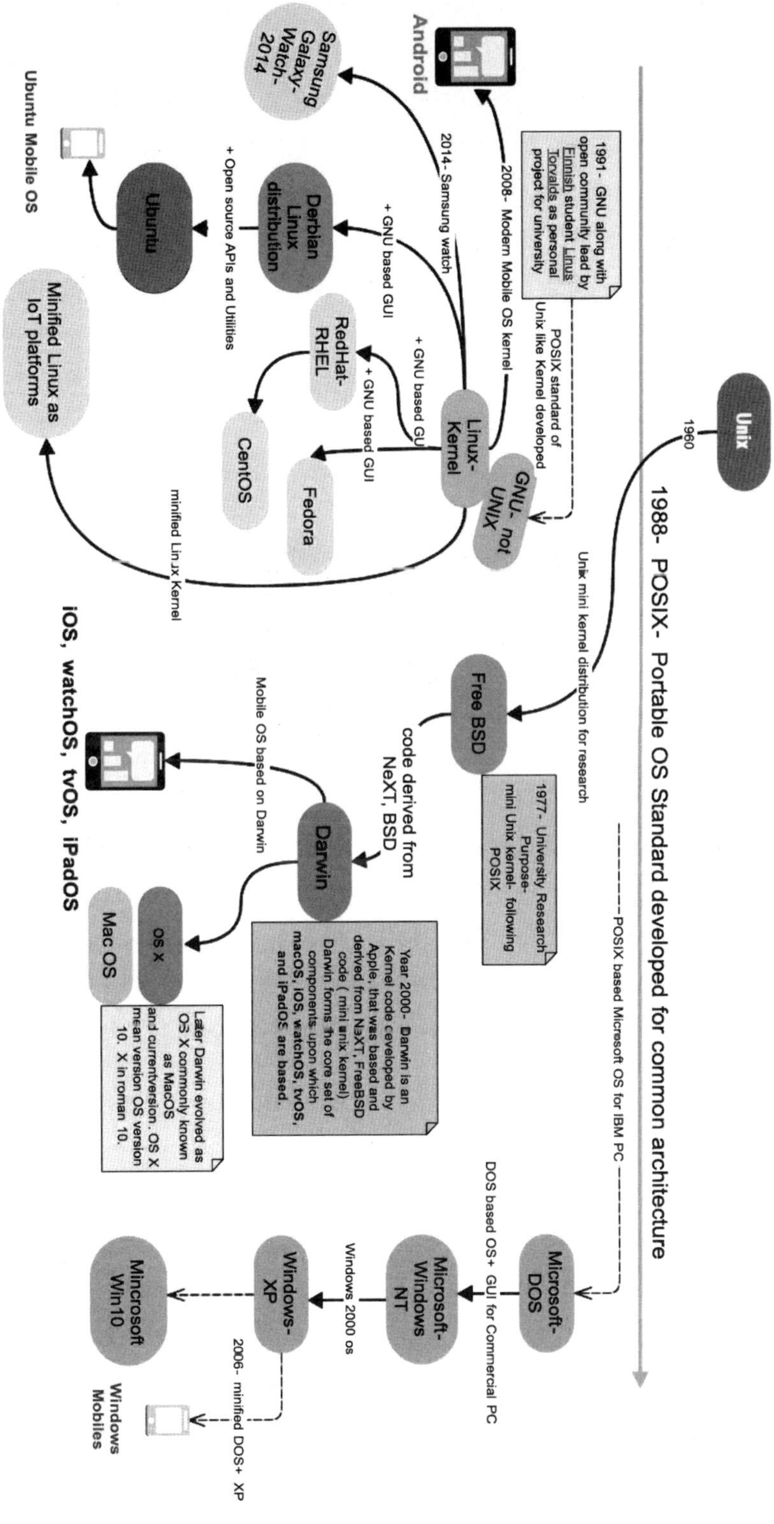

1988- POSIX- Portable OS Standard developed for common architecture
Unix
1960
Unix mini kernel distribution for research
GNU- not UNIX
1991- GNU along with open community lead by Finnish student Linus Torvalds as personal project for university
POSIX standard of Unix like Kernel developed
Linux-Kernel
2008- Modern Mobile OS kernel
Android
2014- Samsung watch
Samsung Galaxy-Watch-2014
+ GNU based GUI
Derbian Linux distribution
+ Open source APIs and Utilities
Ubuntu
Ubuntu Mobile OS
+ GNU based GUI
RedHat-RHEL
CentOS
+ GNU based GUI
Fedora
minified Linux Kernel
Minified Linux as IoT platforms
Free BSD
1977- University Research Purpose- mini Unix kernel- following POSIX
code derived from NeXT, BSD
Darwin
Mobile OS based on Darwin
iOS, watchOS, tvOS, iPadOS
Year 2000- Darwin is an Kernel code developed by Apple, that was based and derived from NeXT, FreeBSD code (mini unix kernel) Darwin forms the core set of components upon which macOS, iOS, watchOS, tvOS, and iPadOS are based.
OS X
Mac OS
Later Darwin evolved as OS X commonly known as MacOS and currentversion. OS X mean version OS version 10. X in roman 10.
POSIX based Microsoft OS for IBM PC
Microsoft-DOS
DOS based OS+ GUI for Commercial PC
Microsoft-Windows NT
Windows 2000 os
Windows-XP
2006- minified DOS+ XP
Windows Mobiles
Mincrosoft Win10

리눅스는 1991년 핀란드 헬싱키대학 학생이었던 토발즈Linus B. Torvalds에 의해 개발된 자유롭게 배포할 수 있는 유닉스이다. 리눅스는 헬싱키대학 타넨바움Andrew S. Tanenbaum 교수가 만든 MINIX교육용으로 만든 유닉스 호환 OS를 참고하여 토발즈가 졸업 연구를 위해 다른 소스를 사용하지 않고 처음부터 자신이 직접 작성하여 만든 것이다. 그는 혁신적으로 성능이 향상된 OS를 만들려고 한 것이 아니라 당시 386/486 AT PC처럼 주위에서 흔히 볼 수 있는 컴퓨터에서 가볍게 동작하는 OS를 만들어보고 싶어서 시작하였다고 한다. 커널을 개발할 때 의문점이나 문제점을 인터넷 포럼에 올려 많은 유닉스 프로그래머와 네티즌들과 논의하고 그들의 도움을 받아 다듬어 가는 방법으로 완성시킨 것이 리눅스의 발생의 근원이다. 리눅스는 AT&T사의 저작권을 침해하지 않고 POSIX를 바탕으로 방대한 유닉스용 소프트웨어 자원을 자유로이 이용하여 개발할 수 있는 환경을 세계 모든 사람들에게 제공한 것이다. 리눅스의 아이콘은 펭귄이다.

토발즈가 소스 코드source code를 무료로 제공한 것 외에 GNU GPL 정신을 바탕으로 한 '사용의 자유', '배포의 자유', '개변의 자유'를 선언한 것이 다른 OS와의 커다란 차이점이다. 이러한 정신을 지지하는 많은 애호가들이 리눅스 커널의 테스트, 디버깅, 컴파일러 등 OS주변도구들을 개발, 검증, 버전업하는 작업에 참여하고 있다. 세계적인 규모로 문제점을 찾고 고쳐서 개량한 것을 공개하는, 이와 같은 순환 과정을 통해 지금 이 시간에도 끊임없이 강화되고 발전되고 있다.

GNU GPL

GNU란 [GNU's Not Unix]의 머리글자로 Emacs를 만들고 열광적인 GPL 전도자인 스톨만Richard M. Stallman을 중심으로 한 전 세계의 해커에 의해 개발되고 있는 유닉스호환 소프트웨어 시스템을 통틀어 말하는 것이다. 이들 소프트웨어는 GPLGeneral Public License에 따라서 사용, 복제, 변경, 재배포의 자유가 인정된다. 단, 배포할 때는 소스 코드를 공개해야 하는 것과 재배포나 개량판을 배포할 때도 반드시 GPL이어야 하는 것 등의 제약 사항이 있다. 이 제한은 소프트웨어를 [독점적인 상품]으로 유통시키는 것을 거부하는 GNU 저작권을 보호하는 것과 같은 맥락이다. GNU의 로고는 아프리카 물소, 누gnu이다.

1.2 윈도우즈와의 비교

리눅스의 배경을 알아보았으니 일반적으로 많이 사용하는 OS인 윈도우즈Windows와 비교해 보기로 하자. 가장 큰 차이점은 윈도우즈는 단일 사용자Single-user인데 비해 리눅스는 다중 사용자라는 점이다. 윈도우즈에서도 여러 사용자를 등록하여 개별적으로 사용할 수는 있고, 원격 데스크톱 모드를 지원하고 있지만, 기본적으로는 PC당 한 명의 사용자만 접속할 수 있어 여러 사용자가 동시에 로그인해서 사용할 수 없다. 참고로 윈도우즈에서 다중 사용자 접속을 위해 RDP Wrapper Library를 사용하여 원격 데스크톱 멀티 세션을 지원하는 방법이 있기는 하다. 이에 반해 리눅스에서는 1대의 컴퓨터를 여러 사용자가 동시에 사용할 수 있다. 일반적으로 한 사람이 사용하는 개인 컴퓨터에서는 그다지 차이를 느낄 수 없겠지만 여러 개의 터미널 혹은 가상단말을 사용하거나 여러 사용자 계정으로 원격 로그인을 하여 사용해보면 다소 그 차이를 느낄 수 있을 것이다. 또 처음부터 다중 사용자를 전제로 하여 설계되었기 때문에 각 사용자의 환경을 독립적으로 유지할 수 있다. 시스템 관리자가 아닌 어떤 사용자가 만약 조작을 잘못하더라도 다른 사용자에게는 거의 영향을 미치지 않는다. 이러한 점이 윈도우즈보다도 리눅스가 안정적이라는 것을 말해준다. 윈도우즈도 서버용으로 사용하는 NT계열 제품은 꽤 안정적이지만 3개 이상의 사용자가 동시에 연결하기 위해서는 별도의 라이선스의 구입과 설정이 필요 하는 등 역시 단일 사용자를 전제로 설계되었다는 것을 지우기는 어려운 듯하다.

또 한 가지 차이점으로 윈도우즈는 올인원인 것에 비해 리눅스는 컴포넌트 지향이라는 점이다. 윈도우즈 버전을 지정하면 기본적으로 사용자 인터페이스도 정해진다. 하지만 리눅스는 배포판을 정하더라도 사용자 인터페이스가 결정되지 않는다. 기본이 되는 텍스트 모드에서 조차도 쉘Shell이라는 사용자 인터페이스 프로그램이 여러 개가 있다. 그래픽으로 하기 위해서는 X 윈도우 시스템X Window System이 갖추어져 있는데 이것은 기본적인 부분만을 제공한다. 그래픽 모드에서의 사용자 인터페이스를 좌우하는 것은 데스크톱 관리자라는 것으로 여러 가지가 있다. 이것은 리눅스의 장점이자 단점이기도 하다.

1.3 리눅스 장점

리눅스의 가장 두드러진 장점은 OS 자체가 안정적이라는 것이다. 윈도우즈 계열은 원래 MS-DOS를 바탕으로 발전해 왔기 때문에 과거의 단일 사용자, 단일 작업 시스템을 이어온 부분이 적지 않게 영향을 미치고 있다. NT계열부터는 POSIX를 바탕으로 리눅스의 장점을 많이 흡수하여 다중 작업, 다중 사용자 OS로 설계되어 많이 개선이 되었지만 아직도 어떤 한 프로그램에 문제가 생기면 다른 프로그램도 따라서 동작하지 않아 OS 자체가 멈추어 버리는 일이 종종 발생한다. 이런 경우에 리셋 단추를 눌러서 시스템을 강제로 종료시킨 경험이 모두 한번쯤 있으리라 생각한다.

리눅스에서는 사용자 프로그램에 문제가 있는 경우에 OS까지 멈추는 일은 거의 없다. 키보드로 입력을 할 수 없게 되어도 가상 콘솔을 바꾸면 해결되거나 네트워크를 통하여 조작을 할 수도 있다. 그래서 문제를 일으킨 프로그램을 찾아 멈추게 하면 대개의 경우는 정상적으로 돌아온다. 대외적인 서버로 사용하여 서비스를 중단할 수 없는 경우에 진가를 발휘한다.

리눅스에서는 응용 프로그램용으로 확보된 메모리 가운데서 가끔씩 사용하는 데이터는 램RAM에 두지 않고 하드디스크에 설정된 영역으로 옮겨서 처리하는 스왑SWAP 기능이나, 메모리 량보다 큰 응용 프로그램을 처리할 수 있는 페이징 기능이 있다. 이들 기능은 OS가 자동적으로 관리하고 있기 때문에 사용자가 평소 의식할 필요가 없고 설치할 때 초기 설정으로 스왑 영역의 크기를 지정하는 것만으로 그 효과를 얻을 수 있다.

리눅스가 다른 운영체제와 비교해 보안 취약점security hole이 반드시 적다고 말하기는 어렵지만, 보안에 관한한 여러 가지 특징을 가지고 있다. 리눅스는 기본적으로 외부의 침입을 막을 수 있도록 초기 설정되어 있어, 보안 취약점이 있다고 하더라도 해당 기능이 활성화되어 있지 않은 경우에는 외부로부터의 공격을 줄일 수 있다. 또한 보안 취약점을 발견하여, 수정하고, 배포하는 과정이 빠르게 진행된다는 것이 리눅스의 특징이다. 원래 리눅스는 인터넷을 전제로 만들어진 OS이기 때문에 보안에 관해서는 윈도우즈와 비교해서 한발 앞서 있다고 볼 수 있다. 이것은 보안 취약점에 대한 대처가 전 세계에 있는 자원봉사자volunteer에 의해 매일 매일 이루어지는 결과라 볼 수 있다.

텍스트 기반의 사용자 인터페이스를 사용할 때 리눅스가 훨씬 편리하다. 윈도우즈에서도 MS-DOS 프롬프트나 명령어 프롬프트가 있지만 기능이 미흡해서 사용하기 불편하다. 한번 리눅스에서 bash 쉘shell을 사용해보면 다시는 MS-DOS 프롬프트 명령창은 사용하고 싶지 않을 것이다. (Windows 10 이후에는 리눅스의 bash 쉘을 본뜬 Windows PowerShell을 사용할 수 있도록 개선되었다.) 만약 윈도우즈에서 이와 같은 쉘이나 GNU에서 지원하는 응용 프로그램을 사용하고 싶을 경우, 개인적으로는 Cygwin (GNU + Cygnus + Windows)을 설치하여 사용할 것을 권한다. 텍스트 모드의 인터페이스는 익숙하지 않은 상태에서 사용하기 힘들겠지만, 반대로 익숙해지면 마우스를 이용하는 것보다 편하고 일 처리도 빠르며 네트워크를 통해 어디에서나 조작할 수 있다는 장점도 있다. 최근에는 윈도우즈에서도 하위 시스템으로 리눅스(WSLWindows Subsystem for Linux)를 둠으로써 윈도우즈에서의 서버 개발자들의 접근성이 개선되고 있다. WSL을 사용하면 개발자가 가상 머신이나 듀얼 부팅 없이 대부분의 명령어, 유틸리티 및 응용 프로그램을 윈도우즈에서 직접 실행할 수 있다.

개인적으로 사용할 때는 장점이 잘 드러나지 않지만 학교나 회사의 경우에 다중 사용자 시스템을 구성하기 쉬운 이점이 있다. 윈도우즈는 사용자 마다 한 대씩 컴퓨터를 갖추어야 하는 것을 전제로 해왔다. 각자 자신의 컴퓨터만 사용할 때는 자유도가 높아 좋지만, 반면에 다른 컴퓨터나 프로그램을 사용할 수 없다는 점에서 보면 효율적인 작업을 할 수 없으며 자원을 낭비하게 되는 것이다.

또한 시스템 관리 측면에서 보면 개개의 컴퓨터를 관리하는 일은 어려운 일이다. 이용하는 사용자는 컴퓨터에 많은 지식을 가진 사람만이 아니기 때문에 어떠한 경우든 시스템을 관리할 필요성이 생기게 마련이다. 이와 같은 경우 모든 컴퓨터가 동일하게 구성되어 있다면 유지관리 비용이 적을 것이다. 하지만 처음에는 동일하였더라도 시간이 지나면서 컴퓨터를 교체하거나 업그레이드할 때 여러 가지 이유로 사양이 조금씩 달라지기 마련이다. 그래서 일반적으로 모든 컴퓨터가 동일한 구성을 하고 있다고 보기는 어렵다. 이 때 사용자가 실제로 조작하는 컴퓨터와 로그인하는 컴퓨터, 그리고 파일을 저장하는 컴퓨터를 별개로 하는 것도 하나의 방법이 될 수 있다. 이렇게 해두면 어느 컴퓨터를 사용하더라도 평소 자신의 데스크톱 환경에서 작업을 할 수 있으며, 컴퓨터가 고장이 나도 같은 기능을 할 수 있도록 설정된 것으로 교체하면 되어 관리가 수월해 진다. 리눅스와 유닉스 시스템은 처음부터 이렇게 작업할 수 있게 구성이 되어 있지만, 윈도우즈는 NT계열조차도 리눅스만큼 확실하게 구성되어 있지 않다.

1.4 리눅스 용도

세계적으로 봐도 서버에 대한 리눅스의 비율은 다른 서버 OS에 비해 높다. 이처럼 시장을 점유하고 있는 이유는 앞서 설명한 바와 같이 리눅스 자체가 GNU GPL이라는 점은 물론, 볼런티어를 바탕으로 한 세계적인 규모의 지원 체제가 갖추어져 있다는 점, 그리고 네트워크를 전제로 만들어진 OS이기 때문에 서버로서의 기본적인 성능을 갖추고 있다는 점을 들 수 있다. 또 리눅스를 채용하는 매력 중 하나는 공개되어 있는 중요한 소프트웨어 자원을 자유로이 사용할 수 있다는 것이다. 이것은 POSIX에 완전히 준거하고 있는 이점이라고 말할 수 있다.

웹 브라우저

오피스 소프트와 함께 컴퓨터에서 필요한 것은 웹 브라우저이다. 윈도우즈에 엣지Edge가 있는 것처럼 리눅스에는 파이어폭스Firefox, 크롬Chrome 등이 있다. 최근 자바스크립트의 개발자이자 모질라 재단의 설립자인 브랜드 아이크와 브라이언 본디가 설립한 브레이브 소프트웨어에서 개발한 블링크를 기반으로 하여 웹 사이트 트래커와 광고를 차단하는 기능을 내장한 브레이브Brave라는 웹 브라우저도 있다.

MS Office 호환 오피스 소프트

리눅스 서버가 아니라 사무용 컴퓨터로 사용하기 위해서는 오피스 소프트가 있어야 한다. 윈도우즈라면 MS Office가 되겠지만 리눅스에서는 OpenOffice.org의 공개 소스Open Source를 사용하려 시작된 OpenOffice와 LibreOffice가 있다. 이들은 편집기[Writer], 표계산[Calc], 프레젠테이션[Impress]

소프트를 포함하고 있어 충분히 사무에 필요한 작업을 할 수 있다. 또한 MS Office에서 작성한 파일을 읽어 들여 작업할 수 있고, Access와 같은 데이터베이스 작업도 가능하다.

삼바(Samba) 서버

윈도우즈에서는 작업 그룹이나 도메인에 의한 공유가 일반적이지만 리눅스에서도 윈도우즈 네트워크에서의 공유가 가능하다. 이것이 삼바Samba라는 파일 서버 및 프린터 서버 기능이다. 삼바는 윈도우즈 공유 호환의 smbSession Message Block (윈도우즈 공유 프로토콜로 NetBIOS와 호환성이 있음) 프로토콜을 바탕으로 만들어져 있다. 서버 위에서 GUI를 사용해서 설정할 수도 있고, 윈도우즈 네트워크에서의 이행도 아주 간단하다. 또 Active Directory 대체 기능(LDAP)도 있어 사용자 및 비밀번호password를 쉽게 관리할 수 있다.

스크립트 언어

스크립트 언어란 인터프리터형식의 프로그램 언어로 수행으로 된 패치 처리에서 수만 행으로 된 본격적인 프로그램까지 만들 수 있다. 리눅스에 설치되어 있는 것으로는 Perl이나 PHP 등이 있지만, bash 등의 쉘을 사용해서 프로그램 할 수도 있다. 스크립트 언어는 아파치Apache 등의 웹 서버와 연계해서 CGICommon Gateway Interface (웹 브라우저의 요구에 따라 웹 서버 위에서 처리한 결과를 클라이언트에 보냄)를 처리할 수 있다.

웹 서버

아파치Apache는 웹 콘텐츠를 다루는 대표적인 웹 서버 소프트웨어이다. 그 다음으로는 최신 웹 요구를 충족하도록 설계된 웹 서버 플랫폼인 엔진엑스NGINX가 있다. 2022년 현재 아파치와 엔진엑스가 각각 세계 웹 서버의 40.19%와 27.67%를 차지하고 있다. 이 두 웹 서버가 전체의 70% 가까이 차지하고 있는 것은 GNU GPL을 바탕으로 한 자유 소프트웨어이라는 것이다. 아파치의 경우 개발 그룹(Apache Software Foundation)을 통해 많은 개발자 그룹이 개발하고 유지하고 있으며, HTTP 표준을 준수하도록 구축된 오픈 소스로 공개 패치로 보안 문제에 대해 빠르게 대처할 수 있어 성능이 좋고 안전하기 때문이다. 엔진엑스의 경우 아파치와 달리 오늘날 웹의 요구, 많은 수(1만 정도)의 사용자에게 동시에 서비스를 제공하도록 효율성에 중점을 두고 설계되어 있어 아키텍처가 가볍고 동시성이 높기 때문이다. 웹 사이트에 적합한 서버 선택으로는 다양한 동적 모듈을 로드하기 위한 더 많은 문서와 더 나은 지원을 제공받으려면 아파치를, 트래픽이 많고 많은 정적 콘텐츠 및 미디어 스트림을 제공하려면 엔진엑스를 선택하는 것이 바람직할 것이다.

1.5 리눅스 배포판

원래 리눅스는 토발즈가 만든 커널을 가리키고, 리눅스 커널과 **GNU** 소프트웨어, 여러 가지 자유 소프트웨어로 구성된 유닉스 계열 운영체제를 **GNU**/리눅스$_{\text{GNU/Linux}}$라 부른다. 이것은 커널만으로는 운영체제를 사용할 수 없기 때문에 커널 이외의 GNU 라이브러리와 도구들, 설정, 사용자가 작업할 수 있는 최소한의 응용 프로그램이 필요하다는 의미이다.

또한 어떤 소프트웨어는 다른 소프트웨어를 불러서 동작하기도 하는데 이를 의존성$_{\text{dependency}}$이라 한다. 이로 인해 대상 소프트웨어만이 아니라 이와 의존 관계가 있는 소프트웨어도 함께 설치해야 한다. 이러한 의존 관계는 복잡하게 얽혀 있어 이들을 하나하나 모아 컴파일해서 실행 환경으로 정리하는 것은 일반 사용자에게는 아주 어려운 일이다.

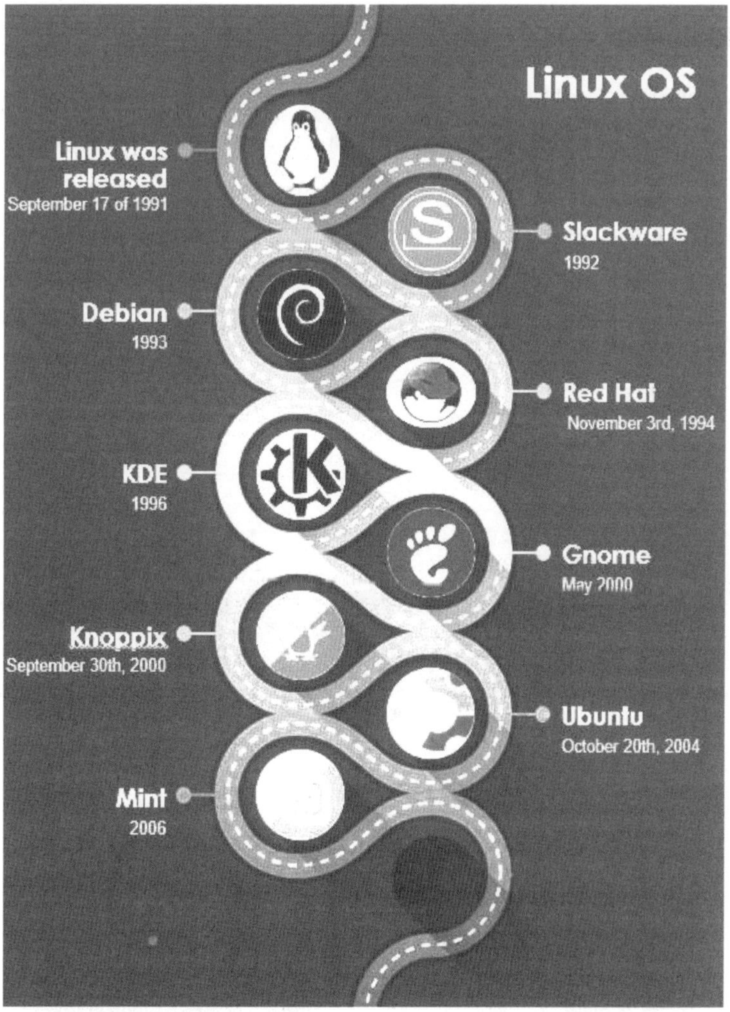

그래서 등장한 것이 배포판이다. 배포판distribution은 리눅스의 실행 환경을 하나로 모아서 간단히 설치할 수 있도록 패키지화한 것이다. 패키지를 구성하여 배포하는 곳을 배포자distributor라 한다. 배포자는 프론티어 단체나 유통 상사 등으로 각각 독자적인 컨셉을 바탕으로 부가가치를 부여한 배포판을 제공하고 있다.

기본적으로 리눅스는 GNU GPL의 자유 소프트웨어이기 때문에 대부분의 배포판은 인터넷(FTP 혹은 HTTP) 사이트를 통해 자유롭게 내려받기download하거나 잡지나 서적을 통해 입수할 수 있다. 또 최근에는 상용 프로그램이나 폰트, 매뉴얼, 설치 등을 지원하는 배포자도 늘고 있다. 리눅스 배포판은 패키지의 관리 방식에 따라 크게 데비안Debian과 레드햇RedHat 계열로 나눌 수 있고, 그 밖에 아치Arch, 슬랙웨어Slackware, 젠투Gentoo, 안드로이드Android 계열 등으로 나눌 수 있다.

데비안(Debian) 계열

볼런티어 조직인 데비안 프로젝트Debian Project가 제공하는 배포판이다. 데비안 프로젝트는 자유로운 운영체제를 만들고자 하는 사람들의 연합체이다. 데비안 프로젝트는 [우리의 약속]을 정책으로 자유 소프트웨어Free Software를 개발 및 지원하고 있다. 이것은 많은 프론티어가 데비안 리눅스Debian Linux 개발을 지원하기 위한 약속으로 [데비안은 100% 자유 소프트웨어로 남을 것이다], [우리는 자유 소프트웨어 공동체에 되돌려주겠다], [우리는 문제를 숨기지 않을 것이다], [우리에게 가장 중요한 것은 우리의 사용자와 자유소프트웨어이다], [우리의 자유 소프트웨어 표준Free-Software Standards에 맞지 않는 프로그램들]이라는 것을 선언하고 있다.

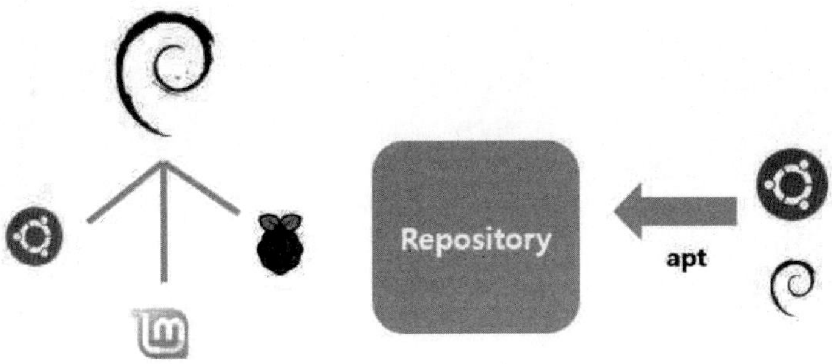

데비안 계열 배포판의 특징은 패키지 설치 및 업그레이드의 단순함에 있다. 데비안은 APT Advanced Packaging Tool를 사용하여 패키지를 관리할 수 있고, 간단히 의존성을 포함한 패키지를 새로운 상태로 유지할 수 있다. 데비안 프로젝트의 최신 배포판은 데비안 GNU/리눅스 12.0 (bookworm)로 Intel x86, AMD64, ARM 등 거의 모든 아키텍처에 설치할 수 있다. 데비안 리눅스를 포크해 개발되며, 데비안에 비해 사용 편의성에 초점을 맞춘 우분투 Ubuntu 배포판이 많이 알려져 있다. 매 6개월마다 새로운 버전이 공개되며, 장기 지원 버전 LTS: Long Term Support은 2년에 한 번씩 출시되며, 현재 가장 최신판은 24.04 LTS (Noble Numbat)이다. 우분투는 2024년 현재 세계에서 가장 점유율이 높은 리눅스 배포판으로 스마트폰 및 태블릿에서 실행되도록 확장하기 위해 노력하고 있다.

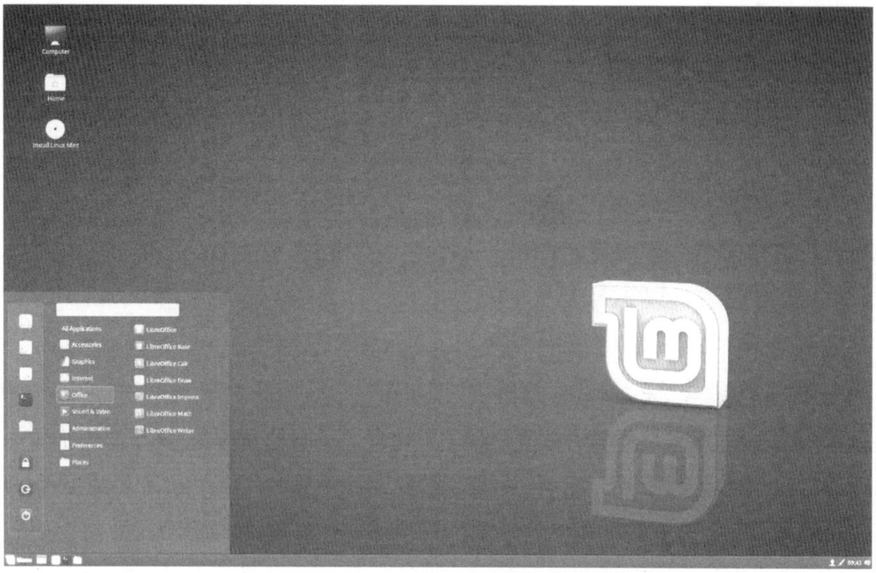

민트Mint는 2006년부터 시작한 우분투 리눅스의 파생 배포판으로 우분투와 달리 독점 소프트웨어인 자바와 플래시 웹 플러그인 등을 기본적으로 포함하고 있어 윈도우즈와 맥에 익숙한 일반 사용자용으로 0순위로 추천할 정도로 설치하고 나서 바로 사용하기에 편한 리눅스 배포판이다. 리눅스 민트의 대표적인 데스크톱 환경으로 시나몬Cinnamon, 마태MATE, Xfce 이 있는데 그 중 GNOME 3을 기반으로 가장 새롭고 혁신적이고 모든 기능을 갖춘 데스트톱 환경을 제공하는 시나몬이 50% 이상을 차지하고 있다. 한국 정부가 윈도우즈 의존을 벗어나기 위한 대안으로 선택한 운영체제가 리눅스 민트이다.

레드햇(RedHat) 계열

레드햇RedHat 계열은 Red Hat사가 개발한 패키지 관리 소프트웨어 RPMRedhat Package Manager를 채용한 배포판이다. RPM은 어떤 소프트웨어와 그 소프트웨어에 의존하는 소프트웨어를 표준 설정 등의 설치 정보와 함께 모아 패키지화하는 방식을 채용하고 있다. RPM에는 rpm 명령어로 간단히 설치나 삭제할 수 있는 바이너리binary 형식(.rpm)과 소스 코드를 패키지로 만든 소스 코드 형식(.srpm)이 있다. srpm은 rpm 명령어로 푼 다음 컴파일하게 되는데 이 때 자신의 환경에 맞는 옵션으로 최적화할 수 있다. RPM에서 패키지 관리는 간단한 반면, 갱신할 때는 사용자가 일일이 내려받아서 실행해야한다는 점에 주의하기 바란다. 리눅스는 파일의 의존성이 매우 중요하다. 하지만 rpm 명령어는 의존성을 고려하지 않기 때문에 정상적인 설치가 되지 않는 경우가 자주 발생하여 의존성이 있는 패키지들을 일일이 순서대로 설치해야 하는 일이 있다. 그래서 CentOS에서 이러한 불편한 점을 해결하고 설치 파일조차도 필요 없게 만들어준 것이 YUMYellow dog Updater Modified이다.

레드햇 계열 배포판으로 유명한 것으로 커뮤니티 버전으로 페도라Fedora가 있다. 이것은 레드햇 리눅스RedHat Linux가 유상화 되면서 레드햇 리눅스에서 페도라 프로젝트Fedora Project로 바뀐 것이다. 이 프로젝트는 페도라 코어의 개발 성과를 유상 버전에 반영시키는 것을 전제로 하여 Red Hat사의 지원을 받고 있다. 그렇다고 해서 페도라 코어가 레드햇 리눅스의 베타버전이 아니라 별도로 개발과 지원이 되고 있는 것이니 안심해도 좋다. 앞으로는 점점 우분투 계열로 바뀌어 가겠지만 국내에서는 아직 서버관리자들이 레드햇 계열의 리눅스를 많이 사용하고 있다.

그동안 서버로 많이 사용해온 CentOS Linux 8은 RHELRedHat Enterprise Linux 8에 대한 자유 배포판 역할을 해왔지만 2021년 12월 31일까지만 지원하고 그 이후에는 업스트림인 CentOS Stream만을 지원하게 되고, 앞으로의 릴리스는 CentOS Stream이 Fedora와 RHEL 사이에서 마이너 릴리스를 테스트하는 업스트림 배포판 역할(Fedora -> CentOS Stream -> RedHat Enterprise)을 하게 된다.

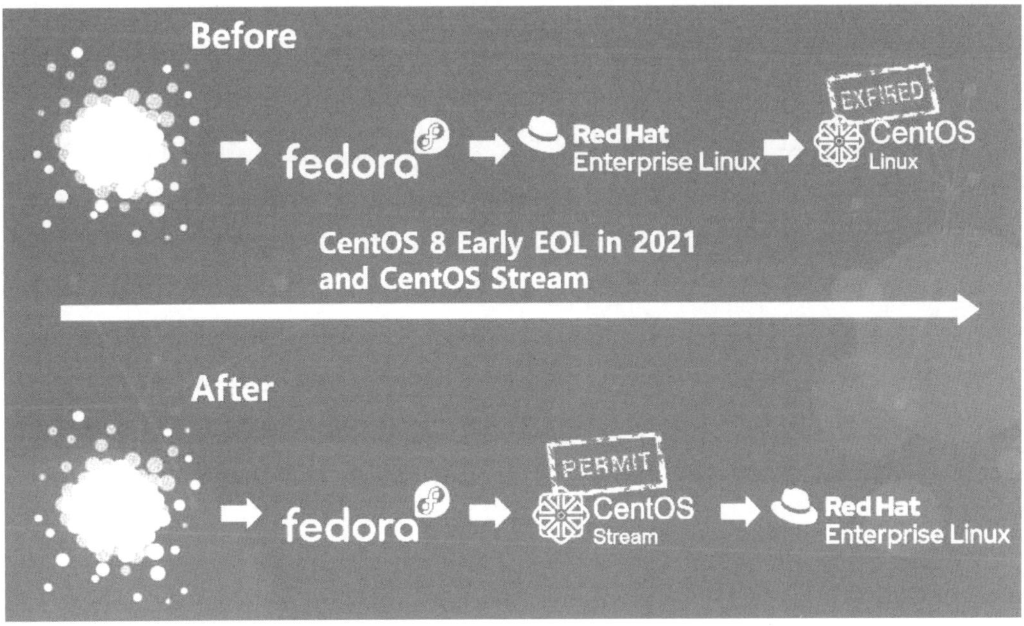

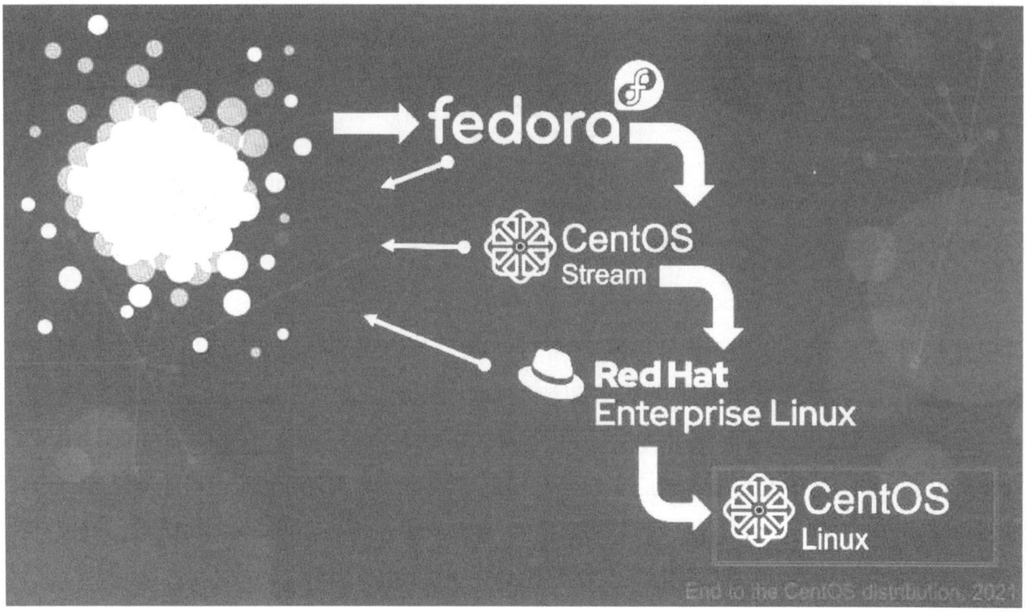

그 외

슬랙웨어Slackware 계열이 있는데 리눅스 탄생 당시부터 활동하고 있는 배포판으로 앞서 설명한 배포판과 같은 바이너리 형식으로 배포되는 것이 없어 모두 소스로 부터 컴파일해야 한다. 또한 의존관계에 있는 소프트웨어도 자신이 찾아서 설치해야하는 불편함이 있다. 현재 일부 매니아 이외에는 크게 지지를 받지 못하고 있다.

이전에 유럽을 중심으로 화제가 되었던 배포판으로 젠투 리눅스Gentoo Linux가 있다. '젠투'라는 이름은 젠투 펭귄에서 따온 것이다. 다른 배포판과 달리 BSD의 포츠ports 시스템을 기초로 한 포티지portage라는 패키지 관리자를 통하여, 모든 툴과 유틸리티를 소스 코드로부터 컴파일하여 만든다. 또한 덩치가 큰 프로그램들은 편의상 미리 컴파일한 이진 파일로 설치할 수 있다. 슬랙웨어처럼 난해하지 않아 사용자의 이해도에 따라서 여러 가지 설치 형태를 이용할 수 있다.

일반적으로 리눅스는 x86호환 CPU에서 동작하는 것을 전제로 하고 있기 때문에, CPU 성능을 100% 살리지 못한다고 말할 수 있다. 젠투 리눅스의 경우는 CPU마다 제대로 튜닝된 시스템을 구축할 수 있기 때문에 CPU 능력을 최대한 발휘시킬 수 있다는 이점이 있다.

CHAPTER 2

Ubuntu 설치

윈도우즈가 설치된 PC에 VirtualBox를 설치하여 가상 머신VM, Virtual Machine을 생성하고 이 가상머신에 Ubuntu를 설치하는 방법을 다룬다.

2.1 VirtualBox 설치

Oracle VirtualBox는 GPLv3 라이선스로 배포되는 오픈소스 크로스 플랫폼cross-platform 가상화 소프트웨어이다. 이를 통해 사용자는 하나의 물리적 호스트 컴퓨터Host Computer에서 가상의 컴퓨터를 만들어 사용할 수 있는데 이와 같이 만든 가상의 컴퓨터를 가상 머신이라 한다. 여기서 호스트 컴퓨터는 VirtualBox가 물리적인 하드웨어, 즉 실제 컴퓨터를, 컴퓨터와 관련되어 머신이라는 표현은 컴퓨터를 의미한다.

사용자가 일반 컴퓨터에 운영체제를 설치하여 프로그램을 실행할 수 있는 것처럼, 호스트 컴퓨터의 CPU 코어, 메모리나 디스크 공간 등의 하드웨어 자원이 충분하다면 VirtualBox를 사용해서 동시에 여러 개의 가상의 컴퓨터를 만들 수 있고, 이들 가상 머신에 운영체제를 설치하고 프로그램을 실행할 수 있다. 또한 VirtualBox는 사용자가 충돌하지 않고 가상 머신을 쉽게 복제할 수 있는 기능과 운영체제 간의 파일 전송, 클립보드 공유, 공유 디렉터리 기능을 제공한다.

VirtualBox는 https://www.virtualbox.org/wiki/Downloads에서 다운로드 받을 수 있다. 여기서는 호스트 컴퓨터에 윈도우즈가 설치되어 있는 것으로 하고 있어 [WIndows hosts]를 선택하여 설치 파일을 다운로드한다. 글을 작성하는 시점에서 최신 버전은 7.1.4이지만 새로운 버전이 나올 수 있으며, 이전 버전을 다운로드하려면 같은 웹페이지 아래쪽 [Previous Releases] 박스의 [VirtualBox older builds]를 클릭해서 주 버전을 선택한 후 다시 부 버전까지 찾아 호스트 운영체제를 선택하면 된다.

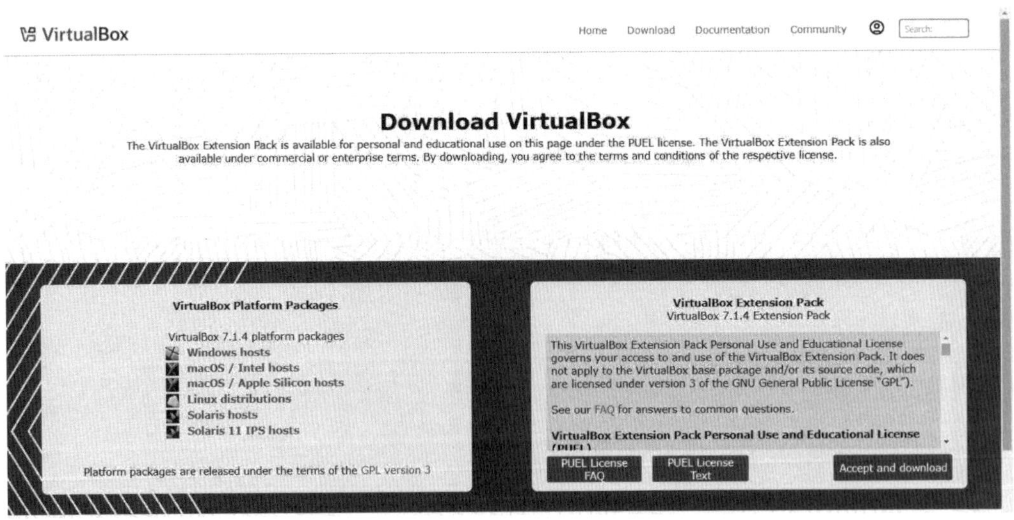

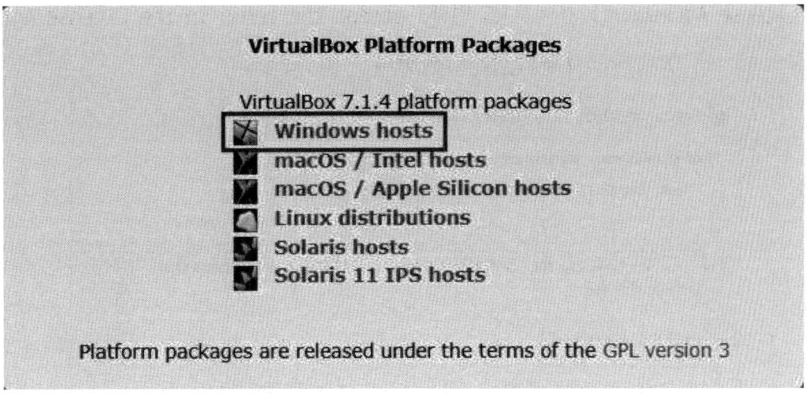

다운로드 받은 VirtualBox 설치 파일, VirtualBox-7.1.4-165100-Win.exe를 실행하여 설치를 진행한다.

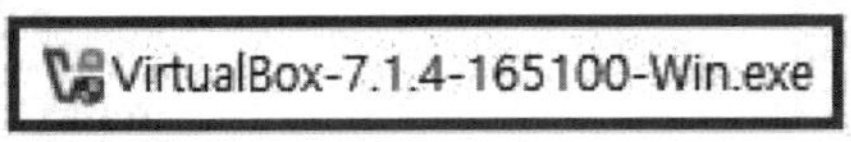

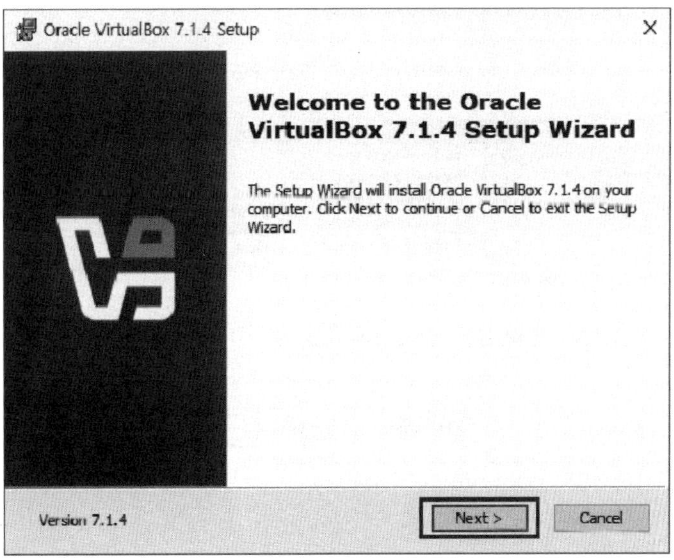

[End-User License Agreement] 창이 나오면 [I accept the terms in the License Agreement]를 선택하여 라이선스에 동의하고 [Next]를 클릭한다.

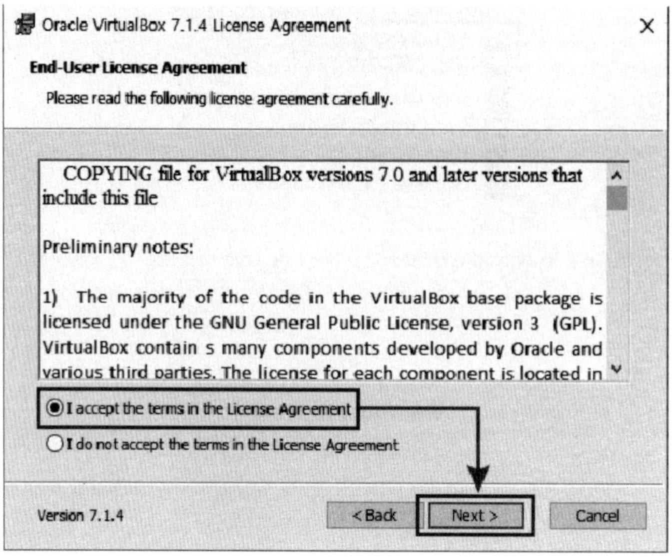

그 다음 기본 값으로 두고 [Next]를 클릭한다.

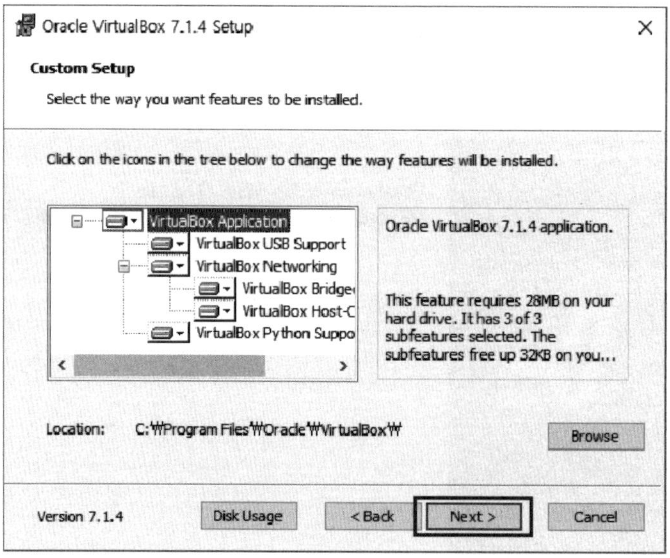

VirtualBox에서 호스트 운영체제와 게스트 운영체제 간에 통신을 위해 사용되는 네트워크 인터페이스를 설치하기 위한 과정으로 [Yes]를 클릭한다.

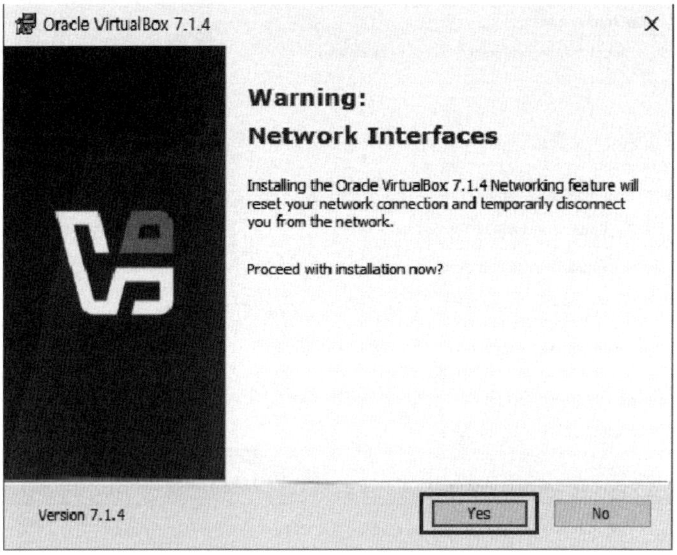

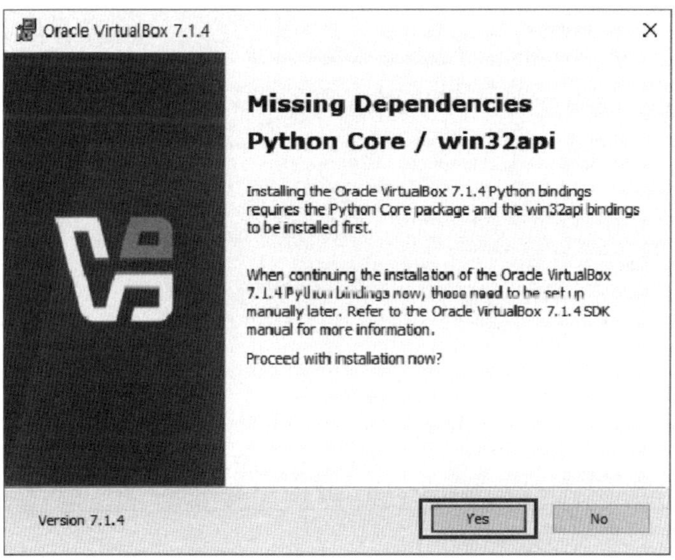

맞춤 설정을 위한 옵션을 체크하고 [Next]를 클릭한다.

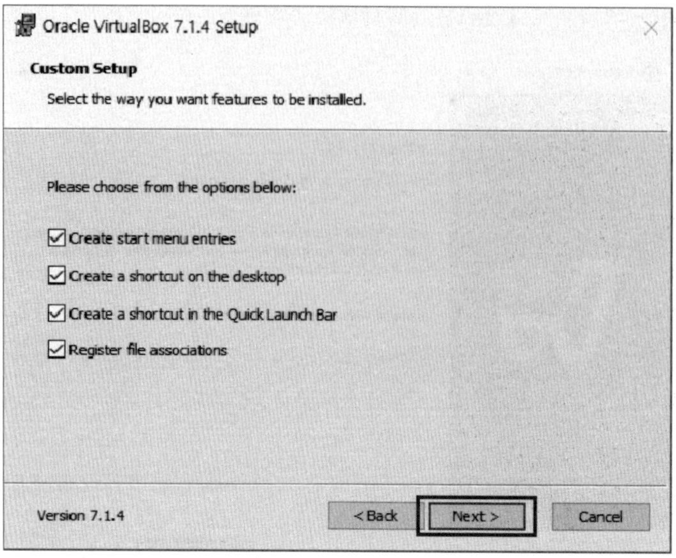

설치할 준비가 되었으면 [Install]을 클릭한다.

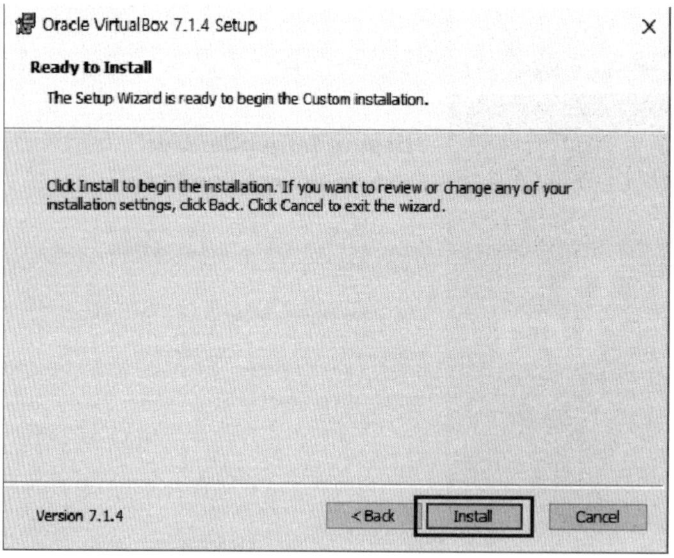

그러면 설치가 시작된다. 설치를 그만두려면 [Cancel]를 클릭하면 된다.

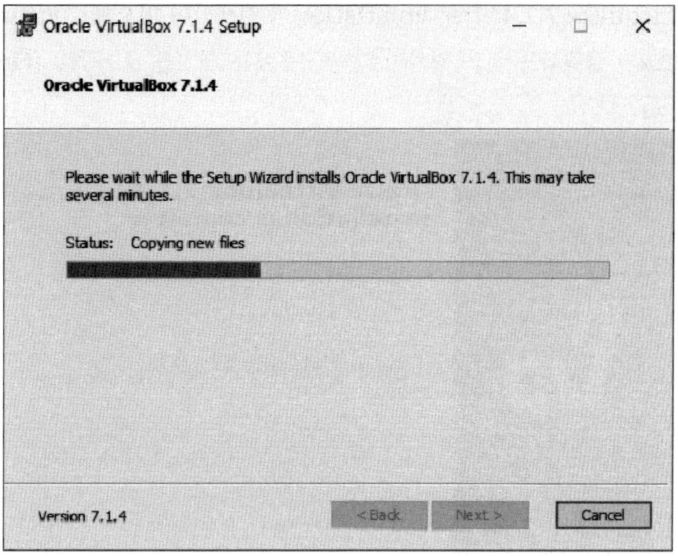

혹시 다음과 같이 VirtualBox 관련 장치 드라이버 설치 여부를 물어보면 **[설치]**를 클릭한다. 이미 설치되어 있는 경우에는 나타나지 않고 완료 창으로 넘어간다.

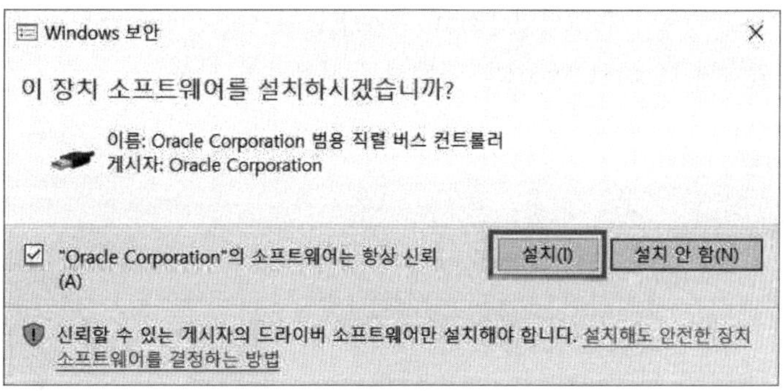

이것으로 VirtualBox 설치가 완료된 것이다. [Finish]를 클릭하여 설치 프로그램을 종료하고 기본으로 [Start Oracle VirtualBox 7.1.4 after installation]이 선택되어 있으므로 VirtualBox가 자동으로 실행된다. VirtualBox가 실행되는 것을 원하지 않는 경우에는 체크를 풀어주고 [Finish]를 클릭한다.

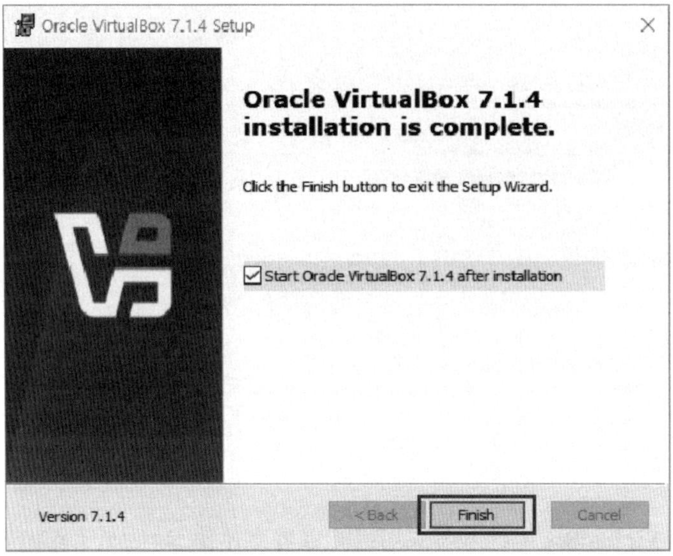

VirtualBox가 실행된다. 실행해서 처음 보이는 창을 Oracle VirtualBox **관리자**라고 부른다. VirtualBox 사용법에 능숙하지 않다면 [Basic Mode]를 선택하여 시작하기로 하자. 설정 항목과 방법을 잘 알고 있다면 [Expert Mode]를 선택해서 사용하면 된다.

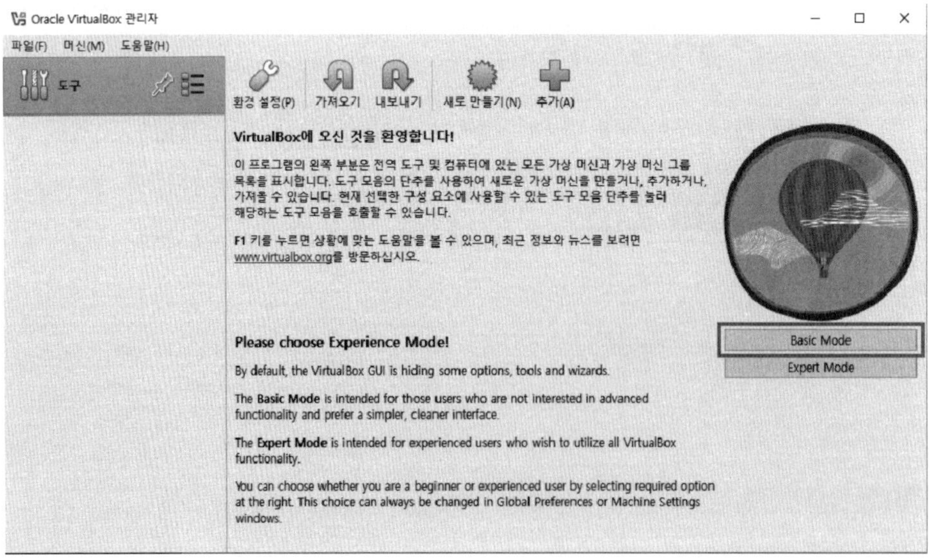

2.2 가상 머신 만들기

가상 머신에서 **Ubuntu Desktop**을 설치해서 리눅스를 경험해보자. **VirtualBox 7** 이상에는 **Unattended Guest OS Install** 이라는 새로운 기능이 포함되어 있어 **Ubuntu**와 같은 일반적인 운영체제의 설정 환경을 매우 간소화하여 그 어느 때보다 쉽게 시작해볼 수 있다.

Ubuntu 이미지 다운로드

Download Ubuntu Desktop(https://ubuntu.com/download/desktop)에서 **Ubuntu** 이미지를 다운로드할 수 있다. 여기서는 장기간 업데이트를 보장하는 최신 **Ubuntu 24.04 LTS** 버전을 사용한다. 여기서 **LTS**Long Term Support는 장기간 지원을 한다는 의미로 **Ubuntu 24.04.1**의 경우 **2029**년 **6**월까지 지원이 보장된다.

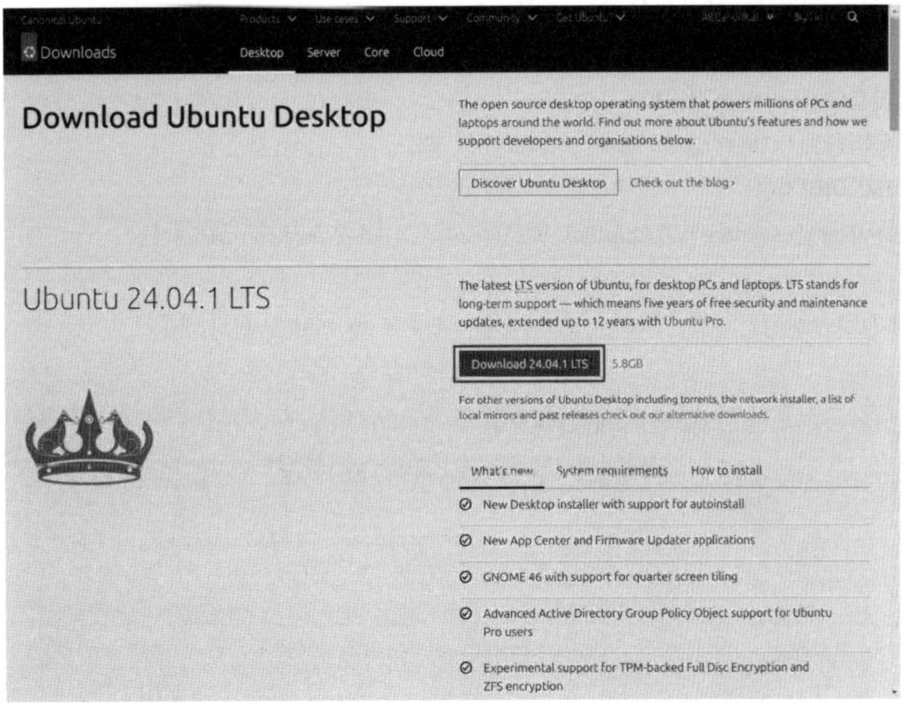

가상 머신 이름과 OS 설정

설치한 **VirtualBox**를 실행하여 새 가상 머신을 만들어보자. **VirtualBox**를 실행한 후 다음 그림에 **[새로 만들기(N)]** 또는 **[머신(M)]→[새로 만들기(N)]** 메뉴를 클릭한다.

설정 섹션별로 새 창이 나타나면 적절한 세부 정보를 입력한다. 다음 가상 머신 이름과 운영체제 설정 항목과 설정 예를 나타낸다. **[무인 설치 건너뛰기(S)]**는 OS 설치 시 최소한의 필수 설정만 사전에 미리 설정하고 나머지 과정은 호스트 OS에 설정된 정보를 이용하여 자동(무인)으로 진행하는 무인 설치Unattended Installation 기능이다. 수동으로 설치하려면 **[무인 설치 건너뛰기(S)]**를 선택해주면 된다.

- **이름(N)**: ubuntu라는 단어를 포함하면 유형 및 버전이 자동으로 업데이트된다.
- **폴더(F)**: 가상 머신이 생성되어 저장될 폴더이다.
- **ISO 이미지(I)**: 마운트할 Ubuntu ISO 이미지 파일이 있는 경로를 지정한다.

- **이름(N)**: ubuntu-24.04
- **폴더(F)**: C:\User\[username]\VirtualBox VMs
- **ISO 이미지(I)**:
  C:\User\[username]\VirtualBox VMs\ubuntu-24.04.1-desktop-amd64.iso

여기서 [username]는 호스트 OS인 윈도우즈 사용자의 id 이름을 나타낸다.

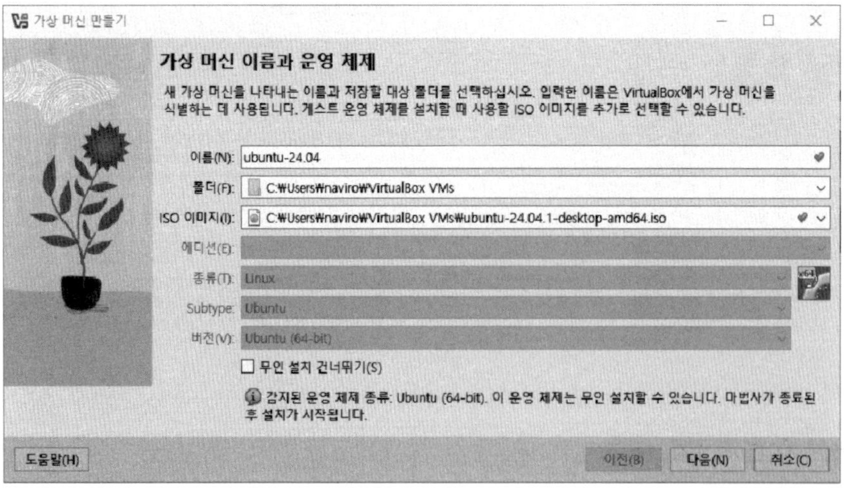

사용자 프로필 만들기

자동 설치를 활성화하려면 처음 부팅할 때 자동으로 구성될 수 있도록 시스템 이름 외에 여기에 사용자 이름과 암호(비밀번호)를 미리 정해주어야 한다. 기본 설정과 공용 실습실에서 사용하기 위해 설정한 예는 다음과 같다. 필요한 기능을 사용할 때 설치하기로 하고 여시서는 **[게스트 확장(E)]**는 선택하지 않는다.

- 사용자 이름(S): vboxuser
- 암호(W): changeme
- 호스트 이름(M): [가상 머신 이름과 운영 체제]에서의 이름과 같음

- 사용자 이름(S): c105
- 암호(W): c105@ubuntu
- 호스트 이름(M): ubuntu

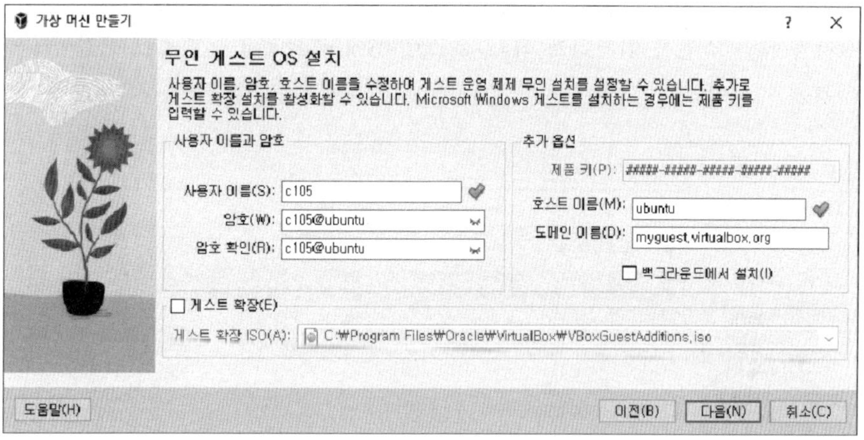

가상 머신의 리소스 정의

다음 섹션에서는 가상 머신이 사용할 수 있는 호스트 컴퓨터의 메모리 및 프로세서 코어 수를 지정할 수 있다. 여기서는 가상 머신으로 경계에 있는 값으로 약 5GB(5262MB)의 RAM과 2개의 CPU를 선택한다. 하드웨어 자원이 충분하지 않은 경우에는 초록색 영역 내에서 정해주면 된다. 가상 머신과 호스트 OS를 모두 실행하는 컴퓨터에서 문제가 발생하지 않도록 각 슬라이더의 녹색 영역을 유지하기 바란다.

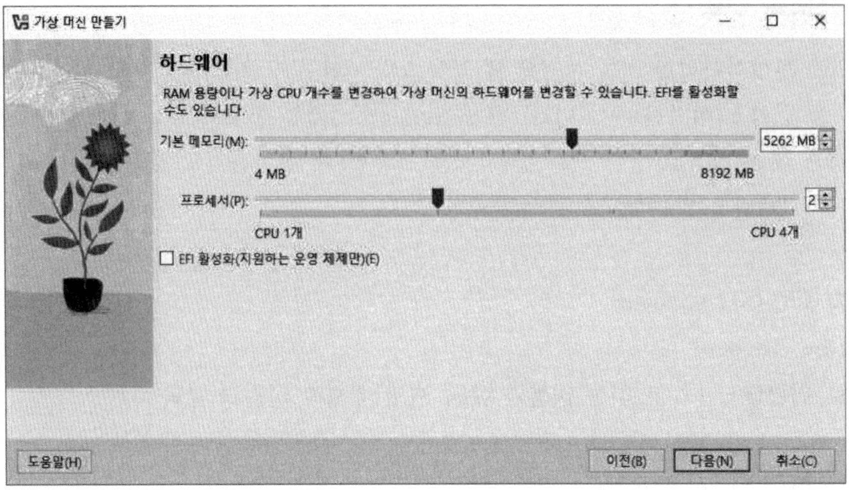

그런 다음 가상 머신의 디스크 크기를 지정해야 한다. **Ubuntu**의 경우 최소 **25GB** 정도를 권장한다. 기본적으로 디스크는 정의된 한계까지 더 많은 메모리가 필요함에 따라 동적으로 확장된다. 전체 크기로 미리 할당하려면 **[미리 전체 크기 할당(F)]** 확인란을 선택한다. 이렇게 하면 성능이 향상되지만 불필요하게 많은 공간을 차지하게 되고, 호스트 **OS**에서 사용하는 디스크 공간이 줄어든다는 것을 기억하기 바란다.

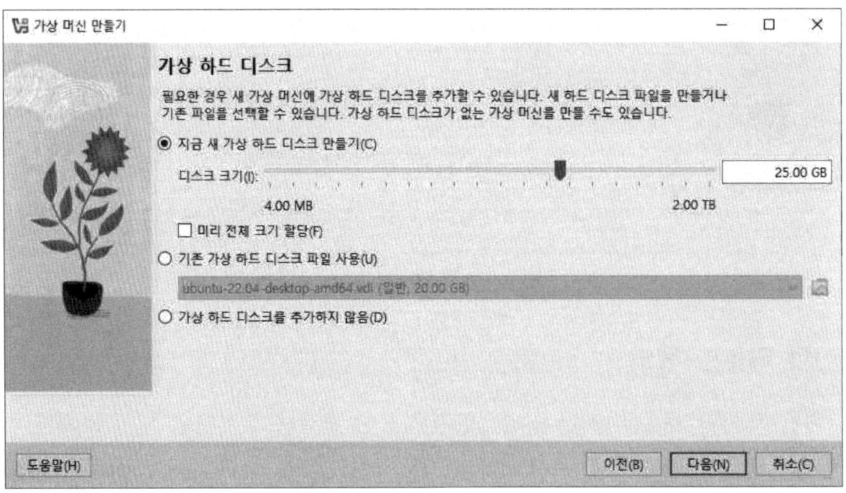

[다음(N)]을 클릭하면 가상 머신을 생성하기 위해 설정한 정보들이 잘 정리되어 표시된다. 해당 설정 정보들을 확인하여 문제가 없으면 **[완료(F)]**를 클릭하여 가상 머신을 만들고 마무리한다.

문제가 있다면 이전 단계로 돌아가서 재설정할 수 있다.

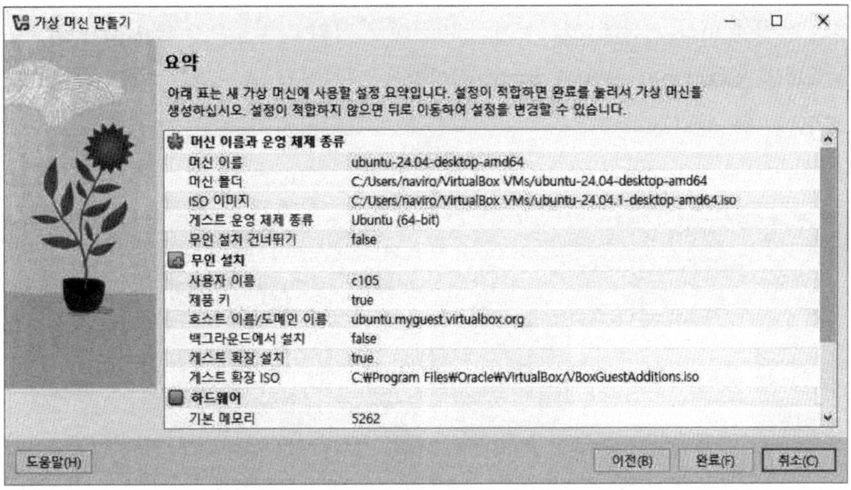

가상 머신이 만들어지면 위 그림과 같이 VirtualBox 관리자 창에서 해당 가상 머신의 정보를 확인할 수 있다. 특정 가상 머신의 설정 정보를 확인하려면 VirtualBox 관리자 창 왼쪽의 가상 머신 항목을 선택하고, 해당 가상 머신 항목 오른쪽에 있는 목록 버튼을 눌러 나오는 정보 메뉴를 클릭해주면 된다.

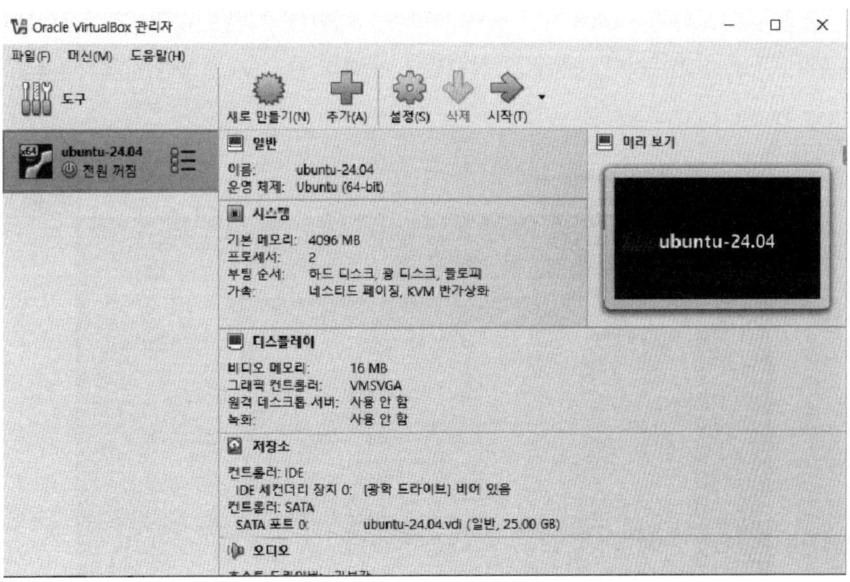

2.3 가상 머신에 Ubuntu 설치

앞 절에서의 설정에 따라 기본적으로는 가상 머신이 시작되고 자동으로 Ubuntu가 설치된다. 가상 머신을 실행하면 'Starting virtual machine'이라는 메시지가 표시되고 나서 잠시 'VirtualBox ORACLE' 화면이 나타난다.

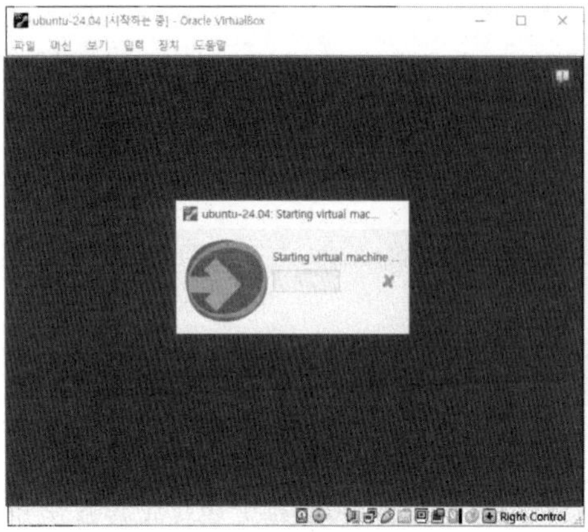

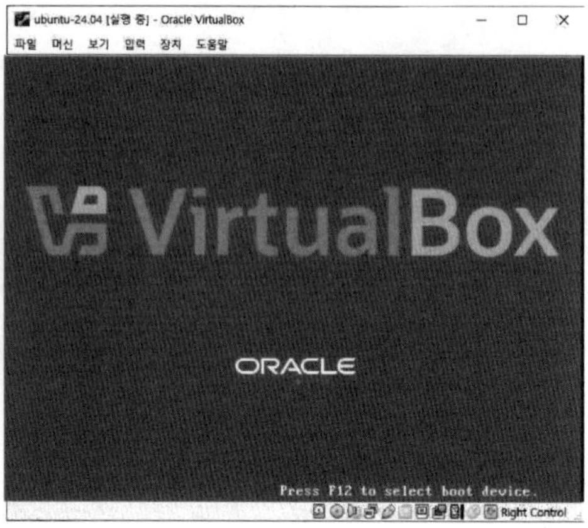

이후 과정은 실제 컴퓨터에 OS를 설치하는 과정과 동일하게 이루어진다. 컴퓨터를 켰을 때 가장 먼저 실행되며 OS를 RAM에 올려 잘 동작하도록 지원해주는 프로그램을 부트로더$_{\text{bootloader}}$라고 한다. 이어서 부팅을 도와주는 GRUB 커널 선택 화면이 나타난다. 기본으로 'Try or Install Ubuntu'로 설정되어 있어 수 초간 기다리면 자동으로 실행된다. 만약 다른 것을 원하면 방향키 ↑ ↓를 이용하여 선택을 바꿀 수 있다.

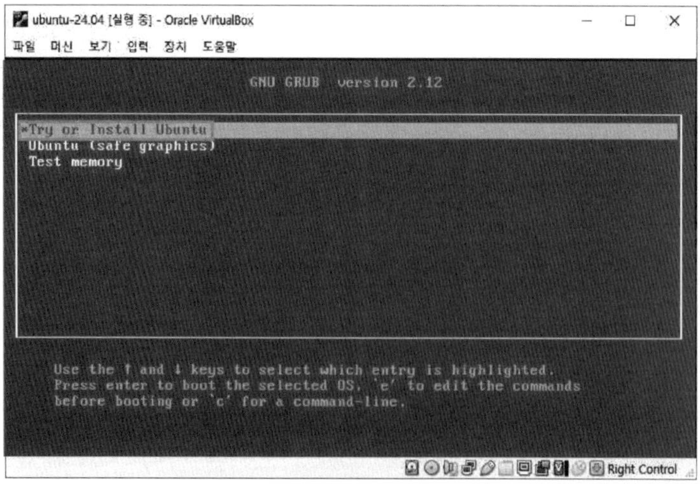

VirtualBox 설정하고서 첫 번째 부팅 시 무인 설치가 시작된다. **Ubuntu Live** 부팅이 진행된다. 진행 중 가상 머신을 효율적으로 이용하기 위해서는 마우스 통합 기능과 자동으로 키보드 잡기 기능이 활성화되어야 하는데 이에 대한 메시지가 오른쪽 알림센터에 표시된다. 이용하다보면 이 알림센터가 거슬리는 경우가 있는데 그런 경우 알림 센터 우상단의 x버튼을 눌러 닫아주면 된다.

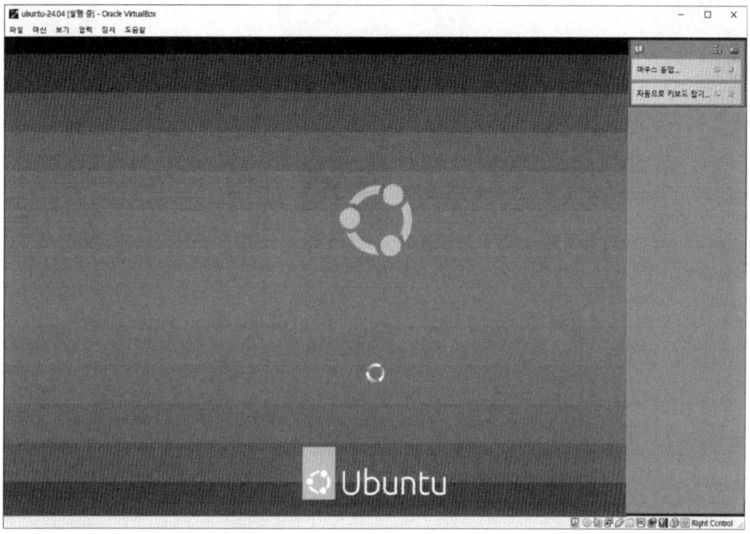

Ubuntu Live가 동작하면서 '**Welcome to Ubuntu**' 창에 '**Preparing Ubuntu...**'라고 메시지가 표시되면서 자동으로 **Ubuntu** 설치 과정이 진행된다.

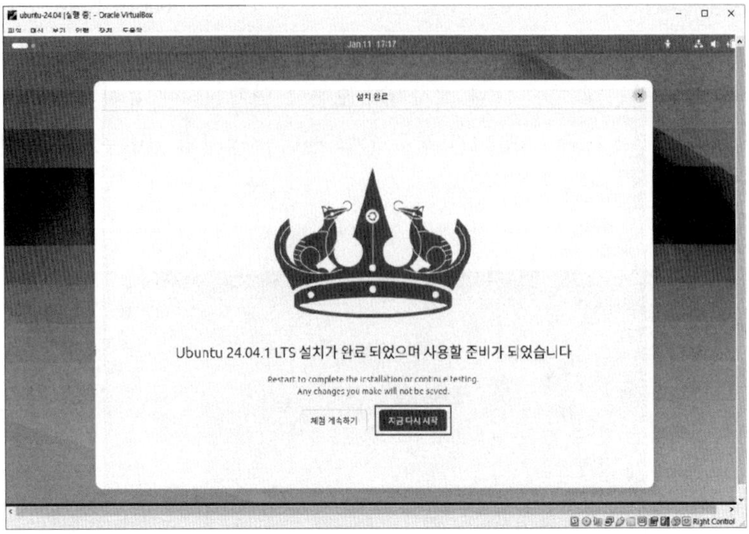

한참을 기다려 **[설치 완료]** 창이 나타나고 '**Ubuntu 24.04.1 LTS 설치가 완료되었으며 사용할 준비가 되었습니다.**' 메시지가 표시되면 **[지금 다시 시작]**을 클릭하여 컴퓨터를 다시 시작한다. 재부팅해서 Ubuntu 로그인 화면이 표시된다. 여기서 초기 설정 중에 정의한 사용자 이름과 암호를 사용하면 로그인할 수 있다.

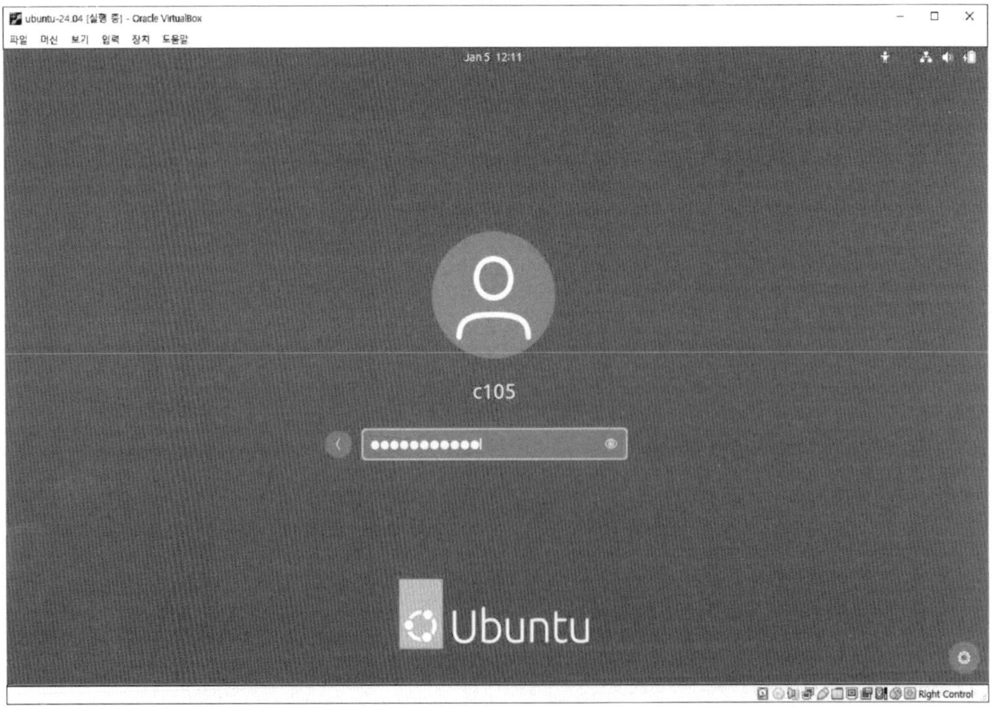

로그인에 성공하면 'Welcome 24.04.1 LTS 사용을 환영합니다!' 메시지가 나타나고 추가 설정을 완료하도록 안내한다.

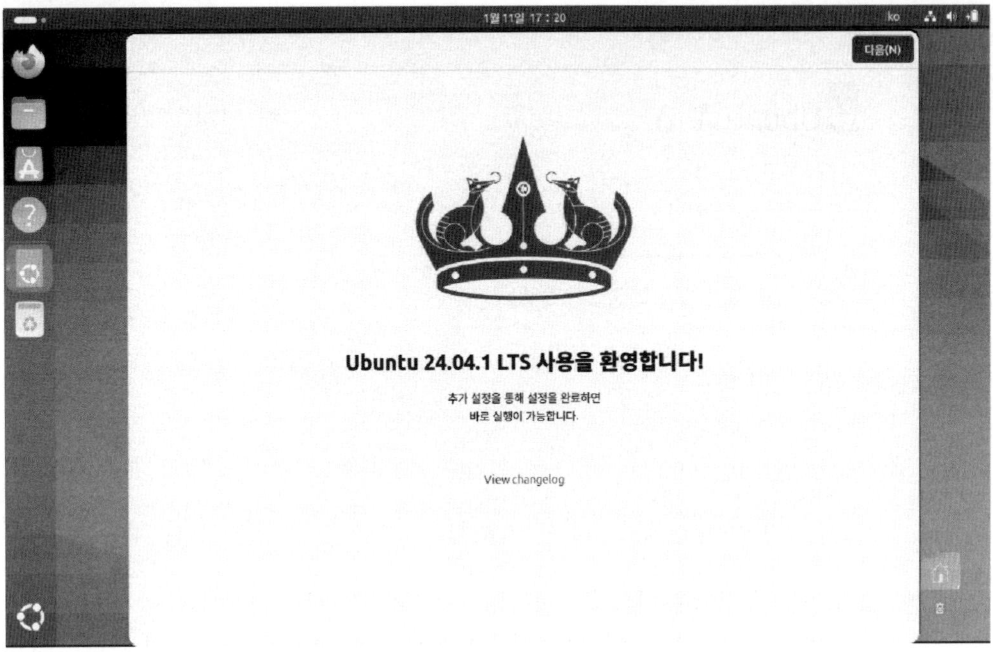

다음은 Ubuntu Pro를 활성화할 것인지 선택하는 단계이다.

Ubuntu Pro는 Ubuntu 유료 버전으로, 원래 Linux는 오픈소스 기반으로 개발되었으나, 상업용으로 사용할 경우 비용을 지불해야 한다. 따라서 비용 지불에 차이점이 있으며, 사용할 경우 아래와 같은 추가적인 기능 및 서비스를 제공한다.

- 확장된 보안 업데이트 : 최대 10년 간의 확장된 보안 업데이트를 제공한다.
- 라이브 패치 서비스 : 시스템 재부팅 없이 보안 업데이트를 적용할 수 있어, 시스템 가용성을 높여준다.
- 컴플라이언스 및 인증 : 보다 더 엄격한 보안 및 컴플라이언스 요구 사항을 충족시키도록 설계되었다.
- 사용자 지원 : 전문적인 기술 지원을 받을 수 있다.
- 클라우드 환경 최적화 : 클라우드 기반의 인프라에 최적화된 기능과 통합을 제공한다.

여기서는 Ubuntu Pro로 업그레이드하는 것은 넘어가기로 한다.

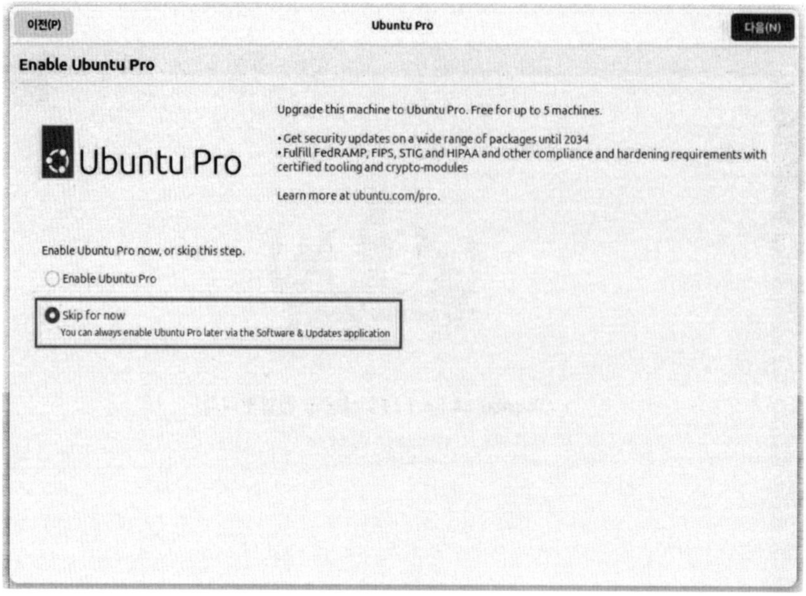

Ubuntu 개선에 도움을 주기 위해 시스템 데이터를 공유할지 결정하는 단계이다. 여기에는 컴퓨터 모델, 설치된 소프트웨어, 시간대 확인을 위해 선택한 위치 등이 포함된다. 그래서 여기서는 '아니요, 시스템 데이터를 공유하지 않겠습니다.'를 선택하기로 한다.

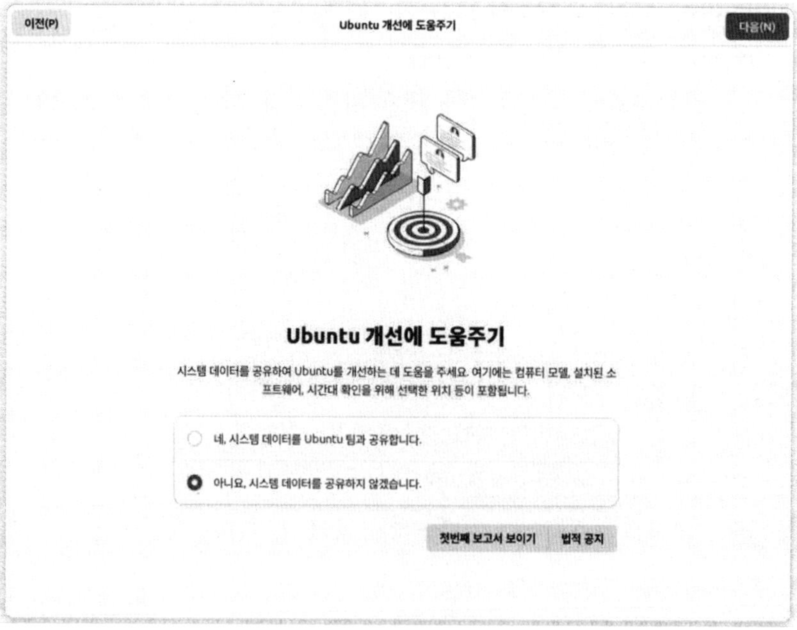

[Finish]를 클릭해서 추가 설정을 완료한다.

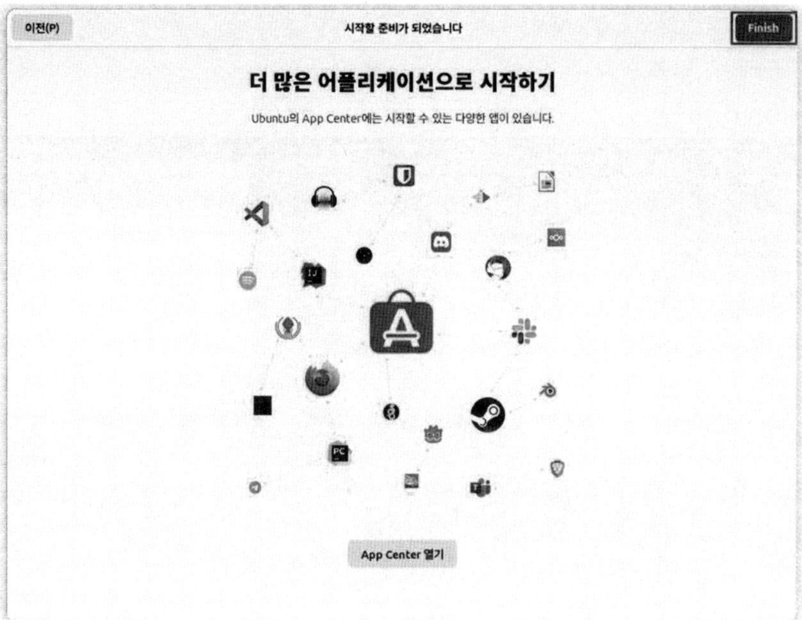

Ubuntu 종료

추가 설정이 완료되었으니 이제 **Ubuntu 24.04**를 종료해보자. 데스크톱 화면 우상단의 **[네트워크/소리/전원]** 메뉴를 클릭한다.

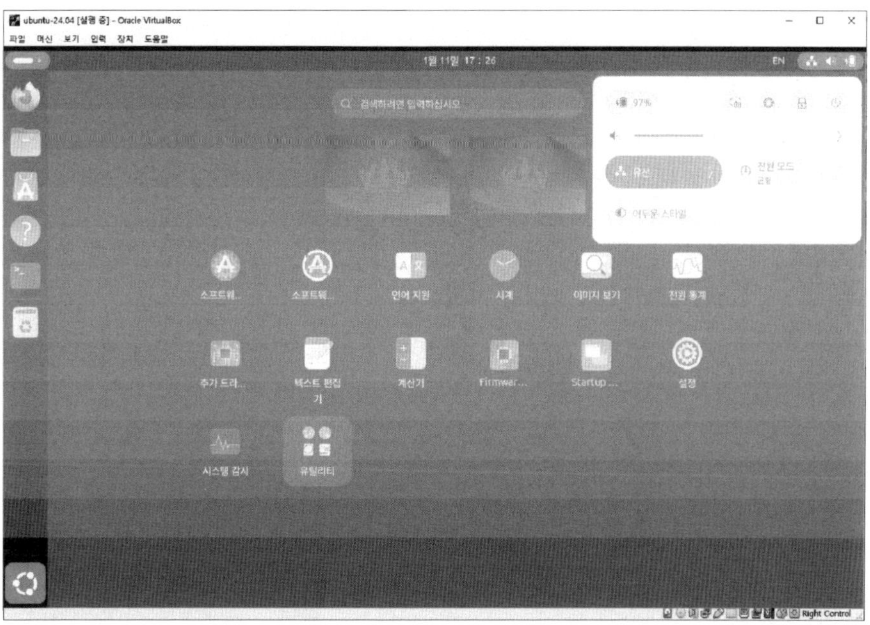

[전원] 아이콘을 클릭하면 그림과 같이 **[Power Off]** 상세 메뉴 영역이 강조되어 표시된다. 여기서 [Power Off ...]을 선택한다. 절전하기를 원하면 **[Suspend]**를, 다시 시작하고 싶으면 **[Restart]**를 선택한다.

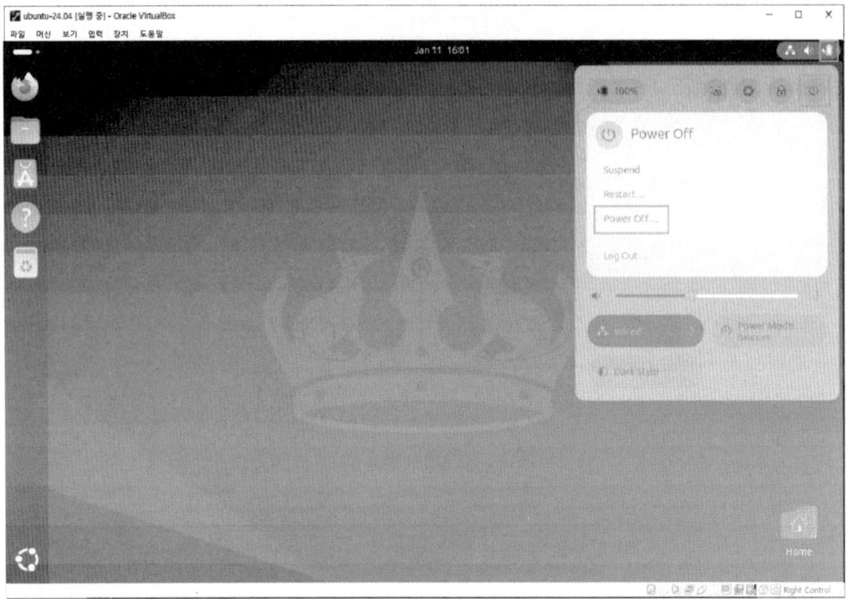

그러면 **[Power Off]** 창이 나타나는데 그대로두면 **60**초 후에 자동으로 꺼진다. 더 빨리 종료하려면 [Power Off] 버튼을 누르면 된다.

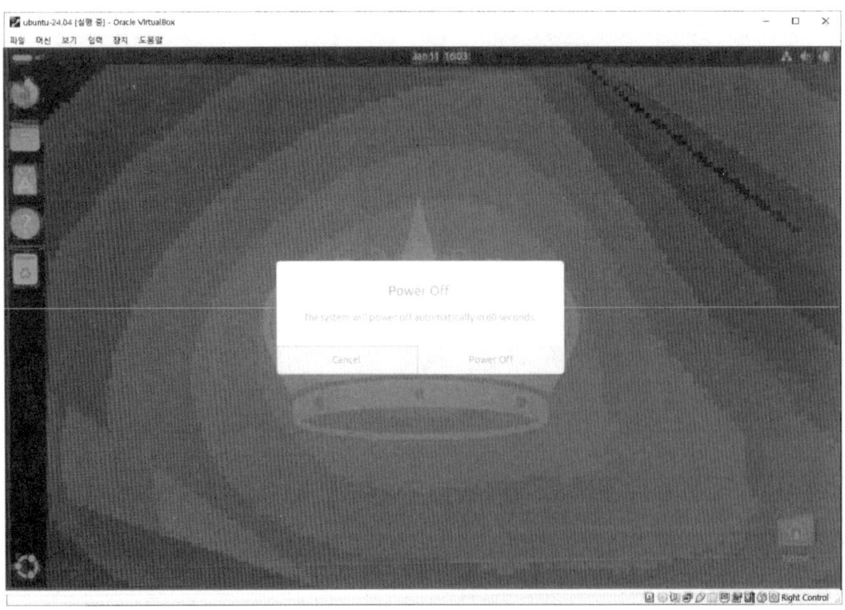

2.4 Ubuntu 수동 설치

[무인 설치 건너뛰기(S)]를 선택한 경우 [시작(T)]를 클릭하여 가상 머신을 시작해서 Ubuntu를 수동으로 설치해야 한다.

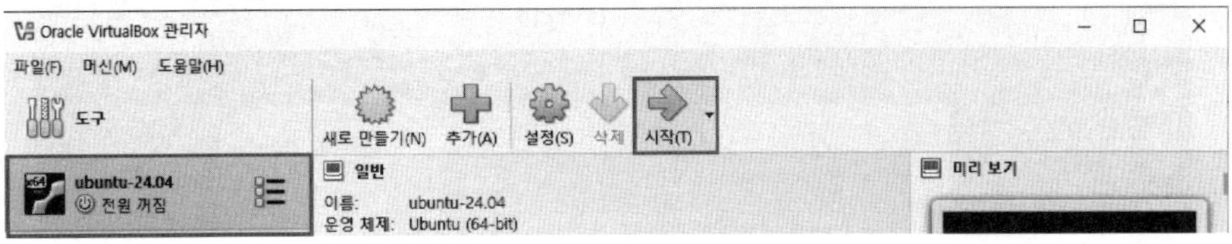

GRUB 커널 선택 화면이 자동으로 실행되도록 수 초간 기다리거나 'Try or Install Ubuntu'를 선택하고 Enter를 눌러 설치를 시작한다.

Ubuntu Live가 동작하면서 자동으로 설치할 때와 마찬가지로 'Welcome to Ubuntu' 창에 'Preparing Ubuntu...'라고 메시지가 표시되면서 Ubuntu 수동 설치 과정이 진행된다.

만약 위와 같은 과정이 나타나지 않으면 **Ubuntu Live** 운영 상태에서 **Install Ubuntu** 버튼이 표시되고 **[Install Ubuntu]** 버튼을 누르면 다음 단계로 넘어가게 된다.

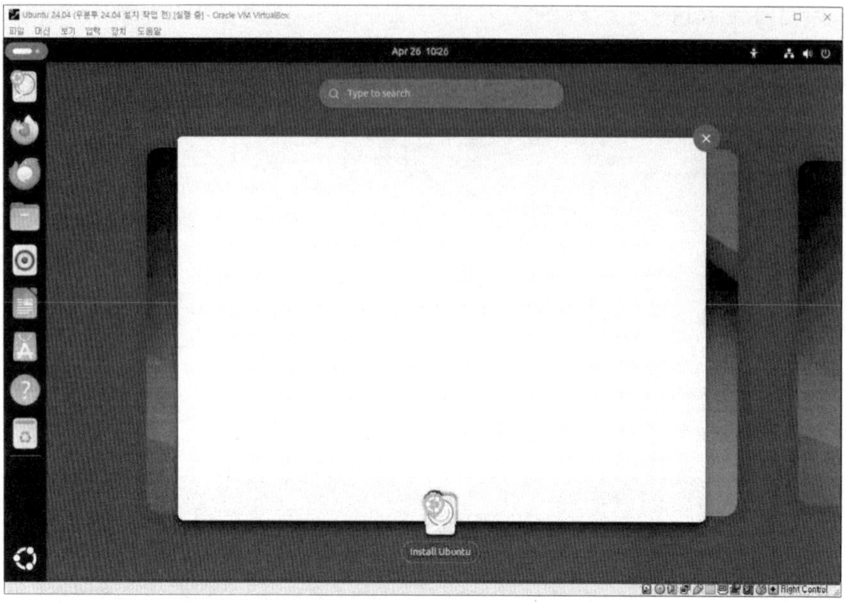

언어 선택 **[Choose your language]** 화면이 나타나고 기본 값은 영어 **[English]**이다.

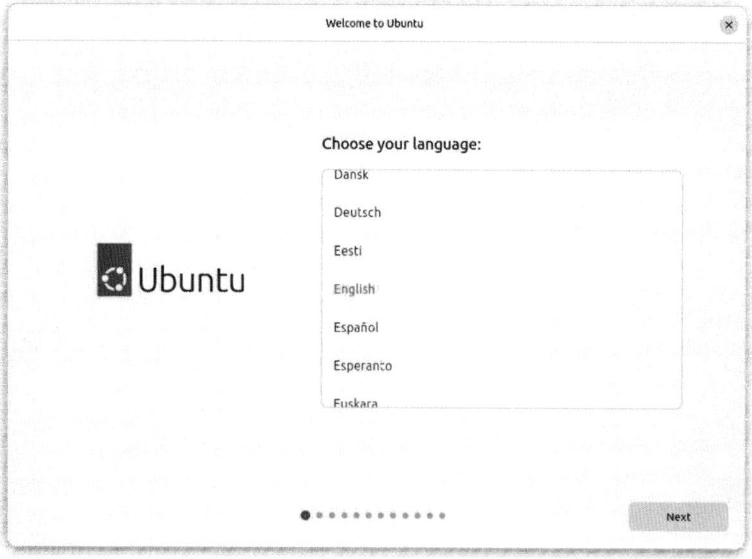

한글 메뉴가 더 친숙하니 언어 목록에서 거의 마지막에 있는 **[한국어]**를 선택해준다. 그러면 따로 한글 글꼴 패키지 등을 설치해주지 않아도 되는 장점이 있다.

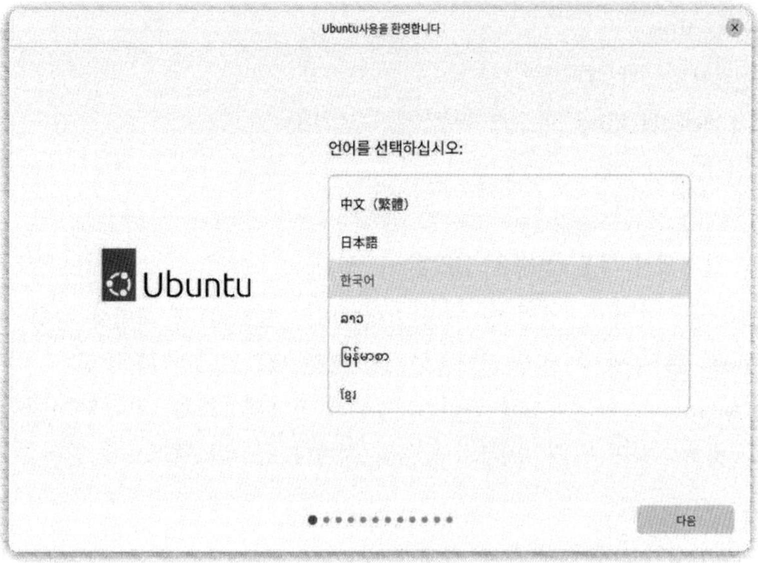

다음은 **Ubuntu**에서의 접근성Accessibility 설정 부분이다. 이 접근성은 나중에 **[Settings]→[Accessibility]** 시스템 설정에서 바꿀 수 있다.

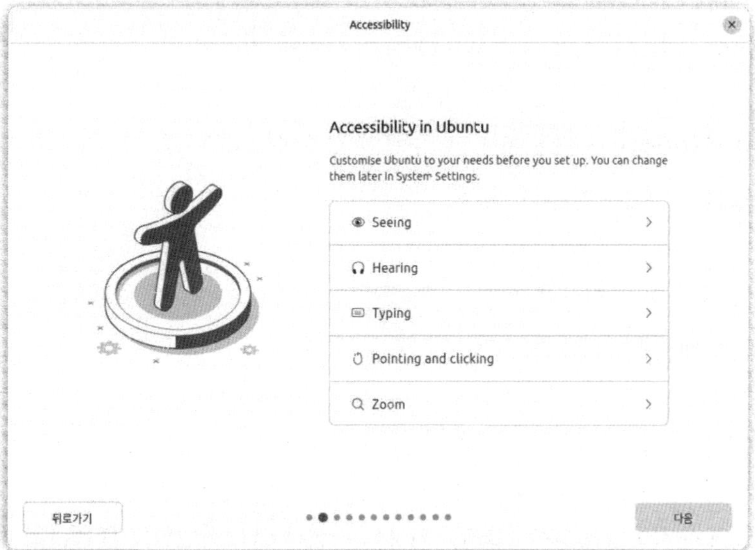

[Accessibility] 접근성 항목은 다음과 같다.

- Seeing: 보기(S)
- Hearing: 듣기(H)
- Typing: 키보드 입력(T)
- Pointing and clicking: 마우스 이동 및 누르기(P)
- Zoom: 줌(Z)

[Seeing] 시각 설정에서 다음 항목을 설정할 수 있다.

- High contrast: 고대비, 전경 및 배경 인터페이스 요소의 색 대비를 높임
- Large text: 큰 글씨, 사용자 인터페이스의 모든 텍스트 크기를 늘림
- Reduce animation: 애니메이션 줄이기, 사용자 인터페이스의 애니메이션을 줄임
- Screen reader: 화면 읽기, 포커스를 옮길 때마다 표시된 텍스트를 읽어줌

[Hearing] 청각 설정에서 다음 항목을 설정할 수 있다.

- Visual alert: 시각 알림, 경보가 울리면 화면으로 알림
  - 시각 알림(V), 깜박임 영역(F), 번쩍이기 시험(T)

[Typing] 키보드 입력 설정에서 다음 항목을 설정할 수 있다.

- Sticky keys: 고정 키, 변경 키와 다른 키를 연속해서 누르면 키 조합으로 동작
- Slow keys: 느린 키, 키를 누르고 허용하는 사이에 지연 시간

[Pointing and clicking] 마우스 이동 및 누르기 설정에서 다음 항목을 설정할 수 있다.

- Mouse keys: 마우스 키, 숫자 키를 사용해서 마우스 포인터를 움직임

[Zoom] 줌 설정에서 다음 항목을 설정할 수 있다.

- Desktop zoom: 데스크톱 줌, 전체 화면으로 확대

키보드 레이아웃을 정하는 단계이다. 기본적으로 현재 시스템에 맞는 키보드 레이아웃을 자동으로 감지해준다. 언어 선택에서 '**한국어**'를 선택하였으므로 여기서는 **[한국어]**가 표시되고, 키보드 유형으로 '**한국어-한국어(101/104키 호환)**' 키보드로 선택된다. 확인하고 **[다음]**을 눌러주면 다음 단계로 넘어간다.

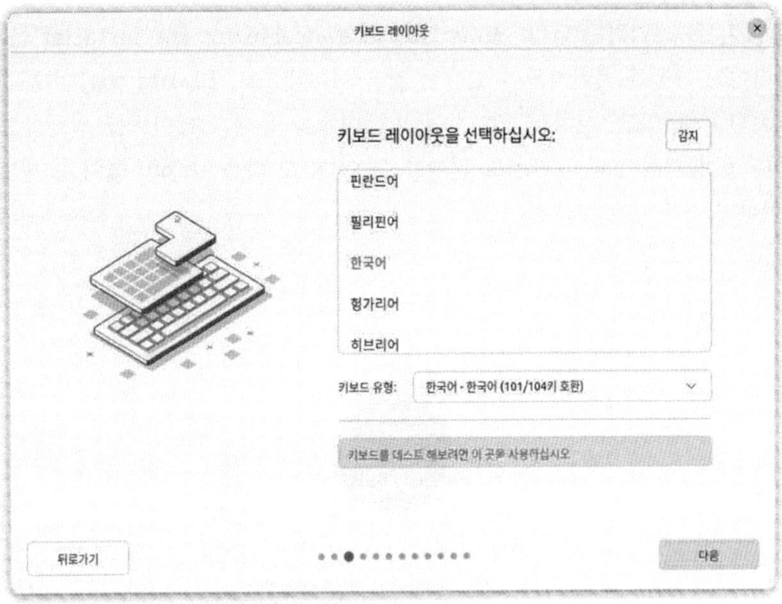

다음은 네트워크 사용 여부와 사용하게 되면 어떤 네트워크를 사용할지를 선택하는 단계이다. 네트워크 연결을 사용하게 되면 시간대 자동 설정에 도움이 되며, **Ubuntu** 운용에 필요한 추가 소프트웨어를 설치할 수 있다. 따라서 이러한 작업을 수행하려면 미리 인터넷에 연결된 이더넷 케이블을 컴퓨터에 연결하거나 **WiFi**를 활성화하여 인터넷을 이용할 수 있도록 설정해주는 것이 좋다.

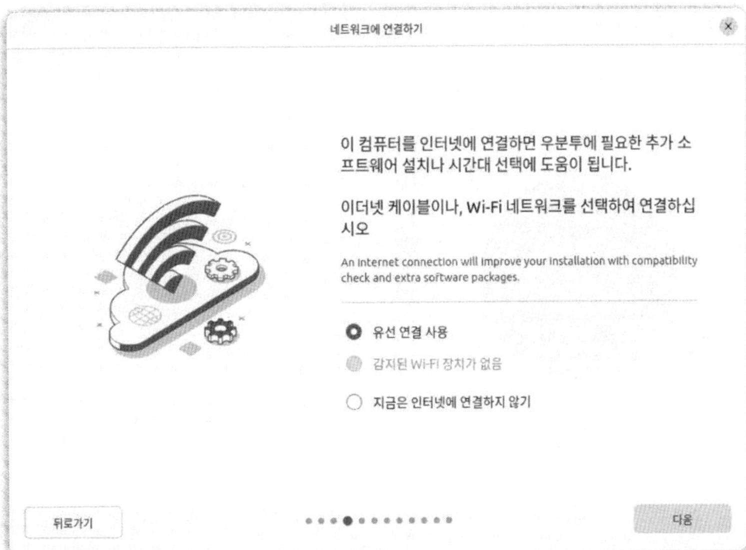

만약 추가 소프트웨어 설치나 패키지 업데이트 없이 배포판 상태 그대로 설치하려면 **[지금은 인터넷에 연결하지 않기]**를 선택하면 된다. '**An update is available for the installer**'는 iso 이미지 파일에서 업데이트 가능한 패키지들이 있다는 것을 나타내므로, **[Update now]** 버튼을 클릭하여 지금 업데이트할 수도 있고, 설치 후 **OS** 자동 업데이트를 통해 업데이트를 진행할 수 있으므로 **[넘기기]** 버튼을 클릭해서 다음 단계로 진행할 수 있다. 그 다음 '**Ubuntu 설치**'를 선택 후 **[다음]** 버튼을 클릭한다.

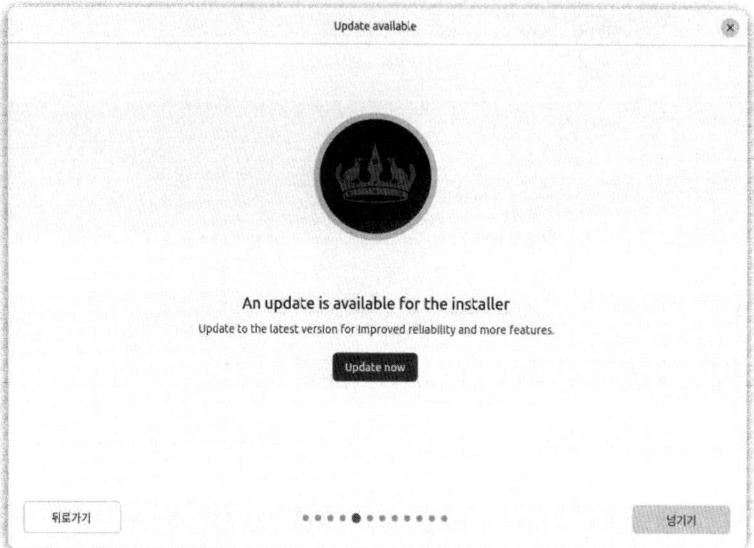

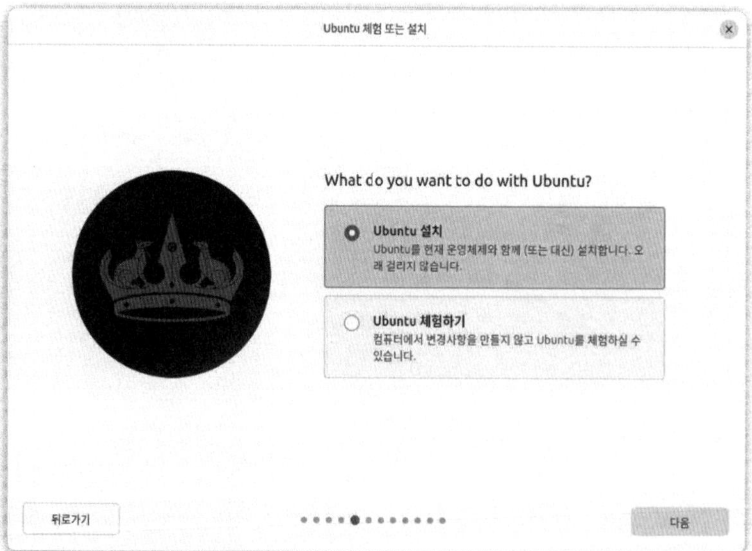

'Interactive installation'을 선택해서 대화형 설치하려고 한다.

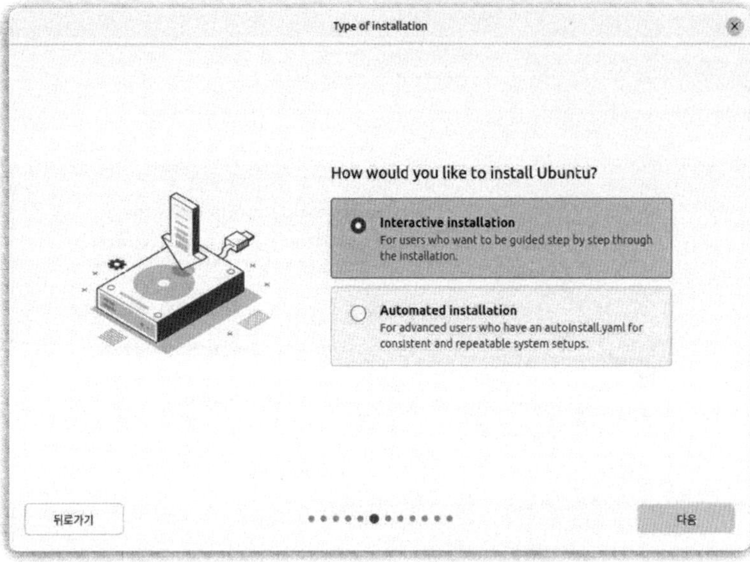

'Default selection'을 선택하여 기본 앱만 설치하기로 한다.

권장하는 서드파티 소프트웨어 및 추가 미디어 포맷을 설치할 것인지 선택하는 단계인데 여기서는 그냥 다음 단계로 넘어가기로 한다.

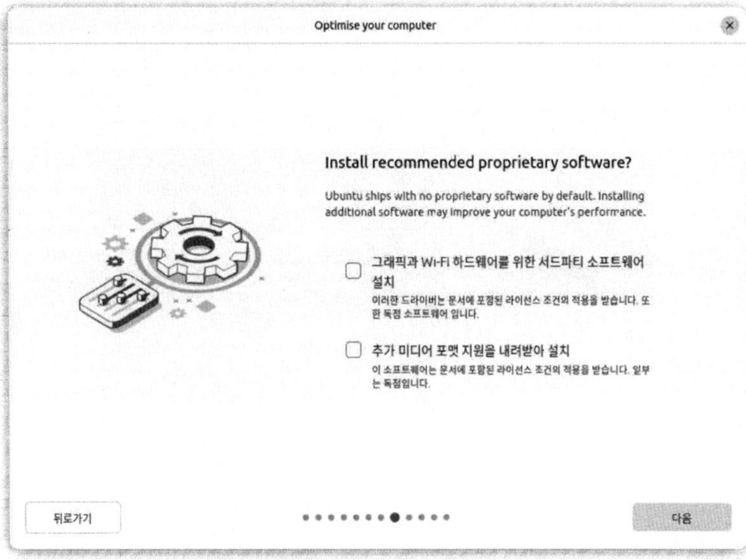

디스크 파티션 선택 단계로 여기서는 '**디스크 지우고 Ubuntu 설치**'를 선택하여 디스크를 포맷하고 설치하는 것으로 한다.

계정 설정 단계로 여기서 설정하는 계정은 '**일반 사용자**' 계정이다. 기본 정보는 앞에서와 같이 **[사용자 이름]: c105**, **[암호]: c105@ubuntu**, **[컴퓨터 이름]: ubuntu**으로 정한다. 여기서 컴퓨터 이름은 호스트 이름과 같다.

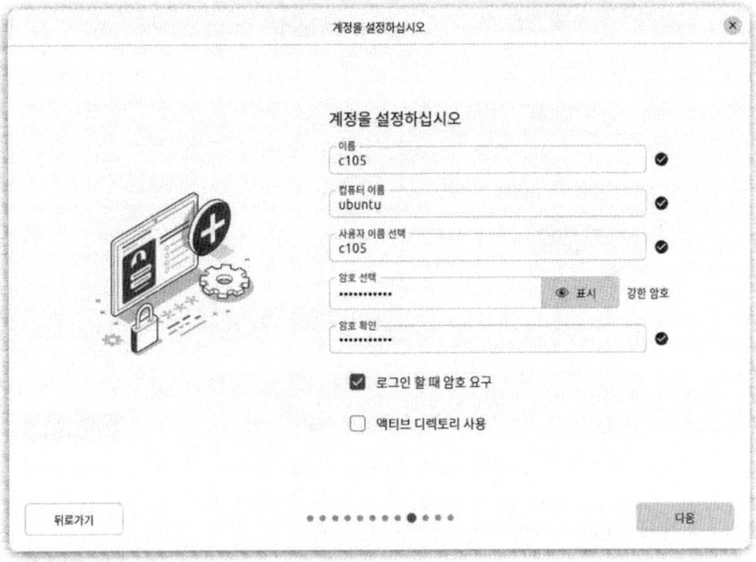

시간대 선택 단계이다.

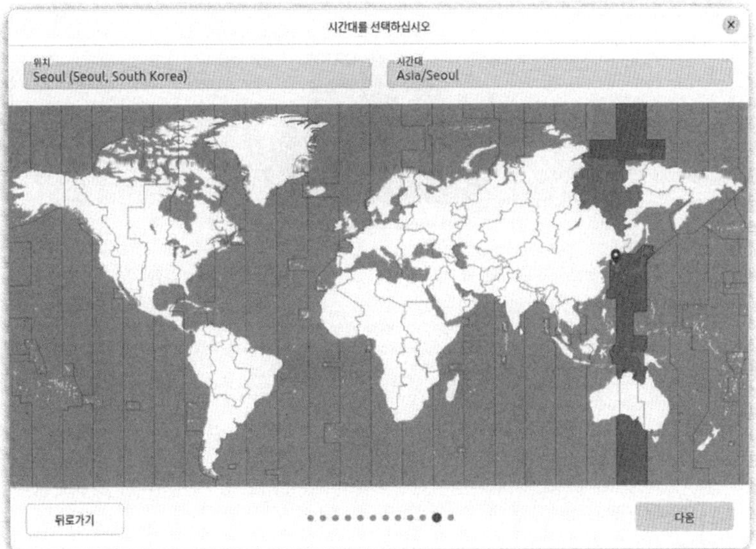

설치 준비가 완료되었으면 변경 사항을 확인한 후 **[설치]** 버튼을 클릭하여 설치를 진행한다.

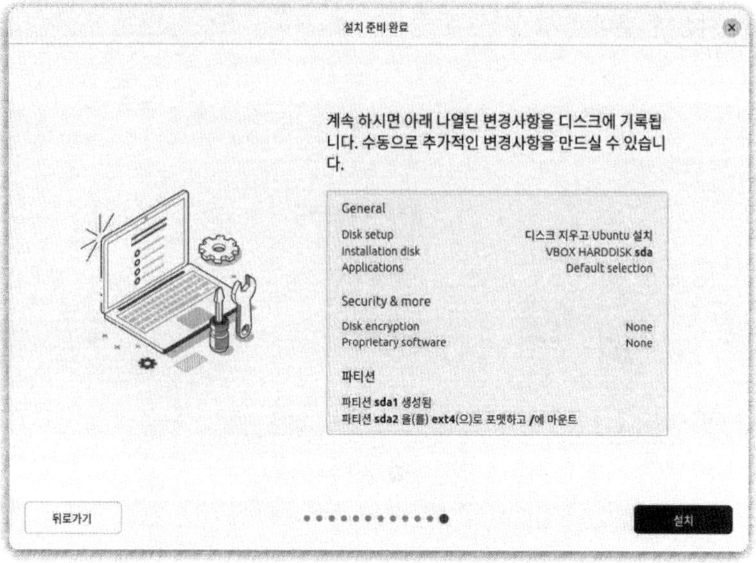

설치가 완료되면 **[지금 다시 시작]** 버튼을 클릭하여 종료 후 시스템을 다시 시작한다.

설치 과정에서 생성된 여러 파일과 프로세스를 정리하고 시스템 종료에 들어간다.

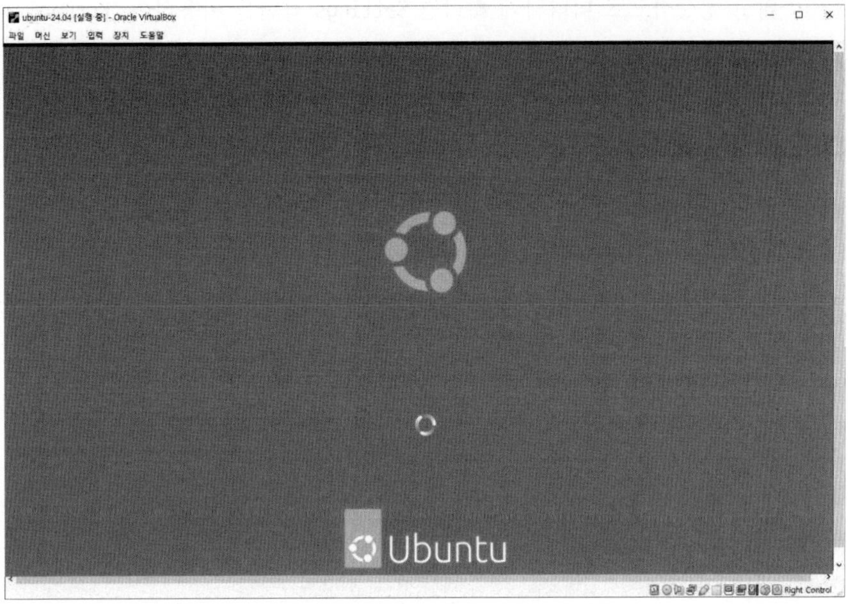

'Please remove the installation medium, then press ENTER: ' 메시지가 나타나면 Enter를 눌러 설치에 사용된 ISO 이미지를 디스크에서 제거한다. 설치 디스크를 제거하지 않으면 다시 시작했을 때 설치 디스크로 부팅되어 설치 과정이 또다시 반복되기 때문이다. 이후 과정은 자동 설치 때와 마찬가지로 로그인 후 추가 설정을 이어간다.

2.5 한글 환경 설정

한글을 깨지지 않고 정상적으로 나타나게 하려면 Settings 화면을 이용하여 "Korean" 언어 지원 도구를 설치해야 한다.

한국어 언어 패키지 설치

1. Settings 창에서 'language'로 검색하거나 창의 왼쪽 메뉴에서 직접 [System]을 선택하고, 오른쪽 메뉴 중에서 [Region & Language] 탭을 클릭한다.

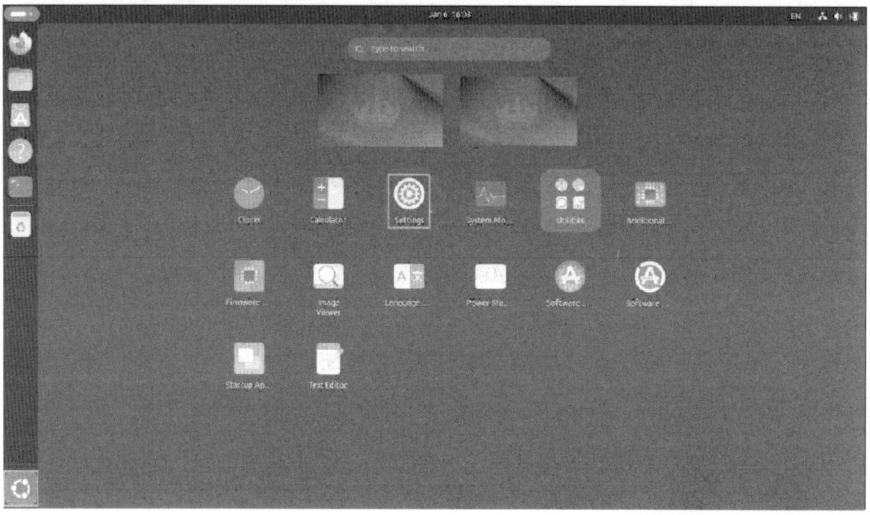

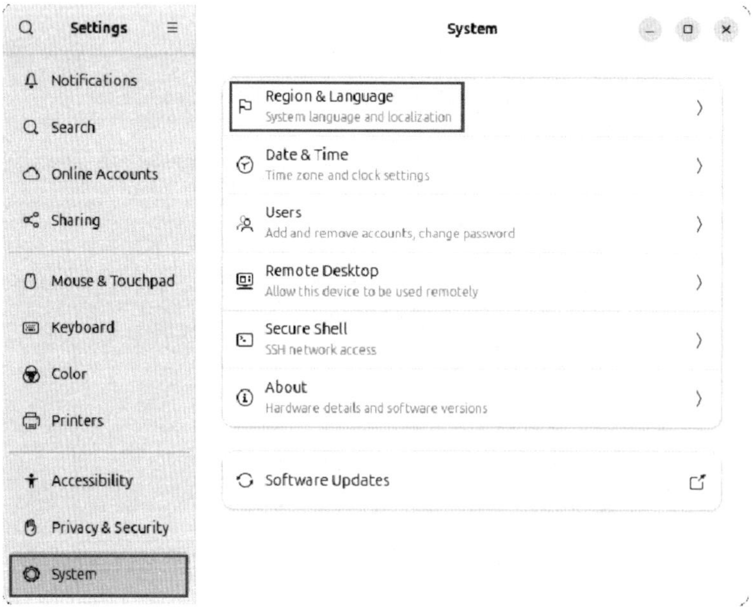

2. [Region & Language] 페이지에서 [System] 항목의 [Manage Installed Languages]를 선택한다.

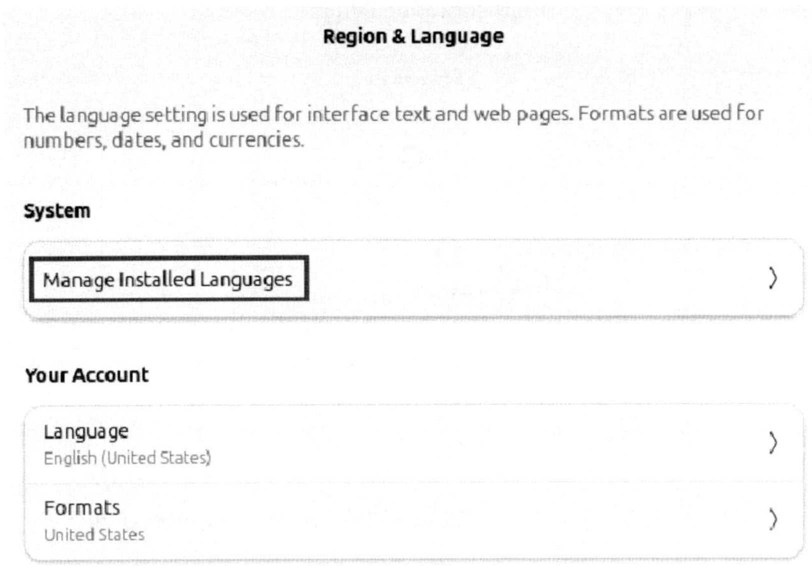

3. 'The language support is not installed completely'라는 메시지 창이 열리면 [Install]을 눌러서 언어 지원 패키지를 설치한다.

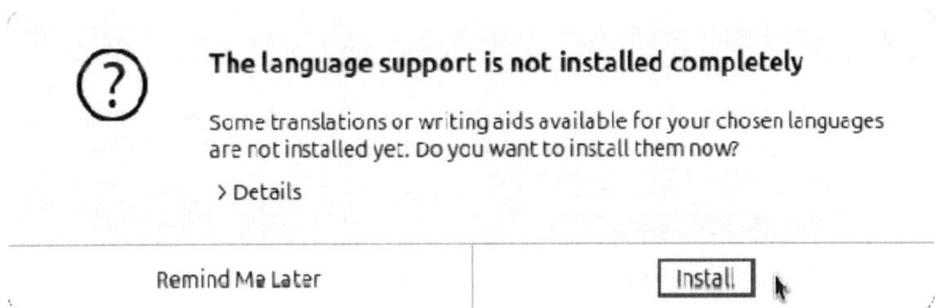

이미 언어 지원 패키지가 설치되어 있는 경우에는 다음 화면이 나타나지 않는다. 이 경우 다음 항목으로 넘어가면 된다.

패키지를 설치하기 위해서는 시스템관리자 권한이 필요하기 때문에 [Authentication Required] 창이 나타나면 현재 사용자의 계정 비밀번호를 입력해준다.

4. 이제 한글 언어 패키지를 설치하기 위해 [Install/Remove Languages...] 버튼을 클릭한다.

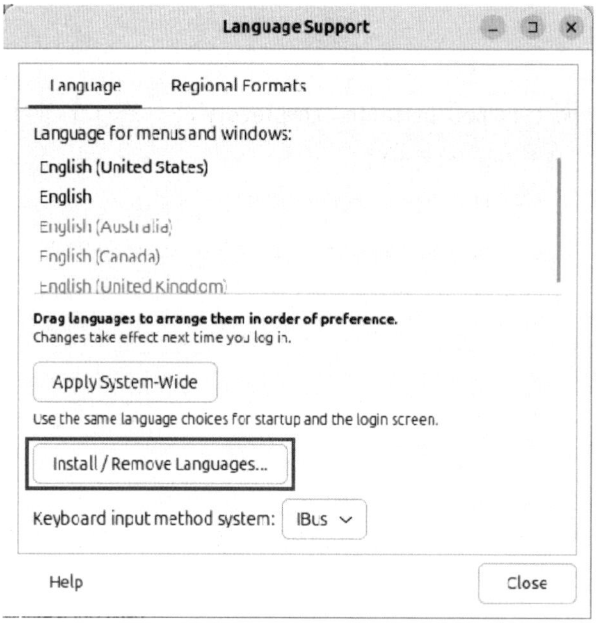

설치된 언어 패키지를 나타내는 [Installed Languages] 창이 열리면 [Language] 중 [Korean]을 선택하고 오른쪽에 있는 [Installed] 체크 박스에 표시해 준 다음 [Apply] 버튼을 눌러서 적용해준다.

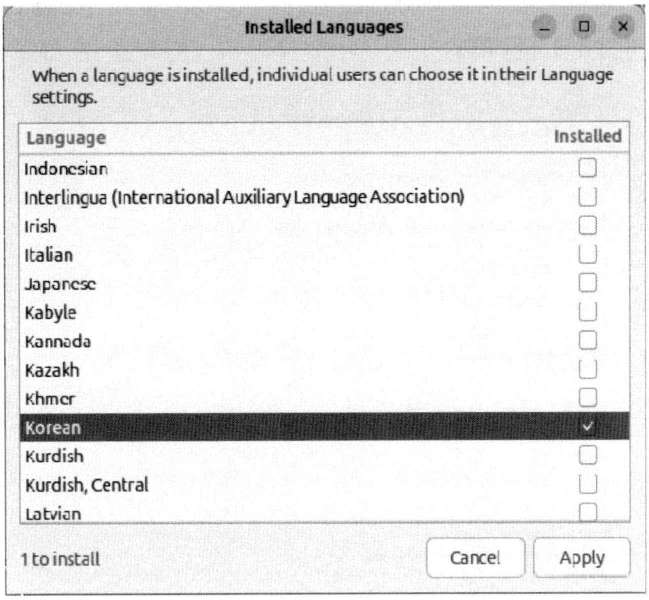

[Apply]를 누르면 선택한 언어 패키지를 설치하기 위해 시스템관리자 권한을 얻을 필요가 있다. 과정 3을 건너뛴 경우에는 [Authentication Required] 창이 나타날 것이다. 이때 현재 사용자의 계정 비밀번호를 입력해준다. 그러면 다음과 같이 [Applying changes] 창이 나타나는데 여기서 [Details]를 선택하면 설치 진행 상황을 자세히 표시해준다. 이것을 보면 한글 관련 언어 패키지와 글꼴 등이 설치된다는 것을 알 수 있다. 설치가 끝나면 자동으로 [Applying changes] 창이 닫힌다.

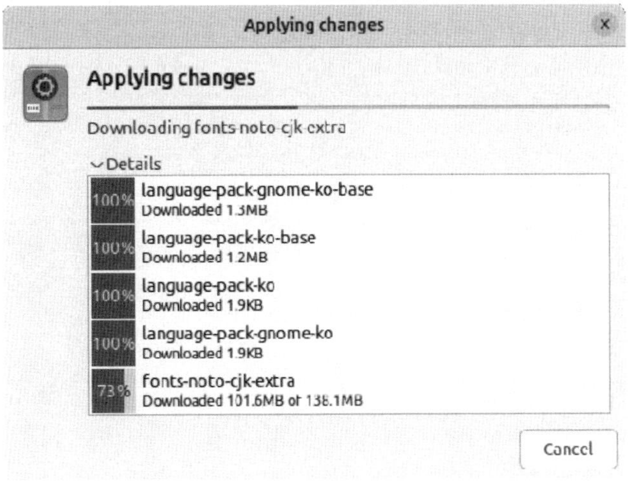

한국어 관련 언어 패키지가 정상적으로 설치되면 다음과 같이 [Language Support] 창의 [Language] 탭의 마지막에 **[한국어]**가 추가되어 나타나는 것을 볼 수 있다.

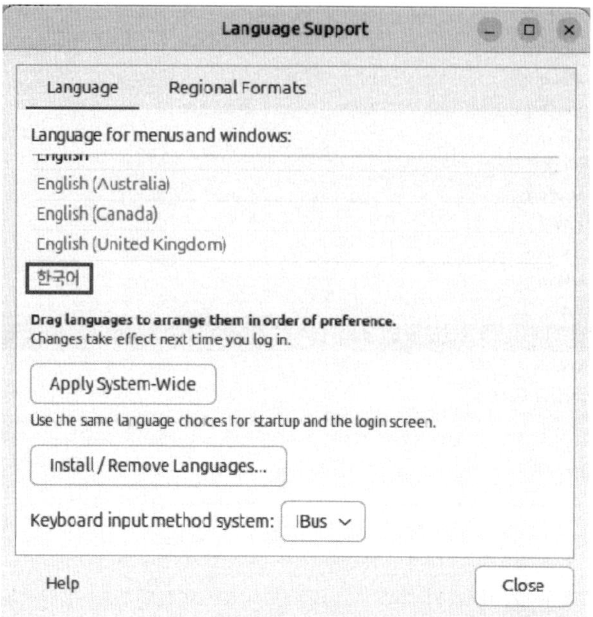

여기까지가 Ubuntu에서 웹브라우저 등의 응용 프로그램에서 한글이 깨지지 않고 정상적으로 표현이 되도록 하는데 필요한 패키지를 설치하는 과정이다.

한글입력기 설치 및 설정

5. Input Source에 한글입력기를 추가한다. Settings 창에서 [Keyboard]→[Input Sources] 에 있는 "+ Add Input Source…" 버튼을 눌러준다.

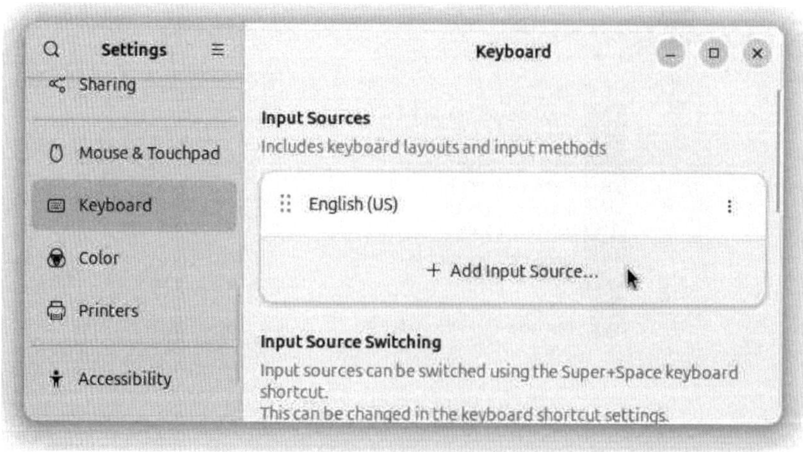

[Add Input Source] 창에서 목록을 보기 위해 ⋮ 버튼을 클릭한다. 그러면 언어로 검색할 수 있는 부분이 나타나는데 여기에 'Korean'을 입력하고 검색한 후 [Other] 버튼을 누르면 다음 3가지 한글 관련 항목이 나타난다. 여기서 [Korean(Hangul)]을 IBus 입력기로 선택한다. 그러면 [Input Sources]에 [Korean(Hangul)]이 추가된 것을 볼 수 있다. 많은 사용자들이 [Korean]을 선택하는 경우가 있는데 이 경우 한/영 변환이 잘 안 된다는 것에 주의하기 바란다.

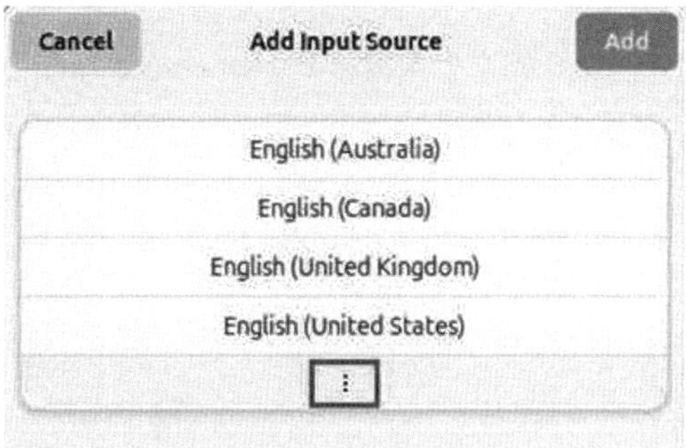

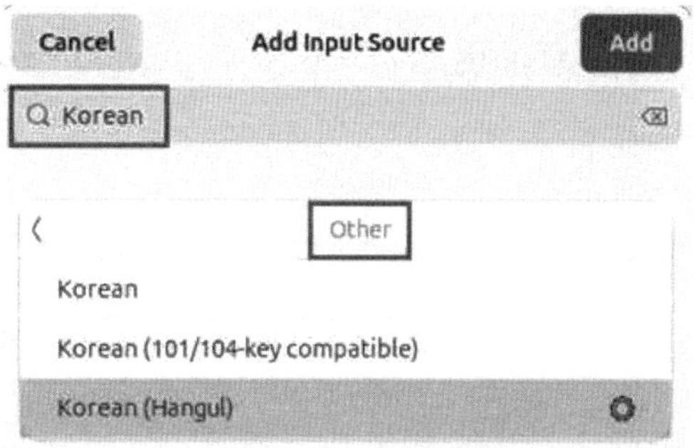

[Input Sources]에 [Korean(Hangul)]의 우측 ⋮ 버튼을 선택하여 나오는 [Move Up]를 선택하여 가장 위로 올려준다.

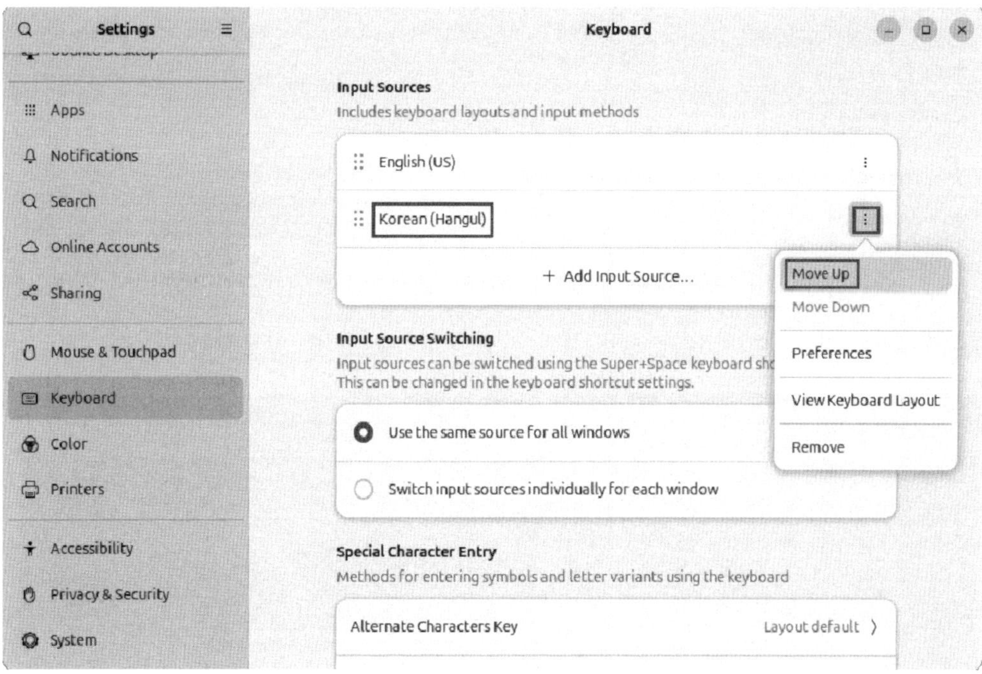

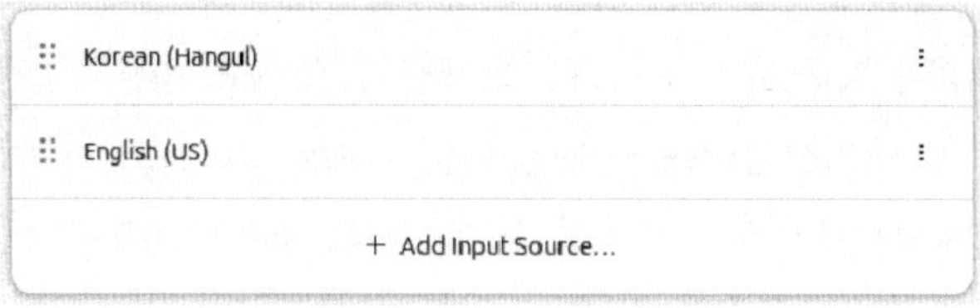

또는 [English(US)]의 ⋮ 버튼을 선택하여 [Remove]를 선택하여 삭제하고 [Korean(Hangul)]만 남겨도 된다.

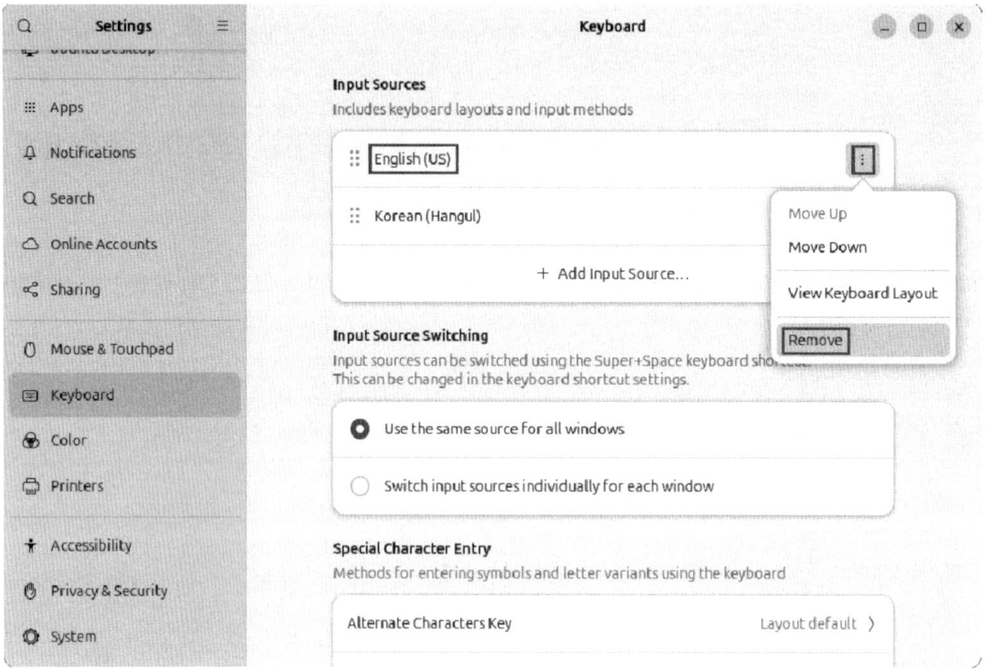

Shift+Space를 이용하여 한/영 전환을 하며 키보드 입력을 할 수 있게 된다.

6. 한/영 전환키를 설정한다.

한/영 전환 방식이나 한자키를 별도로 설정하고 싶은 경우에는 [Settings]→[Keyboard]→[Input Sources]→[Korean (Hangul)]의 우측 ⋮ 버튼을 누르고 [Preferences] 메뉴를 눌러서 들어간다.

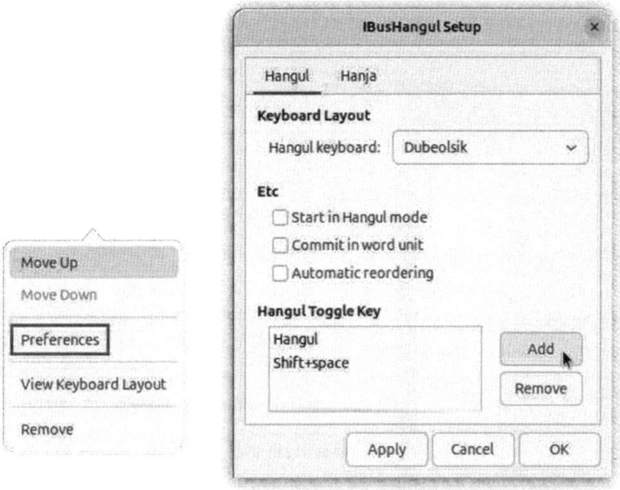

[IBusHangul Setup] 창이 열리고, 창 아래쪽을 보면 Hangul과 Shift+Space가 기본적으로 설정되어 있다. 필요하지 않은 설정을 [Remove]를 눌러서 제거하거나, [Add]를 눌러서 새로운 한글 토글 키를 설정해줄 수 있다. 여기서 한 번 누르면 한글입력 상태, 다시 한 번 누르면 영문 입력상태가 되도록 하는 키를 한글 토글 키라고 한다. 예를들어 한/영 변환키를 추가하려면 [Add]를 눌러 오른쪽에 있는 Alt를 토글키로 추가하면 다음 그림과 같이 Alt_R로 표시된다. [OK]를 누르면 Hangul Toggle Key에 추가된다.

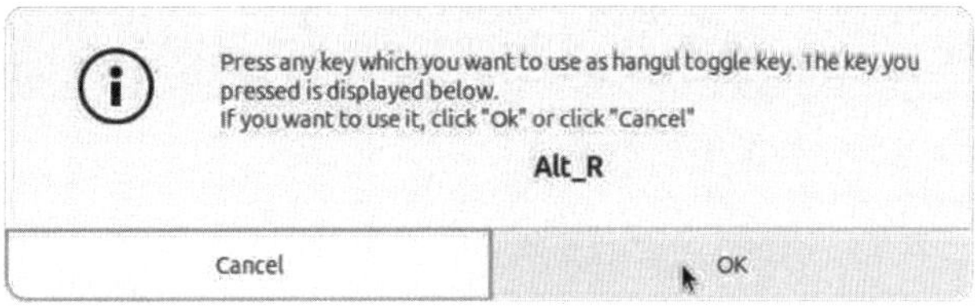

위에서 설정한 한/영 전환키를 사용해서 한글과 영문을 입력할 수 있다. 기본적인 영문 입력 상태에서는 우측 상단에 [EN] 입력기 표시가 나타나고, Shift+Space로 한/영 전환을 해서 한글 입력 상태가 되면 [한] 입력기 표시가 나타난다.

7. 한자키를 설정한다.

한자키가 있는 키보드를 사용하는 경우에는 한자키를 그대로 사용하면 될 것이다. 기본적으로 Hangul_Hanja와 F9로 한자키를 사용할 수 있게 되어 있다. 다른 키로 한자 입력을 원하면 전환키와 마찬가지로 [Add]를 누르고 키 입력을 하여 추가하면 된다. 여기서는 굳이 키를 추가하거나 변경할 필요가 없어 그대로 두기로 한다.

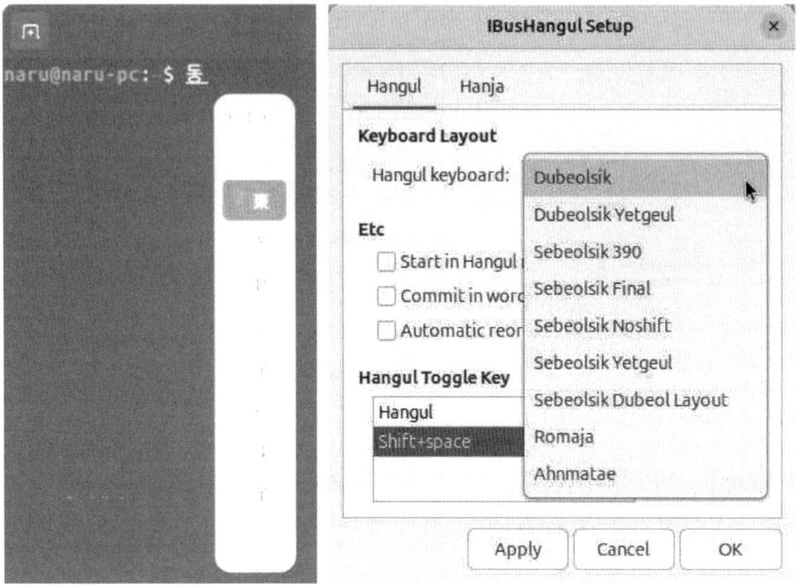

8. 두벌식/세벌식 입력 방식을 설정한다.

[IBusHangul Setup] 창에서 Hangul 탭을 선택하면 한글입력기는 기본적으로 가장 많이 사용하는 두벌식으로 설정되어 있음을 알 수 있다. 여기에서 두벌식, 두벌식 옛글, 세벌식 390, 세벌식 최종, 세벌식 옛글, 세벌식 두벌 레이아웃, 로마자와 같이 입력 방식을 선택할 수 있다. 여기서는 두벌식 기본 입력 방식을 그대로 사용하기로 한다.

2.6 터미널 및 sudo 이슈

Ubuntu 22.04 버전에서 발생한 문제이다. 터미널Terminal이 열리지 않는 문제를 해결하기 위해 다음과 같이 언어(Language)를 한국어(Korean) 또는 UK English로 설정한다.

1. VirtualBox에서 Ubuntu를 시작한다.
2. 런처launcher나 메뉴 바menu bar에서 설정 'Settings' 아이콘을 선택한다.
3. 왼쪽 설정 항목에서 아래로 스크롤하여 언어와 지역 'Language and Region'을 선택한다.

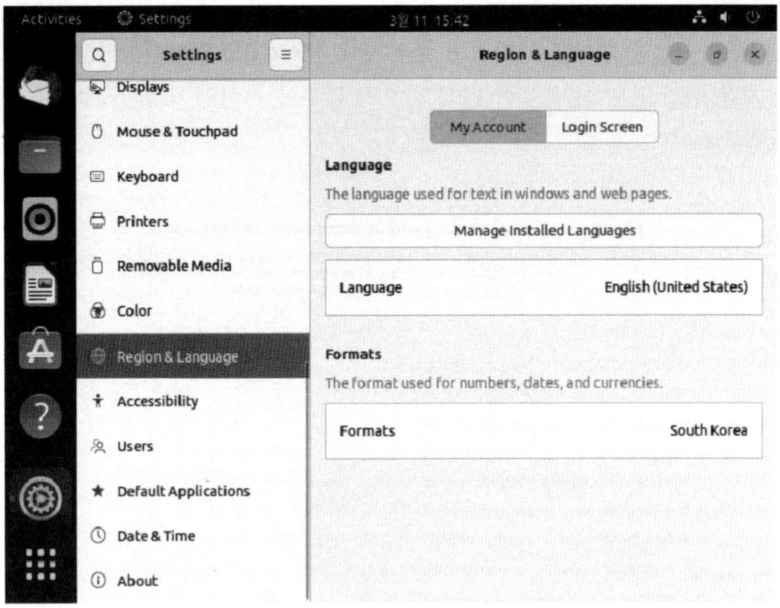

4. 오른쪽 Language를 English 대신에 한국어(Korean) 또는 UK English를 선택한다.

5. 시스템을 다시 시작(Restart)한다.

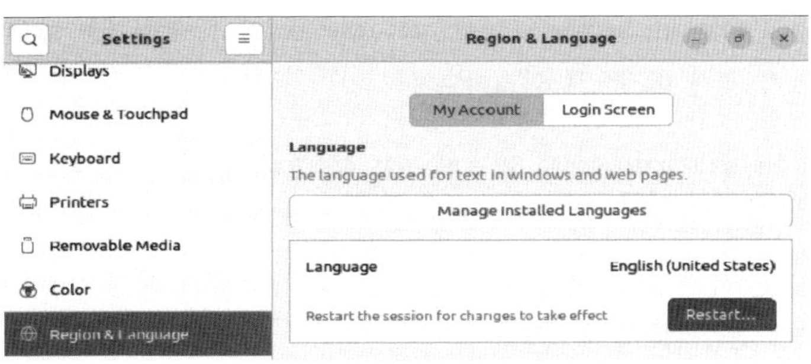

6. 로그인해서 터미널을 실행한다. 언어를 한국어로 바꾸고 나서 로그인하면 다음과 같이 바탕화면 등의 기본 폴더 이름을 한국어로 바꿀지 물어본다. [Keep Old Names]을 선택하여 영문 이름을 유지하는 것을 권장한다. 이 물음이 다시 나오지 않도록 하려면 [Don't ask me this again]을 체크해주면 된다.

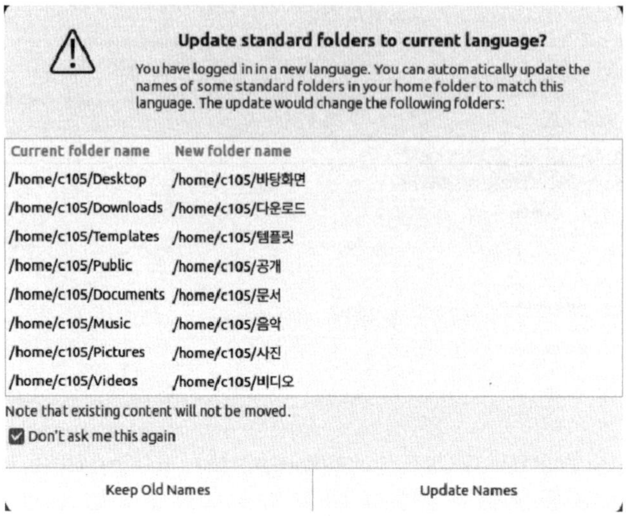

다음은 c105 사용자를 sudo 명령어를 사용할 수 있는 시스템 관리자로 등록하도록 한다. 터미널을 열어서 su 명령어로 시스템관리자로 사용자 전환을 하면 프롬프트가 $에서 #으로 바뀐다. 시스템관리자인 상태에서 usermod -aG sudo c105 명령어를 실행하여 c105 사용자를 sudo 그룹으로 등록해 준다. 등록이 끝나면 reboot 명령으로 다시 시작하거나 exit 명령으로 쉘을 빠져나온다.

```
c105@ubuntu:~$ su
Password:
root@ubuntu:/home/c105# usermod -aG sudo c105
root@ubuntu:/home/c105# reboot
```

먼저 터미널을 열고 sudo apt update && sudo apt upgrade -y 실행한 다음 sudo snap refresh를 실행하여 모든 것을 최신 버전으로 업데이트하는 것이 좋다.

```
c105@ubuntu:~$ sudo apt update && sudo apt upgrade -y
[sudo] password for c105:
```

세션을 마치면 창의 우측 상단에 있는 ×를 클릭하고 컴퓨터를 현재 상태로 고정할지 아니면 완전히 종료할지 선택하여 컴퓨터를 닫을 수 있다.

CHAPTER 3

리눅스 명령어

3.1 온라인 매뉴얼

리눅스에서는 아주 많은 명령어가 있다. 더불어 명령어에는 목적이나 용도에 맞게 사용할 수 있도록 많은 옵션이 준비되어 있다. 이들 명령어와 옵션을 모두 알고 사용하면 좋겠지만 그렇지 않은 것이 현실이다. 리눅스 사용 경력이 많은 사람들도 자주 사용하는 명령어가 아니면 제대로 기억하고 정확하게 사용하는 일은 그리 많지 않다. 이와 같은 상황에 유연하게 대처할 수 있도록 리눅스에서는 시스템에서 사용하는 명령어와 설정 파일에 대한 사용법, 기능, 옵션, 예제, 관련 명령어 등에 관한 정보를 온라인 매뉴얼로 제공하고 있는데, 이것을 매뉴얼 페이지Manual Page라 부른다. 리눅스에 익숙한 사람들도 거의 매일 매뉴얼 페이지를 참조하며 명령어를 사용하고 있다. 매뉴얼 페이지는 생소한 명령어에 대하여 도움말을 제공하여 사용자가 시스템에 좀 더 쉽게 다가갈 수 있게 해주며, 자주 사용하는 명령어에 대해서는 보다 다양한 옵션으로 적절한 기능을 구현할 수 있도록 도와준다. 부족하지만 man 명령어를 설명하기에 앞서 한글 매뉴얼 패키지를 설치하도록 하자.

```
$ sudo apt install manpages-ko                          # 한글 매뉴얼 패키지 설치
[sudo] password for c105:
Reading package lists... Done
Building dependency tree... Done
Reading state information... Done
The following NEW packages will be installed:
  manpages-ko
0 upgraded, 1 newly installed, 0 to remove and 3 not upgraded.
Need to get 214 kB of archives.
After this operation, 702 kB of additional disk space will be used.
Get:1 http://kr.archive.ubuntu.com/ubuntu noble/universe amd64 manpages-ko all 4.2
1.0-2 [214 kB]
Fetched 214 kB in 2s (111 kB/s)
Selecting previously unselected package manpages-ko.
(Reading database ... 148964 files and directories currently installed.)
Preparing to unpack .../manpages-ko_4.21.0-2_all.deb ...
Unpacking manpages-ko (4.21.0-2) ...
Setting up manpages-ko (4.21.0-2) ...
Processing triggers for man-db (2.12.0-4build2) ...
* 현재 디렉터리에 무관한 경우에 한하여 userid@ubuntu:~$ 를 $ 로 표현하기로 한다.
```

온라인 매뉴얼은 man 명령어로 볼 수 있다.

```
$ man 명령어(이름)                                # $ man -L ko 명령어(이름)
```

이 명령어로 자신(man 명령어)에 대한 매뉴얼 페이지를 보기 위해서는 터미널 창에서 다음과 같이 입력하고 실행한다. 기본적인 언어 설정이 한글로 되어 있는 경우 한글 매뉴얼이 나타나게 되어

보기 쉬울 것이다. 하지만 아쉽게도 한글화 작업이 되지 않은 명령어에 대해서는 영문으로 나타나게 된다.

```
$ man -L ko man                                    # 언어 지정: 한글 매뉴얼
MAN(1)                     설명서 페이저 유틸리티                    MAN(1)
이름
       man - 시스템 참고 설명서 인터페이스
개요
       man [man options] [[section] page ...] ...
       man -k [apropos options] regexp ...
       man -K [맨 페이지 옵션] [절] 용어 ...
       man -f [whatis 옵션] 페이지 ...
       man -l [맨 페이지 옵션] 파일 ...
       man -w|-W [맨 페이지 옵션] 페이지 ...
설명
       man 은 시스템 설명서 페이저입니다. man에 전달하는 각 페이지 인자는
       보통 프로그램, 유틸리티,  함수의  이름입니다. 이 각각의 인자값에
       해당하는 설명서 페이지를 그렇게 찾아낸 다음 표시합니다. 섹션 내용을
       제공하는 경우, 설명서의 섹션  내용만 찾게끔 man에 지시합니다. 기본
       동작은 사전 정의순(기본  참고)으로 가용 섹션의 모든 내용을 검색하고
       페이지에 여러 섹션이 있다 하더라도 첫 페이지만 표시합니다.
       하단 테이블에서는 설명서 섹션 번호와 페이지 형식을 나타낸다.
Manual page man(1) line 1 (press h for help or q to quit)
```

명령어에 따라서는 기능이 보완되어 옵션이 늘어나거나 가끔 변경되는 경우가 있는데 이에 대한 한글화 작업이 늦어지거나 이루어지지 않아 매뉴얼이 업데이트되지 않은 채 이전 버전에 머물러 있는 경우가 있다. 이런 경우 추가된 옵션을 적절히 활용하지 못하거나, 제대로 적용되지 않는 옵션이 있을 수도 있다. 그래서 가능하면 영문 매뉴얼을 함께 참고하기를 권한다. 영문 매뉴얼을 보기 위해서는 다음과 같이 언어를 지정하는 옵션 -L en을 추가해서 실행하면 된다.

```
$ man -L en man                                    # 언어 지정: 영어 매뉴얼
MAN(1)                     Manual pager utils                     MAN(1)
NAME
       man - an interface to the system reference manuals
SYNOPSIS
       man [man options] [[section] page ...] ...
       man -k [apropos options] regexp ...
       man -K [man options] [section] term ...
       man -f [whatis options] page ...
       man -l [man options] file ...
       man -w|-W [man options] page ...
DESCRIPTION
       man  is  the system's manual pager.  Each page argument given to man is
       normally the name of a program, utility or function.  The  manual  page
       associated with each of these arguments is then found and displayed.  A
```

```
       section,  if  provided, will direct man to look only in that section of
       the manual.  The default action is to search in all  of  the  available
       sections following a pre-defined order (see DEFAULTS), and to show only
       the first page found, even if page exists in several sections.
       The table below shows the section numbers of the manual followed by the
Manual page man(1) line 1 (press h for help or q to quit)
```

이동

다음 페이지로 이동할 때는 Space 또는 →를, 이전 페이지로 이동할 때는 b 또는 ←를 사용한다. 다음으로 한 줄 이동할 때는 Ctrl+n 또는 ↓를, 이전으로 한 줄 이동할 때는 Ctrl+p 또는 ↑를 사용한다.

문자열 찾기

현재 페이지를 포함하여 아래쪽으로 지정한 문자열을 찾으려면 / 또는 ?를 사용한다. /를 누르면 다음과 같이 아래 왼쪽에 /가 나타나고 이 상태에서 문자열을 지정할 수 있다.

```
       동작은  사전  정의순(기본  참고)으로  가용  섹션의 모든 내용을 검색하고
       페이지에 여러 섹션이 있다 하더라도 첫 페이지만 표시합니다.
       하단 테이블에서는 설명서 섹션 번호와 페이지 형식을 나타낸다.
/설명서
```

찾고자 하는 문자열을 입력한 후 Enter를 누르면 다음과 같이 해당하는 문자열을 찾아준다. 문자열 찾기를 시작한 상태에서 n을 누르면 진행 방향으로(위에서 아래로), Shift+n은 반대 방향으로(아래에서 위로) 순차적으로 찾은 문자열이 있는 곳으로 이동하게 된다.

```
$ man -L ko man
MAN(1)                   설명서 페이저 유틸리티                   MAN(1)
이름
       man - 시스템 참고 설명서 인터페이스
개요
       man [man options] [[section] page ...] ...
       man -k [apropos options] regexp ...
       man -K [맨 페이지 옵션] [절] 용어 ...
       man -f [whatis 옵션] 페이지 ...
       man -l [맨 페이지 옵션] 파일 ...
       man -w|-W [맨 페이지 옵션] 페이지 ...
설명
       man 은 시스템 설명서 페이저입니다. man에 전달하는 각 페이지 인자는
       보통 프로그램, 유틸리티, 함수의 이름입니다. 이 각각의 인자값에
       해당하는 설명서 페이지를 그렇게 찾아낸 다음 표시합니다. 섹션 내용을
       제공하는 경우, 설명서의 섹션 내용만 찾게끔 man에 지시합니다. 기본
```

```
동작은 사전 정의순(기본 참고)으로 가용 섹션의 모든 내용을 검색하고
페이지에 여러 섹션이 있다 하더라도 첫 페이지만 표시합니다.
하단 테이블에서는 설명서 섹션 번호와 페이지 형식을 나타냅니다.
Manual page man(1) line 1 (press h for help or q to quit)
```

혹시 이전 페이지에 있는 문자열을 찾지 못한 것은 아닌지 걱정할 필요 없다. 커서의 위치에서 시작부터 역방향으로(아래에서 위로) 검색하기 위해서는 다음과 같이 ?를 사용하면 된다.

```
동작은 사전 정의순(기본 참고)으로 가용 섹션의 모든 내용을 검색하고
페이지에 여러 섹션이 있다 하더라도 첫 페이지만 표시합니다.
하단 테이블에서는 설명서 섹션 번호와 페이지 형식을 나타냅니다.
?설명서
```

이 경우 n을 누르면 진행 방향(/: 위, ?:아래)으로, Shift+n은 진행 반대 방향으로(/: 아래, ?:위) 순차적으로 찾아주게 된다. 순방향이나 역방향에 상관없이 찾은 문자열의 음영을 바꾸어 나타내주기 때문에 앞에서 설명한 이동키를 이용하면 쉽게 확인할 수 있다. 한글로도 찾을 수 있어 좋은데 한 가지 주의할 것은 한글 입력을 위해 한글 모드로 바꾼 뒤 Enter를 눌러 문자열을 찾고서 영문 모드로 바꾸어 주지 않으면 n으로 동작하지 않는다. 이유는 당연히 한글 모드이기 때문에 이 n이나 N이 아닌 ㅜ로 입력되기 때문이다. 그래서 문자열을 찾고 나서 바로 영문 모드로 바꾸어주는 습관을 들이기 바란다. 이것은 오류를 줄이는 하나의 습관이라 말할 수 있는데, 나중에 vi 편집기를 사용할 때도 비슷한 일로 고생하는 경우가 있으니 주의하기 바란다. 빈 공간이 포함된 문자열을 찾고 싶은 경우에는 빈 공간 대신 \를 앞에 붙여 \ 와 같이 표현하기 바란다.

끝내기

매뉴얼페이지를 마치려면 터미널 창에서 q를 입력한다. 이때도 앞에서와 마찬가지로 영문 모드에서 q를 입력해야 하는 것을 잊지 말기 바란다. 왜냐하면 한글 모드에서는 q를 누르면 ㅂ이 입력되기 때문이다. q를 누르면 매뉴얼페이지가 종료되고 man 명령어를 실행했을 때의 쉘 프롬프트로 돌아온다.

매뉴얼페이지의 내용은 표 3-1에 나타낸 것과 같은 영역으로 구성되어 있다. 리눅스에서 매뉴얼페이지는 환경 변수 MANPATH로 지정된 디렉터리를 참고한다. 이 환경 변수 MANPATH를 따로 설정하지 않으면 리눅스에서는 /etc/manpath.config 파일을 기본으로 하여 설정된다. 그래서 /usr/share/man 디렉터리에 매뉴얼페이지에 관한 기본 자료들은 들어 있고, 각국 언어로 번역된 자료는 이 디렉터리 아래에 들어 있다. 한글 매뉴얼의 경우 /usr/share/man/ko 디렉터리에 들어 있다.

표 3-1 매뉴얼페이지의 구성

영역(Section)	설명
이름(Name)	명령어 이름 및 간단한 설명
개요(Synopsis)	명령어 사용법 및 옵션에 대한 간단한 설명
설명(Description)	프로그램 설명
옵션(Options)	각 옵션이 프로그램의 동작에 주는 영향에 대해 설명
파일(Files)	프로그램 또는 함수가 사용하는 파일
관련항목(See also)	관련된 명령어나 함수
진단(Diagnotics)	오류 메시지 및 처리 방법
버그(Bugs)	알려진 문제점
저자(Author)	프로그램 제작자 및 기여자

다음과 같이 파일 목록을 보는 **ls** 명령어를 사용하면 디렉터리에 있는 파일들을 확인할 수 있다.

```
$ ls /usr/share/man
cs  es  fr.ISO8859-1 hu  ja    man2  man5  man8  pl     ro  sr  uk     zh_TW
da  fi  fr.UTF-8     id  ko    man3  man6  man9  pt     ru  sv  vi
de  fr  hr           it  man1  man4  man7  nl    pt_BR  sl  tr  zh_CN
$ ls /usr/share/man/ko
man1  man4  man5  man7  man8
```

여기서 **man1 ~ man9** 디렉터리를 볼 수 있는데 이것은 내용에 따라 매뉴얼페이지 자료를 분류해 놓은 것이다. **MANPATH**로 설정되는 기본적인 디렉터리는 **man<s>**와 같은 이름을 갖는 하위 디렉터리를 포함한다.

3.2 시스템 종료 및 다시 시작

시스템을 사용할 때 가장 먼저 접하는 것이 시스템 부팅과 함께 로그인과 로그아웃, 시스템 종료이다. 여기서는 터미널에서 명령어를 이용한 방법에 대하여 설명한다.

설명에 앞서 데스크톱 환경에서의 시작과 종료에 관한 과정을 간단히 살펴본다. 대부분의 리눅스 배포판은 시스템을 시작할 때 여러 서비스를 자동으로 시작하게 설정되어 있고, 부팅하게 되면 로그인을 요청하는 화면이 나타나게 된다.

시스템과 밀접한 관련이 있는 명령어는 시스템 관리자인 루트(**root**) 권한을 가진 사용자만이 사용할 수 있도록 되어 있다. 이는 만약 리눅스와 같이 다중 사용자를 위해 운영되는 컴퓨터를 누구나 종료할 수 있게 되어 있다면 심각한 문제가 발생할 수도 있기 때문이다. 리눅스에서 전원을 끄기 전에 반드시 정상적인 시스템 종료 과정을 거쳐야 하는데 이를 지원하는 명령어가 **shutdown**이다.

이 명령어를 실행하면 시스템을 사용하고 있는 모든 사용자에게 다음과 같은 시스템 종료에 관한 메시지를 보내고서 시스템을 끄기 때문에 안전하게 종료할 수 있다.

```
Broadcast message from root@ubuntu on pts/1 (Wed 2024-07-24 06:35:46 UTC):

System shutdown scheduled at 16:30. Please do save your work. Thank You.
The system is going down for poweroff at Wed 2024-07-24 06:45:46 UTC!
```

셸에 대해서는 뒤에서 알아보기로 하고, 여기서는 먼저 명령어를 이용하여 시스템을 종료하는 방법을 익히도록 하자. 런처(사이드바)에서 ▣을 클릭해서 터미널 창을 열거나, 바탕화면에서 마우스 오른쪽 버튼을 클릭하여 [Open in Terminal]을 선택하여 터미널 창을 열어서 명령어를 실행한다. 일반 사용자 계정으로 관리자 권한으로 명령어를 수행하려면 명령어 앞에 sudo를 넣어주면 된다.

```
$ sudo [명령어]
```

단, 사용자가 sudo 그룹에 등록되어 있어야 한다. 다음과 같이 groups 명령어로 등록되어 있는지를 알 수 있다.

```
$ groups
c105 adm cdrom sudo dip plugdev users lpadmin
```

시스템 관리자나 root는 운영체제에서 막강한 권한을 부여받아 작업을 수행하게 되며, 한 번의 실수로 인해 받게 되는 영향은 상상을 초월할 수도 있다. 특히 서버를 운용하는 시스템 관리자는 여러 사용자의 개인적인 정보를 다루기 때문에 이들 관리자에게는 윤리도 갖추어야 할 자질 중의 하나이다. 그만큼 중요하다는 의미로, 이 계정의 비밀번호는 직위가 높은 사람이나 가까운 사람이라도 함부로 알려줘서는 안 되며, 관리자 권한이 필요한 업무를 보는 사람에게 제한적으로 권한을 수행할 수 있도록 허용하는 보안정책이 필요하다. 이 기능을 훌륭히 수행해 주는 하나의 방안이 sudo를 이용하는 것이다. 이 명령어를 이용하면 개발·운용 등의 작업을 수행할 때 로그인 계정 이외의 다른 계정의 권한이 요구되는 상황에서 그 계정으로 직접 로그인하지 않고 자신의 로그인 계정의 인증을 통해 해당 계정의 권한으로 작업을 수행할 수 있다. 그래서 시스템 관리자의 권한으로 명령어를 실행해야 할 경우에는 이 방법을 사용할 것을 권장한다.

시스템을 종료하기 위해서는 일반적으로 shutdown 명령어를 사용한다.

```
shutdown [-옵션] 예약시간 [사용자에게 전달할 메시지]
shutdown [-akrhHPfnc] [-t secs] time [warning message]
```

이 명령어를 사용하면 커널에서 내부적으로는 다음과 같은 작업이 이루어진다.

· sync작업을 한다.
· 접속해 있는 사용자들에게 시스템이 종료된다는 메시지를 보낸다.
· 새로운 사용자의 로그인을 금지한다.
· 지정된 시간 내에 종료되지 않은 프로세스를 강제로 종료한다.
· 지정된 시간 내에 로그아웃하지 않은 사용자를 강제로 종료한다.
· 메모리에 남아있는 데이터를 디스크에 저장한다.
· 시스템 종료에 관련된 정보를 로그파일에 기록한다.
· 마운트$_{\text{mount}}$되어 있는 디바이스를 마운트 해제$_{\text{unmount}}$한다.
· 시스템 종료한다.

여기서 sync 작업은 디스크에 있는 파일 시스템이 메모리상의 변경 사항과 동기화되도록 하여 시스템 종료 시 디스크에 있는 파일 시스템이 최신으로 유지되도록 하는 것을 말한다.
다음 명령어에서 -h 옵션은 멈춤이라는 halt의 줄임말이며, now는 지금 즉시 종료한다는 의미이다.

```
$ sudo shutdown -h now                                    # 지금 즉시 종료
```

비슷하게 시스템을 종료시키기 위해 명령어 halt를 사용할 수 있다. 하지만 두 명령어의 차이점은 shutdown -h now 명령은 시스템을 보호하기 위해 안전하게 종료하는 반면 halt 명령어는 자료를 보호하지 않고 종료하기 때문에 시스템이 반응하지 않거나 다른 종료 방법이 없는 경우에 사용하는 것이 바람직하다.
다른 사용자에게 종료하기 전에 하고 있던 작업을 정리할 수 있도록 시간적인 여유를 주기 위해 일정한 시간이 지난 후 종료하도록 하는 예약종료를 위해서는 +time(분) 옵션을 이용할 수 있다. 예를 들어 아래 명령은 시스템을 10분 후에 종료하라는 의미이다.

```
$ sudo shutdown -h +10 "시스템 종료: 파일 저장 바람"
```

시스템을 다시 시작하기 위해서는 다음과 같이 reboot 명령어를 사용하면 되는데, 옵션을 -r로 하면 shutdown 명령어로도 같은 동작을 시작시킬 수 있다. 여기서 r은 reboot의 줄임말이다.

```
$ sudo reboot                                             # 다시 시작
$ sudo shutdown -r now                                    # 지금 다시 시작
$ sudo shutdown -r +10                                    # 10분 후 다시 시작
```

reboot 명령어와의 한 가지 차이점은 다음과 같이 shutdown 명령어로는 시간을 예약하여 다시 시작할 수 있다는 점이다.

```
$ sudo shutdown -r +10 "시스템 다시 시작: 파일 저장 바람"
```

을 실행하면 로그인한 모든 사용자는 다음과 같은 메시지를 받게 된다.

```
Broadcast message from root@ubuntu on pts/1 (Wed 2024-07-24 08:45:56 UTC):

시스템 다시 시작: 파일 저장 바람
The system is going down for reboot in 10 minutes!
```

예약종료 명령을 내리고 나서 취소하려면 cancel을 의미하는 –c 옵션을 사용하거나 Ctrl+c를 누르면 된다.

3.3 쉘

쉘shell은 리눅스에서 대화형 사용자 인터페이스로, 사용자가 입력하는 명령어를 해석하고, 해석된 명령을 실행할 수 있게끔 도와주는 명령어 처리기이다. 용어에서 짐작하듯이 조개껍질을 생각하면 이해가 빠를 것이다. 껍질은 내부에 있는 중요하고 핵심적인 속살을 외부로부터 보호하는 역할을 하고 있다. 이와 마찬가지로 운영체계의 가장 안쪽 계층에 있는 서비스의 핵심을 담당하는 커널을 감싸고 있는 외곽 계층으로 커널을 보호하며, 대화형으로 사용자의 명령을 커널에 전달하고 수행 결과를 다시 사용자에게 전하는 역할을 담당하는 것이 쉘이다. 간단히 말하면 쉘은 커널과 사용자를 중계하는 역할을 한다. 같은 종류의 조개라고 하더라도 껍질이 조금씩 다르듯이 쉘의 종류는 다양하다.

리눅스에서는 기본적으로 GNU 프로젝트에 의해 Korn 쉘과 C 쉘의 유용한 특징들을 통합한 Bourne Again Shell (Bash)을 사용한다. Bash 쉘의 특징은 다음과 같다.

- 명령어 이력history 기능
- 별칭alias 기능
- 산술 연산 기능
- 작업 제어 기능
- ⭾(Tab)키를 이용한 파일이름 완성 기능
- 프롬프트 제어 기능
- 명령문 편집 기능
- 확장된 내부 명령어

쉘 명령문의 일반적 형태는 단순히 명령어만 입력하거나, 명령어 뒤에 각종 옵션과 인수argument를 함께 입력하여 사용할 수 있다. 또한, 여러 명령어를 함께 사용할 수도 있다.

```
(shell prompt) command [options] [arguments]
(쉘 프롬프트) 명령어 [옵션]  [인수]
```

쉘에는 특수한 용도로 쓰이는 문자가 있다. 그중 중요한 특수문자와 그 의미를 알아보고, 구체적인 사용 예는 뒤에서 자세히 살펴보도록 한다.

표 3-2 쉘에서 사용되는 특수문자

특수문자	의미
~	홈 디렉터리
`	명령 대체command substitution
#	주석comment
$	쉘 변수
&	후면 작업background job : 명령어를 백그라운드로 실행
*	문자열 와일드카드wildcard
()	서브쉘subshell
\	escape 문자
		파이프pipe
[]	문자 집합 와일드카드
{}	명령집합
;	쉘 명령 분리자 : 명령 순서에 사용
<	입력 방향전환redirection : 파일을 표준입력으로 받음
>	출력 방향전환 : 표준출력을 파일로 기록
/	경로명 디렉터리 분리자
?	한 문자 와일드카드
!	명령문 이력history

쉘을 사용할 때 사용자마다 시스템을 이용하는 목적이나 기호가 다를 수 있으므로 사용자마다 자신의 목적이나 기호에 맞는 개별적인 환경설정이 필요하다. 또한 원하는 쉘 변수를 매번 일일이 키보드로 입력해서 설정하는 것은 귀찮을 것이다. 그래서 보통 ~/.bashrc 와 같은 환경설정 파일에 기록해 두면 편리하다. bash에 관련된 환경설정 파일로 .bash_login, .bash_logout, .bash_profile, .profile, .bashrc가 있다. 이들 가운데 .bashrc의 원본 파일은 /etc/skel/ 디렉터리에 있으며 새로운 사용자를 추가할 때 사용자의 홈 디렉터리에 복사되는데, 홈 디렉터리에 있는 .bashrc 파일을 수정하여 자신의 환경에 맞게 사용할 수 있다. bash 환경설정 파일을 크게 나누면 다음과 같이 2가지로 나눌 수 있다.

- 사용자별 환경설정 파일
  ~/.bash_profile, ~/.profile, ~/.bash_login, ~/.bashrc, ~/.bash_logout
- 모든 사용자 공통 환경설정 파일
  /etc/profile, /etc/bashrc

표 3-3 bash 환경설정 파일이 인식되는 시점

~/.bash_profile ~/.bash_login ~/.profile	로그인 쉘에서 한 번만 인식
~/.bashrc	bash 쉘이 실행될 때마다 인식
~/.bash_logout	로그아웃할 때 한 번만 인식

이들 환경설정 파일이 인식되는 시점을 표 3-5에 나타내고, 로그인할 때 관련 설정 파일이 인식되는 순서는 다음과 같다.

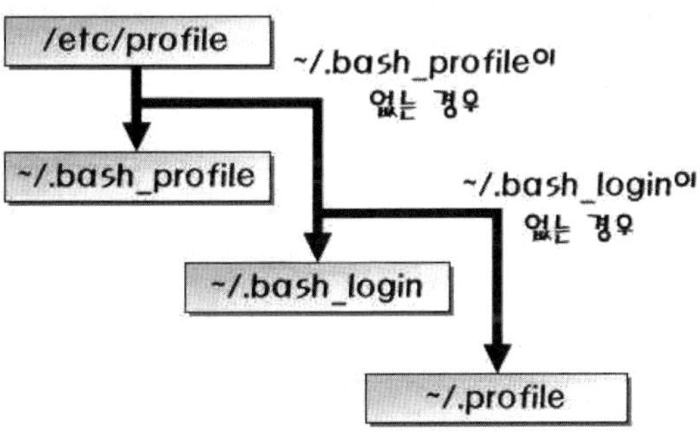

사용자가 로그인하면, 먼저 /etc/profile 파일을 읽고, 나음으로 ~/.bash_profile 파일을 읽는다. ~/.bash_profile 파일이 없으면 ~/.bash_login 파일을 읽는다. ~/.bash_login 파일도 없으면 ~/.profile 파일을 읽는다. 여기서 /etc/profile 파일의 내용은 기본적으로 적용이 되고, .(점)으로 시작하는 3개의 사용자별 환경설정 파일이 2개 이상이 있는 경우에 순위가 높은 파일 하나만 인식되어 적용된다는 것에 주의하기를 바란다. ~/.bash_logout 파일은 로그아웃할 때 내용을 읽어 실행하게 된다. ~/.bashrc 파일은 bash 쉘을 실행할 때마다 읽어서 그 내용을 반영하게 된다.

위에서 보는 바와 같이, /etc/profile이 가장 먼저 읽히는 파일이지만, 이 파일의 내용은 모든 사용자에게 적용되기 때문에, 일반 사용자가 변경할 수 있는 것이 아니다. 사용자별 환경설정은 홈 디렉터리에 있는 .(점)으로 시작하는 사용자별 환경설정 파일을 수정하여 사용하는 것이 바람직하다.

~/.bashrc 파일은 프로세스로 bash를 실행했을 때 읽게 된다. 다시 말해 로그인한 뒤에도 다음과 같이 새로 bash를 실행할 때마다 읽게 되는 것이다.

```
$ bash                                              # .bashrc를 적용
```

설정 파일을 수정하는 것만으로 수정된 내용이 반영되지 않기 때문에 수정 내용을 반영하기 위해서는 로그아웃했다가 다시 로그인하든지, 아니면 다음과 같이 source 명령어를 사용하여 수정된 내용을 반영하도록 한다.

```
$ source 환경설정파일
```

```
$ source ~/.bashrc                      # 현재 쉘에 .bashrc 파일 수정 내용 반영
```

3.4 쉘 명령어

쉘 명령어는 bash 쉘 안에 포함되어 있는 명령어로 내장 명령어built-in commands 또는 내부 명령어라고도 한다. 쉘 명령어에 대한 도움말이 필요하면 쉘 프롬프트에서 help를 실행하면 된다. 여기서는 몇 가지 기본적인 것을 설명하기로 한다. 해당 쉘 명령어에 대해 좀 더 알고 싶으면 help 명령어를 실행하면 된다.

```
$ help 명령어
```

다음은 명령어 alias에 대한 도움말이다.

```
$ help alias
alias: alias [-p] [name[=value] ... ]
    Define or display aliases.

    Without arguments, `alias' prints the list of aliases in the reusable
    form `alias NAME=VALUE' on standard output.

    Otherwise, an alias is defined for each NAME whose VALUE is given.
    A trailing space in VALUE causes the next word to be checked for
    alias substitution when the alias is expanded.

    Options:
      -p        print all defined aliases in a reusable format

    Exit Status:
    alias returns true unless a NAME is supplied for which no alias has been
    defined.
```

별칭 (alias & unalias)

일상생활에서 길이가 길거나 복잡한 의미를 지닌 용어를 짧게 줄여서 이야기하는 경우가 많이 있다. 마찬가지로 리눅스 명령어를 사용하다 보면 너무 길거나 복잡해서 기억하기 어렵거나 매번 입력하는 것이 귀찮을 수 있는데, 이때 별칭alias 기능을 이용하면 명령의 길이나 옵션 등에 구애받지 않고 사용자가 이용하기 편한 형태로 바꾸어서 활용할 수 있다. 그러면 명령어 **alias**에 대해 알아보도록 하자.

쉘에서 별칭은 명령어 **alias**를 이용하여 설정할 수 있다. 하지만 문제는 터미널을 새로 열면 각 터미널에 다시 설정해야 하는 불편함이 있다. 그래서 별칭을 특정 파일에 설정해 두면 쉘 창을 열 때마다 자동으로 적용되어 귀찮은 작업을 피할 수 있다. 별칭을 설정할 수 있는 파일로는 여러 가지가 있을 수 있으나 앞에서 설명한 것처럼 쉘이 실행될 때마다 적용되는 것이 바람직하고, 또한 사용자별로 달리 적용되어야 하므로 **~/.bashrc** 파일이 가장 적합하다. 곧바로 환경설정 파일에 선언하기에 앞서 설정한 별칭을 이용하여 원하는 동작을 하는지 꼭 확인하는 습관을 들이기를 바란다.

터미널 창에서 옵션 없이 **alias**를 실행하면 다음과 같이 리눅스 시스템에 설정되어 있는 별칭으로 설정된 목록을 보여준다.

```
$ alias                                                     # 별칭 내역 보기
alias alert='notify-send --urgency=low -i "$([ $? = 0 ] && echo terminal || ech
o error)" "$(history|tail -n1|sed -e '\''s/^\s*[0-9]\+\s*//;s/[;&|]\s*alert$//'
\'')"'
alias egrep='egrep --color=auto'
alias fgrep='fgrep --color=auto'
alias grep='grep --color=auto'
alias l='ls -CF'
alias la='ls -A'
alias ll='ls -alF'
alias ls='ls --color=auto'
```

기본적으로 설정되어 있는 별칭을 확인할 수 있다. 뒤에서 설명하겠지만 위의 예에서 **alias ls='ls --color=auto'**는 파일 목록을 나타내는 **ls** 명령어인데 이 명령을 실행하면 기본 옵션으로 파일 종류에 따라 자동으로 색상을 함께 나타내도록 별칭을 설정한 것이다. 만약 이와 같은 별칭을 설정하지 않았다면, 파일의 종류와 상관없이 파일 목록을 흰색으로 나타낼 것이다.

별칭의 설정은 다음과 같은 형식을 따른다. =의 오른쪽이 단문으로 되어 있는 경우에는 ''(작은따옴표)로, 복문으로 되어 있는 경우에는 ""(큰따옴표)로 표현하면 된다. 물론 단문일 경우에도 큰따옴표로 표현해도 상관없다. 여기서 주의해야 할 것은 모두 영문 따옴표이어야 한다는 것이다.

```
$ alias 별칭='명령어 옵션'
$ alias 별칭="명령어1 옵션; 명령어2 옵션"
```

다음은 별칭을 이용하여 '목록'이라는 한글 명령어를 만들어 보자. 제대로 설정되었는지 확인한다. 다음과 같이 별칭 '목록'이 설정되어 있음을 알 수 있다.

```
$ alias 목록='ls -l'
$ alias 목록                                              # 별칭 내역 확인
alias 목록='ls -l'
```

확인되었으면 다음과 같이 별칭으로 명령을 실행해 본다. 이와 같이 별칭을 이용하면 다양한 한글 명령어를 만들 수 있다. 여기에 음성인식 기능을 부가하면 음성으로 명령을 수행할 수도 있을 것이다.

```
$ 목록                                                # ls -l 실행 결과와 동일
total 52
drwxr-xr-x 2 c105 c105    4096 Jan  5 13:07 Desktop
drwxr-xr-x 2 c105 c105    4096 Jan  5 13:07 Documents
drwxr-xr-x 2 c105 c105    4096 Jan  5 13:07 Downloads
drwxr-xr-x 2 c105 c105    4096 Jan  5 13:07 Music
drwxr-xr-x 3 c105 c105    4096 Jan  6 14:31 Pictures
drwxr-xr-x 2 c105 c105    4096 Jan  5 13:07 Public
drwxrwx--- 1 root vboxsf 16384 Jan  6  2025 Share
drwx------ 4 c105 c105    4096 Jan  5 15:00 snap
drwxr-xr-x 2 c105 c105    4096 Jan  5 13:07 Templates
drwxr-xr-x 2 c105 c105    4096 Jan  5 13:07 Videos
$ ls -l
total 52
drwxr-xr-x 2 c105 c105    4096 Jan  5 13:07 Desktop
drwxr-xr-x 2 c105 c105    4096 Jan  5 13:07 Documents
drwxr-xr-x 2 c105 c105    4096 Jan  5 13:07 Downloads
drwxr-xr-x 2 c105 c105    4096 Jan  5 13:07 Music
drwxr-xr-x 3 c105 c105    4096 Jan  6 14:31 Pictures
drwxr-xr-x 2 c105 c105    4096 Jan  5 13:07 Public
drwxrwx--- 1 root vboxsf 16384 Jan  6  2025 Share
drwx------ 4 c105 c105    4096 Jan  5 15:00 snap
drwxr-xr-x 2 c105 c105    4096 Jan  5 13:07 Templates
drwxr-xr-x 2 c105 c105    4096 Jan  5 13:07 Videos
```

이렇게 별칭을 설정하여 확인했다면 이제 한 번에 그치지 않고 계속 적용되도록 설정하기 위해서는 앞에서 설명한 ~/.bashrc 파일에 선언해 두면 된다. 하지만 바로 그 명령이 적용되는 것은 아니기 때문에 앞에서 환경설정 파일에서 설명한 것과 같이 로그아웃한 뒤 다시 로그인하거나 source 명령어를 이용하여 변경된 내용을 반영시켜야 한다. 별칭을 이용하면 자주 사용하는 명령어에

여러 가지 옵션을 추가하여 자신만의 간단하고 새로운 명령어로 재 정의할 수 있다.

```
$ unalias 별칭
```

사용자가 정의한 별칭을 지우고 싶은 경우에는 unalias 명령어를 사용하여 해제할 수 있다. 다음은 리눅스 부팅 직후의 별칭 설정에서 'll'을 삭제하고 확인하는 예이다.

```
$ alias ll                                                  # 별칭 ll 확인
alias ll='ls -alF'
$ unalias ll                                                # 별칭 해제
$ alias ll                                                  # 다시 별칭 ll 확인
bash: alias: ll: not found
```

입출력(I/O)

echo는 인수로 지정된 문자열을 그대로 화면에 출력한다. 이것은 산속에서의 메아리를 떠올리면 이해가 쉬울 것이다. 즉, 인수로 주어진 문자열이 커널에 전달되고 그것이 메아리처럼 그대로 화면에 나타나게 되는 것이다.

```
$ echo [옵션] 문자열
```

일반적으로 echo는 프롬프트 상태에서 스크립트를 작성할 때 자주 사용한다. 명령어 창에서 echo 명령은 아래와 같이 메시지를 출력하는 데에 사용된다.

```
$ echo "Echo Test"
Echo Test
```

또한 echo 명령으로 HOME, HOSTNAME, SHELL, TERM 등의 환경변수 값을 확인할 수 있다.

```
$ echo $HOME
/home/c105
$ echo $HOSTNAME
ubuntu
$ echo $SHELL
/bin/bash
$ echo $TERM
xterm-256color
$
```

read는 표준입력으로 읽어 들인 값을 지정한 변수에 대입한다. 다시 말하면 다음과 같이 키보드로 사용자의 입력 90을 받아 변수 var에 대입한 결과를 출력한다.

```
$ read var; echo "var = $var"
90
var = 90
```

-a 옵션을 사용하면 변수를 배열로 받을 수 있다.

```
$ read -a str; echo "string = $str"
linux:\ read\ command
string = linux: read command
```

환경변수

환경변수는 export 명령어를 사용하여 다음과 같이 간단히 설정하고, 인수에 지정된 문자열을 화면에 표시해 주는 echo 명령어로 설정된 변수를 확인할 수 있다.

```
$ export 환경변수=설정값
$ echo $환경변수
```

여기서도 마찬가지로 설정을 지속적으로 적용하고 싶은 경우에는 환경설정 파일(~/.bashrc)에 선언해 두고, 다시 로그인하거나 source 명령어를 실행하면 수정된 내용을 반영된다.
이 명령어를 이용하여 다음과 같이 경로를 설정할 수 있다. 먼저 echo 명령어를 이용하여 현재 설정되어 있는 경로를 확인한다.

```
$ echo $PATH
/usr/local/sbin:/usr/local/bin:/usr/sbin:/usr/bin:/sbin:/bin:/usr/games:/usr/lo
cal/games:/snap/bin:/snap/bin
```

경로를 설정할 때 주의할 점은 :(콜론)으로 구분을 하다는 것이다. 여기서 사용자가 원하는 디렉터리, 예를 들어 /home/c105/bin 을 경로에 추가하고 싶다면 다음과 같이하면 된다. echo 명령으로 PATH 값을 출력해보면 마지막에 /home/c105/bin이 추가된 것을 확인할 수 있다.

```
$ export PATH=$PATH:/home/c105/bin
$ echo $PATH
/usr/local/sbin:/usr/local/bin:/usr/sbin:/usr/bin:/sbin:/bin:/usr/games:/usr/lo
cal/games:/snap/bin:/snap/bin:/home/c105/bin
```

표 3-4 주요 환경변수

변수	설명
DISPLAY	현재 X 윈도우 디스플레이 위치
HOME	사용자 홈 디렉터리
HOSTNAME	호스트이름
PATH	명령어 검색 경로
PS1	프롬프트 설정값
PWD	현재 작업 디렉터리
SHELL	사용하는 쉘
TERM	터미널 종류
MANPATH	매뉴얼페이지 경로
LS_COLORS	ls 명령에서 파일 종류별 색상 지정값

명령 이력 (history)

history는 지금까지 실행했던 명령에서 지정한 크기만큼의 최근 명령을 기억하여 보여주는 명령어이다. 쉘에서 실행했던 명령어를 **Ctrl+p** 또는 **↑**를 사용하여 이전 명령어로, **Ctrl+n** 또는 **↓**를 다음 명령어로 이동하며 열람할 수도 있고, 선택하여 다시 실행할 수도 있다.

```
$ history
    1  clear
    2  ls
    3  ls -alF | more
    4  cd /drv
    5  cd /home/c105
    6  pwd

   ...

   20  unalias ll
   21  alias ll
   22  history
$ alias ll

$ !이력번호
```

또한 history로 확인하거나 해서 이력번호를 알고 있을 경우에는 다음과 같이 쉘 프롬프트에서 !이력번호를 입력하여 실행할 수도 있다. 이 내용은 ~/.bash_history 파일로 저장된다. 저장되는 명령어의 개수는 HISTSIZE 변수로 결정된다.

입출력 방향전환

입출력 방향전환redirection은 쉘에서 표준 입출력 방향을 바꾸어준다. 리눅스에서 명령을 수행할 때 사용하는 표준 입출력 장치가 있다. 일반적으로 표준 입력은 키보드, 표준 출력은 모니터(터미널)가 된다. 물론 필요에 따라서 이 입출력 대상을 변경할 수 있다. 즉, 명령의 실행 결과를 모니터가 아닌 프린터나 파일 형태로 지정하여 출력하거나, 반복되는 입력이 필요한 경우에 표준 입력을 키보드대신 데이터를 파일로 저장하여 이 파일을 입력하는 것을 말한다. 입출력 방향전환에는 '>'와 '>>'기호가 사용된다. 반대방향으로는 '<'와 '<<'가 사용된다.

예를 들어, man –L ko ls는 ls 명령어에 대한 한글 매뉴얼을 모니터(터미널)에 출력하는 것이다. 그런데 '>'를 사용하여 출력 방향을 ls_man.ko 파일로 전환하면 모니터로 출력될 내용이 파일로 출력되는 것이다. 마찬가지로 그 다음 명령은 cat 명령어로 ls_man.ko 파일을 읽어 들여 모니터에 출력하는 대신 방향전환 기호 '>'를 사용하여 그 결과를 file.txt 파일로 출력하는 예이다. 이와 같이 입출력 방향전환을 통해 출력이나 입력의 방향을 지정할 수 있다.

```
$ man -L ko ls > ls_man.ko                  # 입출력 방향전환(파일로 출력)
$ cat ls_man.ko > file.txt                  # 입출력 방향전환(파일로 출력)
$ ls ls_man.ko file.txt
file.txt  ls_man.ko
$ diff ls_man.ko file.txt                   # 파일의 내용이 같은지 확인
$ █
```

표 3-5 입출력 방향전환 사용 예

명령	설명
명령 > 파일명	명령 실행 결과를 파일로 출력
명령 >> 파일명	명령 실행 결과를 파일에 덧붙여 출력
명령 >& 파일명	명령 실행 결과 및 오류를 파일로 출력

파이프

파이프pipe란 앞 프로세스에서 출력이 나오는 즉시 그 결과를 다음 프로세스의 입력으로 전달하는 기능을 의미하며, 여러 명령을 함께 처리할 때 한 명령의 결과가 다른 명령으로 전송되는 통로 역할을 한다. 명령어를 하나씩 일일이 수행하지 않고 한꺼번에 여러 명령을 실행할 수 있어 편리하다. 예를 들어 A라는 곳에서 B라는 곳으로 물을 나르는 것을 생각해 봅시다. 이 때 여러 명이 줄을 지어 양동이로 물을 순차적으로 나르는 방법을 생각할 수 있는데, 이 경우에는 양동이의 물을 다른 쪽 양동이로 다 옮겨야 자신의 양동이에 물을 다시 받을 수 있다. 이 방법은 컴퓨터에서는 프로세스를 순차적으로 수행하는 것을 의미하며 하나의 프로세스가 종료되어야 그 결과를 다음 프로세스에 전달하게 되는 방식이기 때문에 수행 속도는 느려지게 마련이다. 하지만 파이프를

이용하여 물을 옮기면 파이프로 입력된 물은 즉시 다른 쪽 출구로 나오게 되는 것과 같이 컴퓨터에서는 어떤 프로세스에서 처리한 결과가 나오는 즉시 그 출력을 다음 프로세스의 입력으로 받아 처리하는 방식을 의미한다. 그래서 처리 속도가 순차적인 처리 방식보다 빠르다는 것을 알 수 있다. **ls -alR** 명령의 실행 결과를 한 페이지씩 출력하려면 **ls -alR** 명령과 **more** 명령을 파이프(¦)로 연결하여 **ls -alR ¦ more** 와 같이 실행하면 편리하다. 중단 하려면 **q**를 입력하면 종료된다. 그러면 **ls -alR** 을 실행하여 결과가 나오는 대로 **more** 명령어의 입력으로 사용하게 되는 것이다. **more**가 작동해서 출력을 한 화면 단위로 끊어서 보여주게 된다.

```
$ ls -alR ¦ more
.:
total 192
drwxr-x--- 25 c105 c105   4096 Jan 14 14:36 .
drwxr-xr-x  3 root root   4096 May  7  2024 ..
-rw-------  1 c105 c105   4738 Jan 13 18:55 .bash_history
-rw-r--r--  1 c105 c105    220 Mar 31  2024 .bash_logout
-rw-r--r--  1 c105 c105   3771 Mar 31  2024 .bashrc
drwxrwxr-x  2 c105 c105   4096 Jan 13 15:12 bin
drwx------ 13 c105 c105   4096 May  7  2024 .cache
drwx------ 15 c105 c105   4096 Dec 10 15:37 .config
drwxr-xr-x  2 c105 c105   4096 May  7  2024 Desktop
drwxr-xr-x  2 c105 c105   4096 May  7  2024 Documents
drwxr-xr-x  2 c105 c105   4096 May 28  2024 Downloads
drwxrwxr-x  6 c105 c105   4096 May  7  2024 .eclipse
drwxrwxr-x  5 c105 c105   4096 May  7  2024 eclipse-workspace
-rw-------  1 c105 c105     52 Jul 28 15:51 .lesshst
drwx------  4 c105 c105   4096 May  7  2024 .local
drwxr-xr-x  2 c105 c105   4096 May  7  2024 Music
drwxrwxr-x  3 c105 c105   4096 May 14  2024 .p2
-rw-r--r--  1 c105 c105    355 May  7  2024 .pam_environment
drwxr-xr-x  3 c105 c105   4096 Jan 14 14:38 Pictures
drwx------  3 c105 c105   4096 May  7  2024 .pki
-rw-r--r--  1 c105 c105    807 Mar 31  2024 .profile
--More--
```

명령 순서

한 번에 여러 명령을 내릴 때는 명령어가 어떻게 처리되는지를 알아본다.

```
① 명령1; 명령2
② 명령1 && 명령2
③ 명령1 || 명령2
④ (명령1; 명령2)
```

연산자 중에서 && 와 || 이 ; 와 & 보다 우선순위가 높습니다. 명령이 &로 끝나면 쉘은 그 명령을 서브 쉘에서 후면background으로 실행한다. 첫 번째의 경우와 같이 ;로 구분된 명령들은 순차적으로 실행된다. 두 번째의 경우는 **명령1**이 0이라는 종료 상태 값을 반환할 때에만 **명령2**가 실행된다. 다시 말해 **명령1**이 정상적으로 수행이 되어야 **명령2**가 수행된다. 세 번째의 경우는 두 번째와 반대로 **명령1**의 종료 상태 값이 0이 아닌 때에만 **명령2**가 실행된다. 즉, **명령1**이 실패해야 **명령2**가 수행되는 것이다. 네 번째의 경우는 첫 번째와 아무런 차이가 없어 보이지만 ()를 사용하게 되면 계산식에서와 같이 명령을 그룹화 할 수 있다. 예를 들어, cd /usr/bin; ls를 실행하고 나면 현재 위치가 /usr/bin 디렉터리가 되지만, (cd /usr/bin; ls)를 실행하고 나면 원래의 위치로 되돌아오게 된다. 이 방법을 용도에 맞게 적절하게 사용하면 편리할 때가 많이 있다.

알아두면 편리한 기능

다음은 쉘 프롬프트 상에서 명령을 수행하는데 알고 있으면 편리한 몇 가지 기능을 소개한다.

- 명령 완성 기능

  명령어가 길거나 이름의 일부만 생각날 경우, 명령어의 일부만 입력하고 Tab을 누르면 자동적으로 가능한 명령어를 완성시켜 준다. 만일, 관련된 것이 여러 개가 있는 경우에는 해당하는 것들의 리스트를 보여준다.

- 화살표 키로 사용했던 명령어 찾아내기

  이전에 사용했던 명령을 다시 사용하고 싶은 경우, ↓와 ↑(또는 Ctrl+n과 Ctrl+p)를 사용하여 명령어를 위 또는 아래로 찾아볼 수 있으며, 원하는 명령을 실행할 수도 있다. 자세한 사항은 명령 이력을 참고하기 바란다.

- 명령에 메타문자 사용하기

  명령어에 인수로 여러 개의 파일을 다루어야 할 필요가 있을 때 특수문자를 사용하면 편리하다.

? : 어떤 문자이던지 한문자
($rm test?: test로 시작하는 5글자로 된 파일 삭제)
* : 어떤 문자이든지 문자의 수에 상관없음
($rm test*: test로 시작하는 모든 파일 삭제)

- 마우스로 텍스트 복사하기
X 윈도우를 사용하는 경우 여러 개의 터미널을 열어 여러 개의 작업을 동시에 수행할 수 있다. 이때 한 쪽 터미널에서 다른 쪽 터미널로 텍스트를 복사하고자 할 때, 마우스로 원하는 부분을 드래그하고서, 복사할 위치로 가서 가운데 (스크롤바) 버튼을 누르면 복사 된다. 물론, 편집기에서 편집기의 복사도 가능하다.

리눅스에서는 윈도우즈와는 달리 확장자로 파일을 구분하지 않으며, 이름으로 파일과 디렉터리를 구분하지 않는다. 이름은 공백 및 특수문자를 포함하여 최대 256자까지 사용 가능하며, 대문자와 소문자를 구별한다. 이것은 모든 자료를 파일로 처리하는 리눅스의 특징이라고 볼 수 있다. 또한 리눅스는 다중 사용자를 위한 운영체제이기 때문에, 시스템의 자원이라 할 수 있는 파일을 소유할 수 있는 권리와 접근할 수 있는 권한을 부여할 수 있게 되어 있다. 여기서는 리눅스에서 파일을 다루는 방법에 대해서 설명한다.

3.5 파일 열람

명령어 ls$_{list}$는 지정된 파일이나 디렉터리에 관한 정보를 출력한다. 이 명령어는 옵션이 많기로 잘 알려져 있지만 모두 기억할 필요는 없고 필요에 따라서 앞서 배운 매뉴얼페이지를 이용하여 옵션을 활용하는 것이 바람직하다. 명령어 및 옵션에 대한 도움말이 필요하다고 느끼지만, 매뉴얼페이지의 설명은 너무 장황하다고 생각되는 사용자는 옵션 --help를 이용하면 간략한 도움말을 제공받을 수 있다. 이 옵션은 대부분의 명령어에 공통적으로 적용된다. 여기서는 ls 명령어의 대표적인 옵션만을 다루기로 한다.

```
$ ls --help | less

Usage: ls [OPTION]... [FILE]...
List information about the FILEs (the current directory by default).
Sort entries alphabetically if none of -cftuvSUX nor --sort is specified.
Mandatory arguments to long options are mandatory for short options too.
  -a, --all                  do not ignore entries starting with .
  -A, --almost-all           do not list implied . and ..
      --author               with -l, print the author of each file
```

```
  -b, --escape                print C-style escapes for nongraphic characters
      --block-size=SIZE       with -l, scale sizes by SIZE when printing them;
                              e.g., '--block-size=M'; see SIZE format below
  -B, --ignore-backups        do not list implied entries ending with ~
  -c                          with -lt: sort by, and show, ctime (time of last
                              change of file status information);
                              with -l: show ctime and sort by name;
                              otherwise: sort by ctime, newest first
  -C                          list entries by columns
      --color[=WHEN]          color the output WHEN; more info below
  -d, --directory             list directories themselves, not their contents
  -D, --dired                 generate output designed for Emacs' dired mode
  -f                          list all entries in directory order
:█
```

기본 형식과 자주 사용하는 옵션은 다음과 같다.

```
$ ls [옵션] [파일]
```

생략시	현재 디렉터리를 가리킴
-a	.(점)으로 시작하는 숨겨진 파일을 포함한 디렉터리의 모든 파일 출력 (all)
-l	파일의 상세정보(크기, 소유자 등)출력 (long)
-s	파일이름 앞에 파일의 크기 출력 (size)
-t	최근 파일 순으로 출력 (time)
-F	파일의 형태(디렉터리, 링크 등) 출력 (/: 디렉터리, @: 링크)
-R	하위 디렉터리를 모두 포함하여 출력 (recursive)
--help	도움말 출력

예를 들어, 옵션이 없는 **ls** 명령과 숨김 파일을 나타내는 **-a** 옵션과 디렉터리를 지정한 출력이 다음과 같다고 하자. 실행 결과를 보면 첫 번째는 파일 **14**개가 나타나는데 모두 디렉터리이기 때문에 파란색으로 표시된다. 두 번째는 **example_dir**은 디렉터리를 나타내고, 흰색으로 표시된 **.bashrc**와 **manpage.txt**는 텍스트 파일로 실행할 수 없는(비실행) 파일을 나타낸다. **mandelbrot.jpg, traceur.bmp, UbuntuCoF.png** 파일은 이미지 파일로 분홍색으로 표시된다. **ls**는 명령어로 실행할 수 있는 파일로 초록색으로 표시된다. **math.h**는 **/usr/include/math.h**에 링크된 파일로 하늘색으로 표시된다.

```
$ ls
Desktop    Downloads          Music     Public  Share  Templates  Videos
Documents  eclipse-workspace  Pictures  Python  snap   tomcat9    Workspace
$ ls -a Downloads/
.   .bashrc      ls              manpage.txt  sample.mp3  UbuntuCoF.png
..  example_dir  mandelbrot.jpg  math.h       traceur.bmp
```

이처럼 파일에 표시된 색상으로 파일의 종류를 알 수 있다. 아래에 이와 관련한 내용을 정리한다.

```
.            : 현재 디렉터리 표시
..           : 상위 디렉터리 표시
.파일이름     : 숨김 파일
흰색 파일     : 비실행 파일
녹색 파일     : 실행 파일
파란색 파일   : 디렉터리
하늘색 파일   : 링크된 파일
분홍색 파일   : 이미지 파일
```

리눅스에서는 로그인한 사용자에 따라 파일 관리자$_{\text{File Manager}}$를 실행했을 때의 기본(홈) 디렉터리가 정해진다. **Ubuntu**를 부팅해서 **c105** 사용자로 로그인하면 홈 디렉터리는 **/home/c105**로 된다. 이와 관련하여 메뉴바$_{\text{menu bar}}$(사이드바$_{\text{side bar}}$)에서 파일 아이콘을 클릭하면 다음 그림과 같은 창이 나타나고, 홈 디렉터리를 표시해 준다. 이 내용과 터미널에서 **ls** 명령어로 표시한 내용이 같다는 것을 알 수 있다.

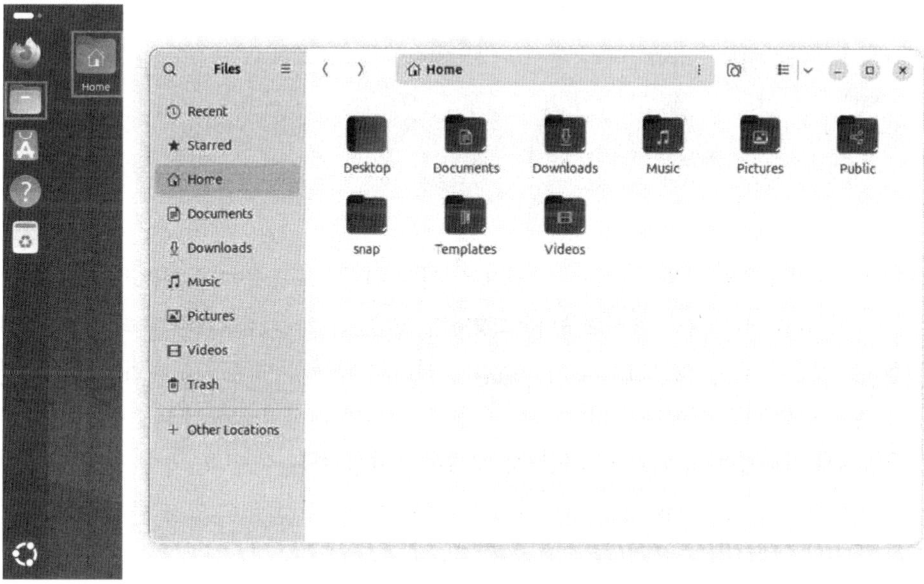

파일 관리자 창에서 .(점)으로 시작하는 숨겨진 파일을 포함하여 모든 파일을 볼 수 있도록 하려면 [Dropdown Menu]→[Show Hidden Files Ctrl+H]를 선택하면 된다.

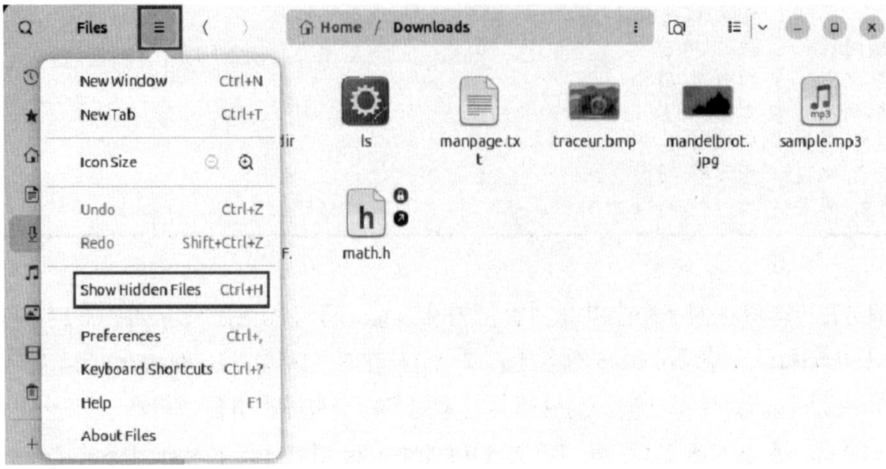

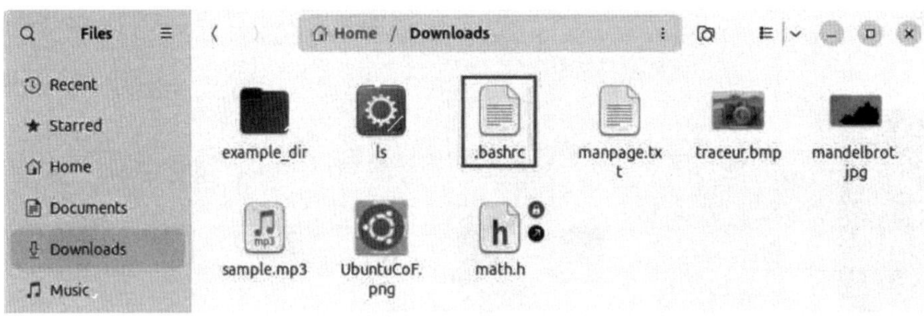

파일 관리자는 윈도우즈의 탐색창과 유사한 것으로, 파일 관리자를 실행하면 기본적으로 로그인한 사용자의 홈 디렉터리의 내용을 표시해준다. 그렇다면 GUI_{Graphic User Interface} 파일 관리자를 사용하는 것이 편할 것 같은데 굳이 왜 CLI_{Command Line Interface} 터미널 창에서 명령어로 작업하는지 궁금할 것이다. 실제로 일을 하는 것에는 그다지 차이가 없다. 하지만 터미널 창에서 명령어에 여러 가지 옵션을 지정해서 실행하면 더 빠르게 처리하고 상세한 정보를 얻을 수 있다. 익숙해지면 단축키를 사용하는 것과 마찬가지로 훨씬 쉽고 빠르게 하고자하는 일을 처리할 수 있어 더욱 매력을 느낄 것이다.

파일이름과 관련하여 어떠한 특징이 있는지 간단히 살펴보도록 하자. 리눅스에서는 파일이름에 있어 대문자와 소문자를 엄격히 구별한다. 예를 들어 윈도우즈에서는 exam.TXT와 exam.txt는 서로 같은 파일로 간주되지만, 리눅스에서는 서로 다른 파일로 인식한다. 파일 이름은 최대 256자까지 사용 가능하며, 공백을 포함한 특수문자를 사용할 수 있다. 파일이름으로 특수문자를 사용할 수 있으나 문제 발생을 최소화하기 위해서는 이를 자제하는 것이 바람직하다. 기본적으로는 확장자로 파일의 속성이나 기능을 구분하지 않는다.

또 한 가지 특별한 것은 윈도우즈에서는 .(점)으로 시작하는 파일을 만들 수 없지만 리눅스에서는 가능하다는 것이다. .(점)으로 시작하는 파일(디렉터리)은 기본적으로 보이지 않는 속성을 가지고 있으며, 주로 설정 파일이 이에 해당한다. 윈도우즈에서의 숨김 파일을 생각하면 이해가 빠를 것이다. 이와 같이 기본적으로 보이지 않는 속성을 가지고 있는 파일(디렉터리)을 포함하여 모든 파일의 목록을 나타내기 위해서는 **ls**명령에서 옵션 **-a**를 사용한다. 여기서 점 하나(.)로 표기된 것은 현재 디렉터리를, 점 두 개(..)로 표기된 것은 상위 디렉터리를 나타낸다.

```
$ ls
Desktop    Downloads          Music    Public Share Templates Videos
Documents  eclipse-workspace  Pictures Python snap  tomcat9   Workspace
$ cd Downloads
```

```
$ ls -a
.   .bashrc     ls              manpage.txt sample.mp3   UbuntuCoF.png
..  example_dir mandelbrot.jpg  math.h      traceur.bmp
```

그리고 옵션 **-l**은 파일 속성, 허가권, 하드 링크 수, 소유권(사용자, 그룹), 크기, 만든 날짜 등의 정보를 자세히 보여준다.

```
$ ls -l
total 1476
drwxrwxr-x 2 c105 c105    4096 Jan 12 14:16 example_dir
-rwxr-xr-x 1 c105 c105  142312 Jan 12 14:16 ls
-rw-rw-r-- 1 c105 c105   93838 Jan 12 14:11 mandelbrot.jpg
-rw-rw-r-- 1 c105 c105   41853 Jan 12 14:14 manpage.txt
lrwxrwxrwx 1 c105 c105      19 Jan 12 14:19 math.h -> /usr/include/math.h
-rw-rw-r-- 1 c105 c105  126457 Jan 12 14:09 sample.mp3
-rw-rw-r-- 1 c105 c105 1036854 Jan 12 14:12 traceur.bmp
-rw-rw-r-- 1 c105 c105   55178 Jan 12 14:06 UbuntuCoF.png
```

옵션 **-F**는 이름의 마지막에 파일의 형태를 나타내는 기호를 덧붙여 표시해 준다. 이는 색상으로 파일을 구별하기 힘들 때 유용하다. 여기서 마지막에 **/**기호로 표시된 것은 디렉터리를, **@**기호로 표시된 것은 링크된 파일을, 아무런 표시도 없는 것은 일반 파일을 나타낸다. 옵션은 목적에 따라 조합하여 사용할 수도 있다. 예를 들어 **ls -aF**와 같이 사용할 수 있다. 그리고 **alias**를 이용하여 자신만의 새로운 명령어를 만들어 편리하게 사용할 수 있다.

```
$ ls -aF
./   .bashrc      ls              manpage.txt sample.mp3   UbuntuCoF.png
../  example_dir/ mandelbrot.jpg  math.h@     traceur.bmp
```

3.6 소유권

윈도우즈에서 파일에 대한 정보를 보기 위해 탐색기를 열어 보면 파일의 이름과 크기, 파일의 종류, 바뀐 날짜 등을 알 수 있다. 이와 마찬가지로 리눅스에서는 이보다 자세한 파일 정보를 가지고 있으며, 그 구조는 다음과 같다.

```
$ ls -ld Desktop/
drwxr-xr-x 2 c105 c105 4096 May  7 13:48 Desktop/
```

【필드 설명】

필드 1 : 파일의 종류 및 파일에 대한 읽기/쓰기/실행 허가권 (drwxr-xr-x)

필드 2 : 하드 링크 수 (2)

필드 3 : 소유자 이름 (c105)

필드 4 : 그룹 이름 (c105)

필드 5 : 파일크기 (220 byte)

필드 6 : 파일 최종변경일 (May 7)

필드 7 : 파일 최종변경시간 (13:48)

필드 8 : 파일명 (Desktop)

소유권은 파일구조에서 소유자 이름과 그룹이름을 말하며, 허가권과 같이 결합하여 특정 파일(디렉터리)에 대한 접근권한$_{permission}$을 제한하거나 부여한다.

d	r	w	x	r	-	x	r	-	x
종류	user			group			other		

표시	파일의 종류
d	디렉터리
-	파일
l	링크

r	읽기(Readable)
w	쓰기(Writable)
x	실행(eXcutable)
-	권한 없음

필드 1은 파일의 종류와 허가권을 나타내는 것으로 맨 처음 문자 d는 디렉터리를 의미하고, 나머지는 3자리씩 나누어 파일 작성자는 모든 권한을 가지고, 그룹에 속한 사용자는 읽기/실행 권한만 가지고, 그 외의 사용자는 읽기/실행 권한만 가진다는 것을 의미한다. 즉, 쓰기 권한은 사용자만이 가지고 있음을 나타낸다. 나머지는 위의 필드 설명을 참고하기 바란다.

touch 명령어

touch 명령어는 무엇인가를 살짝 건드리는 이미지를 가지고 있다. 정확하게 설명하면, 파일이 이미 존재할 경우에는 내용은 변경하지 않고 파일의 수정날짜만 변경하며, 해당 파일이 존재하지 않은 경우에는 크기가 0인 빈 파일을 만드는 명령어이다.

```
$ touch 파일

-c        존재하지 않은 파일은 만들지 않음
-f        읽기/쓰기 허가에 상관없이 강행 (force)
```

```
$ mkdir tmp
$ touch tmp/aaa
$ touch tmp/bbb
$ touch tmp/ccc
$ ls -lR tmp/
tmp/:
total 0
-rw-rw-r-- 1 c105 c105 0 Jan 14 11:54 aaa
-rw-rw-r-- 1 c105 c105 0 Jan 14 11:54 bbb
-rw-rw-r-- 1 c105 c105 0 Jan 14 11:54 ccc
```

3.7 허가권

다음은 파일의 권한을 변경할 수 있는 명령인 $\text{chmod}_{\text{change mode}}$에 대해 알아본다. 기본적으로 파일의 권한을 변경할 수 있는 것은 파일의 소유자에게 있다. 모드 변경 방법은 다음과 같이 상대 모드(심볼릭 모드)와 절대 모드(8진수 모드)가 있다.

심볼릭 모드 형식

(1) 형식 : chmod [옵션] [ugoa][+-=][rwxst] 파일이름

(2) 허가권 구조

문자 1 : 일반파일(-), 디렉터리(d), 링크(l), 블록(b), 캐랙터(c), 네임드파이프(p), 소켓(s)

문자 2~4 : 소유자 권한

문자 5~7 : 그룹 권한

문자 8~10 : 기타 사용자 권한

(3) 설명 :

u : 소유자(사용자) 권한

g : 그룹 권한

o : 기타 사용자 권한

a : 소유자, 그룹, 기타 사용자 모두에게 허가권 부여

+ : 허가권 추가

- : 허가권 삭제

= : 허가권 설정

r : 읽기

w : 쓰기

x : 실행

s : set-uid, set-gid

t : 스티키 비트sticky-bit

```
$ touch test.txt                //파일이 이미 있을 경우 삭제하고 시작하기 바람
$ ls -l test.txt
-rw-rw-r-- 1 c105 c105 0 Jan 14 12:19 test.txt
$ chmod u+x test.txt            //소유자 실행 권한 추가
$ ls -l test.txt
-rwxrw-r-- 1 c105 c105 0 Jan 14 12:19 test.txt
$ chmod g+wx,o+w test.txt       //그룹 쓰기/실행 권한 추가, 기타 쓰기 권한 추가
$ ls -l test.txt
-rwxrwxrw- 1 c105 c105 0 Jan 14 12:19 test.txt
```

```
$ touch aaa
$ ls -l aaa
-rw-rw-r-- 1 c105 c105 0 Jan 14 12:24 aaa
$ chmod a=rwx aaa              //모두 읽기/쓰기/실행 권한 생성
$ ls -l aaa
-rwxrwxrwx 1 c105 c105 0 Jan 14 12:24 aaa
$ chmod go-w aaa               //그룹,기타 쓰기 권한 제거
$ ls -l aaa
-rwxr-xr-x 1 c105 c105 0 Jan 14 12:24 aaa
```

8진수 모드 형식

(1) 형식 : chmod [옵션] [8진수] 파일이름

(2) 허가권 구조

숫자 1 : 0(디폴트), 1(sticky bit), 2(set-gid), 4(set-uid)

숫자 2~4 : 각 자리수마다 r(4), w,(2) x(1)를 8진수로 변환하여 사용한다.

사용자 - 읽기(r) : 400

쓰기(w) : 200

실행(x) : 100

그룹 - 읽기(r) : 40
쓰기(w) : 20
실행(x) : 10
기타 - 읽기(r) : 4
쓰기(w) : 2
실행(x) : 1

r	w	x
4	2	1
7		
user		

r	-	x
4	0	1
5		
group		

r	-	-
4	0	0
4		
other		

```
$ touch bbb
$ ls -l bbb
-rw-rw-r-- 1 c105 c105 0 Jan 14 11:54 bbb
$ chmod 754 bbb                    //rwxr-xr--
$ ls -l bbb
-rwxr-xr-- 1 c105 c105 0 Jan 14 11:54 bbb
$ chmod 644 bbb                    //rw-r--r--
$ ls -l bbb
-rw-r--r-- 1 c105 c105 0 Jan 14 11:54 bbb
$ chmod 433 bbb                    //r---wx-wx
$ ls -l bbb
-r---wx-wx 1 c105 c105 0 Jan 14 11:54 bbb
```

3.8 파일 내용 보기 – cat, more, less

cat $_{concatenate}$은 파일을 순서대로 읽어 표준출력(화면)으로 내보내는 명령어이다. 파일의 내용을 출력하거나 입출력 방향전환으로 새로운 파일을 생성하는데 사용한다.

```
$ cat [옵션]...[파일]...
```

-n 행 번호를 붙여 출력하다
-u 버퍼를 사용하지 않는다

다음과 같이 옵션과 인수 없이 cat 명령어를 실행하여 키보드를 통해 입력하여 Enter를 누르면 입력한 내용이 똑같이 화면에 출력된다. 여기서 우리는 키보드로부터 입력된 내용을 그대로 화면에 출력하고 있다는 것을 알 수 있다. 여기서 입력을 중지하려면 Ctrl+d를 누르면 된다.

```
$ cat
Bash is an sh-compatible command language interpreter that executes
Bash is an sh-compatible command language interpreter that executes
commands read from the standard input or from a file. Bash also incor
commands read from the standard input or from a file. Bash also incor
█
```

입출력 방향전환을 이용하면 키보드로 입력한 내용을 파일로 출력할 수 있다.

```
$ cat > 파일
```

```
$ cat > typing
Bash is an sh-compatible command language
interpreter that executes commands read from the standard input or from a file.
$ ls
typing
$ cat typing
Bash is an sh-compatible command language
interpreter that executes commands read from the standard input or from a file.
$ █
```

입력이 키보드가 아닌 파일인 경우에는 파일 내용을 읽어 들여 그대로 화면에 보여주게 된다. 이것으로 결국 파일의 내용을 보게 되는 것이다. 이미 앞에서 이 방법으로 설정 파일 내용을 확인한다든지 할 때 여러 번 사용하였다.

```
$ cat 파일
또는
$ cat < 파일
```

```
$ cat < typing
Bash is an sh-compatible command language
interpreter that executes commands read from the standard input or from a file.
$ cat < typing > result
$ cat result
Bash is an sh-compatible command language
interpreter that executes commands read from the standard input or from a file.
$ █
```

cat 명령은 파일의 내용을 보는 것만이 아니라 입출력 방향전환을 이용하면 다양하게 활용할 수 있다. 다음은 입력으로 파일을 읽어서 출력 또한 파일로 하는 것이다. 출력된 결과는 입력한 파일과 내용이 같아지는 것을 알 수 있다. 출력방향을 파일이 아닌 프린터 디바이스로 하면 프린터로 출력된다.

cat 명령어를 이용하여 파일 내용을 보게 되면 끝까지 한 번에 보여주기 때문에 내용이 많은 경우에는 마지막 내용만을 보게 된다. 물론 스크롤바를 지원하는 GUI의 경우에는 다소 불편하더라도 지나간 내용을 어느 정도 볼 수 있다. 어떤 사정으로 X 윈도우를 사용할 수 없어 텍스트 모드로 작업을 해야 할 경우에는 난감해집니다. 이와 같은 경우 Ctrl+s로 일시 정지시키고, Ctrl+q로 해제할 수 있지만, 조금만 방심하면 지나가 버리거나 컴퓨터 처리가 너무 빨라 키를 눌러도 멈추고 싶은 곳에 멈출 수 없을 때가 있다.

이보다 더 편리한 방법이 more 명령어를 이용하는 것이다. 이 명령어를 사용하면 파일의 내용을 한 화면씩 볼 수 있다. 즉, 내용이 한 화면에 가득차면 대기한다.

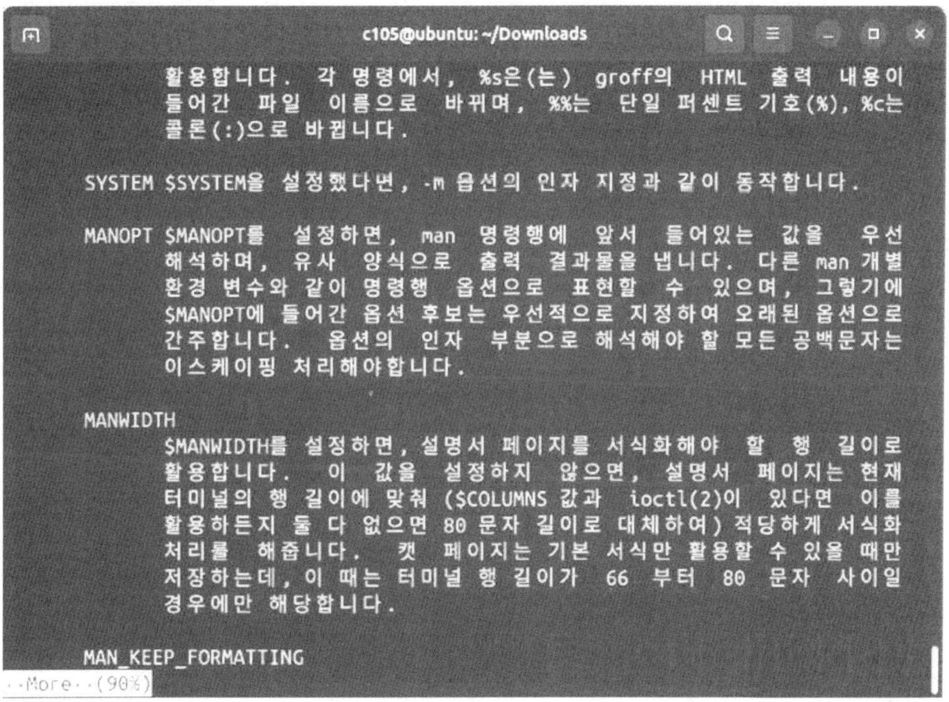


```
$ more [파일]
```

h	도움말
〈space〉, z	다음 쪽을 보여줌
〈return〉	한 줄씩 보여줌
d, ctrl+d	반 쪽씩 보여줌
q, Q	종료
f	다음 쪽을 보여줌 (forward)
b, ctrl+b	이전 쪽을 보여줌 (backward)
/〈문자열〉	문자열 검색

=	현재 행번호를 보여줌
ctrl+L	화면을 지우고 다시 보여줌
:f	현재 파일 이름과 행번호를 보여줌
!〈명령어〉	서브 쉘에서 명령어 실행

이 상태에서 **Space** 또는 **f**를 누르면 화면 크기만큼 다음 내용을 보여준다. **Enter**를 누르면 한 행씩 진행된다. 바로 전 화면으로 이동하고 싶을 때 **b**를 사용하고, **q**는 도중에 멈추고 싶을 때 사용한다.

more 보다 더 편리하게 만들어진 것으로 less가 있다. less는 more보다 그 기능면에서 뛰어나며, 사용자의 필요에 따라 사용자 정의를 할 수 있다. 사용되는 대부분의 명령은 vi 편집기의 명령과 일치한다. more와 유사하게 페이지 단위로 문서를 보여준다. 이것을 이용하면 문서의 앞으로도 이동할 수 있다.

less는 more와 유사하게 파일의 내용을 한 화면씩 끊어서 출력하며, 문서의 전후좌우 이동 및 검색이 용이한 것이 특징이다. 이외에도 기능이 아주 많이 있으므로 도움말을 참고하여 사용하기 바란다. 잘 익혀두면 도움이 많이 되는 명령어이다.

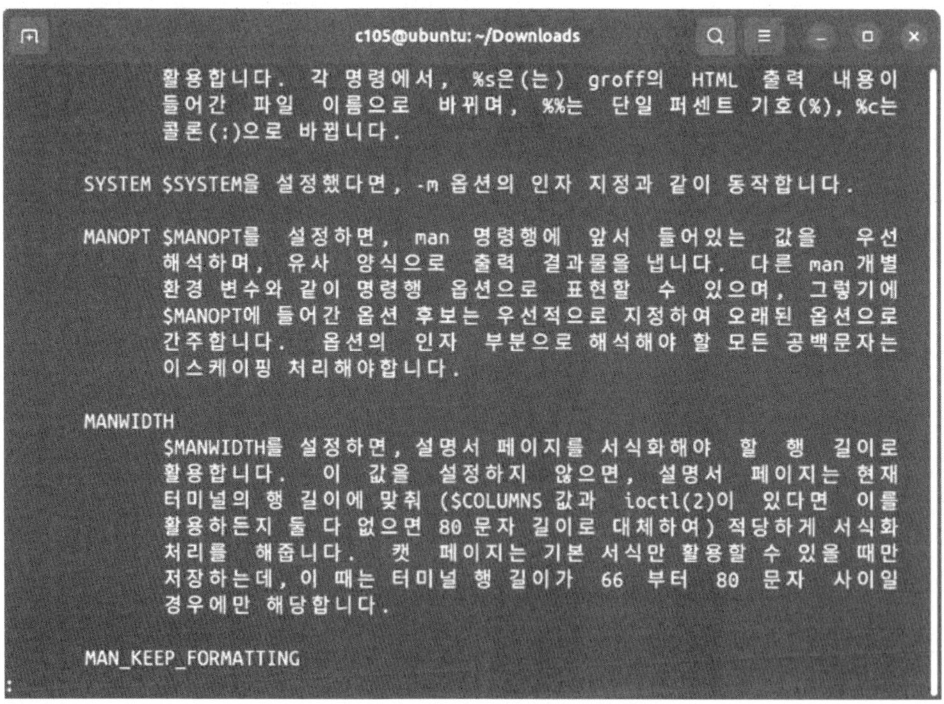

```
$ less [옵션] [파일]
```

옵션

-? less에서 사용할 수 있는 명령들에 대한 도움말을 보여줌
-a 마지막 행이 화면에 출력되고 나서 탐색
-c 화면을 정리하여 맨 처음에 위치되도록 해줌 (clear, -C)
-e 파일의 끝에 도달하면 빠져나감 (quit of EOF, -E)
-i 대소문자를 구분하여 탐색
-n 행 번호 보여줌
-q 효과음 정지 (quiet, silent)
-s 인접한 공백 행은 하나의 행으로 처리 (squeeze blank lines)
-x N 탭 간격을 조정 (기본값: N=8)

실행상태에서의 명령

h H	도움말 표시
q :q Q :Q ZZ	빠져나감(종료)
e ^E j ^N CR	다음 줄로 이동
f ^F V SPACE	다음 화면으로 이동
b ^B ESC-v	이전 화면으로 이동
/패턴	순방향(위에서 아래로) 패턴 검색
?패턴	역방향(아래에서 위로) 패턴 검색
n	패턴 검색에서 순방향 다음 찾기
N	패턴 검색에서 역방향 다음 찾기

3.9 파일 관리 명령 – touch, cp, mv, rm, find

파일을 만들고, 복사하고, 옮기고, 지우고, 찾는 방법에 대해서 살펴본다.

파일 만들기 (파일 생성)

일반적으로 편집기를 이용하여 파일을 만든다. 편집기에 대해서는 뒤에서 자세히 알아보도록 하고, 여기서는 명령어를 이용하여 파일을 만들어 본다. 그런데 명령어를 이용하여 파일을 만드는 방법에 대해서 앞에서 간단히 설명한 바 있다. 명령어 touch 또는 cat을 이용하여 파일을 만들 수 있다. 간단히 정리하면 다음과 같다.

첫 번째의 방법은 간단한 파일 생성 및 파일을 출력해주는 cat 명령어를 이용하는 방법이다. cat 명령어 자체는 표준 입출력에 관한 것으로 입출력 방향전환을 함께 이용함으로써 파일이 생성되는 것이다.

```
$ cat > 파일
# Ctrl+d로 마침
```

두 번째의 방법으로 touch 명령어를 들 수 있는데, touch란 살짝 건드린다는 이미지를 가지고 있다. 그래서 이것은 원래 파일의 시간 정보를 바꿔주는 명령어이다. 주어진 파일의 최근사용시간과 최근변경시간을 시스템의 현재 시간으로 바꾸어주는 역할을 하는 명령어이다. 이때 해당하는 파일의 이름이 없으면 지정된 이름으로 0바이트 크기의 파일을 생성하게 된다.

파일 복사하기

cpcopy 명령어는 파일을 복사하는 명령어로, 실행한 사용자의 소유로 파일이 만들어진다.

```
① $ cp [옵션] 원본파일 복사될파일
② $ cp -r [옵션] 원본디렉터리 복사될디렉터리
③ $ cp [옵션] 원본파일1 ... 원본파일n  복사될디렉터리
```

-a 원본 파일의 속성이나 링크 정보를 유지함 (archive, -dpR 옵션과 같음)
-b 대상 파일이 존재할 경우, 백업 파일을 만듦 (backup)
-d 심볼릭 링크 파일을 해당 정보와 함께 복사 (no dereference)
-f 대상 파일이 존재할 경우, 강제로 지우고 복사 (force)
-i 대상 파일이 존재할 경우, 대화형으로 확인함 (interactive)
-l 파일을 복사하는 대신 링크로 만듦, 하드링크 형식으로 복사 (link)
-p 원본파일의 소유주, 그룹, 권한, 시간정보들이 그대로 보존됨 (preserve)
-r 재귀적으로 하위 디렉터리에 적용 (recursive)
-u 파일이 존재할 경우, 날짜가 같거나 더 최근이면 복사하지 않음 (update)

```
$ mkdir ~/tmp
$ cd ~/tmp
$ cp /usr/include/math.h my_math.h
$ ls
my_math.h
$ ls -R ~/tmp
/home/c105/tmp/:
my_math.h
$ cp -r /etc/vim ~/tmp
$ ls -R ~/tmp
/home/c105/tmp/:
my_math.h  vim
/home/c105/tmp/vim:
vimrc  vimrc.tiny
$ ls
```

```
my_math.h  vim
$ cp /etc/hosts /etc/hostname .
$ ls -l host*
-rw-r--r-- 1 c105 c105   7 Jan 14 13:01 hostname
-rw-r--r-- 1 c105 c105 221 Jan 14 13:01 hosts
```

파일 옮기기 (파일 이동)

mv$_{move}$ 명령어는 파일을 지정한 장소로 옮기거나 이름을 바꾼다.

```
① $ mv [옵션] 소스파일 대상파일
② $ mv [옵션] 소스디렉터리 대상디렉터리
③ $ mv [옵션] 파일1 ... 파일n 디렉터리1 ... 디렉터리m 대상디렉터리
```

-b	대상 파일이 존재하는 경우, 백업 파일을 만듦 (backup)
-f	대상 파일이 존재하는 경우, 강제로 덮어쓰기함 (force)
-i	대상 파일이 존재하는 경우, 대화형으로 확인함 (interactive)
-u	대상 파일이 존재할 경우, 날짜가 같거나 더 최근이면 옮기지 않음 (update)
-v	실행 과정을 자세하게 보여줌 (verbose)

```
$ mkdir ~/tmp
$ cd ~/tmp
$ touch aaa
$ ls
aaa
$ mv aaa bbb
$ ls
bbb
$ ls -R ~/tmp
/home/c105/tmp:
bbb
$ cp -a /etc/vim .
$ ls
bbb vim
$ mv vim mv_test
$ ls -R ~/tmp
/home/c105/tmp:
bbb  mv_test

/home/c105/tmp/mv_test:
vimrc  vimrc.tiny
```

파일 지우기 (파일 삭제)

rm(remove) 명령어는 파일을 지우는 명령으로, 명령어로 지워진 파일은 다시 복구할 수 없기 때문에 지울 때는 거듭 확인하기 바란다.

```
$ rm [옵션] 파일
```

```
-f   확인 없이 강제 삭제 (force)
-i   대화형으로 확인함 (interactive)
-r   재귀적으로 하위 디렉터리에 적용 (recursive)
-v   실행 과정을 자세하게 보여줌 (verbose)
```

```
$ mkdir ~/tmp
$ cd ~/tmp
$ touch aaa bbb
$ ls
aaa  bbb
$ rm aaa bbb
$ ls
$ █
$ touch aaa
$ cp -r /etc/vim .
$ ls -R
.:
aaa  vim

./vim:
vimrc  vimrc.tiny
$ rm -r aaa vim/*
$ ls
vim
$ ls -R
.:
vim

./vim:
$ touch aaa abc bbb bbkk
$ ls -R
.:
aaa  abc  bbb  bbkk  vim

./vim:
$ rm -rf aa?? bb* vim/
$ ls -R
.:
aaa  abc
```

파일 찾기

find는 해당 파일이나 디렉터리를 찾는 명령어이다.

```
$ find [경로] [표현]
$ find [경로] [검색조건] [처리방법]                    // 편의상
```

검색조건

-name	지정한 형식을 갖는 파일이름
-atime +n	access time 이 n일 이전인 파일
-atime -n	access time 이 n일 이내인 파일
-empty	비어있는 파일
-gid n	특정 gid를 갖는 파일 (n : 특정 gid)
-group gn	특정 그룹에 속한 파일 (gn : 그룹이름)
-links n	링크된 개수가 n인 파일
-mtime +n	n일 이전에 변경된 파일
-mtime -n	n일 이내에 변경된 파일
-newer	특정 파일 이후에 생성된 파일
-perm xyz	파일 허가권이 xyz인 파일
-uid n	특정 uid를 갖는 파일 (n : 특정 uid)
-size n	크기가 n이상인 파일
-type type	type형태의 파일 (type : f 파일, d 디렉터리 등)
-used n	최근에 n일 이후에 변경된 파일 (n : 일수)
-user un	특정파일을 소유하고 있는 소유자의 파일 (un : 사용자이름)

처리방법

-print	찾은 파일을 보여줌 *
-exec	찾은 파일들에 대해 특정명령을 수행함

다음은 홈 디렉터리(~/)에서 .b로 시작하는 파일을 찾아 출력하는 예이다.

```
$ find ~/ -name .b*
/home/c105/.bash_history
/home/c105/.bashrc
/home/c105/.bash_logout
```

/etc/alsa 디렉터리에서 파일 형태가 링크인 파일을 찾는다.

```
$ find /etc/alsa -type l
/etc/alsa/conf.d/50-pipewire.conf
/etc/alsa/conf.d/99-pipewire-default.conf
```

홈 디렉터리에서 허가권이 433인 파일을 찾아 출력한다.

```
$ find ~/ -perm 433
```

```
$ ▮
$ mkdir ~/tmp
$ touch ~/tmp/ccc
$ chmod 433 ~/tmp/ccc                //r---wx-wx
$ find ~/ -perm 433
/home/c105/tmp/ccc
$ ls -l /home/c105/tmp/ccc
-r---wx-wx 1 c105 c105 0 Jan 14 16:13 /home/c105/tmp/ccc
```

~/tmp 디렉터리에서 7일 이내(안)에 생성되거나 수정된 파일을 찾는 것과 7일 이전의 파일을 찾아 출력한다.

```
$ find ~/tmp -type f -mtime -7
/home/c105/tmp/ccc
$ cp -a /etc/vim ~/tmp
$ touch ~/tmp/vim/ddd
$ find ~/tmp -type f -mtime -7            // -7: 7일 이내(안), f: 파일
/home/c105/tmp/ccc
/home/c105/tmp/vim/ddd
$ find ~/tmp -type f -mtime +7            // +7: 7일 이전, f: 파일
/home/c105/tmp/vim/vimrc
/home/c105/tmp/vim/vimrc.tiny
```

다음은 찾은 파일을 지정한 명령어로 처리하는 예이다. 여기서 -exec 는 **명령어**를 실행하라는 옵션이다.

```
-exec 명령어 '{}' \;
```

```
$ find . -type f -exec file '{}' \;
```

예를 들어 find . -type f 는 현재 디렉터리에서 파일을 찾는 명령이고, -exec file '{}' \;는 각각의 파일에 대해서 file 명령을 실행하고 그 결과 출력을 {}에 위치하게 한다. {}의 양옆에 위치한 따옴표는 쉘 스크립트의 명령에 따른 명령 혼돈을 방지하기 위함이고, 마지막의 세미콜론은 역슬래시를 통해 출력 값에 의한 쉘 스크립트에서의 명령 혼돈을 막아준다.

다음은 앞에서의 예에서 ~/tmp 디렉터리에서 7일 이내에 생성되거나 수정된 파일을 찾아서 모두 삭제하는 예이다.

```
$ find ~/tmp -type f -mtime -7 -exec file '{}' \;
$ find ~/tmp -type f -mtime -7
$ ▮
```

3.10 디렉터리 및 관리 명령- pwd, cd, mkdir, rmdir

리눅스를 잘 이해하려면 디렉터리 구조와 기능 및 목적을 알아야 한다. 리눅스의 파일 시스템 구조는 루트 디렉터리를 정점으로 계층적인 트리tree 구조로 되어 있다. 파일 시스템의 최상위 계층은 / 또는 루트(root) 디렉터리이다. 앞서 설명하였지만 리눅스시스템에서는 하드디스크, 파티션, 그리고 이동형 미디어를 포함한 모든 것을 파일로 생각한다는 것이 특징이다. 그래서 장치를 포함한 모든 파일들은 루트 디렉터리 아래에 존재해야 한다. 특히 파티션을 나누어 데이터 영역을 분할한 경우에 마운트mount 작업을 통해 장치를 시스템에 인식시키고, 각각의 영역을 트리 구조에 맞추어 넣어야 한다.

루트 디렉터리를 구성하고 있는 주요 디렉터리를 정리하면 표 3-6과 같다. 이들 디렉터리 가운데 일반 사용자가 빈번하게 사용하는 것이 /home 아래에 있는 자신의 홈 디렉터리와 /usr에 있는 응용 프로그램 정도일 것이다.

```
$ ls -al /
```

표 3-6 리눅스 주요 디렉터리

디렉터리이름	주요 역할
/bin	모든 사용자가 이용하는 명령어
/boot	시스템 부팅용 파일
/dev	장치(device) 파일
/etc	시스템 설정 파일
/home	사용자 홈 디렉터리
/lib	공유 라이브러리
/media	CD, 디지털 카메라, USB 메모리 등의 이동형 미디어 마운트
/mnt	파일시스템의 일시적 마운트 포인트
/opt	설치된 뒤에 추가되는 응용프로그램 및 데이터베이스의 자료
/proc	각종 프로세스 정보, 물리적으로는 존재하지 않는 파일
/ramdisk	메모리내의 가상디스크
/root	시스템관리자 홈 디렉터리
/sbin	시스템관리자용 명령어
/sys	OS에 대응한 쉘 스크립트
/tmp	일시적으로 이용하는 파일
/usr	사용자용 프로그램 및 라이브러리
/var	로그 파일, 스풀 등의 시스템 자료

pwd_{Print current Working Directory}는 현재 사용자가 위치한 디렉터리를 나타낸다.

```
$ pwd
```

cd(Change Directory)는 커서가 있는 현재 디렉터리를 바꾸는 명령어이다.

```
$ cd [옵션] [목적지]
```

디렉터리 이름에 사용되는 특수한 의미의 기호는 다음 3가지가 있다.

- `.` 현재 디렉터리
- `..` 한 단계 상위 디렉터리
- `~` 사용자의 홈 디렉터리

```
c105@ubuntu:~$
c105@ubuntu:~$ cd Desktop
c105@ubuntu:~/Desktop$  pwd
/home/c105/Desktop
```

루트 디렉터리, 즉 /로부터 시작하여 차례로 디렉터리를 표시하는 것을 절대경로(absolute path)라고 하고, 현재 디렉터리로부터 하위나 상위 디렉터리로 변경하는 것을 상대경로(relative path)라고 한다. 예를 들어, 목적지의 표현이 /로 시작하면 절대경로를 나타내고, /없이 시작하거나, ~/ 또는 ./, ../로 시작하는 것은 상대경로를 나타낸다.

mkdir(make directory)는 디렉터리를 만드는 명령어이다.

```
$ mkdir [옵션] 디렉터리
```

-p	지정한 서브디렉터리까지 만듦
-m mode	mode에 해당하는 허가권으로 만듦

rmdir(remove directory)는 디렉터리를 지우는 명령어이다. 여기서, 해당 디렉터리에 파일이 남아 있으면 이 명령어로는 지울 수 없다. 그리고 -p 옵션을 사용한 'rmdir -p a/b/c' 명령은 'rmdir a/b/c a/b a' 명령과 유사하다. 단 이 경우에도 마찬가지로 디렉터리 안에 파일이 없어야 실행된다. 프로그램을 개발하다보면 이와 같은 상황을 자주 접하게 된다. 이러한 경우에는 다음과 같이 rm -r 또는 rm -rf 명령으로 하면 간단히 문제를 해결할 수 있다. 하지만 -rf 옵션을 사용하면 확인하지 않고 강제로 수행하기 때문에 디렉터리이름이 맞는지를 꼭 확인하는 등 주의해서 사용하기 바란다.

```
$ rmdir [옵션] 디렉터리
```

-p	지정한 디렉터리에 파일이 없으면 디렉터리 채로 지움

디렉터리를 만들고 지우는 예이다.

```
$ mkdir ~/tmp
$ cd ~/tmp
$ ls
$ █
$ mkdir -p a/b/c
$ ls -ld a/b/c
drwxrwxr-x 2 c105 c105 4096 Jan 14 17:13 a/b/c
$ rmdir -p a/b/c
$ ls -ld a/b/c
ls: cannot access 'a/b/c': No such file or directory
$ ls
$ █
```

```
$ rm -r 디렉터리
또는
$ rm -rf 디렉터리              // 사용 시 주의 바람
```

```
$ mkdir -p a/b/c
$ ls -ld a/b/c
drwxrwxr-x 2 c105 c105 4096 Jan 14 17:20 a/b/c
$ touch a/b/c/abc.txt
$ ls a/b/c/*
a/b/c/abc.txt
$ rm -r a/
$ ls
$ █
```

3.11 파일 관련 명령 - 링크, 필터, 파일비교, 파일속성, 아카이브

링크

링크link는 사슬의 고리, 연결 또는 결합의 의미를 가지고 있다. 이러한 의미를 생각하면 컴퓨터에서 링크란 용어도 쉽게 이해가 되리라 생각된다. 조금 복잡한 파일이름이나 경로이름을 단순화시켜서 언제든지 쉽게 이용하거나 이동할 때 사용한다. 윈도우즈의 바로가기(단축 아이콘)와 비슷한 역할을 하지만 실제 더 포괄적인 개념이며 더 많은 기능을 제공한다.
링크에는 심볼릭 링크symbolic link와 하드 링크hard link로 나눌 수 있다. 이에 대한 특징을 정리하면 다음과 같다.

- 심볼릭 링크

  윈도우즈의 바로가기와 유사하다. 원본파일을 다른 곳으로 옮기면 해당 심볼릭 링크가 끊어져 사용할 수 없다. inode를 공유하지 않기 때문에 파일시스템이 다른 경우에도 심볼릭 링크를 만들 수 있다.

- 하드 링크

  동일한 파일시스템에서만 생성 가능하며, 링크된 파일은 동일한 inode를 사용한다. 이 때문에 하드링크로 생성된 파일을 수정하면 원본 파일도 수정되게 된다.

```
$ ln 원본파일 새파일                              // 하드 링크
$ ln -s 원본파일 새파일                           // 심볼릭 링크
```

> *참고
> 모든 파일은 생성될 때 OS에 의해 고유번호가 부여되며, 이 번호를 inode 번호라고 하고 파일이름 대신 이를 통해 각 파일을 인식한다. 이것은 제품에 부여된 일련번호와 비슷한 의미를 갖는다. OS는 파일시스템을 생성할 때 inode 테이블을 만들어 파일을 생성할 때마다 inode 번호를 해당 테이블에 기록하여 파일의 위치를 인식한다. ls 명령어에 옵션 -i를 사용하면 해당 파일의 inode 번호를 확인할 수 있다.

```
$ cd ~/tmp
$ cat > amug.txt
test hard link
^C
$ cat > tmug.txt
test symbolic link
^C
$ ls -il *.txt
527558 -rw-rw-r-- 1 c105 c105 15 Jan 14 17:33 amug.txt
528990 -rw-rw-r-- 1 c105 c105 19 Jan 14 17:37 tmug.txt
$ cd ~
$ ln tmp/amug.txt hlink                           // 하드 링크
$ ln -s tmp/tmug.txt slink                        // 심볼릭 링크
$ ls -il *link
527558 -rw-rw-r-- 2 c105 c105 15 Jan 14 17:33 hlink
176417 lrwxrwxrwx 1 c105 c105 12 Jan 14 17:44 slink -> tmp/tmug.txt
$ cat hlink
test hard link
$ cat slink
test symbolic link
$ ls -il ~/tmp/*.txt
527558 -rw-rw-r-- 2 c105 c105 15 Jan 14 17:33 /home/c105/tmp/amug.txt
```

```
528990 -rw-rw-r-- 1 c105 c105 19 Jan 14 17:37 /home/c105/tmp/tmug.txt
$ rm -f ~/tmp/*
$ ls -il *link
527558 -rw-rw-r-- 1 c105 c105 15 Jan 14 17:33 hlink
176417 lrwxrwxrwx 1 c105 c105 12 Jan 14 17:44 slink -> tmp/tmug.txt
$ cat hlink
test hard link
$ cat slink
cat: slink: No such file or directory
$ █
```

위의 예를 보면 하드 링크한 경우에는 **inode** 번호가 **527558**로 같음을 알 수 있다. 소프트 링크의 경우에는 **inode** 번호가 **528990**와 **176417**로 서로 다르다. 그리고 파일의 크기를 보면 **tmp/amug.txt**와 하드링크 **hlink** 파일의 크기가 **15**로 같지만, **tmp/tmug.txt**와 심볼릭 링크 **slink** 파일의 크기는 **19**와 **12**로 서로 다르다. 그리고 하드 링크한 경우에는 파일이 만들어진 날짜도 서로 같음을 알 수 있다.

원본 파일을 삭제하면 같은 내용으로 된 하드 링크 파일은 그대로 남지만, 심볼릭 링크 파일은 원본 파일과의 연결이 끊어져 그 내용을 볼 수 없게 됨을 알 수 있다.

하드디스크의 용량의 관점에서 보면, 하드링크 파일은 원본 파일과 같은 크기의 영역을 차지하게 되고, 심볼릭링크 파일은 링크 정보만 갖게 되므로 원본 파일의 크기만큼의 영역을 차지하지 않는다.

필터

필터filter는 지정한 내용만을 걸러주는 역할을 하는 명령어이다. **head**, **tail**, **grep**, **awk**, **sed** 등의 명령어가 있으나, **awk**는 스크립트언어, **sed**는 편집기로 다루어야 할 범위가 넓어서 여기서는 **head**, **tail**, **grep** 명령어에 대해서만 알아보기로 한다.

head 명령어는 파일의 머리 부분을 보여주는 명령으로, 텍스트 파일의 앞에서부터 주어진 행만큼 보여준다. 기본 값은 **10**행으로 되어 있다.

$ head [옵션] 파일

-N	파일의 앞에서부터 N행만큼 보여줌
-n N	파일의 앞에서부터 N행만큼 보여줌
-c N	N바이트까지 보여줌, N 뒤에 k 또는 m을 붙이면 KB, MB를 나타냄
-q	여러 개의 파일 처리 시에 파일이름 헤더를 출력하지 않음

/etc/group 파일의 앞에서부터 4행을 보여준다.

```
$ head -n 4 /etc/group
root:x:0:
daemon:x:1:
bin:x:2:
sys:x:3:
$ █
```

tail 명령어는 head 명령어와 반대로 파일의 꼬리 부분을 보여주는 명령으로, 텍스트 파일의 끝에서부터 주어진 행만큼 보여준다. 기본 값은 역시 10행으로 되어 있다. 이 명령어는 프로그램을 개발할 때나 시스템 진행 상황을 나타내는 로그 등을 모니터할 때 많이 사용한다.

```
$ tail [옵션] 파일
```

-n N	파일의 끝에서부터 N행만큼 보여줌
-n +N	파일의 앞에서 N번째 행부터 끝까지 보여줌
-c N	파일의 끝에서부터 N바이트까지 보여줌
-f filename	다른 프로세스에 의해 파일의 끝 부분에 새로운 행이 추가될 경우 실시간으로 보여줌. 로그 파일을 모니터할 때 유용함
-s S	-f 옵션 사용 시 S초 간격으로 업데이트함

/etc/group 파일의 끝에서부터 3행을 보여준다.

```
$ tail -n 5 /etc/group
nm-openvpn:x:122:
lxd:x:123:
gamemode:x:986:
gnome-initial-setup:x:985:
c105:x:1000:
$ █
```

/etc/group 파일의 73행에서부터 끝까지 보여준다.

```
$ tail –n +73 /etc/group
nm-openvpn:x:122:
lxd:x:123:
gamemode:x:986:
gnome-initial-setup:x:985:
c105:x:1000:
$ █
```

tail 명령어를 로그 파일 모니터링 용도로 사용하는 예이다. 테스트하기 전에 실시간으로 로그 파일을 기록하도록 한다. 새로운 터미널을 열어 다음 명령어를 실행한다.

```
$ ping localhost > ping_localhost.log
▌
```

실시간으로 로그 파일을 기록하고 있는 상태에서 다른 터미널을 열고 다음과 같이 **tail** 명령어를 실행하여 로그 파일을 모니터링할 수 있다.

```
$ tail -n 1 -f ping_localhost.log
PING localhost (127.0.0.1) 56(84) bytes of data.
64 bytes from localhost (127.0.0.1): icmp_seq=1 ttl=64 time=0.071 ms
64 bytes from localhost (127.0.0.1): icmp_seq=2 ttl=64 time=0.036 ms
64 bytes from localhost (127.0.0.1): icmp_seq=3 ttl=64 time=0.028 ms
64 bytes from localhost (127.0.0.1): icmp_seq=4 ttl=64 time=0.027 ms
64 bytes from localhost (127.0.0.1): icmp_seq=5 ttl=64 time=0.028 ms
64 bytes from localhost (127.0.0.1): icmp_seq=6 ttl=64 time=0.028 ms
64 bytes from localhost (127.0.0.1): icmp_seq=7 ttl=64 time=0.026 ms
64 bytes from localhost (127.0.0.1): icmp_seq=8 ttl=64 time=0.046 ms
64 bytes from localhost (127.0.0.1): icmp_seq=9 ttl=64 time=0.059 ms
▌
```

grepglobal regular expression print 명령어는 파일 안에서 특정 패턴을 갖는 행을 찾아서 출력해주는 명령어이다. 패턴에 찾고자 하는 문자열을 입력하면 지정해준 파일에서 그 문자열을 찾아 준다.

```
$ grep [옵션] 패턴 파일

-b   검색 결과의 각 행 앞에 검색된 위치의 블록 번호를 표시함
-c   파일 안에 패턴과 일치하는 행이 몇 개인지만 출력함
-C   패턴이 일치하는 문장의 아래와 위의 행을 포함하여 출력함
-h   여러 개의 파일을 검색할 때 결과에 파일이름을 표시하지 않음
-i   검색할 때 대소문자를 구분하지 않음
-l   패턴이 존재하는 파일의 이름만 출력함
-n   행 번호와 함께 일치하는 행을 출력함
-v   패턴이 존재하지 않는 행만 출력함
-w   패턴 표현식을 하나의 단어로 취급하여 검색함
-x   패턴과 전체 행이 일치해야 출력함
-r   하위 디렉터리를 포함하여 주어진 패턴을 찾음
```

앞에서와 같이 **ping localhost > ping_localhost.log** 명령을 실행하고 있는 상태에서 다른 터미널을 열어 **ping** 프로세스를 찾아보도록 한다.

```
$ ps -ef ¦ grep -n ping
125:c105        2817    2452  0 11:20 ?        00:00:00 /usr/libexec/gsd-housek
eeping
184:c105        7942    3846  0 19:17 pts/0    00:00:00 ping localhost
186:c105        7948    4345  0 19:17 pts/1    00:00:00 grep --color=auto -n pi
ng
$ ps -ef ¦ grep -c ping
3
```

```
$ grep -n aliases ~/.bashrc
75:# enable color support of ls and also add handy aliases
90:# some more ls aliases
101:# ~/.bash_aliases, instead of adding them here directly.
104:if [ -f ~/.bash_aliases ]; then
105:    . ~/.bash_aliases
```

다음은 사용 예를 나타낸다.

- grep c105 *

  현재 디렉터리의 모든 파일에서 문자열 "c105"가 들어가 있는 행을 찾음
- grep -c c105 *

  현재 디렉터리의 모든 파일에서 문자열 "c105"가 들어가 있는 행이 몇 개인지를 나타냄
- grep -h c105 *

  현재 디렉터리의 모든 파일에서 문자열 "c105"가 들어가 있는 행을 출력하는데 파일이름을 표시하지 않음
- grep "[0-9]" filename

  filename 파일에서 숫자로 시작하는 모든 행을 찾음

표 3-7 정규표현식

메타문자	기능	사용 예	설명
^	행의 시작 지시자	'^love'	love로 시작하는 행
$	행의 끝 지시자	'love$'	love로 끝나는 행
.	하나의 문자	'l..e'	l과 e 사이에 2글자로 된 행 (love, live 등)
[문자열]	문자열의 한 문자	'[Ll]ove'	love, Love, Llove를 포함한 행
[^문자열]	문자열에 속하지 않는 문자	'[^A-K]ove'	A와 K 사이에 포함되지 않는 한 문자와 ove가 붙어있는 문자열을 포함한 행
\<	단어의 시작 지시자	'\<love'	love로 시작하는 단어를 포함한 행
\>	단어의 끝 지시자	'love\>'	love로 끝나는 단어를 포함한 행
\(..\)	다음에 사용하기 위해 태그를 붙임	'\(lov\)ing'	지정된 부분을 태그n에 저장함 참조할 때 \n 사용함 (n: 레지스터1~9)

\?	비어있거나 선행문자와 같은 한 문자	'l\?ove'	ove 앞에 비어 있거나 l이 한 번 나오는 행 (0~1: ove, love)
*	비어있거나 선행문자와 같은 임의 개수의 문자	'l*ove'	ove 앞에 비어 있거나 l이 한 번 이상 나오는 행 (0~: ove, love, llove, lllove 등)
\+	선행문자와 같은 하나 이상의 문자	'l\+ove'	ove 앞에 l이 한 번 이상 나오는 행 (1~: love, llove, lllove 등)
\{m\}	선행문자가 m번 연속됨	'o\{2\}'	문자 o가 2번 연속적으로 나오는 행 (...oo...)
\{m,\}	선행문자가 적어도 m번 연속됨	'o\{2,\}'	문자 o가 최소한 2번 연속적으로 나오는 행 (...oo..., ...ooo... ...oooo... 등)
\{m,n\}	선행문자가 m번 이상 n번 이하 연속됨	'o\{2,3\}'	문자 o가 2~3번 연속적으로 나오는 행 (...oo..., ...ooo...)

*정규표현식Regular Expression: 좀 더 쉽고 다양하고 정교하게 찾을 수 있도록 지원해주는 특정한 패턴

다음은 정규표현식을 이용한 예를 나타낸다.

```
$ cat > test.txt
designer
programmer
engineer
abc
^C
$ grep [^abc] test.txt
designer
programmer
engineer
```

표현식에 해당하는 문자, 즉 문자열 'abc'를 구성하고 있는 문자(a, b, c)는 흰색(검은색)으로 표시하고, 그렇지 않은 문자는 붉은색으로 표시한다. test.txt의 4번째 행은 일치하는 문자가 하나도 없으므로 출력되지 않는다.

```
$ cat > os.txt
This is ubuntu.
This is windows.
This is linux.
This is macos.
^C
$ grep l.n os.txt
This is linux.
```

.(점)은 하나의 문자를 뜻하므로 l+(문자)+n으로 구성된 행을 출력하고 패턴과 일치하는 부분을 붉은색으로 나머지는 흰색으로 표시한다.

- grep '[0-9]' filename
  filename 파일에서 숫자로 시작하는 행을 출력함
- grep '^d' filename
  d으로 시작하는 행을 출력함
- grep 'c$' filename
  c로 끝나는 행을 출력함
- grep '[A-Z][A-Z] [A-Z]' filename
  대문자 2개와 공백 1개, 그리고 대문자 하나가 연이어 나오는 문자열이 포함된 행을 출력함

파일 비교

diff_{differ} 명령어는 두 개의 파일을 비교하여 그 차이점을 찾아서 나타내 준다. 두 파일에 차이가 없다면 아무 것도 출력하지 않는다. 디버깅 작업을 하거나 패치patch 파일을 만들 때 많이 사용한다. from-파일이 디렉터리이고 to-파일이 파일일 때는 to-파일과 from-파일 안에 있는 to-파일과 같은 이름의 파일을 찾아 비교한다. 반대의 경우도 마찬가지이다. from-파일과 to-파일이 모두 디렉터리인 경우에는 알파벳순으로 두 디렉터리 안의 상응하는 파일을 비교한다. 이때 하위 디렉터리를 포함하여 비교하려면 옵션 -r을 사용하여야 한다.

```
$ diff [옵션] from-파일 to-파일

-b   공백 문자의 크기 차이는 무시함
-B   공백 행의 차이는 무시함
-d   아주 조그마한 변화라도 찾도록 알고리즘을 바꿈, 수행 속고가 느려짐
-H   큰 파일을 빠르게 처리함
-i   대소문자를 구분하지 않음
-N   디렉터리를 비교할 때, 비교하는 디렉터리 어느 한쪽에만 파일이 있는 경우 빈
     파일이 있는 것처럼 비교함, 파일이 하나만 있더라도 모두 있는 것처럼 비교함
-P   디렉터리를 비교할 때, to-파일에만 파일이 존재하는 경우 from-파일에 빈 파
     일이 있는 것처럼 비교함
-q   단순히 두 파일이 다른지만 알려줌
-r   하위 디렉터리를 포함하여 비교함
-s   비교하는 두 파일이 같을 때만 출력함
-u   통일된(unified) 출력 형식을 사용함
-w   행을 비교할 때 공백은 무시함
```

tmp/test.txt 와 **tmp_new/test.txt** 파일 내용은 다음과 같다.

```
designer
programmer
engineer
abc
```

```
designer
engineer
abc
removed one line(tmp_new directory)
```

tmp/test.txt 와 **tmp_new/test.txt** 파일을 비교한 것이다.

```
$ diff tmp/test.txt tmp_new/test.txt
2d1
< programmer
4a4
> removed one line(tmp_new directory)
```

여기서, **d**는 삭제$_{delete}$를, **a**는 추가$_{append}$를 뜻한다. 위의 결과는 **2**행이 삭제되었음을 나타낸다. 그리고 < 기호 다음에 **from**-파일에서 삭제된 내용이 '**programmer**' 임을 알려준다. **4**행이 추가되었는데, > 기호 다음에 **to**-파일에 추가된 내용이 '**removed one line(tmp_new directory)**' 임을 나타낸다.

표 3-8 단계별 출력 형식(side-by-side format)

표시	내용
|	대응하는 행이 다름, 양쪽 모두 완정하거나, 모두 불완전함
<	파일이 서로 다른데, from-파일에만 이 내용이 포함되어 있음
>	파일이 서로 다른데, to-파일에만 이 내용이 포함되어 있음
(	from-파일에만 이 내용이 포함되어 있지만 차이는 무시됨
)	to-파일에만 이 내용이 포함되어 있지만 차이는 무시됨
\	대응하는 행이 다름, 1번째 행에만 행 끝에 개행이 없음
/	대응하는 행이 다름, 2번째 행에만 행 끝에 개행이 없음

표 3-9 통일된 출력 형식 (unified format)

표시	내용
@@	차이점이 있는 영역
---	from-파일
+++	to-파일
+	from-파일에 행이 추가됨
-	from-파일에서 행이 삭제됨

```
$ diff -urN tmp tmp_new
diff -urN tmp/os.txt tmp_new/os.txt
--- tmp/os.txt 2025-01-14 19:42:00.118579619 +0000
+++ tmp_new/os.txt      1970-01-01 00:00:00.000000000 +0000
@@ -1,4 +0,0 @@
-This is ubuntu.
-This is windows.
-This is linux.
-This is macos.
diff -urN tmp/test.txt tmp_new/test.txt
--- tmp/test.txt        2025-01-14 19:38:08.110582827 +0000
+++ tmp_new/test.txt    2025-01-14 19:50:36.445572479 +0000
@@ -1,4 +1,4 @@
 designer
-programmer
 engineer
 abc
+removed one line(tmp_new directory)
```

---는 from-파일(tmp)의 파일, +++는 to-파일(tmp_new)의 파일을 나타낸다. @@는 차이점이 있는 영역의 시작을 나타내고, 숫자는 수정전후의 파일 내의 해당 범위를 나타낸다. 예를 들어, 위에서 @@ -1,4 +1,4 @@으로 표현된 것은 from-파일의 1~4행과 to-파일의 1~4행이 비교 대상 영역임을 나타낸다. 그 다음으로 구체적인 차이점을 나타내고 있는데, -로 표현된 내용은 삭제하고, +로 표현된 내용은 추가하다는 것을 나타낸다.

파일 종류와 속성

file 명령어는 지정한 파일의 내용을 테스트해서 파일의 종류와 속성을 알려준다. 리눅스시스템에서는 확장자로 파일의 속성을 나타내지 않기 때문에 간혹 파일의 속성을 알아보고 싶은 때가 있다. 이때 file 명령어를 이용하면 파일의 종류와 고유한 속성에 대한 정보를 볼 수 있다.

$ file [옵션] 파일

-c	매직번호 파일을 검사하고, 형식 오류를 조사함
-f ffile	ffile로 지정한 파일에서 테스트 대상의 파일이름을 얻음
-m mfile	mfile로 지정된 매직 파일을 사용함 (mfile1:mfile2)
-i	mime형식의 문자열로 출력함
-L	심볼릭링크 자체가 아니라 링크가 참조하는 파일을 검사
-z	compress로 압축된 파일의 내용을 검사함

매직파일에 대한 엔트리 순서는 중요하다. 사용하고 있는 시스템에 따라서 엔트리 순서가 올바르지

않은 경우가 있다. file 명령은 /etc/magic, /usr/share/file/magic 파일에 정의되어 있는 규칙에 따라 파일의 속성을 판단한다. 그래서 이들 파일이 최근 것인지 확인해 보기 바란다. -i 옵션을 사용한 경우에는 "ASCII text"가 아니라 "text/plain; charset=us-ascii"와 같이 출력된다.

```
$ file ls mandelbrot.jpg manpage.txt math.h sample.mp3 traceur.bmp UbuntuCoF.png
ls:             ELF 64-bit LSB pie executable, x86-64, version 1 (SYSV), dynami
cally linked, interpreter /lib64/ld-linux-x86-64.so.2, BuildID[sha1]=3eca7e3905
b37d48cf0a88b576faa7b95cc3097b, for GNU/Linux 3.2.0, stripped
mandelbrot.jpg: JPEG image data, JFIF standard 1.01, aspect ratio, density 1x1,
segment length 16, progressive, precision 8, 1920x1080, components 3
manpage.txt:    Unicode text, UTF-8 text
math.h:         symbolic link to /usr/include/math.h
sample.mp3:     Audio file with ID3 version 2.4.0, contains: MPEG ADTS, layer I
II, v1, 56 kbps, 44.1 kHz, Monaural
traceur.bmp:    PC bitmap, Windows 3.x format, 720 x 480 x 24, image size 16, r
esolution 2835 x 2835 px/m, cbSize 1036854, bits offset 54
UbuntuCoF.png:  PNG image data, 1024 x 1024, 8-bit/color RGBA, non-interlaced
```

아카이브

아카이브archive는 역사적 가치 또는 장기 보존의 가치를 가진 기록이나 문서들의 모음, 또는 이러한 기록이나 문서들을 보관하는 장소, 시설, 기관 등을 의미한다. tar 명령어는 테입 아카이브Tape ARchive, 자기 테입에 주로 자료를 백업하기 위해 고안된 파일 형식과 이런 형식의 파일을 다루는데 사용되는 프로그램인데, 현재는 배포 또는 아카이브 용도로 많은 파일을 디렉터리 구조, 파일 속성들을 보존하면서 하나의 큰 파일로 묶는데 주로 사용되는 프로그램이다. 다시 말하면 tar 명령어는 지정된 여러 파일이나 디렉터리를 묶어서 아카이브라는 하나의 파일로 만들거나, 하나의 아카이브 파일로 묶어져 있는 여러 파일을 원래의 형태로 풀어 주는 기능을 한다.

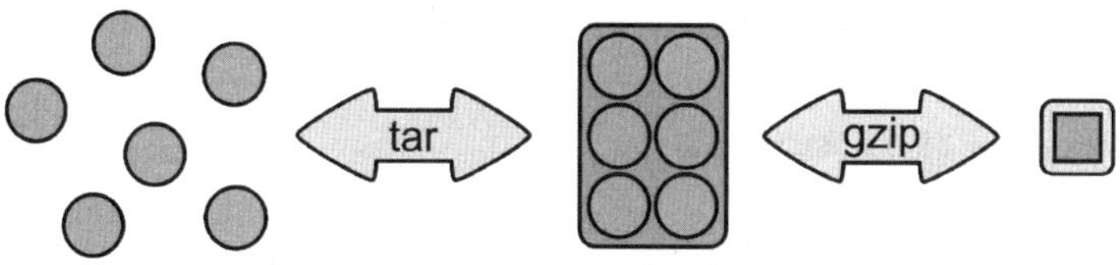

기본적으로는 tar 아카이브는 여러 개의 파일을 (압축하지 않고) 단지 하나의 파일로 묶어주는 역할만 하는 것이고, gzip과 bzip2 등의 명령어는 아카이브와 디렉터리 등을 포함한 모든 파일을 압축하는 명령어이다. 하지만 일반적으로 압축할 때 파일을 개별적으로 압축하는 것 보다 아카이브처럼 한 덩어리로 묶어서 처리하는 것이 효율적이므로 tar 명령어에 압축 관련 옵션을 제공하여

아카이브 파일을 다룰 때 동시에 압축 명령을 적용할 수 있도록 지원하고 있다.

```
$ tar [옵션] <아카이브> <아카이브될 파일 또는 디렉터리>
```

-c	새로운 아카이브 만들기 (--create)
-d	아카이브와 파일시스템과의 차분을 얻음 (--diff, --compare)
--delete	아카이브에서 삭제함
-f ARCHIVE	파일을 묶을 때나 풀 때 아카이브 파일이름 (--file=ARCHIVE)
-j	bzip2 명령으로 아카이브 파일 압축하기 (--bzip2)
-J	xz 명령으로 아카이브 파일 압축하기 (--xz)
-p	파일의 허가권을 유지함 (--preserve-permissions)
-r	아카이브의 마지막에 파일을 추가함 (--append)
-t	아카이브의 내용(목록)을 표시함 (--list)
-u	아카이브 업데이트 (--update)
-x	아카이브로 묶여있는 파일 풀기 (추출 복원, --extract, --get)
-z	gzip 명령으로 아카이브 파일 압축하기 (--gzip, --gunzip)
-v	진행상황을 자세하게 보여줌 (--verbose)

또한 요즘에는 압축 명령과 함께 시스템 사이에 파일을 전송하기 위한 용도로 더 자주 사용되기도 한다. tarpipe는 tar 유틸리티의 파일로 아카이브를 만들어서 표준 입력에 다른 tar 프로세스로 파이프 처리하는 방식이며, 압축이 풀리는 위치는 다른 디렉터리이다. 이 과정은 모든 특수 파일들을 포함한 원본 디렉터리 트리 전체를 복사한다. 명령어 형식은 다음과 같다.

```
$ tar cf - {SRC_DIR} | (cd {DEST_DIR} ; tar xfp -)
$ tar cf - {SRC_DIR}/. | (cd {DEST_DIR} ; tar xfp -)     # 숨김 파일 포함
# SRC_DIR : source directory, DEST_DIR : destination directory
```

Workspace 디렉터리를 만들고 Workspace 디렉터리로 이동한다.

```
$ mkdir Workspace && cd Workspace
```

Workspace 디렉터리 안에 files 디렉터리를 만들고 files 디렉터리로 이동한다.

```
$ mkdir files && cd files
```

files 디렉터리에 10개의 빈 파일을 만든다.

```
$ touch file{00..09}.txt
$ ls
file00.txt  file02.txt  file04.txt  file06.txt  file08.txt
file01.txt  file03.txt  file05.txt  file07.txt  file09.txt
```

상위(부모) 디렉터리로 이동한다.

```
$ cd ..
$ pwd
/home/c105/Workspace
```

아카이브 만들기

tar 아카이브(tarball이라고 함)를 만들려면 다음과 같이 -c 또는 --create 옵션을 사용한다.

```
$ tar cf <아카이브>.tar <아카이브될 파일 또는 디렉터리>
```

files/ 디렉터리(파일)를 files.tar라는 아카이브로 묶어준다.

```
$ tar cvf files.tar files/
files/
files/file00.txt
files/file06.txt
files/file09.txt
files/file03.txt
files/file02.txt
files/file01.txt
files/file05.txt
files/file08.txt
files/file04.txt
files/file07.txt
$ ls -l
total 16
drwxrwxr-x 2 c105 c105  4096 Jan 16 13:58 files
-rw-rw-r-- 1 c105 c105 10240 Jan 16 14:11 files.tar
```

tar.gz 압축 아카이브를 바로 만들려면 다음과 같이 -z 또는 --gzip 옵션을 사용한다.

```
$ tar czf files.tar.gz files/
$ ls -l
total 20
drwxrwxr-x 2 c105 c105  4096 Jan 16 13:58 files
-rw-rw-r-- 1 c105 c105 10240 Jan 16 14:11 files.tar
-rw-rw-r-- 1 c105 c105   220 Jan 16 14:26 files.tar.gz
```

files.tar.gz 파일 크기를 보면 **tarball**, **files.tar**와 원래 디렉터리, **files**보다 작음을 알 수 있다.

tar.bz2 압축 아카이브를 만들려면 다음과 같이 **-j** 또는 **--bzip2** 옵션을 사용한다.

```
$ tar cjf files.tar.bz2 files/
$ ls -l
total 24
drwxrwxr-x 2 c105 c105  4096 Jan 16 13:58 files
-rw-rw-r-- 1 c105 c105 10240 Jan 16 14:11 files.tar
-rw-rw-r-- 1 c105 c105   230 Jan 16 14:33 files.tar.bz2
-rw-rw-r-- 1 c105 c105   220 Jan 16 14:26 files.tar.gz
```

bzip2 압축률은 **gzip**보다 높고 대신 시간이 더 걸린다.

tar.xz 압축 아카이브를 만들려면 다음과 같이 **-J** 또는 **--xz** 옵션을 사용한다.

```
$ tar cJf files.tar.bz2 files/
$ ls -l
total 28
drwxrwxr-x 2 c105 c105  4096 Jan 16 13:58 files
-rw-rw-r-- 1 c105 c105 10240 Jan 16 14:11 files.tar
-rw-rw-r-- 1 c105 c105   230 Jan 16 14:33 files.tar.bz2
-rw-rw-r-- 1 c105 c105   220 Jan 16 14:26 files.tar.gz
-rw-rw-r-- 1 c105 c105   240 Jan 16 14:39 files.tar.xz
```

xz 압축률은 **bzip2**보다는 낮아 보이지만 파일이 클수록 압축률이 높아진다. 그 대신 시간이 가장 오래 걸린다.

아카이브를 만들 때 특정 파일 제외하기

아카이브를 만들 때 특정 파일을 제외하려면 **--exclude** 옵션을 추가한다.

```
$ tar cf <아카이브> --exclude='<패턴>' <파일 또는 디렉터리>
```

다음은 **files** 디렉터리에서 **file02.txt ~ file07.txt** 파일을 제외하고 아카이브를 만드는 예이다.

```
$ tar cf files_exclude.tar --exclude='file0[2-7].txt' files
$ tar tf files_exclude.tar
files/
files/file09.txt
files/file01.txt
files/file08.txt
files/file00.txt
```

생성 후 파일 삭제

아카이브를 만든 뒤에 파일(디렉터리)를 삭제하려면 옵션 마지막에 **--remove-files** 를 넣어주면 된다.

```
$ tar [옵션] <아카이브> <아카이브될 파일 또는 디렉터리> --remove-files
```

```
$ rm files.tar
$ tar cf files.tar files/ --remove-files
$ ls -l
total 24
-rw-rw-r-- 1 c105 c105 10240 Jan 16 14:55 files.tar
-rw-rw-r-- 1 c105 c105   230 Jan 16 14:33 files.tar.bz2
-rw-rw-r-- 1 c105 c105   220 Jan 16 14:26 files.tar.gz
-rw-rw-r-- 1 c105 c105   240 Jan 16 14:39 files.tar.xz
```

files.tar가 만들어졌는지, 원래 files/ 디렉터리가 삭제되었는지 확인한다.

아카이브 풀기

아카이브 또는 압축 아카이브를 풀려면 다음과 같이 -x 또는 --extract 옵션을 사용한다.

```
$ tar xf <아카이브>.tar
```

```
$ ls -l
-rw-rw-r-- 1 c105 c105 10240 Jan 16 14:55 files.tar
$ tar xf files.tar
$ ls -l
drwxrwxr-x 2 c105 c105  4096 Jan 16 13:58 files
-rw-rw-r-- 1 c105 c105 10240 Jan 16 14:55 files.tar
$ ls -lR files
files:
total 0
-rw-rw-r-- 1 c105 c105 0 Jan 16 13:58 file00.txt
-rw-rw-r-- 1 c105 c105 0 Jan 16 13:58 file01.txt
-rw-rw-r-- 1 c105 c105 0 Jan 16 13:58 file02.txt
-rw-rw-r-- 1 c105 c105 0 Jan 16 13:58 file03.txt
-rw-rw-r-- 1 c105 c105 0 Jan 16 13:58 file04.txt
-rw-rw-r-- 1 c105 c105 0 Jan 16 13:58 file05.txt
-rw-rw-r-- 1 c105 c105 0 Jan 16 13:58 file06.txt
-rw-rw-r-- 1 c105 c105 0 Jan 16 13:58 file07.txt
-rw-rw-r-- 1 c105 c105 0 Jan 16 13:58 file08.txt
-rw-rw-r-- 1 c105 c105 0 Jan 16 13:58 file09.txt
```

기본적으로 tar는 모든 구성요소를 현재 디렉터리에 풀어준다. 아카이브와 원래 디렉터리가 같은 디렉터리 안에 있을 경우 아카이브를 풀면 원대 디렉터리를 덮어쓰게 된다. 원래 디렉터리를 보존할 목적이 있는 경우에는 불편할 수 있다.

만약 풀어줄 경로를 지정주기를 원할 때가 있는데 이런 경우 -C 옵션을 넣고 마지막에 풀어줄 경로(디렉터리)를 지정해주면 된다.

```
$ tar xfC <아카이브>.tar <경로>
```

예를 들어, 현재 디렉터리에서 새로운 디렉터리 extracted_dir를 만들어 이 디렉터리에 files.tar을 풀어주려면 다음과 같이 한다. 앞에서 학습한 diff 명령어로
files와 extracted_dir/files 디렉터리의 구성 요소가 같은지를 확인할 수 있다.

```
$ mkdir extracted && tar xfC files.tar extracted
$ ls -l
total 20
drwxrwxr-x 3 c105 c105  4096 Jan 16 15:39 extracted
drwxrwxr-x 2 c105 c105  4096 Jan 16 13:58 files
-rw-rw-r-- 1 c105 c105 10240 Jan 16 14:55 files.tar
$ diff -urN files extracted/files
$ ▌
```

tar.gz 압축 아카이브를 풀려면 -z 또는 --gunzip 옵션을 사용한다. 풀어줄 경로를 지정하려면 앞에서와 같은 방법으로 지정해주면 된다.

```
$ tar xzf <아카이브>.tar.gz
$ tar xzfC <아카이브>.tar.gz <경로>
```

```
$ mkdir extracted_gz && tar xzfC files.tar extracted_gz
$ diff -urN files extracted_gz/files
$ ▌
```

tar.bz2 압축 아카이브를 풀려면 -j 옵션을 사용한다. 풀어줄 경로를 지정하려면 앞에서와 같은 방법으로 지정해주면 된다.

```
$ tar xjf <아카이브>.tar.bz2
$ tar xjfC <아카이브>.tar.bz2 <경로>
```

tar.xz 압축 아카이브를 풀려면 -J 옵션을 사용한다. 풀어줄 경로를 지정하려면 앞에서와 같은

방법으로 지정해주면 된다.

```
$ tar xJf <아카이브>.tar.xz
$ tar xJfC <아카이브>.tar.xz <경로>
```

```
$ mkdir extracted_xz && tar xzfC files.tar extracted_xz
$ diff -urN files extracted_xz/files
$ █
```

덮어쓰기 제어

tar 덮어쓰기 제어는 앞에서 간략히 설명한 것처럼 아카이브 파일을 풀었을 때 디렉터리나 파일이 원래 디렉터리나 파일과 겹치는 상황을 처리하는 것을 의미한다. 이 경우 다음 3가지 옵션으로 처리할 수 있다.

1. 파일 덮어쓰기

```
$ tar xf <아카이브> <파일 또는 경로> --overwrite
```

2. 파일 덮어쓰지 않기 (기존 파일 유지)

```
$ tar xf <아카이브> <파일 또는 경로> --keep-old-files
```

```
$ tar xf files.tar --keep-old-files
tar: files/file00.txt: Cannot open: File exists
tar: files/file06.txt: Cannot open: File exists
tar: files/file09.txt: Cannot open: File exists
tar: files/file03.txt: Cannot open: File exists
tar: files/file02.txt: Cannot open: File exists
tar: files/file01.txt: Cannot open: File exists
tar: files/file05.txt: Cannot open: File exists
tar: files/file08.txt: Cannot open: File exists
tar: files/file04.txt: Cannot open: File exists
tar: files/file07.txt: Cannot open: File exists
tar: Exiting with failure status due to previous errors
```

3. 기존 파일보다 업데이트된(최신인) 경우에만 파일 풀기

```
$ tar xf <아카이브> <파일 또는 경로> --keep-newer-files
```

```
$ tar xf files.tar --keep-newer-files
tar: files: Unexpected inconsistency when making directory
tar: Current 'files/file09.txt' is newer or same age
tar: Current 'files/file02.txt' is newer or same age
tar: Current 'files/file01.txt' is newer or same age
tar: Current 'files/file05.txt' is newer or same age
tar: Current 'files/file08.txt' is newer or same age
tar: Current 'files/file04.txt' is newer or same age
tar: Current 'files/file07.txt' is newer or same age
tar: Exiting with failure status due to previous errors
```

`file00.txt`, `file03.txt`, `file06.txt` 파일이 업데이트된 파일이고 나머지는 기존 파일과 동일한 경우이다.

아카이브 내용 목록

아카이브 내용으로 어떤 파일이 묶여있는지를 알아볼 수 있다.

```
$ tar tf <아카이브>
```

```
$ tar tf files.tar                                    # 아카이브 내용 보기
files/
files/file00.txt
files/file06.txt
files/file09.txt
files/file03.txt
files/file02.txt
files/file01.txt
files/file05.txt
files/file08.txt
files/file04.txt
files/file07.txt
```

```
$ tar tf files.tar.gz
$ tar tf files.tar.bz2
$ tar tf files.tar.xz
```

모두 아카이브 파일로 묶인 파일들의 내용(목록)을 보여준다.

아카이브에서 파일 찾기

tar를 사용하여 특정 파일을 찾는 방법에는 2가지가 있다.

1. 아카이브 내용 목록을 보는 –t 옵션이 포함된 명령 뒤에 찾을 특정 파일 이름을 추가한다.

```
$ tar tf <아카이브> <파일>
```

```
$ tar tf files.tar.xz files/file05.txt            # 아카이브에서 파일 찾기
files/file05.txt
```

이 방법으로 아카이브에서 특정 파일을 찾을 수 있지만 파일이 위치한 정확한 경로를 알고 있어야 하므로 비현실적이고 효용성이 떨어진다.

2. 아카이브 내용 목록을 보는 –t 옵션이 포함된 명령과 함께 파이프를 통해 grep 명령으로 필터링한다.

```
$ tar tf <아카이브> | grep <파일>
```

```
$ tar tf files.tar.xz | grep file05.txt           # 아카이브에서 파일 찾기
files/file05.txt
```

이 방법은 파일이 위치한 경로를 알 필요가 없어 첫 번째 방법보다는 효용성이 높다.

아카이브에서 파일 풀기

아카이브에서 하나 이상의 파일을 풀고 싶은 때 전체를 풀지 않고 해당 파일만 풀 수 있다.

```
$ tar xf <아카이브> <경로를 포함한 파일 또는 디렉터리>
```

먼저 아카이브에서 파일 찾기를 통해 파일이 존재하는지 확인하고, 파일이 존재하면 얻어진 경로를 포함한 파일 이름을 아카이브 풀기 명령의 마지막에 추가하여 실행한다.

```
$ tar tf files.tar | grep file05.txt
files/file05.txt
$ tar xf files.tar files/file05.txt
$ ls -lR files
files:
total 0
-rw-rw-r-- 1 c105 c105 0 Jan 16 13:58 file05.txt
$ rm -rf files
$ tar xf files.tar files/
```

```
$ ls files
file00.txt  file02.txt  file04.txt  file06.txt  file08.txt
file01.txt  file03.txt  file05.txt  file07.txt  file09.txt
```

압축 형식이 다른 경우에는 풀 때 당연히 해당 풀기 옵션을 넣어주어야 한다.

```
$ tar tf files.tar.xz | grep file05.txt
files/file05.txt
$ tar xJf files.tar.xz files/file05.txt
$ ls -lR files
files:
total 0
-rw-rw-r-- 1 c105 c105 0 Jan 16 13:58 file05.txt
$ rm -rf files
$ tar xJf files.tar.xz files/
$ ls files
file00.txt  file02.txt  file04.txt  file06.txt  file08.txt
file01.txt  file03.txt  file05.txt  file07.txt  file09.txt
```

아카이브에서 파일 삭제

아카이브에서 하나 이상의 파일을 삭제하고 싶은 때 해당 파일을 삭제하고 다시 묶지 않고 **--delete** 옵션을 사용해서 해당 파일만 삭제할 수 있다.

```
$ tar --delete -f <아카이브> <경로를 포함한 파일 또는 디렉터리>
```

삭제하기 전에 파일 찾기로 삭제할 파일이 존재하는지 확인한다. 파일이 존재하면 명령 마지막에 경로를 포함한 파일 이름을 정확히 명시하여 실행하면 된다.

```
$ tar tf files.tar | grep file05.txt
files/file05.txt
$ tar --delete -f files.tar files/file05.txt
$ tar tf files.tar | grep file05.txt
$ █
```

아카이브에 파일 추가

-r 또는 **--append** 옵션을 사용하여 아카이브에 파일을 추가할 수 있다.

```
$ tar rf <아카이브>.tar <파일 또는 디렉터리>
```

예를 들어 **file10.txt**를 만들어 **files.tar**에 추가할 수 있다.

```
$ tar tf files.tar ¦ grep file10.txt
$ touch file10.txt
$ tar rf fles.tar file10.txt
$ tar tf files.tar ¦ grep file10.txt
files/file10.txt
```

아카이브 결합

-A 또는 --concatenate 옵션을 사용하여 여러 아카이브를 결합할 수 있다.

```
$ tar Af <확장 아카이브> <결합할 아카이브>
```

예를 들어 files.tar를 복사한 files_copy.tar를 사용하여 두 아카이브를 결합한다.

```
$ ls -l files.tar
-rw-rw-r-- 1 c105 c105 10240 Jan 16 14:55 files.tar
$ cp files.tar files_copy.tar
$ tar Af files.tar files_copy.tar
$ ls -l files*
-rw-rw-r-- 1 c105 c105 10240 Jan 16 14:57 files_copy.tar
-rw-rw-r-- 1 c105 c105 20480 Jan 16 14:59 files.tar
$ tar tf files.tar
files/
files/file00.txt
files/file06.txt
files/file09.txt
files/file03.txt
files/file02.txt
files/file01.txt
files/file05.txt
files/file08.txt
files/file04.txt
files/file07.txt
files/
files/file00.txt
files/file06.txt
files/file09.txt
files/file03.txt
files/file02.txt
files/file01.txt
files/file05.txt
files/file08.txt
files/file04.txt
files/file07.txt
```

결합하기 전 files.tar는 files_copy.tar와 크기와 내용이 같다. 이 두 아카이브를 결합해서 files.tar를 생성하므로 크기는 2배가 되고 같은 내용으로 구성되어 있음을 알 수 있다.

아카이브와 파일 비교

아카이브와 디스크에 있는 파일과 비교하려면 -d 또는 --diff, --compare 옵션을 사용하여 차이를 알아볼 수 있다. 단 아카이브로 묶여있지 않은 파일과 새로 추가된 파일은 비교하지 않는다는 것에 주의하기 바란다.

```
$ tar df <아카이브>
```

예를 들어 files.tar 아카이브와 files 디렉터리 파일을 비교해보자. 먼저 아카이브를 만들어서 바로 비교해보면 다른 것이 없으므로 아무런 결과도 나타나지 않는다.

```
$ tar cf files.tar files                 # 아카이브 만들기
$ tar df files.tar                       # 아카이브와 files 비교하기
$ █                                      # 차이가 없음, 서로 같음
```

이번에는 files 디렉터리의 file00.txt 파일을 업데이트한 후 비교해보자.

```
$ echo 'Welcome' >> files/file00.txt     # 파일 내용 업데이트
$ tar df files.tar                       # 아카이브와 files 비교하기
files/file00.txt: Mod time differs
files/file00.txt: Size differs
```

수정 시간과 파일의 크기에 차이가 있음을 나타낸다. 이 기능을 잘 이용하면 아카이브를 만든 후 시스템에서 변경된 사항을 재빨리 알아차릴 수 있다.

아카이브의 파일 업데이트

디스크의 최신 버전으로 아카이브의 기존 파일을 업데이트하려면 -u 또는 --update 옵션을 사용하면 된다. 업데이트는 내용과 시간을 기준으로 적용한다. 즉 아카이브에 있는 파일보다 새로운 파일을 추가한다. 업데이트하더라도 아카이브에 이전의 파일도 남아 있으므로 업데이트를 여러 번하면 같은 이름의 파일이 수정된 시간별로 존재하게 된다. 아카이브를 풀 때는 가장 최근 파일을 풀어준다.

```
$ tar uf <아카이브> <파일 또는 디렉터리>
```

예를 들어 files.tar에 files의 업데이트 내용을 추가한다. tar로 업데이트하기 전에 files/file00.txt에 'Update' 문구를 추가한다. 그리고서 file00.txt에 내용이 추가되었으므로 tar로 이 파일을 아카이브에 업데이트한다. 업데이트된 아카이브에서 files/file00.txt를 찾아보면 2개가 나온다. 수정된 시간

별로 존재한다는 것을 알 수 있다. 업데이트된 아카이브에서 files/file00.txt를 풀어보면 기본적으로 최신 파일이 풀린다는 것을 확인할 수 있다.

```
$ echo 'Update' >> files/file00.txt      # file00.txt에 내용 추가
$ tar uf files.tar files                 # files 내용 아카이브 업데이트
$ tar tfv files.tar | grep file00.txt    # 아카이브에서 file00.txt 파일 찾기
-rw-rw-r-- c105/c105         0 2025-01-16 13:58 files/file00.txt
-rw-rw-r-- c105/c105        15 2025-01-16 14:57 files/file00.txt
$ tar xf files.tar files/file00.txt      # 최신 files/file00.txt 파일 풀기
$ ls -l files/file00.txt
-rw-rw-r-- 1 c105 c105 15 Jan 16 14:57 files/file00.txt
```

그러면 이전 버전의 파일을 풀고 싶은 경우는 어떻게 할까? 이 경우에는 –occurrence 옵션을 사용하여 이전 버전의 파일을 풀 수 있다.

```
$ tar xf <아카이브> --occurrence-n <파일 또는 디렉터리>
```

```
n          [0 .. 버전 수]
  0        마지막 버전 (기본)
  1        실제 버전 수
           n이 버전 수보다 크면 오류 발생
```

```
$ tar tfv files.tar | grep file00.txt    # file00.txt 파일 확인
-rw-rw-r-- c105/c105         0 2025-01-16 13:58 files/file00.txt
-rw-rw-r-- c105/c105        15 2025-01-16 14:57 files/file00.txt
$ tar xf files.tar --occurrence=1 files/file00.txt        # 이전 파일 풀기
$ ls -l files/file00.txt
-rw-rw-r-- 1 c105 c105 0 Jan 16 13:58 files/file00.txt
```

허가권 유지

아카이브를 풀 때 파일은 기본 리눅스 허가권을 갖게 되어 있다. 원 자료를 백업하거나 그대로 풀어야 하는 경우에는 -p 또는 –preserve-permissions 옵션을 사용하여 허가권을 유지할 수 있다.

```
$ tar xfp <아카이브>
$ tar xf <아카이브> --preserve-permissions
```

아카이브에서 여러 파일 다루기

아카이브에서 –wildcards 옵션을 사용하면 한꺼번에 여러 파일을 다룰 수 있다.

```
$ tar xf <아카이브> --wildcards <파일 또는 디렉터리>
$ tar tf <아카이브> --wildcards <파일 또는 디렉터리>
```

예를 들어 files.tar에서 files/file03.txt ~ files/file05.txt를 풀거나 목록을 보려면 다음과 같이 표현하면 된다.

```
$ tar xf files.tar —wildcards 'files/file0[3-5].txt'
$ ls files
file03.txt  file04.txt  file05.txt
$ tar xf files.tar —wildcards 'files/*.txt'
$ ls files
file00.txt  file02.txt  file04.txt  file06.txt  file08.txt  file10.txt
file01.txt  file03.txt  file05.txt  file07.txt  file09.txt
$ tar tf files.tar —wildcards 'files/file0[2,4,8].txt'
files/file02.txt
files/file08.txt
files/file04.txt
```

리눅스에서 이전 파일 압축

find로 원하는 형식의 파일을 찾아서 압축할 수 있다. 예를 들어 30일 전에 수정된 파일을 찾아서 압축하려면 다음 명령을 수행하면 된다.

```
$ find /path/to/directory —mtime +30 —type f —exec gzip {} \;
```

매일 백업 생성

매일 백업하는 작업을 자동화하려면 bash 스크립트에 다음 내용을 추가한다.

```
tar czf backup-$(date +%Y%m%d).tar.gz files
find backup* -mtime +1 -delete
```

tar로 압축된 아카이브, 백업 파일을 만들고, find로 하루 전 백업 파일을 찾아 삭제한다. 여기서 매주 백업하려면 매개 변수 +1을 +7로, 매월 백업하려면 +31로 바꾸어주면 된다.

대용량 파일 복사

숨김 파일과 디렉터리까지 모든 파일을 복사하려면 다음과 같이 실행한다.

```
tar cf - {SRC_PATH}/. | (cd {DEST_PATH} ; tar xfp -)
```

CHAPTER 4

문서 편집기

파일을 작성하거나 수정하기 위해서는 편집기가 필요하다. 윈도우에서는 메모장을 편집기의 기본으로 지원하는 반면 리눅스에서는 gedit, gnome-text-editor, vi, nano 등의 편집기를 지원한다. Ubuntu에서 이전에는 기본으로 gedit가 설치되어있는데 지금은 gnome-text-editor가 기본 편집기로 설치되어 있다. 이 둘은 GUI를 지원하는 편깁기 중에서 가벼우며 다양한 프로그래밍 언어를 지원한다. vi와 nano는 터미널에서 일반적으로 사용하는 편집기인데 명령이 매우 단순하여 빠르게 편집할 수 있어 사용법만 익힌다면 효율적으로 활용할 수 있다.

4.1 gedit

윈도우즈에서 사용하는 기본 문서편집기가 notepad(메모장)라면, 리눅스에서는 gedit가 아닐까 생각한다. gedit는 GNOME이 제공하는 GUI기반 문서편집기이고, 마이크로소프트 윈도우즈, 맥 OS X용으로도 개발된 자유 소프트웨어이다. UTF-8과 호환하며, 프로그램 코드, 마크업 언어와 같은 구조화된 텍스트 문서를 편집하는 용도에 중점을 두고 개발되었다. GNOME 프로젝트의 철학에 따라 깔끔하고 단순한 GUI가 특징이다. 또한, 다양한 프로그램 코드와 마크업 코드에 맞춘 구문 강조 기능이 포함되어 있으며, 여러 파일을 편집할 때 탭으로 나누어 표현되어 탭 선택으로 문서 사이를 옮겨 다니며 편집할 수 있다. 실행을 취소하거나 실행 취소했던 부분을 다시 복구할 수 있으며, 줄번호 표시, 강조, 줄 바꿈 기능, 다양한 언어의 맞춤법 검사도 포함되어 있다. 또, 플러그인을 통해서 기능을 추가할 수도 있다.
X윈도 시스템에 맞춰 개발했으며, GTK+ 2.0과 GNOME 2.0 라이브러리를 이용한다. 한편, GNOME 파일 관리자인 노틸러스와의 사이에서 드래그 앤 드롭이 가능하다. gedit에 관한 문서는 GNOME 도움말 시스템, 가상 파일 시스템, 그리고 인쇄 미리보기를 위한 인쇄 프레임워크를 사용한다. 실제로 사용해보면 윈도우즈의 메모장보다는 사용이 훨씬 편하고 좋을 것이다.

gedit 설치 및 사용

gedit **설치**
이전에는 Ubuntu를 설치하면 gedit는 자동으로 설치가 되었다. 하지만 Ubuntu 24.04에서는 기본 편집기가 gedit에서 gnome-text-editor로 변경되었다. 그래서 Ubuntu 24.04를 설치하면 자동으로 gnome-text-editor가 설치되고 gedit는 설치되어 있지 않다. gedit를 사용하려면 다음과 같이 터미널에서 패키지를 설치해야 한다.

```
$ sudo apt install gedit -y
```

일반적으로 생각하는 윈도우즈의 메모장과 비교했을 때 차원이 다른 기능을 제공한다. gedit의 많은 장점 중 대표적인 것은 다음과 같다.

- 사용자 친화적 인터페이스: 깨끗하고 직관적인 인터페이스를 제공하여 초보자와 숙련자 모두 쉽게 사용할 수 있다.
- 구문 강조: 개발자가 코드를 보다 쉽게 읽고 쓸 수 있도록 다양한 프로그래밍 언어에 대한 구문 강조를 지원한다.
- 확장성: 플러그인을 사용하면 필요에 따라 기능을 향상시킬 수 있다.
- 다중 문서 인터페이스: 여러 파일을 동시에 작업할 수 있어 생산성이 향상된다.

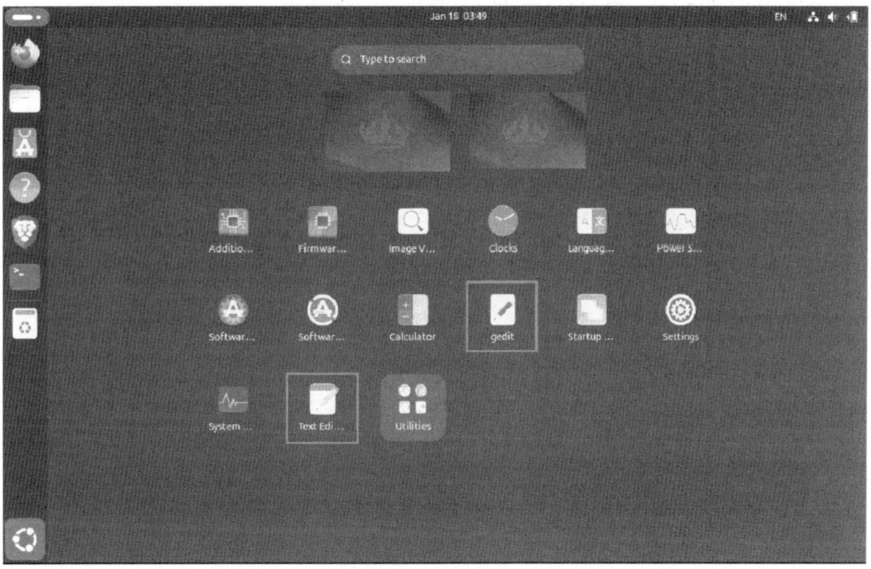

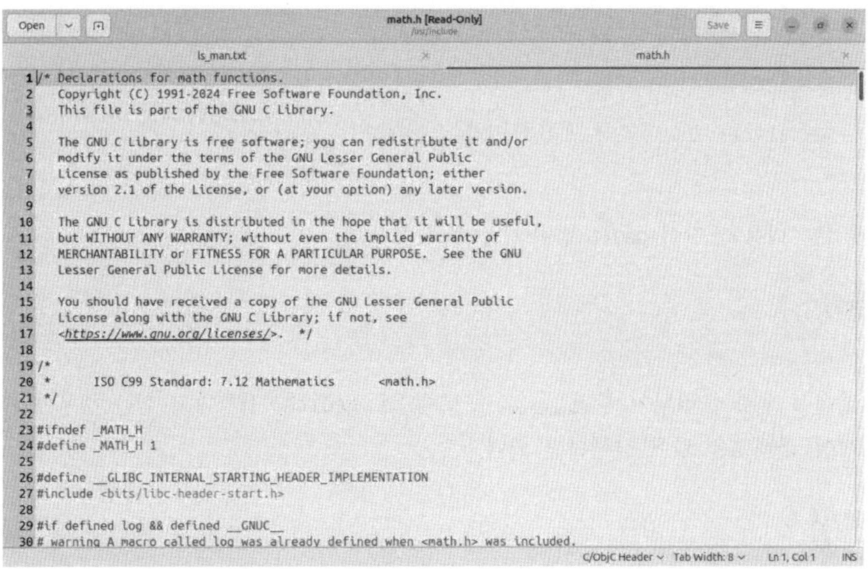

그림과 같이 전문 프로그램 편집기처럼 프로그래밍 언어인 경우 선언문이나 자료형 등에 하이라이트로 색이 강조되어 구분되는 것을 볼 수 있다.

gedit 실행

gedit 패키지를 설치하였으면 데스크톱의 애플리케이션 메뉴에서 **gedit**를 시작할 수 있다. **[Show Applications]** 메뉴에서 **gedit**를 검색하면 나온다.

```
[Show Applications]→[Type to search]→[gedit]→[gedit]
```

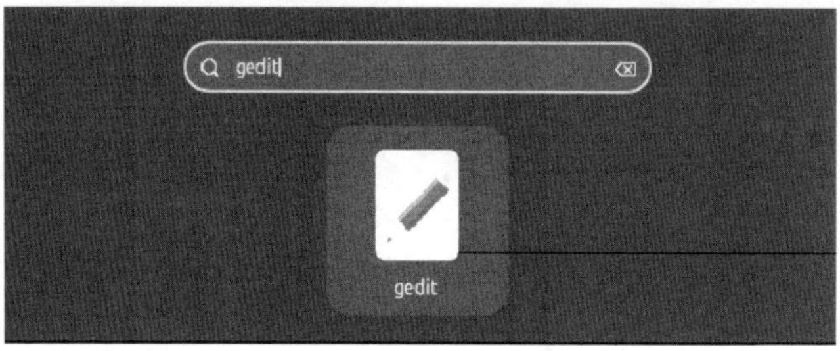

실행하면 **[Untiled Document 1]**로 시작하는 **gedit** 창이 열리고, 여기에 내용을 입력하거나 추가하는 등 문서를 편집할 수 있다.

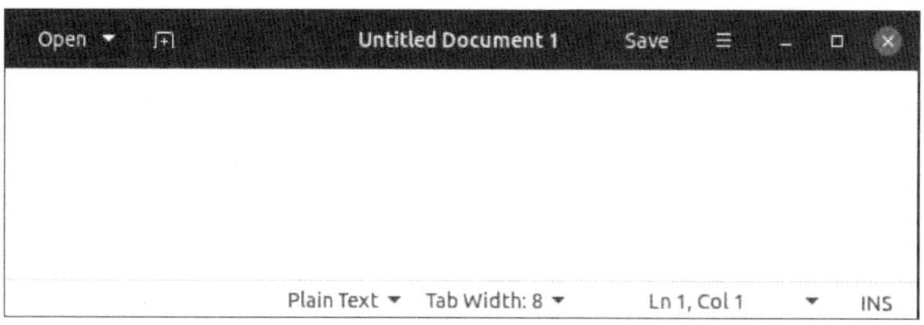

터미널에서는 다음과 같이 **gedit** 명령을 실행하면 된다.

```
$ gedit
▮
```

터미널 창에서 셸과 분리되어 후면background 프로세스로 **gedit**를 실행하고 싶은 경우에는 다음과 같이 명령어 끝에 **&**을 넣어 실행하면 된다.

```
$ gedit &
[1] 3852
```

기존 파일 열기

기존 텍스트 파일을 열려면 **gedit** 툴바에 **[Open]**를 선택하거나 단축키 **Ctrl+o**로 파일을 열 수도 있다. **gedit** 파일 열기 대화 상자가 나오면 편집하려는 파일을 선택한다. 파일을 선택하면 색 표시가 되고 **[Open]** 버튼을 클릭하면 선택된 파일이 열린다.

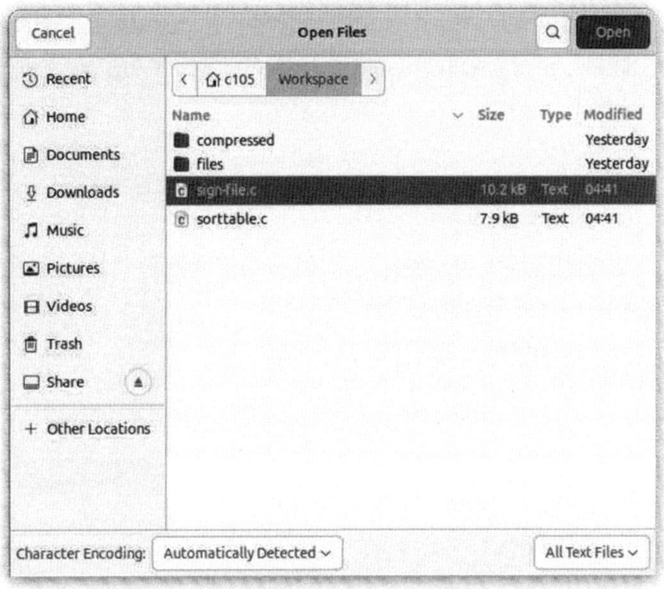

명령어로 파일 열기

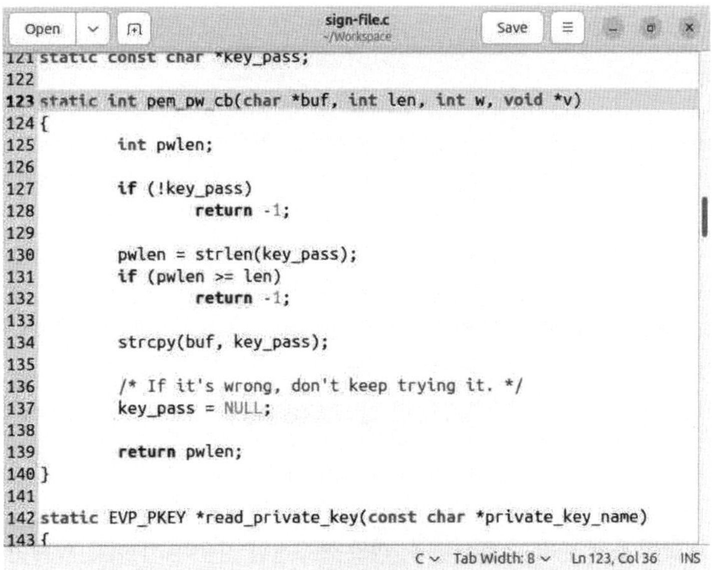

gedit 명령어 뒤에 파일 이름을 추가하여 실행하면 파일을 열 수 있다.

```
$ gedit sign-file.c
▌
```

gedit에 구문 강조 기능이 있어 프로그램 소스 코드 파일이나 쉘 스크립트를 편집할 때 특히 편리하다. 구문 강조는 변수, 예약어, 주석, 매개 변수 등을 쉽게 식별 할 수 있도록 소스 파일 내의 단어에 하이라이트를 표시해준다.

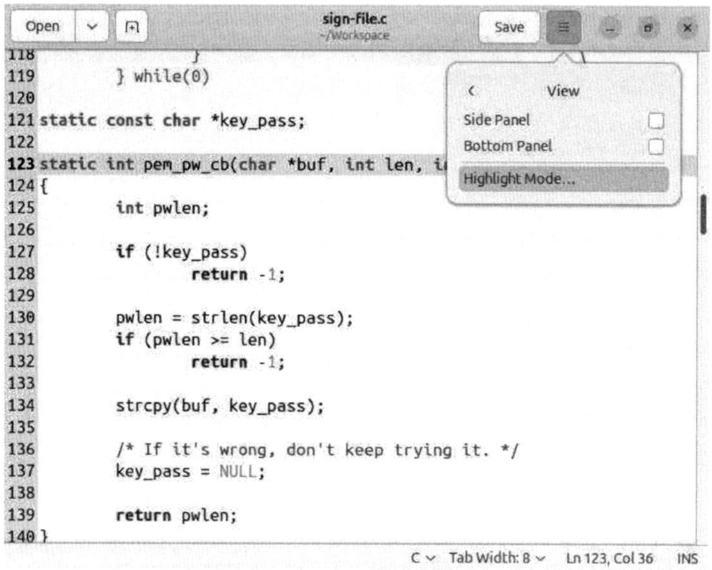

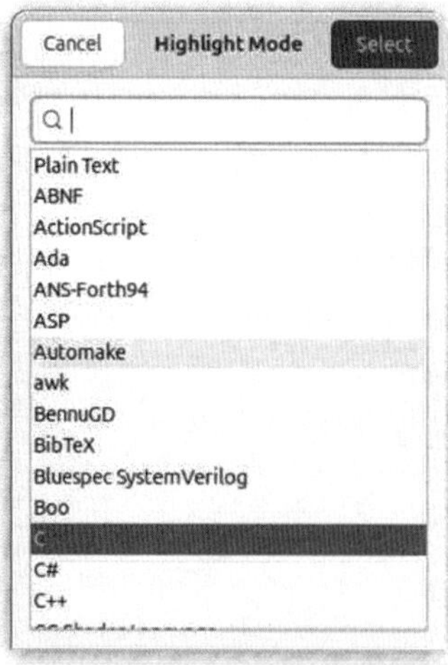

편집 중인 파일 이름이 도구 모음에 표시된다. 파일을 수정한 경우 파일 이름 앞에 별표(*)가 나타난다. 별표가 나타나면 파일 내용이 변경되었음을 알 수 있고, 변경 사항을 반영하려면 파일을 저장해야 한다는 것을 상기시키는 역할을 한다.

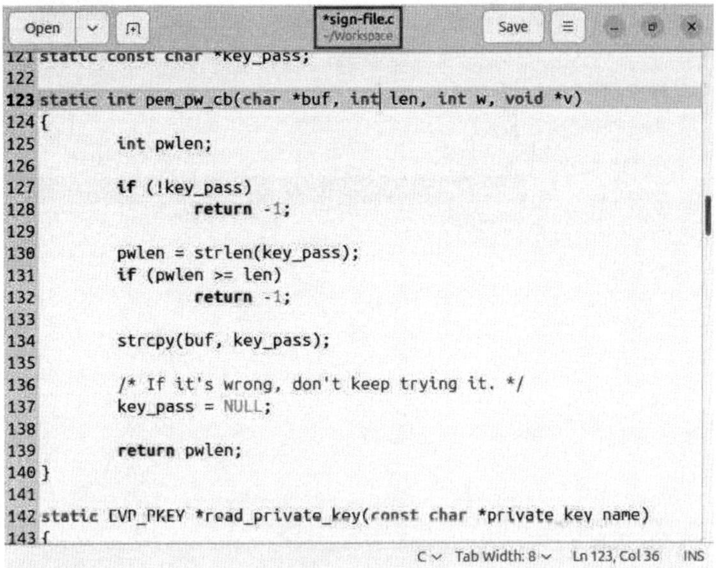

파일에 변경 사항 저장

변경 사항을 저장하려면 툴바에서 [Save] 버튼을 클릭하거나 Ctrl+s를 눌러 파일을 저장할 수 있다. 다른 이름으로 또는 다른 위치에 파일을 저장하려면 툴바에서 메뉴 버튼을 클릭한 다음 메뉴에서 [Save As...]을 선택하면 표준 파일 저장 대화 상자가 열린다. 파일을 저장하려는 디렉터리를 찾아 파일 이름을 입력할 수 있다. 저장할 위치를 선택하고 파일 이름을 입력하고 [Save] 버튼을 클릭하면 파일이 저장된다.

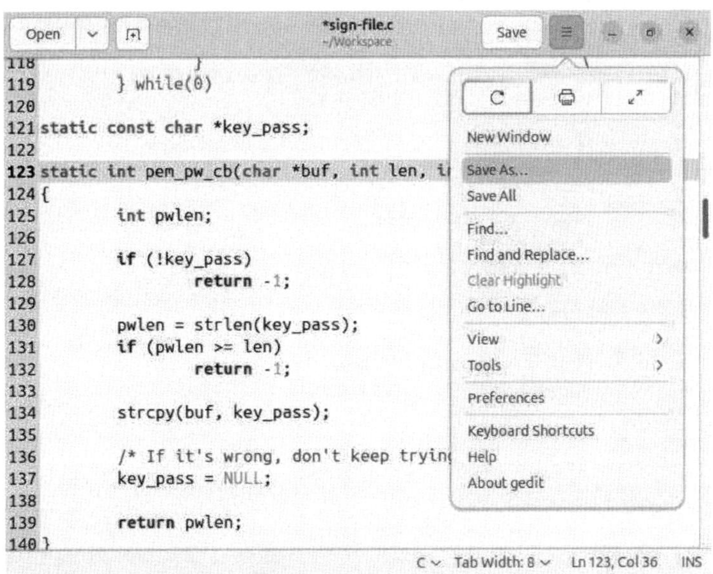

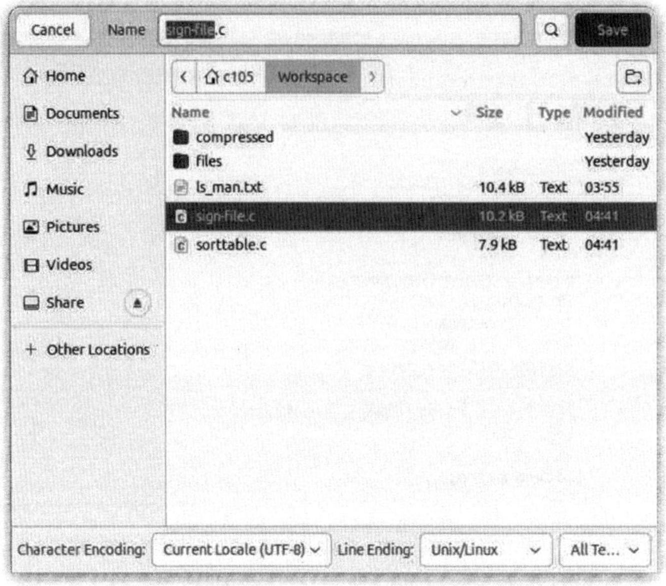

환경 설정

개발자인 경우 gedit는 효과적인 코딩 도구가 될 수 있다. 프로그래밍을 위한 최적화 방법은 다음과 같다. [menu]→[Preferences]를 선택한다.

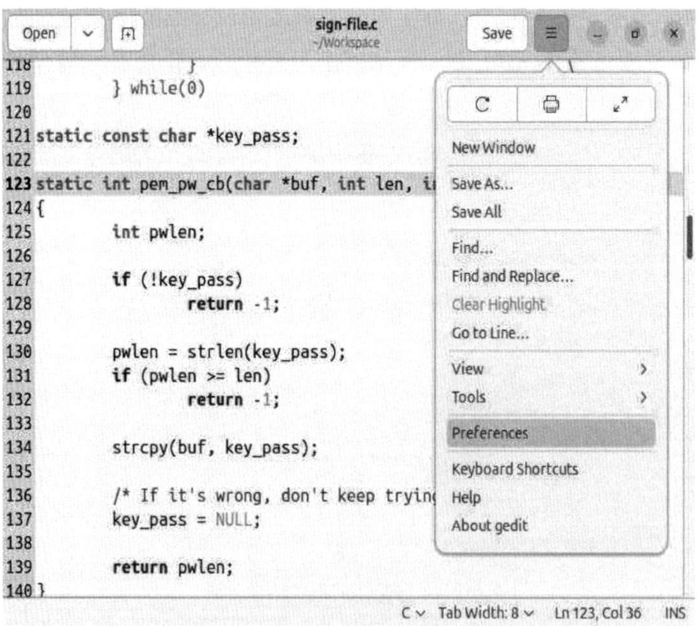

[Preferences]의 [View] 탭에서 [Display line numbers] 체크박스를 확인한다.

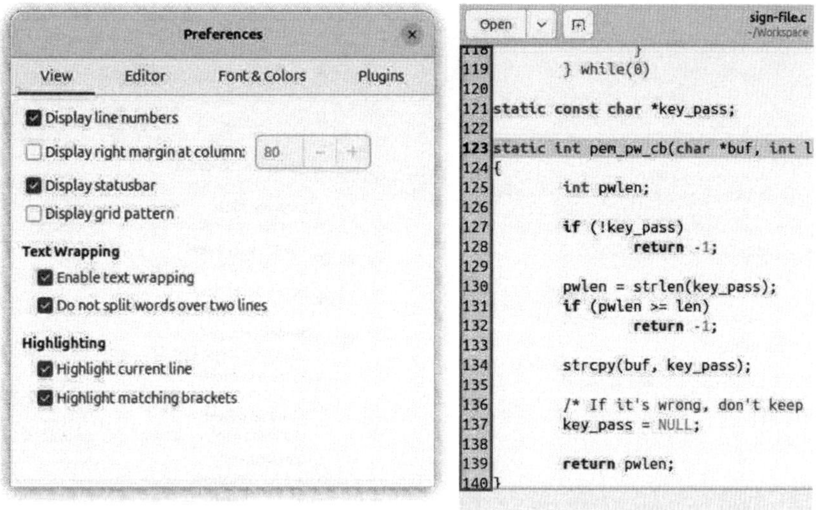

[Preferences]의 [Font & Colors]→[Color Scheme]에서 Cobalt를 파란색을 바탕으로 한 배경과 글자색이 적용되어 나타난다. 기호에 맞게 선택하여 사용하기 바란다.

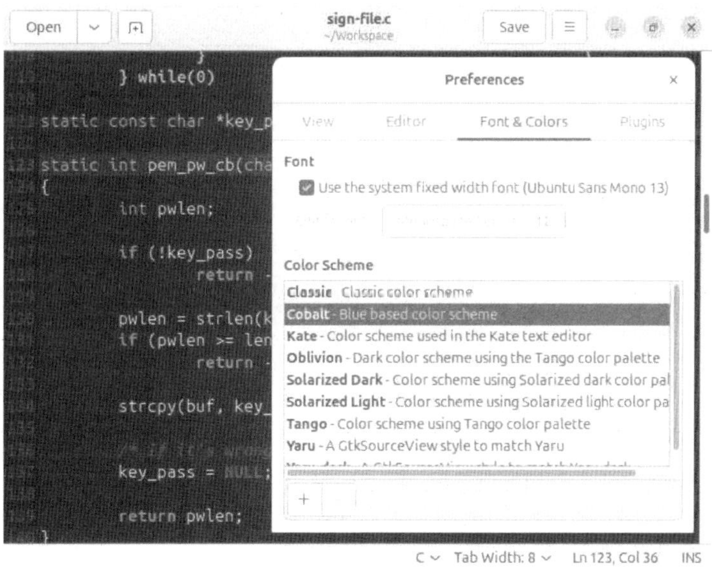

[Preferences]의 [Editor]→[Files]에서 [Create a backup copy of files before saving]과 [Autosave files] 체크박스를 체크해서 기본적으로는 10분마다 파일을 자동으로 저장하고 저장할 때 백업 파일을 만들도록 한다. 그 외 [Tab Stops]에서 탭 크기와 [Files]에서 자동저장 시간

간격을 조절할 수 있다.

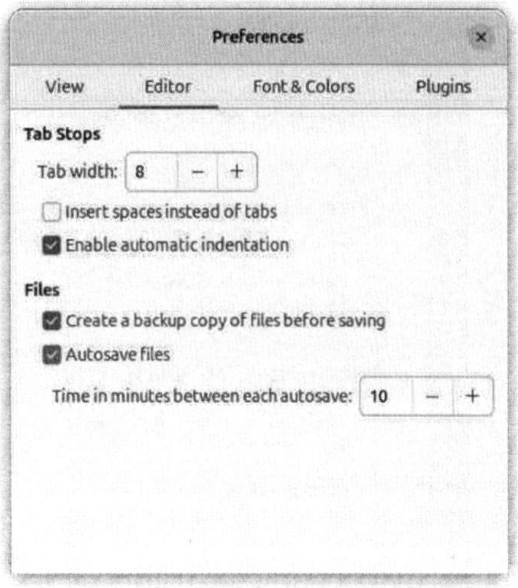

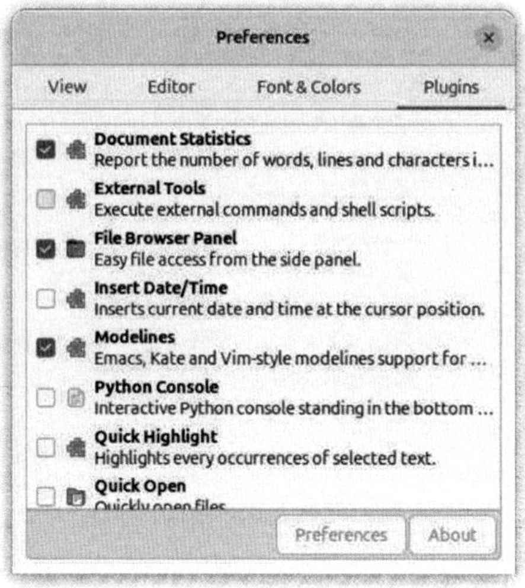

[Preferences]의 [Plugins]에 사용 가능한 플러그인 목록이 표시된다. 체크박스를 확인하여 활성화하거나 선택을 해제하여 비활성화하기 바란다.

4.2 vi 편집기

vi는 리눅스 환경에서 많이 사용되는 기본 문서편집기이다. 1976년 빌 조이Bill Joy가 초기 BSD 릴리즈에 포함될 편집기로 만들었다. 한 줄씩 편집하는 줄/행 단위 편집기line editor인 ed의 기능을 확장시켜서 만든 ex 편집기EXtended editor를 더욱 확장시켜 만든 것으로, 줄 단위 편집기가 아니라 한 화면을 편집하는 비주얼 편집기VIsual editor라는 뜻에서 편집기의 이름 vi가 유래되었다. vi 편집기는 간결하면서도, 강력한 기능을 갖추고 있어 지금까지도 많은 애호가들이 있다. 현재는 오리지널 vi를 사용하는 경우는 거의 없고, 이를 바탕으로 만들어진 vi 클론clone을 사용하는 것이 일반적이다. 클론들 중 많이 쓰이는 것으로 기능이 다양한 것을 장점으로 내세우며 리눅스 배포판에 포함되어 있는 vim이 있다. 리눅스 배포판에 포함되어 있는 vim은 Vi IMproved의 줄임말로, 기능이 향상된 vi 편집기를 의미한다. Ubuntu에서 vi라고 명령해도 vim.tiny가 실행되도록 설정되어 있다. 그래서 앞으로 vi라 하면 vim을 가리키는 것으로 한다. 최신 버전 vim의 전 기능을 사용하려면 다음과 같이 vim 패키지를 설치하여 사용하기 바란다.

```
$ sudo apt install vim -y
```

자 그러면 차근차근 vi 사용법을 익혀보도록 하자. 먼저 vi 편집기의 전반적인 동작을 간략하게 설명한다. vi 편집기는 삽입, 명령, 비주얼, ex 모드가 있어 같은 키 입력이라도 어떠한 모드에 있느냐에 따라 다른 동작을 한다. 주로 삽입모드와 명령모드를 왔다 갔다 하면서 편집하게 된다. vi를 실행하면 처음에 명령모드로 시작하게 된다. 이 상태에서 문자를 입력하기 위한 삽입모드로 들어가기 위해서는 i를 누른다. 삽입모드에서는 누르는 문자가 그대로 문서로 입력된다. 삽입모드에서 Esc를 누르면 명령모드로 바뀌게 된다. 명령모드에서는 일반 키를 이용하여 커서를 움직이거나, 복사하기, 붙여넣기, 지우기 등의 기능을 수행할 수 있다. 명령모드에서 v를 누르면 비주얼모드가 되고 영역을 설정할 수 있게 된다. :(콜론)을 누르면 ex모드로 들어간다. ex모드에서는 파일 읽기, 저장, 종료 등의 기능을 수행할 수 있다. 작업을 마치기 위해서는 :q 또는 :q!를 입력하면 된다. 간략하게 vi 편집기의 동작을 설명하였으나 아직도 감이 잡히지 않을 것이다. 여기서는 다음 사항만 기억해도 충분하리라 생각한다.

- vi를 실행하면 명령모드로 시작된다는 것
- 어떤 모드에서든지 Esc를 (여러 번) 누르면 명령모드로 된다는 것
- i를 누르면 삽입모드로 문자 입력을 시작할 수 있다는 것
- (Esc) :q 또는 :q!를 입력하면 vi를 마칠 수 있다는 것

vi의 모드에 대해 조금 더 자세하게 설명한다. vi는 삽입모드, 명령모드, 비주얼모드, ex모드의 4가지 모드를 가지고 있다. 경우에 따라서는 ex모드를 인수가 필요한 명령어로 간주하여 명령모드의 한 부분으로 분류하는 경우도 있고, 비주얼모드는 설명할 내용이 많지 않아 생략하는 경우도 있다. 그래서 때로는 크게 입력모드와 명령모드의 2가지로 분류하는 경우도 있다.

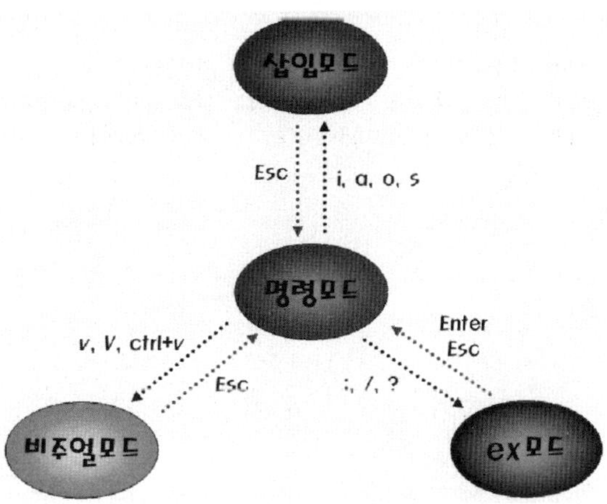

vi 모드 전환

명령모드(Command Mode or Normal Mode)

명령모드Command Mode는 일반모드 또는 정상모드Normal Mode라고도 하며, (단축)키 입력을 통해 명령을 수행하는 모드이다. 명령모드에서 커서를 이동하거나, 삭제, 복사, 붙이기 등의 작업을 할 수 있다. 명령모드에서는 아무리 타이핑해도 글자가 입력되지 않기 때문에 처음 vi 편집기를 사용할 때 조금 당황하는 일이 있을 것이다. vi를 시작하면 명령모드로 시작하게 된다. 이것은 파일을 편집하기 위해서는 기본적으로 커서를 원하는 곳으로 옮길 수 있어야 해서가 아닐까라고 생각한다. 중요한 것은 모드 전환 그림에서 알 수 있듯이 다른 모드로 들어가기 위해서는 꼭 명령모드를 거쳐야 한다는 것이다. 그래서 원하는 대로 동작을 하지 않는다든가 문제가 발생하면 Esc를 (여러 번) 눌러 명령모드로 돌아와서 다음 과정을 진행해야 한다는 것을 기억하기 바란다. 아래에 vi 편집기 실행 초기 화면, 즉 명령모드를 나타낸다. 명령모드일 경우는 화면의 왼쪽 맨 아랫줄에 아무것도 표시되지 않는다. 오른쪽아래에는 커서의 위치(행, 열)를 나타낸다.

```
$ vi

▌
~
~
~
~
~                          VIM - Vi IMproved
~
~                           version 8.2.2121
~                       by Bram Moolenaar et al.
~                Modified by team+vim@tracker.debian.org
~              Vim is open source and freely distributable
~
~                      Help poor children in Uganda!
~            type  :help iccf<Enter>       for information
~
~            type  :q<Enter>               to exit
~            type  :help<Enter>  or  <F1>  for on-line help
~            type  :help version8<Enter>   for version info
~
~
~
~
~
                                                   0,0-1         All
```

vi 편집기 실행 초기 화면 (명령모드)

파일을 지정해서 편집하기 전에 다음과 같이 텍스트 파일을 만들어두면 도움이 된다.

```
$ man vi > man_vi.txt
```

문서 파일을 지정해서 vi를 실행해보자.

```
$ vi man_vi.txt
```

```
VIM(1)                      General Commands Manual                   VIM(1)

NAME
       vim - Vi IMproved, a programmer's text editor

SYNOPSIS
       vim [options] [file ..]
       vim [options] -
       vim [options] -t tag
       vim [options] -q [errorfile]

       ex
       view
       gvim gview evim eview
       rvim rview rgvim rgview

DESCRIPTION
       Vim  is a text editor that is upwards compatible to Vi.  It can be used
       to edit all kinds of plain text.  It is especially useful  for  editing
       programs.

       There  are a lot of enhancements above Vi: multi level undo, multi win-
       dows and buffers, syntax highlighting, command line  editing,  filename
"man_vi.txt" 431L, 19708B                                     1,1          Top
```

삽입모드(Insert Mode or Input Mode)

삽입모드Insert Mode는 입력모드Input Mode라고도 한다. 문서를 작성하기 위한 모드로, 이 모드에서 글자를 타이핑하면 화면에 나타나면서 글자가 문서로 입력이 된다. 편집 중에 삽입모드로 되어 있는지가 궁금할 때가 있다. 만약 삽입모드에 있다면 화면 맨 아래 표시줄에 '-- INSERT --' 라고 표시되고, 기본 언어가 한국어로 설정되어 있으면 '-- **끼워넣기** --'라고 표시된다. 다른 작업을 위해 삽입모드에서 빠져나가려면 Esc를 누르면 된다. 항상 명령모드로 돌아 간 다음에 커서를 이동하거나 삭제, 복사 등의 작업을 수행할 수 있다는 것을 기억하기 바란다.

```
~
-- INSERT --                                                  0,1          All
```

```
VIM(1)                      General Commands Manual                     VIM(1)

NAME
       vim - Vi IMproved, a programmer's text editor

SYNOPSIS
       vim [options] [file ..]
       vim [options] -
       vim [options] -t tag
       vim [options] -q [errorfile]

       ex
       view
       gvim gview evim eview
       rvim rview rgvim rgview

DESCRIPTION
       Vim  is a text editor that is upwards compatible to Vi.  It can be used
       to edit all kinds of plain text.  It is especially useful  for  editing
       programs.

       There  are a lot of enhancements above Vi: multi level undo, multi win-
       dows and buffers, syntax highlighting, command line  editing,  filename
-- INSERT --                                                  4,14          Top
```

비주얼모드(Visual Mode)

비주얼모드Visual Mode에서는 화면의 특정 부분을 블록으로 잡아서 복사, 잘라내기, 붙여넣기 등을 할 수 있다. 즉, 문자 단위 또는 줄 단위로 처리하는 것이 아니라 화면 위에서 2차원적인 블록 단위로 처리할 수 있다는 것이 장점이다. 명령모드에서 **v**를 누르면 비주얼모드로 들어가며, 커서를 움직이면 블록이 설정된다. 설정된 블록은 **y**로 복사, **x**로 잘라내기, **p**로 붙여넣기를 할 수 있다. 줄 단위로 블록을 선택하려면 **V**를, 수직으로 블록을 선택하려면 **Ctrl+v**를 누르면 된다. 비주얼모드로 되어 있는지는 다음과 같이 표시줄에 '-- VISUAL --', '-- VISUAL LINE --', '-- VISUAL BLOCK --'이라고 표시되는지를 보면 알 수 있다.

```
VIM(1)                      General Commands Manual                     VIM(1)

NAME
       vim - Vi IMproved, a programmer's text editor

SYNOPSIS
       vim [options] [file ..]
       vim [options] -
```

```
        vim [options] -t tag
        vim [options] -q [errorfile]

        ex
        view
        gvim gview evim eview
        rvim rview rgvim rgview

DESCRIPTION
        Vim  is a text editor that is upwards compatible to Vi.  It can be used
        to edit all kinds of plain text.  It is especially useful  for  editing
        programs.

        There  are a lot of enhancements above Vi: multi level undo, multi win-
        dows and buffers, syntax highlighting, command line  editing,  filename
-- VISUAL --                                     6       9,14          Top
```

```
VIM(1)                      General Commands Manual                      VIM(1)

NAME
        vim - Vi IMproved, a programmer's text editor

SYNOPSIS
        vim [options] [file ..]
        vim [options] -
        vim [options] -t tag
        vim [options] -q [errorfile]

        ex
        view
        gvim gview evim eview
        rvim rview rgvim rgview

DESCRIPTION
        Vim  is a text editor that is upwards compatible to Vi.  It can be used
        to edit all kinds of plain text.  It is especially useful  for  editing
        programs.

        There  are a lot of enhancements above Vi: multi level undo, multi win-
        dows and buffers, syntax highlighting, command line  editing,  filename
-- VISUAL LINE --                                6       9,14          Top
```

```
VIM(1)                      General Commands Manual                      VIM(1)

NAME
        vim - Vi IMproved, a programmer's text editor
```

```
 SYNOPSIS
        vim [options] [file ..]
        vim [options] -
        vim [options] -t tag
        vim [options] -q [errorfile]

        ex
        view
        gvim gview evim eview
        rvim rview rgvim rgview

DESCRIPTION
        Vim  is a text editor that is upwards compatible to Vi.  It can be used
        to edit all kinds of plain text.  It is especially useful  for  editing
        programs.

        There  are a lot of enhancements above Vi: multi level undo, multi win-
        dows and buffers, syntax highlighting, command line  editing,  filename
-- VISUAL BLOCK --                                    6x2       9,15          Top
```

ex모드

ex모드는 ex 편집기의 기능을 사용하는 모드이다. 앞서 설명한 것과 같이 vi는 줄 단위 편집기인 ex를 기반으로 만들어진 것이기 때문에, ex의 기능을 사용할 수 있는 것이다. 이 모드를 사용하면 지정한 패턴에 따라 특정 문자열로 대체하는 등의 찾아서 바꾸기와 같은 일괄 처리가 가능하여 작업의 효율성을 높일 수 있다. 작성한 파일을 저장(:w), 종료(:q, :q!, :wq, :wq!)하기 위해서는 기본적으로 ex모드를 이용해야 한다.

```
        There  are a lot of enhancements above Vi: multi level undo, multi win-
        dows and buffers, syntax highlighting, command line  editing,  filename
:q!
```

그리고 / 또는 ?를 사용하면 파일에서 문자열을 검색할 수도 있다.

```
NAME
        vim - Vi IMproved, a programmer's text editor

SYNOPSIS
        vim [options] [file ..]
        vim [options] -
        vim [options] -t tag
        vim [options] -q [errorfile]

        ex
```

```
       view
       gvim gview evim eview
       rvim rview rgvim rgview

DESCRIPTION
       Vim  is a text editor that is upwards compatible to Vi.  It can be used
       to edit all kinds of plain text.  It is especially useful  for  editing
       programs.

       There  are a lot of enhancements above Vi: multi level undo, multi win-
       dows and buffers, syntax highlighting, command line  editing,  filename
       completion,  on-line  help,  visual  selection,  etc..  See  ":help
/editing
```

```
                   can still edit the buffer, but will be prevented from acci-
                   dentally overwriting a file.  If you do want to overwrite a
                   file, add an exclamation mark to  the  Ex  command,  as  in
                   ":w!".   The  -R  option  also  implies  the  n option (see
                   above).  The 'readonly' option  can  be  reset  with  ":set
                   noro".  See ":help 'readonly'".

       -r          List  swap files, with information about using them for re-
                   covery.

       -r {file}   Recovery mode.  The swap file is used to recover a  crashed
                   editing  session.   The  swap  file is a file with the same
                   filename as the text file with ".swp" appended.  See ":help
                   recovery".

       -s          Silent  mode.   Only  when started as "Ex" or when the "-e"
                   option was given before the "-s" option.

       -s {scriptin}
                   The script file {scriptin} is read.  The characters in  the
                   file  are  interpreted  as if you had typed them.  The same
                   can be done with the command ":source! {scriptin}".  If the
                   end of the file is reached before the editor exits, further
?editing
```

기초 편집

vi 모드에 대해 알아보았으니 이제 사용법을 익혀보도록 하자. vi를 실행하기 전에 다음 작업을 해두는 것이 도움이 된다.

```
$ touch ~/.vimrc                                # vi 환경설정파일
```

여기서, ~/.vimrc 파일은 vim의 환경설정 파일이다. 내용은 아무것도 없지만 이 파일이 없는 경우에는 기본적으로 vi 호환 모드로 동작하게 되어 vim의 향상된 기능을 충분히 활용할 수 없다. 하지만 vi 클론을 사용할 때도 통용될 수 있도록 vi에 준하여 작업을 하고 싶을 경우에는 환경설정 파일 없이 시작하면 될 것이다. 여기서는 10개 정도의 명령을 이용하여 문서를 편집해 보기로 한다.

· 커서 옮기기 (왼쪽, 오른쪽, 위, 아래)
· 글자 넣기와 지우기
· 도움말 보기
· 편집기에서 빠져나오기

시작

vi를 시작하려면 터미널에서 아래와 같이 명령하면 된다.

```
① $ vi                          # 새 파일을 편집 (이름 미정)
② $ vi ~/man_vi.txt             # 기존 파일을 편집
③ $ vi ~/test.txt               # test.txt라는 새 파일을 편집
```

명령①과 명령②의 실행 화면은 앞에서 나타내었다. 명령②의 실행 화면의 맨 아래 표시줄 부분을 다시 나타내면 다음과 같고 표시줄에 파일이름 [readonly], 행수와 글자수, 행과 열(커서위치), [All, Top, %, Bot](커서위치/전체) 정보를 보여준다.

```
      There  are a lot of enhancements above Vi: multi level undo, multi win-
      dows and buffers, syntax highlighting, command line  editing,  filename
"man_vi.txt" 431L, 19708B                                   0,0-1          All
```

man_vi.txt 파일에서 쓰기가능권한을 뺀 읽기전용 파일을 vi 편집기로 열면 다음과 같이 파일이름 옆에 [readonly]가 표시된다.

```
$ chmod a-w ~/man_vi.txt                    # 쓰기가능권한 빼기
$ vi ~/man_vi.txt                             # 읽기전용 파일 편집

      There  are a lot of enhancements above Vi: multi level undo, multi win-
      dows and buffers, syntax highlighting, command line  editing,  filename
"man_vi.txt" [readonly] 431L, 19708B                        1,1            Top
```

명령③을 실행하면 다음과 같이 파일이름으로 "test.txt", 허가권으로 [New]가 나타난다. 여기서, 허가권이 [New]로 나타난 것은 이 파일이 아직 메모리 위에 일시적으로 존재하는 것으로 실제 디스크 위에 만들어진 것은 아님을 의미한다.

```
~
"test.txt" [New]                                          0,0-1         All
```

메모리 위에 있는 파일을 ex모드로 저장(:w)하게 되면 [New] 옆에 0L, 0B written이라고 표시된다. 파일의 허가권은 UMASK 설정에 따른다.

```
~
:w
```

```
~
"test.txt" [New] 0L, 0B written                           0,0-1         All
```

커서 옮기기

명령모드에서 키보드에 나열된 순서대로 키를 사용하여 왼쪽(h), 아래쪽(j), 위쪽(k), 오른쪽(l)으로 커서를 옮길 수 있다. 또한 화살표 키를 이용해도 같은 동작을 한다.

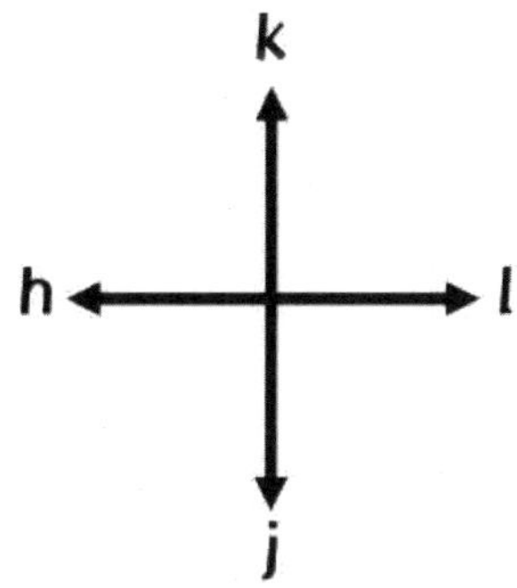

이동키

화살표 키는 문서에서 사용되는 문자가 아니기 때문에 명령모드뿐만 아니라 삽입모드에서도 동작한다. 커서 옮기기를 연습해 보기 위해서는 명령②와 같이 기존 파일을 이용하는 것이 편할 것이다. 커서의 움직임과 함께 화면의 표시가 어떻게 변하는지도 살펴보기 바란다.

처음엔 h, j, k, l을 이용한 커서 이동이 어색할지 모르겠지만, 익숙해지면 키보드의 중심에서 벗어나지 않고 이동할 수 있어 정말 괜찮은 키 매핑이라는 것을 알 수 있을 것이다. 조금 더 확장시켜

[n]+명령키를 실행하면 명령키를 n번 실행하게 된다. 예를 들어, **4h** 라고 하면 커서를 4글자 앞으로(왼쪽으로) 옮기게 된다. 명령모드에서 [n] 값을 입력하게 되면 화면 아래쪽에 잠시 입력된 값을 표시해준다.

표 4-1 이동 명령 요약

명령	설명
[n] h	현재 커서 위치를 왼쪽으로 이동하기
[n] j	현재 커서 위치를 아래쪽으로 이동하기
[n] k	현재 커서 위치를 위쪽으로 이동하기
[n] l	현재 커서 위치를 오른쪽으로 이동하기

[n]은 숫자를 나타내고 생략할 수 있으며, 지정된 명령을 n번 실행한다는 의미이다.

글자 삽입 (끼워넣기)

글자를 입력하기 위해서는 명령모드에서 **i**insert를 누르면 맨 아래 표시줄에 삽입모드를 나타내는 '-- INSERT --'를 표시해준다. 이 상태에서 작성하고 싶은 글을 작성한다. 의도하지 않은 글자가 입력되어 지우고 싶거나 문제가 있어 키 입력을 그만두고 싶으면 **Esc**를 눌러 명령모드로 돌아와서 다음 작업을 수행해야 한다. **i**를 누르면 커서가 위치한 자리에서부터 글자를 삽입하게 되는데, 커서가 행 끝에 위치한 경우 마지막 글자가 계속 뒤로(오른쪽으로) 밀려 이동하게 된다. 이와 같이 커서가 행 끝에 위치한 경우 마지막 글자 다음 자리, 즉 커서가 위치한 다음 자리에서부터 입력하고 싶을 경우에는 **a**append를 누르면 편하게 입력할 수 있다. **o**open를 누르면 커서가 위치한 행의 아래쪽에 빈 행을 추가하고 입력을 할 수 있게 하며, 대문자 **O**를 누르면 커서가 위치한 행의 위쪽에 빈 행을 추가하고 그 행에서부터 입력할 수 있게 된다.

표 4-2 삽입 명령 요약

명령	설명
i	현재 커서 위치에서부터 입력 (insert)
I	현재 행의 맨 앞에서부터 입력
a	커서 다음 위치에서부터 입력 (append)
A	현재 행의 맨 끝에서부터 입력
o	커서 아래쪽에 공백 행 입력 (open)
O	커서 위쪽에 공백 행 입력

글자 삭제 (지우기)

명령모드에서 지우고 싶은 글자 위로 커서를 옮겨서 **x**를 누르면 한 글자씩 지워진다. 만약 삽입모드에서 입력을 하다가 잘못 타이핑하여 바로 입력된 글자를 지우고 싶을 경우에는 **Backspace**로 글자를 지울 수 있다. 하지만 임의의 위치로 이동하여 지우기 위해서는 명령모드에서 작업을 하는 것이 안전하다. 만약 꼭 삽입모드에서 글자를 지우고 싶다면, 화살표키로 원하는 위치에 이동하여 Backspace로 글자를 지울 수 있다. dd를 누르면 커서가 위치한 행이 지워진다. 예를 들어, 3dd를 실행하면 커서가 위치한 행에서부터 3행을 지우게 된다.

표 4-3 지우기 명령 요약

명령	설명
[n] x	문자 단위 지우기 (한 글자 지우기)
[n] dd	행 단위 지우기 (한 행 지우기)

되돌리기 및 다시 실행

되돌리기undo와 다시 실행redo 기능이 없는 편집기를 이용하여 작업을 하는 것은 지옥과 같을 것이다. vi에서 되돌리기는 u를, 다시 실행은 Ctrl+r을 이용하면 된다. 이 정도면 이제 초보자도 어느 정도 안심을 할 수 있을 것이라 생각이 된다. 예를 들어, 3u를 실행하면 3번 실행한 명령어를 취소하고 되돌리게 된다.

표 4-4 되돌리기와 다시 실행 명령

명령	설명
[n] u	되돌리기 (undo)
[n] Ctrl+r	다시 실행 (redo)

문자열 찾기

vi에서 특정한 문자열을 찾는 방법은 아주 간단하다. 문자열만 찾기 위해서는 다음과 같이 명령모드에서 / 또는 ?를 누른 후 찾으려는 문자열이나 패턴을 입력하면 일치하는 문자열이 나오는 곳으로 커서가 이동한다. /는 순방향으로, ?는 역방향으로 문자열을 찾아준다. 다음 찾기를 하려면 nnext를 누르면 된다. 반대방향으로 다음 찾기를 하고 싶으면 N을 사용하면 된다. 보다 복잡한 문자열의 경우는 정규 표현식을 사용할 수 있다.

```
/[문자열 또는 패턴]                    # 순방향(위->아래) 찾기
?[문자열 또는 패턴]                    # 역방향(아래->위) 찾기
```

끝내기

vi 프로그램을 끝내기 위한 가장 간단한 방법은 명령모드에서 ZZ를 누르면 작업한 파일을 저장하고 끝낸다. ex모드에서는 :wq로 문서를 저장하고 끝낼 수 있다. 명령모드에서 ex모드로 명령을 수행하려면 먼저 :을 누른 다음 적용하려는 명령을 입력하고 Enter를 눌러 실행하면 된다. 여기서 q는 quit, w는 write의 줄임말이다. 그런데 읽기전용 파일이거나 쓰기 권한이 없는 경우에 ZZ를 누르면 다음과 같이 E45 메시지가 나타나게 되고, 파일을 저장할 수 없기 때문에 프로그램을 끝내지 못하게

된다.

```
DESCRIPTION [input test]
       Vim  is a text editor that is upwards compatible to Vi.  It can be used
       to edit all kinds of plain text.  It is especially useful  for  editing
       programs.

       There  are a lot of enhancements above Vi: multi level undo, multi win-
       dows and buffers, syntax highlighting, command line  editing,  filename
E45: 'readonly' option is set (add ! to override)             17,24         Top
```

이와 같은 경우에는 ex모드에서 명령을 실행해야만 한다. 메시지에 나타난 것처럼 덮어쓰기$_{override}$에 필요한 !를 적용하여 명령을 실행해야 되는데, :q!은 편집한 내용을 저장하지 않고(강제로) 끝낸다는 것을, :wq!는 (강제로) 덮어쓰기하고 끝낸다는 명령이다. 여기서 !는 논리연산에서는 부정$_{not}$을, 명령에서는 덮어쓰기, 강제$_{force}$를 뜻한다. 일반적으로는 실행 조건에 맞지 않은 상황에서 어떻게 할 것인지를 묻거나 오류 메시지를 나타내게 되는데, 이와 같은 경우 강제한다는 것은 묻지 않고 오류에 상관하지 않고 주어진 명령을 실행함을 뜻한다. 예를 들어, 파일을 저장할 때 이미 같은 이름의 파일이 존재할 경우에는 덮어쓸 것인지를 묻게 되는데 이때 물어보지 않고 지정된 명령을 실행하게 된다는 것을 의미한다.

표 4-5 끝내기 명령 요약

명령	설명
ZZ	저장하고 끝내기
:q!	저장하지 않고 (강제로) 끝내기
:q	끝내기
:wq	저장하고 끝내기
:wq!	(강제로) 덮어쓰고 끝내기 (단, 소유권이 있을 경우에 한함)

앞에서 ZZ로 파일을 저장하고 끝낼 수 없는 경우의 대부분은 파일의 허가권이 읽기전용으로 되어있는 경우이다. 이와 같은 경우에는 :q!로 저장하지 않고 끝내거나, :wq!로 강제로 저장하고 끝내는 방법이 있다. 단, 파일의 소유자가 사용자이어야 한다.

vi에서는 끝내기를 하면 기본적으로 백업 파일을 만들어 두지 않는 다는 점에 주의하기 바란다. 즉, 한번 저장하고 나면 다시는 원래대로 되돌릴 수 없다는 것이다. 백업 파일을 자동으로 만들어 두도록 다음과 같이 설정하면 파일을 저장할 때마다 '파일이름~'으로 이전 상태의 파일을 백업해두게 된다.

```
:set backup                              # 저장 시 자동으로 백업 파일 만들기
```

```
$ ls *~                              # 백업 파일 확인
example.txt~
```

다음은 vi 끝내기 방법을 잘 몰라 어떻게 하다가 보니 종료는 되었는데 그 다음에 사용하려고 하니까 위와 같이 처음 보는 E325 메시지가 나타나고 뭔가 제대로 동작하지 않는 경우가 있다. 초심자에게 많이 발생하는 상황으로 vi의 최대 약점 중 하나이라고 볼 수도 있다. 그래서 여기서 이러한 경우 문제의 원인이 무엇이고 어떻게 해결해야 하는지를 설명한다.

```
E325: ATTENTION
...
Swap file ".test.txt.swp" already exists!
[O]pen Read-Only, (E)dit anyway, (R)ecover, (D)elete it, (Q)uit, (A)bort:
```

파일이름을 지정하여 vi로 편집하는 경우, 자동으로 파일이름에 대응하는 스왑파일(**파일이름.swp**)을 생성한다. 예를 들어 파일이름이 **test.txt**이면, 파일이 있는 디렉터리에 **.test.txt.swp** 파일이 만들어지고, 이 파일에는 파일의 소유자, 사용자 이름, 파일명과 경로, 수정 시간 등과 같은 각종 제어 정보와 함께 문서 내용이 들어있다.

```
$ vi test.txt
```

vi 편집기를 실행한 상태에서 새로 터미널을 열어서 다음과 같이 스왑파일이 만들어졌는지 확인한다.

```
$ ls test* .test*
test.txt  .test.txt.swp
$ strings .test.txt.swp
b0VIM 8.2
c105
ubuntu
~c105/test.txt
utf-8
3210
#"!
vi swap file test
```

파일을 편집하게 되면 먼저 **.test.txt.swp** 파일에 기록되고 저장 명령을 내리면 **.test.txt.swp**의 내용이 **test.txt** 파일에 반영되어 기록되게 된다. 이러한 **.swp** 스왑파일을 이용한 기록방법은 정전 등 예상하지 못한 상황에서 시스템이 종료되는 등의 일이 발생할 때를 대비하기 위한 것이다. 그런데 스왑 파일은 vi로 파일을 편집하던 중에 정상 종료하지 않고 터미널을 종료하거나, 또는 다른 곳에서 해당 파일을 열어 편집하고 있을 때 파일로 남아있게 된다. 그래서 다음에 vi로 이 파일을 편집하려고하면 다음과 같은 E325 메시기가 나타나게 되는 것이다.

```
E325: ATTENTION
Found a swap file by the name ".test.txt.swp"
          owned by: c105   dated: 토  7월 27 18:11:32 2024
         file name: ~c105/test.txt
          modified: YES
         user name: c105   host name: ubuntu
        process ID: 5318
While opening file "test.txt"
             dated: 토  7월 27 18:02:59 2024

(1) Another program may be editing the same file.  If this is the case,
    be careful not to end up with two different instances of the same
    file when making changes.  Quit, or continue with caution.
(2) An edit session for this file crashed.
    If this is the case, use ":recover" or "vim -r test.txt"
    to recover the changes (see ":help recovery").
    If you did this already, delete the swap file ".test.txt.swp"
    to avoid this message.

Swap file ".test.txt.swp" already exists!
[O]pen Read-Only, (E)dit anyway, (R)ecover, (D)elete it, (Q)uit, (A)bort:
```

위의 내용을 살펴보면, 파일의 소유자, 파일이름, 사용자이름, 호스트이름, 프로세스ID, 실행여부 등의 정보가 들어있음을 알 수 있다. 화면 아래쪽을 보면 어떻게 처리할지를 묻고 있다. 읽기 전용으로 파일을 열어서 내용을 보고 싶으면 [O]pen Read-Only를, 무시하고 편집을 하고 싶으면 (E)dit anyway를, 복구하기를 원하면 (R)ecover을, 지우고 싶으면 (D)elete it를, 그냥 끝내기를 원하면 (Q)uit를, 중단하고 싶으면 (A)bort를 선택하면 된다. 일반적으로는 O를 입력하여 읽기전용으로 내용을 확인하고 만약 필요 없는 파일이라면 끝낸 뒤 다시 실행해서 D를 입력하여 지우면 다음부터는 이와 같은 메시지가 나타나지 않는다. 그런데 이것도 리눅스 초심자에게는 쉽지가 않다. 이럴 때 앞에서 배운 rm 명령어로 스왑파일을 직접 지우는 것이 쉬울 수도 있다. 조금 전과 마찬가지로 O를 입력하여 내용을 확인하고 지워도 되는 파일인지 먼저 확인한다. 지워도 되는 파일이면 파일이 있는 디렉터리로 가서 다음과 같이 rm 명령어로 스왑파일을 직접 지우면 다음부터는 오류 메시지가 나타나지 않을 것이다.

```
$ vi 파일이름                              # [O]pen Read-Only로 확인하기
$ ls .파일이름.*                           # .swp 파일 확인하기
$ rm .파일이름.swp                         # vi 스왑파일 지우기
```

응용 편집

여기서는 보다 작업의 효율성을 향상시킬 수 있는 키 사용법에 대해 설명한다.

행번호 보이기

화면의 아래에 행과 열을 나타내주고 있지만, 좀 더 명확하게 행 번호를 보면서 작업을 하고 싶을 경우가 있다. 특히 프로그램을 작성하거나 디버깅할 때는 절실히 필요성을 느낄 것이다. 이 때 명령모드에서 `:set number`를 실행하면 왼쪽에 행 번호를 나타내준다. 행 번호를 감추고 싶을 경우에는 `:set nonumber`를 실행하면 된다.

행 구분은 화면에 나타나는 것을 보고 하는 것이 아니라, `Enter`로 판단하게 된다. 예를 들어, 아래 문서에서 행 번호 8을 보면 화면에서는 여러 행인 것처럼 보이지만 사실은 하나의 행으로 되어 있음을 알 수 있다.

```
  1 VIM(1)                       General Commands Manual                       VIM(1)
  2
  3 NAME
  4        vim - Vi IMproved, a programmer's text editor
  5
  6 SYNOPSIS
  7        vim [options] [file ..]
  8        vim [options] -
  9        vim [options] -t tag
 10        vim [options] -q [errorfile]
 11
 12        ex
 13        view
 14        gvim gview evim eview
 15        rvim rview rgvim rgview
 16
 17 DESCRIPTION
 18        Vim  is a text editor that is upwards compatible to Vi.  It can be used
 19        to edit all kinds of plain text.  It is especially useful  for  editing
 20        programs.
 21
 22        There  are a lot of enhancements above Vi: multi level undo, multi win-
 23        dows and buffers, syntax highlighting, command line  editing,  filename
:set number                                                   1,1           Top
```

표 4-6 행번호 관련 명령

명령	설명
:set number (:set nu)	행번호 보이기
:set nonumber (:set nonu)	행번호 감추기

커서 이동

한 글자씩 커서를 옮기는 것은 이미 설명하였다. 추가로 다음 3가지 정도만 알아두면 사용하는데 훨씬 도움이 되리라 생각한다. 이외의 커서를 옮기거나 화면을 바꾸는 명령을 표 4-7에 정리하였으니 참고하기 바란다. 이 표에 나타낸 명령을 전부 기억할 필요는 없으니 자주 사용하면서 하나씩 익혀나가길 바란다.

· 행의 시작과 끝 : ^, $
· n행으로 이동 : [n]G, :[n]
· 문서의 시작과 끝 : gg, G

표 4-7 커서 옮기기 관련 명령

명령	설명
w, W	(단어 이동) 다음 단어의 처음으로 옮기기 (word)
b, B	(단어 이동) 이전 단어의 처음으로 옮기기 (backward)
e, E	(단어 이동) 단어의 끝으로 옮기기 (end)
^, Home	(행 내 이동) 현재 행의 처음으로 옮기기
$, End	(행 내 이동) 현재 행의 끝으로 옮기기
+	(행 이동) 다음 행의 처음으로 옮기기
-	(행 이동) 이전 행의 처음으로 옮기기
gg, 1G	(행 이동) 문서의 첫 행으로 옮기기
G	(행 이동) 문서의 마지막 행으로 옮기기
[n]G, :[n]	(행 이동) n번째 행으로 옮기기
(	(문장 이동) 현재 문장의 처음으로 옮기기
)	(문장 이동) 다음 문장의 처음으로 옮기기
{	(문단 이동) 현재 문단의 처음으로 옮기기
}	(문단 이동) 다음 문단의 처음으로 옮기기

바꾸기

커서가 위치한 문자나 단어를 원하는 것으로 바꾸는 기능이다. 바꾸기 관련 명령을 표 4-8에 나타낸다.

표 4-8 바꾸기 관련 명령

명령	설명
r+□	커서가 위치한 문자를 □로 바꾸기 (□: 한 문자)
R	바꾸기 모드(-- REPLACE --)로 Esc키를 누를 때까지 바꾸기 고정해서 수정할 때 사용
cw	커서가 위치에서 단어 끝까지 지우고 삽입모드로 들어감
~	대문자->소문자, 소문자->대문자
s	x+i, r+□+i(삽입모드)

행 연결하기

vi에서 화면에 보이는 것으로 행을 구분하는 것이 아니라 **Enter**를 구분자로 행을 구분한다. 그래서 화면에서는 다른 행으로 보이는 것이 하나의 행으로 되어 있는 경우가 있으니 주의하기 바란다. 인접한 두 행을 하나로 합치려고 할 때 삽입모드에서는 아래쪽 행을 끌어당겨 하나의 행으로 만들기가 어렵습니다. 이와 같은 경우 **J**joint, join를 이용하면 인접한 두 행을 연결하여 하나의 행으로 만들 수 있다.

저장하기

앞에서는 끝내기와 관련하여 **:wq**와 **:wq!**를 설명했습니다. 여기서는 추가로 작업 도중에 파일을 저장하는 방법에 대해 설명한다. **:w**를 실행하면 파일이름이 정해지지 않은 경우에는 **E32** 오류 메시지를 나타내고 저장할 수 없기 때문에 파일이름을 지정하는 **:w filename**을 사용해야한다.

```
~
E32: No File name                                  1,17          All
```

:w filename은 **[다른 이름으로 저장하기]**에 해당하며, 이미 같은 이름의 파일이 있는 경우에는 **E13** 오류 메시지가 나오므로 강제로 덮어쓰기 하도록 **:w! filename**을 사용해야 한다.

```
~
~
E13: File exists (add ! to override)               1,17          All
```

:n1,n2 w! filename은 n1행에서 n2행까지의 일부 내용만 **filename** 파일로 덮어쓰기 한다는 의미이다. 만약을 위해 스왑파일(**.filename.swp**)이 있지만, 가능하면 작업 도중에 수시로 저장해 두기를 권장한다.

표 4-9 저장하기 명령

명령	설명
:w	파일 저장
:w filename	filename 파일로 저장
:w! filename	이미 filename 파일이 존재하더라도 (강제로) 덮어쓰기
:w >> filename	filename 파일에 덧붙여서 저장
:n1,n2 w	n1~n2행 내용을 저장 (선택적인 저장)
:n1,n2 w filename	filename 파일로 n1~n2행 내용을 저장
:n1,n2 w! filename	filename 파일로 n1~n2행 내용을 (강제로) 덮어쓰기

복사하기, 잘라내기, 붙이기

yw는 현재 커서 위치의 한 단어를, yy는 현재 커서 위치의 한 행을 복사한다. 여기서 y는 yank의 줄임말로, 홱 잡아당긴다는 뜻을 갖고 있으며, 컴퓨터에서는 내용을 지우지 않고 버퍼로 복사하는 것을 의미한다. 쉽게 이야기하면 복사한다는 의미로 해석할 수 있다. 이와 같이 복사한 내용을 p(paste) 명령으로 커서가 있는 위치에 붙여넣기를 할 수 있다. 앞서 설명한 vi의 명령 규칙대로라면 10yw는 현재 커서 위치에서 10개의 단어를 복사하고, 3yy는 3개의 행을 복사한다. 마찬가지로 2p는 복사한 내용을 2번 붙여넣기를 하는 명령이다.

잘라내기는 지우기로 대체할 수 있다. 예를 들어 5dw는 5단어를 지운다는 것이고, 3dd는 3행을 지운다는 의미이다. 이렇게 지운 내용을 p로 지정한 위치에 복사할 수 있다. 그래서 사실상 지우기와 잘라내기는 동일한 기능을 하는 것이라 볼 수 있다. 그 이유는 vi의 레지스터의 기능 때문이다. 복사 역시 만찬가지로 yy를 눌러 한 행을 복사했다면 그 내용은 레지스터에 들어가게 되고, p로 레지스터에 있는 내용을 다시 출력하는 것이다. 그래서 붙여넣기(paste) 입장으로 보면 지우기$_{delete}$는 잘라내기와 같은 기능을 하는 것이다.

찾아서 바꾸기

vi에서 문자열 찾아서 바꾸기$_{substitute}$ 명령은 다음과 같이 /를 구분자로 하여 4부분으로 나누어져 있다.

```
:[범위]/[찾을문자열]/[바꿀문자열]/[행범위]
```

1번째는 바꾸고자 하는 대상 문서에서의 범위를 나타낸다. 2번째는 찾고자 하는 문자열을, 3번째는 바꿀 문자열을, 마지막 4번째는 행 내에서 적용시킬 범위를 나타낸다. 예를 들어, %s는 문서 전체를, #,*s는 #행~*행 사이를, g$_{global}$은 행 전체를 의미한다. 그래서 ex모드에서 다음과 같이 :%s/c105 /tomato/g를 실행하게 되면 다음과 같이 문서 전체에 있는 문자열 c105 가 tomato로 찾아서 바꾸게 되는 것이다.

```
total 72
drwxr-xr-x  2 c105   c105    4096  6월  1 18:45 Desktop
drwxr-xr-x  3 c105   c105    4096  6월 20 01:59 Documents
drwxr-xr-x  6 c105   c105    4096  6월 19 20:58 Downloads
...
-rw-rw-r--  1 c105   c105       0  7월 27 22:58 test.txt
drwxr-xr-x  2 c105   c105    4096  5월 10  2022 Videos
...
:%s/c105  /tomato/g
```

```
total 72
drwxr-xr-x  2 tomato tomato  4096  6월  1 18:45 Desktop
drwxr-xr-x  3 tomato tomato  4096  6월 20 01:59 Documents
drwxr-xr-x  6 tomato tomato  4096  6월 19 20:58 Downloads
...
-rw-rw-r--  1 tomato tomato     0  7월 27 22:58 test.txt
drwxr-xr-x  2 tomato tomato  4096  5월 10  2022 Videos
...
20 substitutions on 10 lines                              11,1          All
```

2행부터 4행 사이에서 일치되는 문자열을 바꾸고 싶은 경우에는 다음과 같이 수행하면 된다. (숫자에 부호를 붙이지 않음)

```
:2,4s/c105  /tomato/g

total 72
drwxr-xr-x  2 tomato tomato  4096  6월  1 18:45 Desktop
drwxr-xr-x  3 tomato tomato  4096  6월 20 01:59 Documents
drwxr-xr-x  6 tomato tomato  4096  6월 19 20:58 Downloads
...
-rw-rw-r--  1 c105   c105       0  7월 27 22:58 test.txt
drwxr-xr-x  2 c105   c105    4096  5월 10  2022 Videos
...
6 substitutions on 3 lines                                4,1           All
```

다음은 현재 커서의 위치에서 위로 2행 아래로 1행 사이에서 일치되는 문자열을 바꾼다. 이 예에서는 다음과 같이 총 8개의 문자열이 바뀌게 된다. 현재 커서의 위치를 기준으로 할 경우에는 반드시 부호를 붙여야 한다.

```
total 72
drwxr-xr-x  2 c105   c105    4096  6월  1 18:45 Desktop
drwxr-xr-x  3 c105   c105    4096  6월 20 01:59 Documents
drwxr-xr-x  6 c105   c105    4096  6월 19 20:58 Downloads
drwxr-xr-x  2 c105   c105    4096  5월 10  2022 Music
drwxr-xr-x  2 c105   c105    4096  5월 10  2022 Pictures
...
:-2,+1s/c105  /tomato/g

total 72
drwxr-xr-x  2 tomato tomato  4096  6월  1 18:45 Desktop
drwxr-xr-x  3 tomato tomato  4096  6월 20 01:59 Documents
drwxr-xr-x  6 tomato tomato  4096  6월 19 20:58 Downloads
drwxr-xr-x  2 tomato tomato  4096  5월 10  2022 Music
drwxr-xr-x  2 c105   c105    4096  5월 10  2022 Pictures
...
8 substitutions on 4 lines                                5,1           All
```

표현식의 마지막에 해당하는 **[행범위]**는 바꿀 행 내에서의 범위를 의미한다. **g**global은 행 전체에 걸쳐서 바꾸라는 의미이고, 만약 **g**를 쓰지 않고 명령을 내리면 행 내에서 일치하는 문자열이 여러 개가 존재한다고 해도 맨 처음 문자열만 바뀌게 된다.

```
drwxr-xr-x  2 c105   c105    4096  6월  1 18:45 Desktop
drwxr-xr-x  3 c105   c105    4096  6월 20 01:59 Documents
drwxr-xr-x  6 c105   c105    4096  6월 19 20:58 Downloads
...
-rw-rw-r--  1 c105   c105       0  7월 27 22:58 test.txt
drwxr-xr-x  2 c105   c105    4096  5월 10  2022 Videos
...
:%s/c105  /tomato
```

```
total 72
drwxr-xr-x  2 tomato c105    4096  6월  1 18:45 Desktop
drwxr-xr-x  3 tomato c105    4096  6월 20 01:59 Documents
drwxr-xr-x  6 tomato c105    4096  6월 19 20:58 Downloads
...
-rw-rw-r--  1 tomato c105       0  7월 27 22:58 test.txt
drwxr-xr-x  2 tomato c105    4096  5월 10  2022 Videos
...
10 substitutions on 10 lines                                  11,1          All
```

[행범위]에 아래와 같이 **c**를 넣으면 일치하는 문자열에 대해 바꿀 것인지를 사용자에게 물어보고 바꾸게 된다.

```
total 72
drwxr-xr-x  2 c105   c105    4096  6월  1 18:45 Desktop
drwxr-xr-x  3 c105   c105    4096  6월 20 01:59 Documents
drwxr-xr-x  6 c105   c105    4096  6월 19 20:58 Downloads
...
-rw-rw-r--  1 c105   c105       0  7월 27 22:58 test.txt
drwxr-xr-x  2 c105   c105    4096  5월 10  2022 Videos
...
:%s/c105  /tomato/gc
```

```
total 72
drwxr-xr-x  2 c105   c105    4096  6월  1 18:45 Desktop
drwxr-xr-x  3 c105   c105    4096  6월 20 01:59 Documents
drwxr-xr-x  6 c105   c105    4096  6월 19 20:58 Downloads
...
-rw-rw-r--  1 c105   c105       0  7월 27 22:58 test.txt
drwxr-xr-x  2 c105   c105    4096  5월 10  2022 Videos
...
replace with tomato (y/n/a/q/l/^E/^Y)?                        2,15          All
```

활용 팁

탭크기 조정

기본적으로는 탭 크기가 8로 설정이 되어 있는데, 경우에 따라서는 공백이 너무 크게 느껴질 때도 있다. 이 경우 다음과 같이 탭 크기를 조정할 수 있다.

```
:set ts=4                                    # ex모드에서 탭 크기 설정
```

그 외의 환경설정에 관련된 명령을 표 4-10에 정리한다. 이 중에서 파일을 저장할 때 백업 파일을 자동으로 만드는 설정은 해두는 것이 안전하다.

표 4-10 환경설정

명령	설명
:set autoindent	자동 들여쓰기
:sct cindent	C프로그램 작성 시 자동 들여쓰기
:set autowrite	파일 수정 시 자동 저장
:set backup	백업 파일 자동 생성 (파일 이름~)
syntax on	구문규칙 활성화
set hlsearch	문자열 찾기에서 컬러로 표시
set magic	문자열 찾기에서 와일드카드 사용
set ignorecase	문자열 찾기에서 대소문자 무시

소스 정렬

일일이 타이핑하기가 어려워 마우스로 끌어오기를 하는 경우가 있다. 그런데 이 때 화면에 나타난 것과 달리 탭으로 표현되어 있던 것들이 똑같이 동작하지 않아 흐트러지는 현상이 발생한다. 이와 같은 경우에 앞에서 설명한 v로 비주얼모드에서 블록을 선택하여 =을 누르면 보기 좋게 정렬된다. 프로그래밍을 할 때 유용하게 쓸 수 있다.

파일 비교

여러 사람이 작업을 하거나 혼자서 작업을 하더라도 시간별로 작성한 문서의 차이점을 알아보고 싶을 경우에는 다음 그림과 같이 이전 파일과 현재 파일을 비교해 보면 차이점을 쉽게 알 수 있다. 특히 프로그램을 개발할 때 꼭 필요한 기능이다. 이 때 vimdiff 명령어를 이용하면 도움이 많이 될 것이다. vimdiff 명령어를 사용하기 위해서는 먼저 vim 패키지를 설치하기 바란다.

```
$ sudo apt install vim -y
```

```
$ vimdiff 파일이름1 파일이름2                    # 파일 비교
```

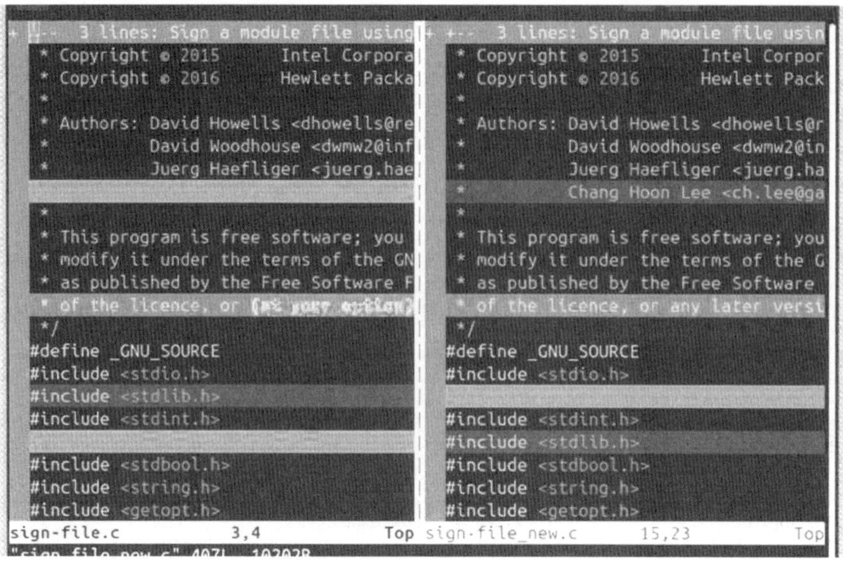

파일 비교 (vimdiff)

특수문자 사용

/(slash)문자나 인용 부호 등 다른 의미로 오인식될 수 있는 특별한 문자들을 표현하려면 \(backslash)를 사용한다. 예를 들어 디렉터리 "/home/c105"라는 문자열을 찾으려면 "\/home\/c105\/"라고 표현해야 한다. 특히 윈도우즈의 경우 디렉터리나 파일 이름으로 공백이 많이 사용되는데 이와 같은 경우에도 마찬가지로 표현할 수 있다. 예를 들어 "~/임시 파일"이라는 문자열을 검색하는 경우에 "~\/임시\ 파일", 즉 공백문자를 \ 로 명확히 표현해 주는 것이다.

쉘 명령 실행

vi를 이용하는 중에 종종 쉘 명령어 또는 다른 프로그램을 실행해야 될 때가 있다. 이러한 경우를 위해 vi에서는 쉘 명령을 실행할 수 있도록 지원한다. 쉘로 잠시 빠져나갔다가 다시 vi로 돌아오려면 exit를 실행하면 된다.

```
:! (쉘 명령어)                                  # 쉘 명령어 실행
:sh                                             # 쉘로 잠시 빠져 나가기
```

```
...
#include <stdint.h>
#include <stdbool.h>
#include <string.h>
#include <getopt.h>
:! ls -l
```

실행하면 터미널에서 **ls -l**을 실행한 결과가 나타나고 키 입력을 기다린다. 키를 누르면 **vi** 편집기로 돌아간다.

```
$ vi sign-file.c

total 52
drwxrwxr-x 2 c105 c105  4096 Jan 17 13:58 compressed
drwxrwxr-x 2 c105 c105  4096 Jan 17 17:32 files
-rw-rw-r-- 1 c105 c105 10240 Jan 17 14:58 files.tar
-rw-rw-r-- 1 c105 c105 10428 Jan 18 03:55 ls_man.txt
-rw-r--r-- 1 c105 c105 10173 Jan 18 04:41 sign-file.c
-rw-r--r-- 1 c105 c105  7869 Jan 18 04:41 sorttable.c

Press ENTER or type command to continue
```

ex모드에서 **:sh**를 실행하면 쉘로 잠시 빠져 나간다. 이 상태에서는 여러 명령을 수행할 수 있는 등 터미널처럼 사용할 수 있다. 다시 **vi** 편집기로 돌아오려면 프롬프트 상태에서 **exit**를 실행하면 된다.

```
...
#include <stdint.h>
#include <stdbool.h>
#include <string.h>
#include <getopt.h>
:sh

$ vi sign-file.c

total 52
drwxrwxr-x 2 c105 c105  4096 Jan 17 13:58 compressed
drwxrwxr-x 2 c105 c105  4096 Jan 17 17:32 files
-rw-rw-r-- 1 c105 c105 10240 Jan 17 14:58 files.tar
-rw-rw-r-- 1 c105 c105 10428 Jan 18 03:55 ls_man.txt
-rw-r--r-- 1 c105 c105 10173 Jan 18 04:41 sign-file.c
-rw-r--r-- 1 c105 c105  7869 Jan 18 04:41 sorttable.c

Press ENTER or type command to continue
$ ls -l
total 52
drwxrwxr-x 2 c105 c105  4096 Jan 17 13:58 compressed
drwxrwxr-x 2 c105 c105  4096 Jan 17 17:32 files
-rw-rw-r-- 1 c105 c105 10240 Jan 17 14:58 files.tar
-rw-rw-r-- 1 c105 c105 10428 Jan 18 03:55 ls_man.txt
-rw-r--r-- 1 c105 c105 10173 Jan 18 04:41 sign-file.c
-rw-r--r-- 1 c105 c105  7869 Jan 18 04:41 sorttable.c
$ exit
```

다른 파일 편집

현재 편집 중인 파일을 저장하고 또 다른 파일을 열어서 편집해야 할 경우, 굳이 vi를 종료하고 다시 실행할 필요가 없다. ex모드에서 다음과 같이 하면 간단히 해결된다. Bash 쉘의 기능처럼 자동완성auto-completion 기능을 쓰고 싶으면 Tab을 이용하면 된다.

```
:e filename                                            # ex모드에서 파일 열기
```

sign-file.c 파일을 닫고 sign-file.c 파일을 열어준다.

```
...
#include <stdint.h>
#include <stdbool.h>
#include <string.h>
#include <getopt.h>
:e sorttable.c

// SPDX-License-Identifier: GPL-2.0-only
/*
 * sorttable.c: Sort the kernel's table
 *
 * Added ORC unwind tables sort support and other updates:
 * Copyright (C) 1999-2019 Alibaba Group Holding Limited. by:
 * Shile Zhang <shile.zhang@linux.alibaba.com>
 *
 * Copyright 2011 - 2012 Cavium, Inc.
 *
 * Based on code taken from recortmcount.c which is:
 *
 * Copyright 2009 John F. Reiser <jreiser@BitWagon.com>.  All rights reserved.
 *
 * Restructured to fit Linux format, as well as other updates:
 * Copyright 2010 Steven Rostedt <srostedt@redhat.com>, Red Hat Inc.
 */
/*
 * Strategy: alter the vmlinux file in-place.
 */
"sorttable.c" 389L, 7869B                          1,1              Top
```

쉘 명령어 실행 결과 또는 파일 끼워 넣기

쉘 명령을 실행하고 난 뒤 화면에 출력되는 결과를 vi 편집기에서 활용하고 싶을 경우에 다음과 같이 하면 쉘 명령을 실행하여 화면에 출력된 결과를 현재 커서의 위치에 끼워 넣을 수 있다. 그리고 :r filename 명령으로 현재 커서의 위치에 filename 파일의 내용을 끼워 넣을 수 있다.

```
:r !명령어 [옵션]                                      # 명령어 실행 결과 끼워넣기
:r filename                                            # 파일의 내용 끼워넣기
```

ex모드에서 :r !ls를 실행하면 커서가 있는 위치의 다음 행에 ls를 실행한 결과 6줄을 끼워 넣는다.

```
...
#include <stdint.h>
#include <stdbool.h>
#include <string.h>
#include <getopt.h>
:r !ls
```

```
...
#define _GNU_SOURCE
#include <stdio.h>
#include <stdlib.h>
#include <stdint.h>
#include <stdbool.h>
combined.c
compressed
files
files.tar
sign-file.c
sorttable.c
#include <string.h>
#include <getopt.h>
#include <err.h>
#include <arpa/inet.h>
#include <openssl/opensslv.h>
#include <openssl/bio.h>
#include <openssl/evp.h>
6 more lines                                  27,1          2%
```

:r sorttable.c를 실행하면 커서가 있는 위치의 다음 행에 sorttable.c 파일을 끼워 넣는다.

```
...
#include <stdint.h>
#include <stdbool.h>
#include <string.h>
#include <getopt.h>
:r sorttable.c
```

CHAPTER 5

네트워크

5.1 네트워크 관련 용어

리눅스는 다중 사용자들이 사용하는 운영체제이다. 다시 말해 일반 PC처럼 혼자서만 사용하는 컴퓨터가 아니라 여러 사람이 동시에 로그인하여 사용하는 컴퓨터라는 의미이다. 따라서 사용자들이 리눅스 서버로 원격 로그인하여 사용할 수 있어야 한다. 이런 이유로 리눅스는 네트워크 통신이 가능해야 한다. 그래서 여기서는 리눅스 사용자에게 필요한 네트워크 기초를 다룬다. 먼저 네트워크 관련 기본 용어에 대해 알아본다.

인터넷

인터넷Internet이란 Interconnect Network, 서로 연결된 네트워크라는 의미로, 전 세계의 컴퓨터가 서로 연결되어 TCP/IP 규약을 이용해 정보를 주고받는 공개 컴퓨터 통신망이다. 이것은 미국에서 군사적인 목적으로 연구하게 된 알파넷ARPAnet에서 시작되어, 미국과학재단네트워크NSFNET로 흡수·통합되면서 대학, 연구소, 정부 기관, 기업 등 세계 모든 곳을 연결하는 국제 통신망으로 발전하게 되었다.

프로토콜

프로토콜Protocol은 서로 약속된 통신규약을 의미한다. 통신이란 것은 방송과 달라서 서로 주고받고자 하는 목적이 있으며, 이때 서로 다른 방식으로 대화한다면 서로 알아듣지 못할 것이다. 그래서 서로 약속된 방식으로 통신하는 규약을 만든 것이고, 이것을 프로토콜이라 한다.

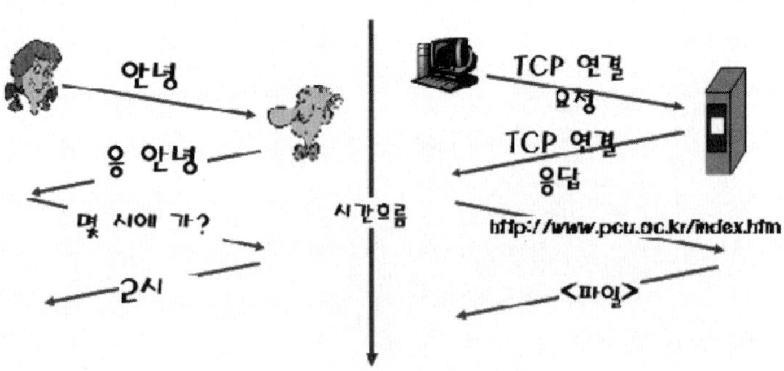

프로토콜

TCP/IP

TCP/IP는 인터넷의 대표적인 프로토콜로 패킷Packet 통신 방식의 인터넷 프로토콜인 IPInternet Protocol와 전송제어 프로토콜인 TCPTransmission Control Protocol로 이루어져 있다. IP는 패킷 전달 여부를 보증하지 않기 때문에 패킷을 보낸 순서와 받는 순서가 다를 수 있다. 하지만 TCP는 IP 위에서 동작하는 프로토콜로, 데이터의 전달을 보증하고 보낸 순서대로 받게 해준다. HTTP, FTP, SMTP 등 IP를 기반으로 하는 많은 응용 프로그램 프로토콜들이 TCP 위에서 동작하기 때문에 보통 TCP/IP로 부르기도 한다. 여기서, 패킷은 전송하고자 하는 데이터의 한 블록과 주소지 정보(발신지 주소, 목적지 주소), 관리 정보(목적지까지 전달하는 데 필요한 정보)로 구성된다.

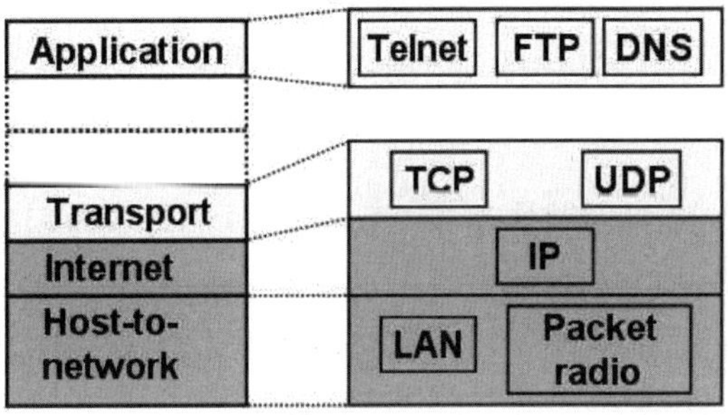

TCP/IP

호스트/호스트이름

네트워크에 연결된 장치(컴퓨터, 파일 서버, 복사기, 케이블 모뎀 등)들을 말하며, 엄밀하게는 IP주소를 부여 받은 장치를 호스트host라고 부른다. 그리고 이 호스트에 부여되는 고유한 이름을 호스트이름hostname이라 한다. 인터넷에서는 WWWWorld Wide Web, 전자 우편, 유즈넷 등에서 호스트이름을 흔히 사용하며, 도메인이름과 유사한 의미를 가지고 있다. 호스트이름은 보통 사람이 읽고 이해할 수 있는 이름으로 지어지며, 흔히 IP주소나 MAC주소와 같은 숫자 표현을 대신하여 쓸 수 있다.

IP주소

우리가 서로 우편이나 물품을 주고받기 위해 주소를 사용하고, 서로 통화를 하기 위해 전화번호를 사용하듯이 컴퓨터 네트워크에서 장치들이 서로를 인식하고 통신을 하기 위해서 사용하는 특수한 번호를 IP주소IP Address라 한다. IP주소는 점(.)으로 구분되는 8비트 4개로 표현되는 전체 32비트의 숫자로 이루어져 있다. IP주소는 컴퓨터에 할당되는 것이 아니라 컴퓨터에 장착되어 있는 네트워크 인터페이스장치NIC: Network Interface Card, 이더넷카드, LAN카드에 부여되는 것이다.

넷마스트

넷마스크NetMask란 IP주소의 네트워크 부분을 가리거나 걸러서 호스트 컴퓨터의 주소 부분만 남기기 위해 0과 1로 표현되어 있는 비트들의 모임이다. 마스크mask는 라우터router가 참조해야 할 비트가 어느 부분인지를 나타내주는 일종의 필터이다. 2진수 마스크에서 1은 '그 번호 이하를 보라'는 것을 의미하고, 0은 '그 이하는 볼 필요가 없다'라는 것을 의미한다. 마스크를 사용하면 라우터가 32비트 주소 전체를 처리해야 하는 부담을 줄여주며, 마스크에 의해 선택된 비트들만 보도록 해준다. 자주 사용되는 넷마스크로서 "255.255.255.0"이 있는데, 이는 최대 255대까지의 호스트 컴퓨터를 수용할 수 있는 C클래스 서브넷subnet을 위해 주로 사용된다. 이것을 네트워크마스크Network Mask 또는 서브넷마스크Subnet Mask라고도 부른다.

게이트웨이

우리가 집에서 밖으로 나가거나 밖에서 집으로 들어오려면 출입문(관문)을 거쳐야 한다. 이와 같이 게이트웨이Gateway는 컴퓨터 네트워크에서 서로 다른 통신망 혹은 프로토콜을 사용하는 네트워크 간의 통신을 가능하게 하는 컴퓨터나 소프트웨어를 말한다. 넓은 의미로는 종류가 다른 네트워크 간의 통로 역할을 하는 장치이다.

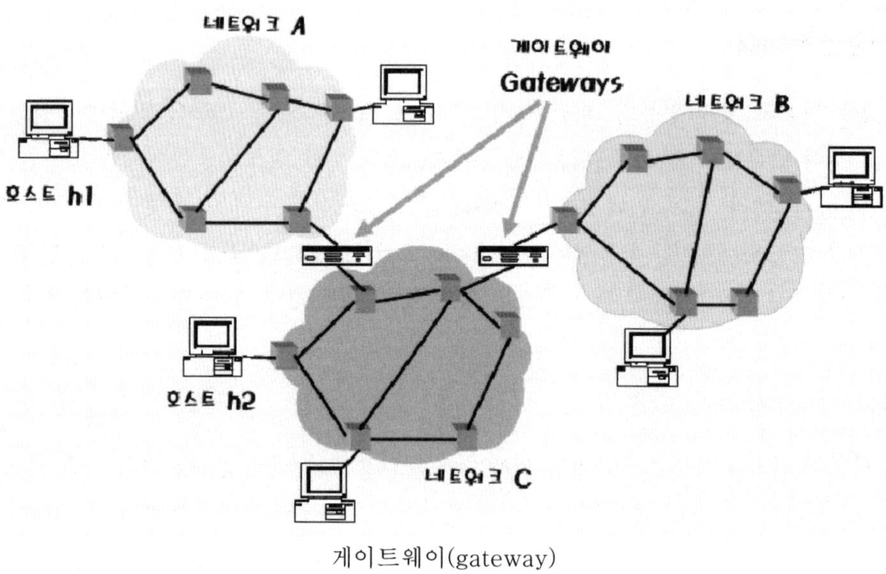

게이트웨이(gateway)

DNS

도메인이름Domain Name은 네트워크상에서 컴퓨터를 식별하는 호스트이름을 가리킨다. IP주소는 LAN이나 WAN, 인터넷에서만 사용되는 전화번호라고 생각할 수 있다. 그런데 이런 번호는 쉽게 알아보거나 외우기 힘들기 때문에, 114 서비스와 같은 역할을 하는 것이 필요하다. 마찬가지로 컴퓨터에서 통신하기 위해서는 IP주소를 사용해야 하는데 IP주소는 도메인이름보다 알아보기도 외우기도 어렵다. 이를 지원하기 위해 개발된 것으로 호스트의 도메인이름을 호스트의 IP주소로 바꾸거나 그 반대의 변환을 수행해 주는 것을 DNSDomain Name System라 부른다. 이것을 도메인이름 서비스Domain Name Service라고도 한다.

라우터

라우터Router는 동일한 전송 프로토콜을 사용하는 분리된 네트워크를 연결하는 장치이다. 라우터는 경로 배정표routing table에 따라 다른 네트워크 또는 자신의 네트워크 내의 노드를 결정하고, 여러 경로 중 가장 효율적인 경로를 선택하여 패킷을 보내는 역할을 한다. 라우터는 흐름제어를 하며, 인터넷 내부에서 여러 서브네트워크를 구성하고, 다양한 네트워크 관리 기능을 수행한다.

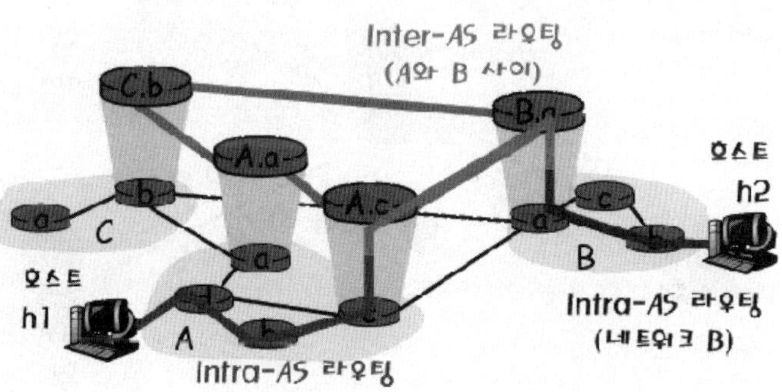

라우팅(routing) 예

브로드캐스트주소

브로드캐스트주소Broadcast Address는 특정 네트워크 호스트를 지정하는 대신에 주어진 서브네트워크상의 모든 호스트에게 일제히 네트워크 데이터가 보내지는 것을 허용하는 IP주소이다. 네트워크주소와는 반대로 특정 네트워크의 맨 마지막 주소를 브로드캐스트주소로 사용한다. C클래스로 구성된 네트워크에서 호스트의 IP주소가 192.168.0.11이라고 하면 브로드캐스트주소는 192.168.0.255가 된다. 정확하게는 다음과 같이 계산하여 정한다.

```
브로드캐스트주소 = !넷마스크 | IP주소 (|:OR연산, !:NOT연산)
```

프록시

프록시Proxy는 캐시를 이용하여 요청된 내용들을 저장해 두는 일종의 네트워크 캐시로, 클라이언트가 자신을 통해서 다른 네트워크 서비스에 간접적으로 접속할 수 있게 해주는 네트워크 서비스이다. 서버와 클라이언트 사이에서 중계기로서 대리로 통신을 수행하는 기능을 가리켜 프록시, 그 중계 기능을 하는 것을 프록시 서버라고 부른다. 캐시 안에 있는 정보를 요구하는 요청에 대해서는 원격 서버에 접속하여 데이터를 가져올 필요가 없으므로 전송 시간을 절약할 수 있고 동시에 불필요하게 외부와의 연결을 하지 않아도 되기 때문에 트래픽을 줄어들게 되어 네트워크 병목 현상을 방지하는 효과도 얻을 수 있게 된다.

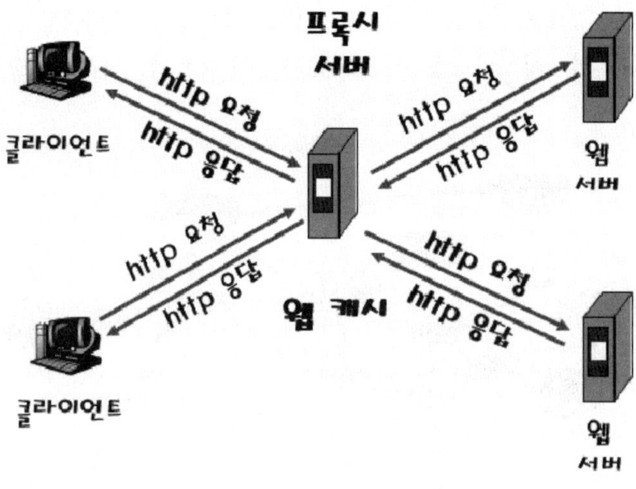

프록시

5.2 IP주소

IP주소는 앞에서 간단히 설명한 것과 같이 컴퓨터 네트워크에서 장치들이 서로를 인식하고 통신하기 위해서 사용하는 특수한 번호를 의미한다. 상당수가 IP주소는 컴퓨터에 할당되는 것으로 잘못 알고 있는데, 정확하게 말하면 일반적으로 이더넷카드 혹은 랜카드라 부르는 컴퓨터에 장착되어 있는 네트워크인터페이스장치(네트워크카드)에 부여되는 것이다. 예를 들어, 하나의 컴퓨터에 2개의 IP주소를 갖는 경우, 이것은 네트워크인터페이스장치 2개가 장착되어 있는 경우로 게이트웨이 혹은 공유기가 이의 전형적인 경우라 할 수 있으며, 최근 유무선 네트워크를 지원하는 노트북도 이 경우라고 할 수 있다.

IP주소는 점(.)으로 구분되는 8비트 4개, 전체 32비트로 구성되어 있다. 여기서, 8비트는 8자리 2진수로 최솟값이 $00000000_{(2)}$, 최댓값이 $11111111_{(2)}$로 표현된다. 이것은 각각 10진수로 0과 255이므로 8비트 IP주소를 10진수로 표현하면 각 자리 숫자가 0 ~ 255로 이뤄진 4개의 숫자로 구성되며, 흔히 볼 수 있는 IP주소는 다음의 범주에 속하는 것이다. 예를 들면 192.168.0.1과 같다.

```
0.  0.  0.  0 ~ 255.255.255.255
```

이와 같이 32비트만으로도 256×256×256×256 = 4,294,967,296개의 IP주소를 만들 수 있어 인터넷을 계획할 당시에는 충분할 것으로 생각하였으나, 인터넷의 지속적인 발전으로 이에 접속된 컴퓨터도 기하급수적인 속도로 증가하고 있다. 그래서 이제 32비트로는 다 표현할 수가 없을 정도가 되었다. 또한 모자라는 주소를 더 많은 네트워크에 할당하기 위해 네트워크 단편화fragmentation: 네크워크가 여러 개의 작은 단위로 조각나는 것가 지속적으로 증가하여 라우터에 많은 부담을 주고 있다. 이로 인하여 인터넷의 주소 고갈과 네트워크 단편화 문제를 해결하고 인터넷에 확장성과 데이터 보안을 강화하기 위해 차세대 인터넷 프로토콜IPng: IP Next Generation인 IPv6version 6 Internet Protocol를 제정하기에 이르렀다. 현재 IPv6의 사용량은 적은 편이며, 인터넷의 나머지 부분은 아직 IPv4 프로토콜을 사용하고 있다. 참고로 IPv6는 128비트의 주소공간을 제공한다. 그래서 IPv6 주소공간은 2^{128}개, 약 3.4×10^{38}개의 주소를 갖고 있어 거의 무한대로 쓸 수 있다. IP주소(IPv4)는 다음과 같이 크게 두 부분으로 구성되어 있다.

IP주소 = 네트워크주소(Network address) + 호스트주소(Host address)

앞에서 설명한 IP주소를 나타내는 4개의 숫자 중 어디까지가 네트워크주소이고 어디까지가 호스트주소인지에 따라 IP주소는 3가지 클래스로 나누어진다. 4개의 숫자 중 첫 번째 숫자만 네트워크주소이고 나머지 3개가 호스트주소인 IP주소를 A클래스라 한다. 첫 숫자가 반드시 0에서 127 사이에 있어야 하는 것이 규칙이다. C클래스는 처음 3개 숫자가 네트워크주소이고 나머지 1개만 호스트주소인 IP주소이다. 첫 번째 숫자는 192부터 233까지의 값을 가질 수 있다. C클래스 IP주소의 예를 들면 203.250.128.1과 같다. IP주소 클래스에 관해 정리한 것을 표 5-1에 나타낸다.

표 5-1 IP주소 클래스

구분	IP주소의 범위	네트워크 주소	호스트 주소	네트워크 수	하나의 네트워크별 IP 수
A클래스	0.0.0.0 ~ 127.255.255.255	8bit	24bit	128	16777216
B클래스	128.0.0.0 ~ 191.255.255.255	16bit	16bit	16384	65536
C클래스	192.0.0.0 ~ 223.255.255.255	24bit	8bit	2097152	256
D클래스	224.0.0.0 ~ 255.255.255.255	예비주소			

루프백주소

컴퓨터의 네트워크 입출력 기능을 시험하기 위하여 가상으로 할당한 IP주소를 루프백주소$_{\text{Loopback Address}}$라 한다. 루프백 IP주소 범위는 127.0.0.0 ~ 127.255.255.255이다. 호스트 자신(localhost)을 가리키기 위해서 사용하는 특수한 IP주소로 주로 127.0.0.1을 사용한다. 루프백주소를 사용하면 이 주소로 발송된 데이터들이 외부 네트워크를 경유하지 않고 되돌아서 다시 자기 주소로 수신되기 때문에 네트워크에 직접 연결하지 않은 상태에서 좀 더 쉽고 빠르게 소프트웨어의 네트워크 동작 기능을 시험 및 디버깅을 할 수 있다. 예를 들어 아파치 웹서버나 IIS를 설치한 경우, 제대로 설정되었는지 미리 루프백을 이용하여 확인할 수 있다. 이 경우 웹브라우저의 주소창에 http://127.0.0.1/ 또는 http://localhost/ 라고 입력하면 동작을 확인할 수 있다. 이를 이용하면 자료가 네트워크인터페이스장치까지 내려가지 않기 때문에 네트워크인터페이스장치가 없는 최악의 경우라고 하더라도 필요한 시험을 할 수 있다는 이점이 있다.

IPv6 주소 표현

IPv6의 128비트 주소공간은 다음과 같이 16비트를 16진수로 표현하고 :으로 구분하여 8자리로 나타낸다.

```
2001:0db8:0000:0000:0000:0000:1502:57ab
```

여기서 대부분의 자리가 0으로 구성되어 있으므로 0000을 하나의 0으로 줄여서 표현하거나 생략해서(::) 표현할 수 있다. 따라서 다음의 IPv6 주소들은 모두 같은 주소를 나타낸다.

```
2001:0db8:0000:0000:0000:0000:1502:57ab
2001:0db8:0000:0000:0000::1502:57ab
2001:0db8:0:0:0:0:1502:57ab
2001:0db8:0::0:1502:57ab
2001:0db8::1502:57ab
```

그리고 16진수로 표현된 0db8의 맨 앞자리 0도 다음과 같이 생략하여 나타낼 수 있다.

```
2001:db8::1502:57ab
```

그러나 여러 자리의 0을 생략하여 ::으로 표현하는 규칙은 한 번만 적용할 수 있다는 것을 기억하길 바란다. 왜냐하면 다음과 같이 두 번 이상 적용할 수 있게 되면

```
2001:db8::1502::57ab
```

이 표현은 다음 세 가지 주소 가운데 어떤 주소를 가리키는지 알 수 없게 되기 때문이다.

```
2001:db8:0000:0000:0000:1502:0000:57ab
2001:db8:0000:0000:1502:0000:0000:57ab
2001:db8:0000:1502:0000:0000:0000:57ab
```

::1/128은 자기 자신을 가리키는 루프백 주소를 나타낸다. IPv4의 127.0.0.1과 같다.

```
::1   # ip6-localhost ip6-loopback
```

여기서 접두사$_{prefix}$ /는 IPv4 주소에서 사용하던 서브넷과 유사한 개념으로 생각하면 된다. IPv4 주소에서 사용하던 /16, /24, /32 등의 서브넷이 IPv6 주소에서는 길어진 주소 체계를 이용하여 /48, /64, /128 등으로 표현된다. 예를 들면 다음과 같다.

표 5-2 IPv4 주소(IPv6 주소 체계)

2001:db8::/32	2001:db8:0000:0000:0000:0000:0000:0000 ~ 2001:db8:ffff:ffff:ffff:ffff:ffff:ffff
2001:db8:1502::/48	2001:db8:1502:0000:0000:0000:0000:0000 ~ 2001:db8:1502:ffff:ffff:ffff:ffff:ffff
2001:db8:1502:57ab::/64	2001:db8:1502:57ab:0000:0000:0000:0000 ~ 2001:db8:1502:57ab:ffff:ffff:ffff:ffff

5.3 도메인이름Domain name

인터넷에서 찾으려는 네트워크인터페이스장치의 IP주소가 161.53.91.99라고 할 때, 이렇게 숫자로 표현된 IP주소를 기억하는 것이 상당히 어렵고 의미를 이해하기도 어렵다. 그래서 알아보기 쉽고 외우기 쉽도록 영문을 사용한 주소 체계를 고안하여 쓰고 있는데, 이것이 도메인 주소 체계이다. 이것은 우리가 일반적으로 사용하는 주소 체계를 연상하면 이해가 쉬울 것이다. 물론 영문 주소를 기준으로 하므로 우리나라의 경우에는 주소 표현의 순서를 뒤집으면 알아보기 쉽다. 예를 들어, 주소가 '대한민국 대전광역시 서구 배재로 x번지'라고 하면, '배재로 x번지.서구.대전광역시.대한민국'과 같이 표현한 것으로 생각할 수 있다. 이와 같이 표현한 것을 도메인이름이라 보고 이에 해당하는 전화번호가 042-520-yyyy라고 할 때 이 번호를 IP주소로 생각하면 IP주소와 도메인이름과의 관계를 이해하기 쉬울 것이다. 아래에 도메인이름의 구조와 체계에 대하여 살펴본다.

도메인이름 구조

도메인이름은 알파벳과 숫자, '-'dash, hiphen 로 구성되어 있다. 숫자와 점(.)으로만 이루어진 IP주소 대신 이러한 도메인이름을 사용하면 인터넷에서 컴퓨터 주소를 좀 더 쉽게 기억할 수 있다. 도메인이름은 아래 예와 같이 점(.)으로 구분되며 계층적으로 이루어져 있다.

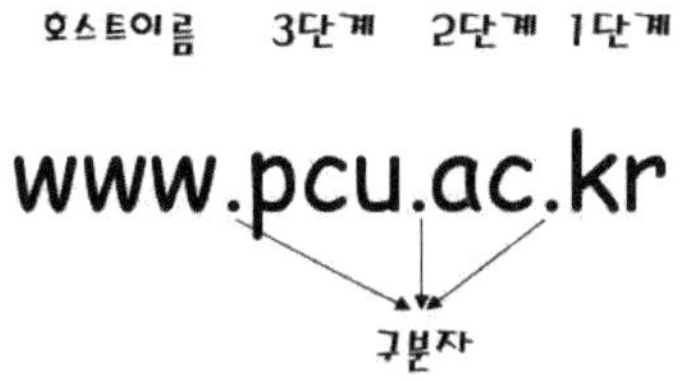

도메인이름 구조

각 단계는 오른쪽에서부터 1단계, 2단계, 3단계 도메인이라고 불리며, 오른쪽에서 왼쪽으로 갈수록 도메인의 범위가 작아진다. 예를 들어, www.pcu.ac.kr 이라는 도메인이름의 경우 1단계는 국가도메인(kr), 2단계는 도메인의 성격으로 대학을 나타내는 도메인(ac), 3단계는 도메인이름을 신청하는 사람이나 기관이 지정하는 것으로 배재대학교를 나타내는 이름(pcu)을 등록하게 된다.

맨 왼쪽에 있는 www는 정확하게는 도메인이름에 포함되지 않는 호스트이름이다. 도메인을 갖고 있으면 해당 도메인을 활용하여 다양한 호스트 컴퓨터를 운영할 수 있다. 따라서 도메인이름 pcu.ac.kr의 앞에 많은 호스트이름을 붙일 수 있다. 예를 들면 LMS의 경우는 www 대신 course라는 호스트이름을 붙여 course.pcu.ac.kr와 같이 운영할 수 있다.

도메인 체계

도메인은 전 세계적으로 유일하게 존재해야 하므로 일정한 체계를 바탕으로 설정되어 있다. 모든 도메인은 디렉터리 구조와 비슷하게 루트(root)라 불리는 도메인 아래에 나무를 거꾸로 세워놓은 모양처럼 계층적으로 구성되어 있다. 루트 도메인 아래의 단계를 1단계 도메인이라고 부르며, 그 아래 단계를 차례로 2단계, 3단계 도메인이라고 부른다.

· 1단계 도메인

kr은 ISO3166에서 정의된 인터넷 도메인 체계에서 대한민국을 나타내는 도메인이다. com, net, org, edu, gov, mil, int 등 인터넷 초창기부터 사용되던 7개의 일반 도메인의 경우, 등록 요건만 갖추면 2단계에서 바로 도메인 신청자가 지정하는 이름을 사용할 수 있다.

· 2딘계 도메인

1단계가 국가도메인의 경우에는 해당 도메인을 관리하는 국가의 정책에 따라 2단계, 혹은 3단계에서 도메인이름을 선택할 수 있다. 공공 도메인은 기관의 성격을 분류한 12개의 도메인과 개인을 위한 1개의 도메인, 그리고 지역명을 기초로 한 16개의 지역 도메인이 있다. 도메인 신청자는 도메인 사용 취지, 또는 지역명에 따라 2단계 공공 도메인을 선택할 수 있다.

· 3단계 도메인

사용자가 원하는 명칭(상호명, 상표명 등)으로 전체 이름 또는 영문 약자 등으로 도메인이름 신청자가 정하여 사용할 수 있다. 단 신청이 제한된 일부 단어는 제외될 수 있다.

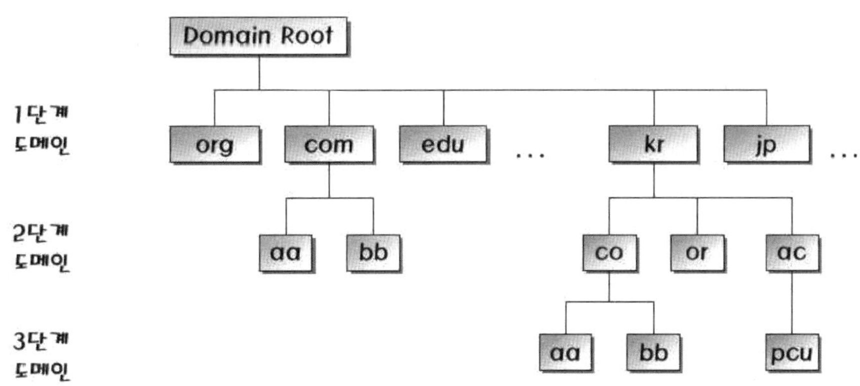

도메인 체계

도메인이름의 등록 및 관리는 NIC Network Information Center라는 곳에서 수행하고, kr 도메인은 한국의 KRNIC Korea Network Information Center에서 관리한다.

5.4 넷마스크

넷마스크Netmask는 네트워크마스크Network mask 혹은 서브넷마스크Subnet mask라고도 하며, 앞서 설명한 것과 같이 IP주소의 네트워크주소를 가리거나 걸러서 호스트주소를 얻기 위해 사용한다. 네트워크주소 부분은 255로 호스트주소 부분은 0으로 지정해서 IP주소의 어디까지가 네트워크주소이고 어디서부터 호스트주소인지를 알려준다.

표 5-3 넷마스크 (Netmask)

구분	IP주소 첫번째 부분	넷마스크
A클래스	1 ~ 127	255. 0. 0. 0
B클래스	128 ~ 191	255.255. 0. 0
C클래스	192 ~ 233	255.255.255. 0

A클래스는 255가 첫째 자리에만 있으므로 IP주소의 첫번째 숫자만이 네트워크주소가 되고, 나머지는 호스트주소가 된다. B클래스와 C클래스도 마찬가지 방식으로 이해하면 된다. 서브넷subnet, sub-network은 어떤 네트워크 아래sub에 있는 또 다른 네트워크로, 하위 네트워크를 의미한다. B클래스 주소 하나를 할당 받은 경우 그 아래에 몇 개의 작은 네트워크를 따로 더 만들었다면 만들어진 작은 네트워크들이 서브넷이 된다. 넷마스크는 서브넷을 구축했을 때 어디까지가 서로 같은 네트워크에 연결되어 있는지를 나타낸다. 각 네트워크는 네트워크주소가 달라야 다른 네트워크라 말할 수 있다. 이때 네트워크주소는 다음과 같이 IP주소와 넷마스크의 비트AND연산을 통해 구할 수 있다.

네트워크주소 = IP주소 & 넷마스크 (&:AND연산)

다른 네트워크에 접근하기 위해서는 앞서 설명한 게이트웨이를 거쳐야 한다는 점에 주의하길 바란다. 그러면 예를 들어 자세히 설명하기로 한다.

예제 1 : 넷마스크가 255.255.255.0이고 호스트의 IP주소가 161.53.4.4일 때, 호스트가 네트워크 161.53.4.0에 속해있는가?

표 5-4와 같이 2진수로 표현하여 호스트주소와 넷마스크를 AND연산하여 해당 네트워크주소를 얻는다. 얻어진 결과가 161.53.4.0으로 주어진 네트워크주소와 일치하므로 네트워크 161.53.4.0에 속해 있음을 알 수 있다.

표 5-4 예제 1 (넷마스크)

	10진수	2진수
호스트주소	161.53.4.4	10100001 00110101 00000100 00000100
넷마스크	255.255.255.0	11111111 11111111 11111111 00000000
AND연산	161.53.4.0	10100001 00110101 00000100 00000000
네트워크주소	161.53.4.0	10100001 00110101 00000100 00000000

예제 2 : 넷마스크가 255.255.255.224이고 IP주소가 161.53.91.7인 경우, 호스트가 네트워크 161.53.91.0에 속해있는가?

표 5-5와 같이 2진수로 표현한다. 다음으로 네트워크주소를 얻기 위해 호스트주소와 넷마스크를 AND연산을 한다. 얻어진 결과가 161.53.91.0으로 주어진 네트워크주소와 일치하므로 네트워크 161.53.91.0에 속해있음을 알 수 있다.

표 5-5 예제 2 (넷마스크)

	10진수	2진수
호스트주소	161.53.91.7	10100001 00110101 01011011 00000111
넷마스크	255.255.255.224	11111111 11111111 11111111 11100000
AND연산	161.53.91.0	10100001 00110101 01011011 00000000
네트워크주소	161.53.91.0	10100001 00110101 01011011 00000000

이때 브로드캐스트주소는 다음과 같은 관계식으로부터 얻을 수 있다. 이 예에서의 브로드캐스트주소는 표 5-6과 같이 계산하면 161.53.91.31이 된다.

브로드캐스트주소 = !넷마스크 ¦ IP주소 (¦:OR연산, !:NOT연산)

표 5-6 예제 2 (브로드캐스트주소)

	10진수	2진수
넷마스크	255.255.255.224	11111111 11111111 11111111 11100000
!넷마스크	0.0.0.31	00000000 00000000 00000000 00011111
호스트주소	161.53.91.7	10100001 00110101 01011011 00000111
OR연산	161.53.91.31	10100001 00110101 01011011 00011111
브로드캐스트	161.53.91.31	10100001 00110101 01011011 00011111

예제 3 : 위와 동일한 조건에서 IP주소가 161.53.91.99인 호스트가 네트워크 161.53.91.0에 속해있는가?

표 5-7과 같이 2진수로 표현하고 나서, 네트워크주소를 얻기 위해 호스트주소와 넷마스크를 AND연산한다. 얻어진 결과가 161.53.91.96이므로 주어진 네트워크주소 161.53.91.0과 일치하지 않는다. 그러므로 IP주소가 161.53.91.99인 호스트는 네트워크 161.53.91.0에 속하지 않음을 알 수 있다.

표 5-7 예제 3 (넷마스크)

	10진수	2진수
호스트주소	161.53.91.99	10100001 00110101 01011011 01100011
넷마스크	255.255.255.224	11111111 11111111 11111111 11100000
AND연산	161.53.91.96	10100001 00110101 01011011 01100000
네트워크주소	161.53.91.0	10100001 00110101 01011011 00000000

예제 4 : 넷마스크가 255.255.255.224일 때 네트워크 161.53.91.0에 속해있는 호스트의 IP주소를 구하라?

먼저 표 5-8과 같이 해당 값을 2진수로 표현한다. 넷마스크를 보면 0으로 된 마지막 5비트에 해당하는 것이 호스트주소 부분으로 161.53.91.0 네트워크에 속하는 호스트의 IP주소는 161.53.91.1~161.53.91.31 범위에 있다. 또한 IP주소가 161.53.91.x이고, 넷마스크가 255.255.255.224라면 네트워크주소로 가능한 것이 161.53.91.0, 161.53.91.32, 161.53.91.64, 161.53.91.96, 61.53.91.128, 161.53.91.160, 161.53.91.192, 161.53.91.224 임을 참고로 알아두길 바란다.

표 5-8 예제 4 (넷마스크)

	10진수	2진수
네트워크주소	161.53.91.0	10100001 00110101 01011011 00000000
넷마스크	255.255.255.224	11111111 11111111 11111111 11100000

예제 5 : IP주소가 161.53.5.16 ~ 161.53.5.31 범위에 있는 호스트를 같은 네트워크로 묶어 설정하려고 한다. 이때 필요한 넷마스크와 네트워크주소를 구하라.

표 5-9 예제 5 (넷마스크)

	10진수	2진수
첫번째 호스트	161.53.5.16	10100001 00110101 00000101 00010000
마지막 호스트	161.53.5.31	10100001 00110101 00000101 00011111
호스트주소	161.53.5.16~31	10100001 00110101 00000101 0001xxxx
넷마스크	255.255.255.240	11111111 11111111 11111111 11110000
AND연산	161.53.5.16	10100001 00110101 00000101 00010000
네트워크주소	161.53.5.16	10100001 00110101 00000101 00010000

표 5-9와 같이 첫 번째 호스트에서 마지막 호스트 사이에서 변하는 비트와 변하지 않는 비트를 찾아내어 x로 표시한다. 결과를 보면 하위 4비트임을 알 수 있다. 그리면 넷마스크는 하위 4비트만 0이고 나머지 비트는 1로 구성하면 된다. 즉, 2진수로 표현하면 11111111 11111111 11111111 $11110000_{(2)}$ 이므로, 이것을 10진수로 바꾸면 넷마스크 255.255.255.240가 얻어진다. 해당 호스트와 넷마스크를 AND연산한 결과 161.53.5.16이 네트워크주소가 된다.
참고로 이 경우 표 5-10과 같이 계산하면 브로드캐스트주소 161.53.5.31을 얻을 수 있다.

표 5-10 예제 5 (브로드캐스트주소)

	10진수	2진수
넷마스크	255.255.255.240	11111111 11111111 11111111 11110000
!넷마스크	0.0.0.15	00000000 00000000 00000000 00001111
호스트주소	161.53.5.16~31	10100001 00110101 00000101 0001xxxx
OR연산	161.53.5.31	10100001 00110101 00000101 00011111
브로드캐스트	161.53.5.31	10100001 00110101 00000101 00011111

5.5 네트워크 설정

명령어를 사용하여 네트워크를 설정하고, 단계적으로 점검하여 문제가 발생할 때 이를 해결하는 방법을 설명한다. 기본적으로 우분투에서 네트워크를 적절하게 설정하여 통신이 가능하게 하는 것이 목적이다. 유동IP 방식을 지원하는 네트워크에 DHCP 서버가 있는 경우, 네트워크인터페이스 장치가 네트워크에 연결되어 있는 상태에서 우분투를 부팅하면 자동으로 설정이 되어 즉시 네트워크를 사용할 수 있다. 왜냐하면 우분투에서 기본적으로 유동IP로 설정되어 있기 때문이다. 그래서 여기서는 수동으로 네트워크를 설정하는 방법을 중심으로 설명한다.

네트워크인터페이스장치 확인

리눅스에서는 부팅하는 과정에서 네트워크인터페이스장치를 인식하고 설정한다. 리눅스는 부팅 과정의 진행 상황을 로그로 나타내기 때문에 당연히 이 로그를 보면 네트워크인터페이스장치를 인식하였는지를 알 수 있을 것이다. 그런데 일반적으로 마냥 이 로그를 지켜보고만 있을 수 없다. 때에 따라서는 빨리 진행되어 읽기도 전에 다음으로 넘어가 버리거나, 아니면 잠시 한눈을 팔면 어느새 다음으로 넘어가 버리고 만다. 또한 부팅의 마지막 단계에서 X윈도우가 작동되고 최종적으로는 데스크톱 화면이 나타나게 되어 로그는 보이지 않게 된다. 그래서 사실은 부팅 과정에서의 로그를 보고 확인한다는 것은 좀 무리가 있다. 이 경우 dmesg 명령어를 이용하면 부팅 과정에서의 로그를 볼 수 있다. 하지만 익숙하지 않은 사용자를 위해 확인하기 쉬운 방법을 먼저 설명한다. 부팅 과정에서 네트워크인터페이스장치가 자동으로 인식되었다고 가정하면 다음과 같이 lspci 명령어로 인식된 장치의 자세한 이름과 모듈의 드라이버를 알아볼 수 있다. 그림 05-8에서는 82540EM와 e1000이라는 이름의 네트워크인터페이스장치가 인식되었다.

```
$ lspci ¦ awk '/[Nn]et/ {print $1}' ¦ xargs lspci -ks
$ lspci ¦ grep -i net
$ lspci -ks 장치선택
```

* 현재 디렉터리에 무관한 경우에는 userid@ubuntu:~$ 를 $ 로 표현하기로 한다.

```
$ lspci ¦ awk '/[Nn]et/ {print $1}' ¦ xargs lspci -ks
00:03.0 Ethernet controller: Intel Corporation 82540EM Gigabit Ethernet Controll
er (rev 02)
        Subsystem: Intel Corporation PRO/1000 MT Desktop Adapter
        Kernel driver in use: e1000
        Kernel modules: e1000

$ lspci ¦ grep -i net
00:03.0 Ethernet controller: Intel Corporation 82540EM Gigabit Ethernet Controll
```

```
er (rev 02)
$ lspci -ks 00:03.0
00:03.0 Ethernet controller: Intel Corporation 82540EM Gigabit Ethernet Controll
er (rev 02)
      Subsystem: Intel Corporation PRO/1000 MT Desktop Adapter
      Kernel driver in use: e1000
      Kernel modules: e1000
```

lspci (네트워크인터페이스장치 확인)

다음은 **dmesg** 명령어를 이용한 부트 과정의 로그를 통해 네트워크인터페이스장치를 확인해 보기로 한다. 다음 명령에서 less 명령어 없이 **dmesg** 명령어만을 사용하거나, **less** 대신 **more**를 사용해도 상관없지만 문자열 찾기를 할 경우를 고려하여 **less**를 권장한다.

```
$ sudo dmesg | less

[    1.675766] e1000 0000:00:03.0 eth0: (PCI:33MHz:32-bit) 08:00:27:20:53:5b
[    1.675775] e1000 0000:00:03.0 eth0: Intel(R) PRO/1000 Network Connection
[    1.677745] ata3: SATA link up 3.0 Gbps (SStatus 123 SControl 300)
[    1.677865] ata3.00: ATA-6: VBOX HARDDISK, 1.0, max UDMA/133
[    1.677868] ata3.00: 419430400 sectors, multi 128: LBA48 NCQ (depth 32)
[    1.678152] ata3.00: configured for UDMA/133
[    1.678240] scsi 2:0:0:0: Direct-Access     ATA      VBOX HARDDISK    1.0  PQ:
0 ANSI: 5
[    1.678528] sd 2:0:0:0: [sda] 419430400 512-byte logical blocks: (215 GB/200
GiB)
[    1.678556] sd 2:0:0:0: [sda] Write Protect is off
[    1.678558] sd 2:0:0:0: [sda] Mode Sense: 00 3a 00 00
[    1.678567] sd 2:0:0:0: [sda] Write cache: enabled, read cache: enabled, does
n't support DPO or FUA
[    1.678578] sd 2:0:0:0: [sda] Preferred minimum I/O size 512 bytes
[    1.678794] sd 2:0:0:0: Attached scsi generic sg1 type 0
[    1.693819]  sda: sda1 sda2
[    1.694554] sd 2:0:0:0: [sda] Attached SCSI disk
[    1.706232] e1000 0000:00:03.0 enp0s3: renamed from eth0
:
```

네트워크인터페이스장치를 찾을 때 **eth0** 혹은 **eth1**을 검색하는 것이 도움이 된다. 여기서 **eth**는 이더넷ethernet을 줄여서 표현한 것이고, 숫자는 장착된 네트워크인터페이스장치의 번호를 나타낸다. 맨 처음 검색된 행에 적혀있는 네트워크인터페이스장치에 해당하는 내용이 있는지 그 행의 바로 위쪽을 살펴본다. 장치 이름이 있으면 그 행의 앞쪽에 표기된 것이 인식된 네트워크인터페이스장치의 모듈 이름이 된다. 검색한 결과만을 보고 싶을 때는 다음과 같은 명령어를 사용해 보기 바란다.

```
$ dmesg | grep 네트워크인터페이스장치

$ sudo dmesg | grep eth0
[    1.675766] e1000 0000:00:03.0 eth0: (PCI:33MHz:32-bit) 08:00:27:20:53:5b
[    1.675775] e1000 0000:00:03.0 eth0: Intel(R) PRO/1000 Network Connection
[    1.706232] e1000 0000:00:03.0 enp0s3: renamed from eth0

$ sudo dmesg | grep enp0s3
[    1.615216] e1000 0000:00:03.0 enp0s3: renamed from eth0
[    5.155539] e1000: enp0s3 NIC Link is Up 1000 Mbps Full Duplex, Flow Control:
RX
[    5.155934] IPv6: ADDRCONF(NETDEV_CHANGE): enp0s3: link becomes ready

$ sudo dmesg | grep e1000
[    1.183052] e1000: Intel(R) PRO/1000 Network Driver
[    1.183054] e1000: Copyright (c) 1999-2006 Intel Corporation.
[    1.613469] e1000 0000:00:03.0 eth0: (PCI:33MHz:32-bit) 08:00:27:82:40:0c
[    1.613476] e1000 0000:00:03.0 eth0: Intel(R) PRO/1000 Network Connection
[    1.615216] e1000 0000:00:03.0 enp0s3: renamed from eth0
[    5.155539] e1000: enp0s3 NIC Link is Up 1000 Mbps Full Duplex, Flow Control:
RX
```

dmesg (네트워크인터페이스장치 확인)

예를 들어, eth0과 같은 네트워크인터페이스장치를 찾을 수 있으며, 모듈 이름은 enp0s3이고, e1000이라는 네트워크인터페이스장치를 확인할 수 있다. enp0s3은 /sys/class/net 디렉터리에서 확인할 수 있다.

```
$ ls /sys/class/net
enp0s3  lo
```

또 다른 방법으로 모듈의 목록을 보여주는 lsmod 명령어를 사용하여 확인할 수 있다.

```
$ lsmod
Module                  Size  Used by
uas                    28672  0
usb_storage            77824  1 uas
nls_iso8859_1          16384  1
snd_intel8x0           45056  2
```


```
Module                  Size  Used by
uas                    28672  0
usb_storage            77824  1 uas
nls_iso8859_1          16384  1
snd_intel8x0           45056  2
```

```
snd_ac97_codec        180224  1 snd_intel8x0
 :
video                  53248  0
i2c_piix4              28672  0
e1000                 155648  0
pata_acpi              16384  0
```

lsmod (e1000 네트워크인터페이스장치)

호스트이름 바꾸기

먼저 호스트이름을 확인하고 바꾸어 보자. 기본적으로 호스트이름은 **ubuntu**로 설정되어 있다. 호스트이름과 관련된 파일은 다음과 같이 **/etc/hostname** 과 **/etc/hosts** 가 있다.

```
$ cat /etc/hostname
ubuntu
$ cat /etc/hosts
127.0.0.1       localhost
127.0.1.1       ubuntu

# The following lines are desirable for IPv6 capable hosts
::1     ip6-localhost ip6-loopback
fe00::0 ip6-localnet
ff00::0 ip6-mcastprefix
ff02::1 ip6-allnodes
ff02::2 ip6-allrouters
```

호스트이름 확인 (/etc/hostname, /etc/hosts)

파일의 내용을 보면 호스트이름을 확인할 수 있다. 호스트이름은 인터넷상에서 공식적으로 사용되는 도메인이름과는 달리 주로 로컬 시스템에서만 사용되기 때문에 네트워크를 위해서 꼭 필요한 것은 아니지만 설정해 두는 것이 앞으로 원활한 네트워크 작업을 하는데 도움이 된다. 호스트이름을 변경하려면 **hostname**과 **hostnamectl** 명령어를 사용할 수 있는데 **hostname** 명령어로는 **/etc/hostname** 파일의 내용을 업데이트해 주지 않는 단점이 있으므로 우리는 **hostnamectl** 명령어를 사용하기로 하자. 예를 들어 호스트이름을 **tomato**로 바꾼다고 가정한다.

```
$ sudo hostnamectl set-hostname tomato          # tomato: 호스트이름
$ hostnamectl hostname                          # 또는 hostname
tomato
$ uname -a
Linux tomato 5.15.0-27-generic ... GNU/Linux
```

hostname 설정 및 확인

제대로 설정이 되었는지는 다음과 같은 방법으로 확인할 수 있다. 또는 터미널을 새로 열거나 로그아웃한 후 다시 로그인하면 쉘 프롬프트가 **@tomato**로 바뀐 것을 확인할 수 있다.

```
$ cat /etc/hostname
tomato
```

/etc/hostname 파일의 호스트이름 확인

여기서 주의해야 할 것은 **hostnamectl** 명령어로 호스트이름을 변경하여도 **DNS**와 관련이 있는 **/etc/hosts** 파일의 호스트이름까지 자동으로 바뀌주지 않기 때문에 이 파일에서의 호스트이름을 **ubuntu**에서 **tomato**로 바꿔주어야 한다는 것이다.

```
user@tomato ~ $ sudo mv /etc/hosts /etc/hosts.org
user@tomato ~ $ sudo cp /etc/hosts.org /etc/hosts
user@tomato ~ $ sudo vi /etc/hosts
```

```
127.0.0.1       localhost
127.0.1.1       tomato

# The following lines are desirable for IPv6 capable hosts
::1     ip6-localhost ip6-loopback
fe00::0 ip6-localnet
ff00::0 ip6-mcastprefix
ff02::1 ip6-allnodes
ff02::2 ip6-allrouters
```

최신 리눅스는 기존의 **net-tools** 패키지의 **ifconfig**와 **arp**, **route** 명령어의 기능을 통합한 방식으로 **IP**주소, 라우팅 테이블, **ARP** 테이블 등을 설정할 수 있으며, **nmcli** 명령어를 사용한 **NetworkManager** 기능을 제공하는 **ip** 명령어 사용을 권장하고 있다. **ip** 명령어에서 사용하는 대표적인 옵션과 약어abbreviation는 다음과 같다.

```
$ ip [ OPTIONS ] OBJECT { COMMAND ¦ help }
  -d, -details          자세한 정보 표시
  -s, -stats            통계정보 표시
  -h, -human            읽기 쉬운 형식으로 표시
  -f, -family           주소 패밀리 지정
  -4                    IPv4 only
  -6                    IPv6 only
OBJECT
  address               a 또는 addr
  route                 r
  link                  l
  neighbour/neighbor    n
```

· ip 보기

네트워크 인터페이스들의 IP, MAC, DNS 서버 등의 정보를 보여준다.

```
$ ip addr show
$ ip a                      # show 생략 가능
$ ip -4 a                  # IP V4 정보만 표시
$ ip -6 a                  # IP V6 정보만 표시
```

· ip 설정

```
# ip a add {ip addr}/{Netmask} dev {device name}

$ sudo ip a add 192.168.0.2/255.255.255.0 dev enp0s3
```

· ip 지우기

```
# ip a del {ip addr} dev {interface}

$ sudo ip a del 192.168.0.2 dev enp0s3
```

· 링크link

특정 네트워크 인터페이스를 활성화(켜기)/비활성화(끄기) 한다. (device up/down)

```
$ sudo ip link set dev enp0s3 up
$ sudo ip link set dev enp0s3 down
```

· neighbour(neighbor)

같은 서브 네트워크 안에서 이웃 호스트가 살아있는지를 보여준다. 이들 호스트는 ARP 테이블에 등록이 되어있는 알려진 호스트들이다.

```
$ ip neighbour show
$ ip neighbor show
$ ip n sho
```

· 라우팅routing

모든 routing 요소들을 목록으로 보여준다.

```
$ ip route list
```

· default route 추가/삭제

```
$ ip route add default 192.168.0.0/24 dev enp0s3
$ ip route del default
```

```
$ sudo ip route add 192.168.0.0/24 via 192.168.0.1
$ sudo ip route del 192.168.0.0/24 dev enp0s3
```

이전 명령	새 명령
ifconfig -a	ip a
ifconfig eth0 down	ip link set enp0s3 down
ifconfig eth0 up	ip link set enp0s3 up
ifconfig eth0 192.168.0.24	ip addr add 192.168.0.24/24 dev enp0s3
ifconfig eth0 netmask 255.255.255.0	ip addr add 192.168.0.1/24 dev enp0s3
ifconfig eth0 mtu 9000	ip link set enp0s3 mtu 9000
ifconfig eth0:0 192.168.0.25	ip addr add 192.168.0.25/24 dev enp0s3
netstat	ss
netstat -tulpn	ss -tulpn
netstat -neopa	ss -neopa
netstat -g	ip maddr
route	ip r
route add -net 192.168.0.0 netmask 255.255.255.0 dev eth0	ip route add 192.168.0.0/24 dev enp0s3
route add default gw 192.168.0.254	ip route add default via 192.168.0.254
arp -a	ip neigh
arp -v	ip -s neigh
arp -s 192.168.0.33 1:2:3:4:5:6	ip neigh add 192.168.0.33 lladdr 1:2:3:4:5:6 dev enp0s3
arp -i eth0 -d 192.168.0.254	ip neigh del 192.168.0.254 dev enp0s3

```
$ ip l show
1: lo: <LOOPBACK,UP,LOWER_UP> mtu 65536 qdisc noqueue state UNKNOWN mode DEFAULT
group default qlen 1000
    link/loopback 00:00:00:00:00:00 brd 00:00:00:00:00:00
2: enp0s3: <BROADCAST,MULTICAST,UP,LOWER_UP> mtu 9001 qdisc mq state UP mode DEF
AULT group default qlen 1000
    link/ether 0a:da:ad:83:da:95 brd ff:ff:ff:ff:ff:ff
```

특정 장치의 정보만 보여준다. (여기서는 enp0s3 이다.)

```
$ ip a show enp0s3
2: enp0s3: <BROADCAST,MULTICAST,UP,LOWER_UP> mtu 9001 qdisc mq state UP mode DEF
AULT group default qlen 1000
    link/ether 0a:da:ad:83:da:95 brd ff:ff:ff:ff:ff:ff
    inet 10.0.2.15/24 brd 10.0.2.255 scope global dynamic noprefixroute enp0s3
        valid_lft 83733sec preferred_lft 83733sec
    inet6 fe80::f31f:5e3:b2c5:5dbb/64 scope link noprefixroute
        valid_lft forever preferred_lft forever
```

라우팅 테이블을 출력해 본다.

```
$ ip r                    # ip route list
default via 172.26.0.1 dev eth0 proto dhcp src 172.26.4.84 metric 100
172.26.0.0/20 dev eth0 proto kernel scope link src 172.26.4.84
172.26.0.1 dev eth0 proto dhcp scope link src 172.26.4.84 metric 100
```

기본 명령어로 설치되어 있지 않지만, 다음과 같이

```
$ sudo apt install net-tools
```

net-tools 패키지를 설치하면 이전 버전에서 사용하던 route 명령어로 라우팅 테이블을 확인해 볼 수 있다.

```
$ route -n
Kernel IP routing table
Destination     Gateway         Genmask         Flags Metric Ref    Use Iface
0.0.0.0         172.26.0.1      0.0.0.0         UG    100    0        0 eth0
172.26.0.0      0.0.0.0         255.255.240.0   U     0      0        0 eth0
172.26.0.1      0.0.0.0         255.255.255.255 UH    100    0        0 eth0
```

```
$ ip r | grep default
default via 10.0.2.2 dev enp0s3 proto static
$ ip l show | grep -A1 enp0s3
2: enp0s3: <BROADCAST,MULTICAST,UP,LOWER_UP> mtu 1500 qdisc fq_codel state UP gr
oup default qlen 1000
    inet 10.0.2.16/24 brd 10.0.2.255 scope global enp0s3
       valid_lft forever preferred_lft forever
```

네트워크 상태 및 정보 확인 (nmcli)

nmcli 명령어는 GUI 방식의 NetworkManager 설정 기능을 CLI 방식으로 지원한다. 이더넷Ethernet, 블루투스Bluetooth, 와이파이WiFi, DNS 등 모든 네트워크 관련 설정과 정보 확인이 가능하다.

```
$ nmcli device show
```

```
DEVICE            TYPE      STATE        CONNECTION
br0               bridge    connected    br0
mum-wg0           wireguard connected    mum-wg0
lxdbr0            bridge    connected    lxdbr0
virbr0            bridge    connected    virbr0
enp0s31f6         ethernet  connected    bridge-slave-enp0s31f6-1
CC:66:0A:6D:75:CC bt        disconnected --
wlp82s0           wifi      unavailable  --
veth05f250d5      ethernet  unmanaged    --
vethb36badb5      ethernet  unmanaged    --
vethf2ba8aa4      ethernet  unmanaged    --
lo                loopback  unmanaged    --
virbr0-nic        tun       unmanaged    --
```

```
$ nmcli connection
```

```
NAME                       UUID                                 TYPE      DEVICE
br0                        57312b0b-24df-49b7-901c-16045c734df7 bridge    br0
mum-wg0                    67cfd579-138f-452b-9f8e-e66006eb7bfd wireguard mum-wg0
lxdbr0                     26af2986-e850-408d-84cb-d95b7e1cf03b bridge    lxdbr0
virbr0                     409201a2-53f3-4277-88ac-8ea3254f8840 bridge    virbr0
bridge-slave-enp0s31f6-1   f8557701-94c0-4ed0-a18c-2dde78364b6c ethernet  enp0s31f6
nixcraft_guest             6e1f987c-a584-424d-82ea-235ad461b3cb wifi      --
nixcraft_lan               8e271c9c-fb5e-4b43-b867-d43c369c8088 wifi      --
4G stick                   4980f7f2-04c8-40f7-981a-c01f00cb4992 wifi      --
bridge-slave-enp0s31f6     eb4e49e1-bc2f-4b3f-b99a-b536dc8d24e0 ethernet  --
sg-wg0                     2eeec2a7-c359-4263-ba4c-2c822fa55756 wireguard --
Vivek's iPhone 7           07ddc093-ee5a-46d6-8968-ad7041bfb037 wifi      --
Vivek's iPhone 7 Network   8283b4c3-fa00-4f66-91fa-1296599edcd2 bluetooth --
```

```
$ nmcli radio
```

```
$ nmcli wifi off
$ nmcli wifi on
```

```
$ nmcli device wifi list
```

```
$ nmcli device wifi connect nixcraft_guest password {my_password_here}
```

```
$ nmcli wwan off
$ nmcli wwan on
```

```
$ ping -c 5 www.google.com  # DoS공격을 피하기 위해 ping에 대한 응답을 하지 않음
$ ping -c 5 www.pcu.ac.kr   # DoS공격을 피하기 위해 ping에 대한 응답을 하지 않음
```

```
$ ping -c 5 203.250.190.117  # IP주소로 시도, 학내에서만 응답함
$ ping -c 5 course.pcu.ac.kr # 도메인이름으로 시도, 학내에서만 응답함
```

```
$ ip l show enp0s3 ¦ grep --color -w UP
$ ip l show lo ¦ grep --color -w DOWN
$ ip l show ¦ grep --color -i -w DOWN
```

```
$ ip l show enp0s3 ¦ grep --color -w UP
2: enp0s3: <BROADCAST,MULTICAST,UP,LOWER_UP> mtu 1500 qdisc fq_codel state UP mo
de DEFAULT group default qlen 1000
$ ip l show lo ¦ grep --color -w UP
1: lo: <LOOPBACK,UP,LOWER_UP> mtu 65536 qdisc noqueue state UNKNOWN mode DEFAULT
group default qlen 1000
$ ip l show ¦ grep --color -w UP
1: lo: <LOOPBACK,UP,LOWER_UP> mtu 65536 qdisc noqueue state UNKNOWN mode DEFAULT
group default qlen 1000
2: enp0s3: <BROADCAST,MULTICAST,UP,LOWER_UP> mtu 1500 qdisc fq_codel state UP mo
de DEFAULT group default qlen 1000
```

다음은 이전 버전에서 네트워크 설정으로 많이 사용한 **ifconfig** 명령어 사용법에 대해 알아보자. **ifconfig** 명령어는 네트워크인터페이스장치에 설정된 정보를 확인하거나 원하는 정보를 설정하는 명령어이다. **ifconfig** 명령어를 사용하여 네트워크인터페이스장치에 대한 정보를 확인해 보자. 최근에는 기본적으로 설치되어 있지 않으므로 다음과 같이 설치를 해주어야 사용할 수 있다.

```
$ sudo apt install net-tools
```

```
$ ifconfig
enp0s3: flags=4163<UP,BROADCAST,RUNNING,MULTICAST>  mtu 1500
        inet 10.0.2.15  netmask 255.255.255.0  broadcast 10.0.2.255
        inet6 fe80::f31f:5e3:b2c5:5dbb  prefixlen 64  scopeid 0x20<link>
        ether 08:a0:27:95:b0:9c  txqueuelen 1000  (Ethernet)
        RX packets 31096  bytes 46607971 (46.6 MB)
        RX errors 0  dropped 0  overruns 0  frame 0
        TX packets 9407  bytes 612769 (612.7 KB)
        TX errors 0  dropped 0 overruns 0  carrier 0  collisions 0
```

```
lo: flags=73<UP,LOOPBACK,RUNNING>  mtu 65536
        inet 127.0.0.1  netmask 255.0.0.0
        inet6 ::1  prefixlen 128  scopeid 0x10<host>
        loop  txqueuelen 1000  (Local Loopback)
        RX packets 314  bytes 41942 (41.9 KB)
        RX errors 0  dropped 0  overruns 0  frame 0
        TX packets 314  bytes 41942 (41.9 KB)
        TX errors 0  dropped 0 overruns 0  carrier 0  collisions 0
```

네트워크인터페이스장치 정보

위의 예와 같이 옵션 없이 **ifconfig**로 실행하면 현재 서버에 장착된 네트워크인터페이스장치 정보를 확인해 볼 수 있다. 결과 중 **enp0s3**는 실제로 장착되어 있는 네트워크인터페이스장치이고, lo는 루프백(**loopback**)으로 자기 자신과 통신하기 위한 가상인터페이스이다. 여기서 만약 **enp**로 시작하는 네트워크카드가 장착되지 않았거나, 장착되어 있는 데도 인식이 되지 않았거나, 인식은 되었으나 모듈이 설치되어 있지 않은 등의 이유로 네트워크를 사용할 수 없다는 것을 의미한다. 여기서 인식이 된 모든 네트워크인터페이스장치에 대해 알고 싶은 경우에는 **-a** 옵션을 추가하면 된다.

```
$ ifconfig -a                          # 또는 $ ip a
```

위의 명령어로 해당 장치가 나타나지 않는 것은 네트워크인터페이스장치가 장착되지 않은 것을 뜻한다. 이 경우에는 네트워크카드가 고장이거나 접속이 좋지 않은 등 하드웨어에 문제가 있으니 점검하길 바란다. **enp** 또는 **eth** 로 시작하는 네트워크인터페이스장치가 표시되지만, 아래와 같이 **UNSPEC**으로 나타나면 해당 모듈이 설치되지 않은 경우이므로 **modprobe** 명령어를 이용하여 해당 모듈을 설치한다.

```
eth0      Link encap : UNSPEC
```

네트워크인터페이스장치가 표시되고 다음과 같이 모두 정상적으로 나타나지만, 옵션 없이 **ifconfig** 명령으로 네트워크인터페이스장치가 나타나지 않거나 다음과 같이 1번째 행에서 **BROADCAST** 앞뒤에 **UP**과 **RUNNING**이 표시되지 않은 경우는 활성화$_{\text{activate}}$되지 않은 것을 나타낸다.

```
enp0s3: flags=4098<BROADCAST,MULTICAST>  mtu 1500
        ...
```

현재 네트워크인터페이스장치에 설정이 되어있는 상태를 가정하고, **ifconfig** 명령어를 이용하여 네트워크 설정을 비활성화$_{\text{deactivate}}$해 보도록 하자. 비활성화하는 방법은 다음과 같이 **down** 옵션을 사용하면 된다.

```
$ sudo ifconfig 네트워크인터페이스장치 down
$ sudo ip link set 네트워크인터페이스장치 down
```

```
$ sudo ifconfig enp0s3 down
$ sudo ip link set enp0s3 down
```

네트워크인터페이스장치(enp0s3) 비활성화

이 명령어의 수행하면 enp0s3 네트워크인터페이스장치는 동작하지 않는다. 다음과 같이 enp0s3 장치가 비활성화되어 통신을 할 수 없음을 확인할 수 있다.

```
$ ifconfig enp0s3
enp0s3: flags=4098<BROADCAST,MULTICAST>  mtu 1500
        ether 08:a0:27:95:b0:9c  txqueuelen 1000  (Ethernet)
        RX packets 31073  bytes 46604154 (46.6 MB)
        RX errors 0  dropped 0  overruns 0  frame 0
        TX packets 9347  bytes 605203 (605.2 KB)
        TX errors 0  dropped 0 overruns 0  carrier 0  collisions 0
```

네트워크인터페이스장치(enp0s3) 비활성화 확인

이와 반대로 enp0s3라는 장치를 사용하기 위해서는 다음과 같이 활성화할 수 있다.

```
$ sudo ifconfig 네트워크인터페이스장치 up
$ sudo ip link set 네트워크인터페이스장치 up

$ sudo ifconfig enp0s3 up
$ sudo ip link set enp0s3 up
```

네트워크인터페이스장치(enp0s3) 활성화

```
$ ifconfig enp0s3
enp0s3: flags=4163<UP,BROADCAST,RUNNING,MULTICAST>  mtu 1500
        inet 10.0.2.15  netmask 255.255.255.0  broadcast 10.0.2.255
        inet6 fe80::f31f:5e3:b2c5:5dbb  prefixlen 64  scopeid 0x20<link>
        ether 08:a0:27:95:b0:9c  txqueuelen 1000  (Ethernet)
        RX packets 31096  bytes 46607971 (46.6 MB)
        RX errors 0  dropped 0  overruns 0  frame 0
        TX packets 9407  bytes 612769 (612.7 KB)
        TX errors 0  dropped 0 overruns 0  carrier 0  collisions 0
```

네트워크인터페이스장치(enp0s3) 활성화 확인

ifconfig enp0s3를 실행한 위의 결과를 비교해 보면 네트워크인터페이스장치가 활성화되어 동작하고 있다는 의미로 1번째 행에 UP과 RUNNING이 표시되는 것을 알 수 있다.

유동IP 설정

우분투 18.04 LTS 부터 이전 버전에서 네트워크에 대한 필수 정보가 들어있는 /etc/network/interfaces 파일 대신에 /etc/netplan/01-network-manager-all.yaml 파일과 같이 설정하고 netplan 명령어로 설정을 반영하는 것으로 변경되었다. 1번째 네트워크 장치인 localhost에 대한 기본적인 설정 내용이다.

```
# Let NetworkManager manage all devices on this system
network:
  version: 2
  renderer: NetworkManager
```

netplan 명령어를 사용하게 되면서 다행히 /usr/share/doc/netplan/examples 디렉터리에 여러 예제가 준비되어 있으니 참고하길 바란다. 여기서 예제 중 dhcp.yaml 파일을 복사하여 편집하여 유동IP로 설정해 보기로 하자. enp0s3은 2번째 장치이므로 dhcp.yaml 을 02-network-manager-all.yaml 로 복사하여 사용한다.

```
$ sudo cp /usr/share/doc/netplan/examples/dhcp.yaml /etc/netplan/02-network-mana
ger-all.yaml
$ sudo vi /etc/netplan/02-network-manager-all.yaml
```

```
network:
  version: 2
  renderer: NetworkManager
  ethernets:
    enp0s3:
      dhcp4: true
```

수정 사항을 적용하기 전에 다음과 같이 테스트해 본다.

```
$ sudo netplan try
Do you want to keep these settings?

Press ENTER before the timeout to accept the new configuration

Changes will revert in 119 seconds
Configuration accepted.
```

문제가 없으면 설정 내용을 적용한다. 적용해서 문제가 있으면 문제를 찾기 위하여 디버깅이 필요한 경우에는 –debug 옵션을 사용할 수 있다.

```
$ sudo netplan apply
```

```
$ sudo netplan –debug apply
```

성공적으로 설정이 적용되었다면 **NetworkManager** 서비스를 재시작 해주고 **ip** 명령어로 확인한다.

```
$ sudo systemctl restart NetworkManager
$ ip a
```

```
$ sudo systemctl restart system-networkd            # 우분투 서버인 경우
```

고정IP 설정

네트워크를 고정IP로 설정하기 위해서는 다음 항목에 해당하는 값을 알아야 한다. 여기에 나와 있는 값은 예를 들어 설명하기 위한 것으로 사용자가 실제로 설정할 때는 자신의 환경에 맞는 값으로 바꾸어 주어야 한다. 여기서는 다음과 같다고 가정하자.

```
Host Name : ubuntu               (호스트이름)
IP Address : 192.168.0.4         (IP 주소)
Netmask : 255.255.255.0          (넷마스크)
Default Gateway : 192.168.0.1  (게이트웨이)
DNS Server : 8.8.8.8             (DNS 서버)   # 보조 서버: 8.8.4.4, 203.250.129.215
```

```
Host Name : ubuntu               (호스트이름)
IP Address : 10.0.2.15           (IP 주소)
Netmask : 255.255.255.0          (넷마스크)
Default Gateway : 10.0.2.2       (게이트웨이)
DNS Server : 8.8.8.8             (DNS 서버)   # 보조 서버: 8.8.4.4, 203.250.129.215
```

준비가 되었으면 텍스트 환경에서 네트워크 설정을 해보기로 하자. **/usr/share/doc/netplan/examples** 에서 고정IP 설정 예제인 **static.yaml** 파일을 복사하여 편집하여 고정IP로 설정해 보기로 하자.

```
$ sudo cp /usr/share/doc/netplan/examples/static.yaml /etc/netplan/02-network-ma
nager-all.yaml
$ sudo vi /etc/netplan/02-network-manager-all.yaml
```

```
network:
  version: 2
  renderer: NetworkManager
  ethernets:
    enp0s3:
     dhcp4: no
     addresses: [192.168.0.4/24]
     gateway4: 192.168.0.1
     nameservers:
       addresses: [8.8.8.8,8.8.4.4]
```

```
network:
  version: 2
  renderer: NetworkManager
  ethernets:
    enp0s3:
     dhcp4: no
     addresses: [10.0.2.15/24]
     gateway4: 10.0.2.2
     nameservers:
       addresses: [8.8.8.8,8.8.4.4]
```

수정이 끝났으면 파일을 저장하고 netplan 명령어로 설정을 적용하고 네트워크 서비스를 다시 실행한다.

```
$ sudo netplan apply
```

이 명령어로 DNS서버와 관련해서는 /run/systemd/resolve/resolv.conf 파일이 업데이트됨을 알 수 있다.

```
$ cat /run/systemd/resolve/resolv.conf
...
nameserver 8.8.8.8
nameserver 8.8.4.4
search mydomain otherdomain

nameserver 127.0.0.53
options ends0 trust-ad
search .
```

이전에 DNS서버와 관련된 파일은 /etc/resolv.conf 로 기본 정보는 위와 같다. 부득이한 경우 이 파일을 수정하여 적용할 수도 있지만 앞에서 설명한 netplan 명령어로 설정하는 방법을 권장한다. 설정 파일은 직접 수정할 때는 반드시 편집하기 전에 다음과 같은 방법으로 원본을 남겨두는 습관을 들이기를 바란다. 이때 주의해야 할 사항은 편집하려는 파일이 링크되어 있는지 즉 수정하려는 원본 파일이 맞는지 확인할 필요가 있다. 우분투에서 /etc/resolv.conf 파일은 ls –l /etc/resolv.conf 로 확인해보면 ../run/systemd/resolve/stub-resolv.conf 파일에 링크된 것을 알 수 있다.

```
$ ls -l /etc/resolv.conf
lrwxrwxrwx 1 root root 39 May 23  15:14 /etc/resolv.conf -> ../run/systemd/resol
ve/stub-resolv.conf
```

그래서 다음 과정을 거쳐 원본 파일을 저장해 두도록 하자.

```
$ sudo mv /run/systemd/resolve/stub-resolv.conf /run/systemd/resolve/stub-resolv.conf.org
$ sudo cp /run/systemd/resolve/stub-resolv.conf.org /run/systemd/resolve/stub-resolv.conf
$ sudo vi /run/systemd/resolve/stub-resolv.conf
```

이 파일의 내용은 다음과 같은 형식으로 작성한다.

```
nameserver DNS서버IP주소
search 도메인이름
```

일반적으로 nameserver에 DNS서버의 IP주소만 적어두어도 원활히 작동한다. 만약 서버가 여러 개일 경우에는 공백space으로 구분하여 적거나 독립된 행으로 추가하면 된다. search에는 자동 검색할 도메인이름을 적어두면 편할 것이다. 그림 05-29는 네트워크의 기본 정보를 반영하여 편집한 내용이다.

```
nameserver 203.250.129.214              # 배재대
nameserver 168.126.63.1                 # LG U+
nameserver 8.8.8.8                      # Google, 보조 서버: 8.8.4.4
options ends0 trust-ad
search localdomain
```

DNS서버 정보(resolv.conf /run/systemd/resolve/stub-resolv.conf)

여기서 nameserver로 168.126.63.1은 LG U+, 8.8.8.8은 구글의 DNS서버 IP주소이다. 위와 같이 설정한 상태에서 localdomain이 pcu.ac.kr인 경우 웹브라우저에서 정확한 주소가 아닌 dotori라는 호스트이름만 입력하고 실행시키면 search로 설정된 도메인이 덧붙여져서 dotori.pcu.ac.kr로 DNS에 먼저 검색하게 된다. 이를 어떻게 설정하느냐에 따라 도메인이름을 모두 입력해야 하는 수고를 드는 등 유용하게 사용할 수 있다.

다음은 이와 관련한 파일에 대하여 추가적인 설명을 하고자 한다. 호스트이름에 관련된 파일로 앞에서 간략하게 설명한 /etc/hosts 파일이 있다. 일반적으로 자주 사용하는 전화번호는 이름이나 별명과 함께 스마트폰에 등록해 두거나 수첩에 적어두었다가 필요할 때 찾아서 사용한다. 이러한 개인적으로 기록해 둔 자료가 없는 경우에는 114 서비스를 이용하게 된다. 이처럼 114 서비스가 DNS에 해당하며 개인적으로 등록하거나 기록한 것이 hosts 파일에 해당한다고 생각하면 이해가 빠를 것이다. 이 파일에 특정 IP주소에 대한 호스트이름과 별명을 설정해서 사용하면 된다. 다음과 같이 설정하였다고 가정하고 설명하기로 한다.

```
127.0.0.1          localhost
127.0.0.1          ubuntu
203.250.129.131    www.pcu.ac.kr home.pcu.ac.kr
203.250.190.117    course.pcu.ac.kr lms.pcu.ac.kr course lms
```

```
# The following lines are desirable for IPv6 capable hosts
::1             ip6-localhost ip6-loopback
fe00::0         ip6-localnet
fe00::0         ip6-mcastprefix
fe02::1         ip6-allnodes
fe02::2         ip6-allrouters
```

첫 번째 필드에 IP주소를 설정하고 두 번째 필드에는 호스트이름을 설정하는데, DNS에 등록된 도메인이름일 필요는 없다. 세 번째 필드는 호스트이름에 대한 별명nickname을 설정하는 부분인데 설정하지 않아도 상관없다. 이 설정에서 가장 중요한 것은 IP주소이다. 위의 경우 IP주소 203.250.129.131의 호스트이름을 www.pcu.ac.kr home.pcu.ac.kr라고 설정했기 때문에 웹브라우저에서 home.pcu.ac.kr라고 적고 실행하게 되면 IP주소 203.250.129.131의 웹 사이트가 열리게 된다. 이와 같이 /etc/hosts를 설정하면 DNS가 해석할 수 없는 것을 해석할 수도 있다. 이 설정은 회사 또는 학교, 특정 기관 내에서 IP주소를 외우고 있기가 불편할 때 사용하면 아주 편리하다. 예를 들어 IP주소를 203.250.190.117을 lms라고 설정해 두었기 때문에 lms라는 별명을 이용해서 203.250.190.117에 접근할 수 있게 된다.

```
$ ping -c 5 lms
```

그런데 문제는 DNS에도 물어보고 hosts 파일에서도 찾아보는데 어느 쪽을 먼저 찾아보는지 등 어떻게 동작하는지 궁금할 것이다. 이에 관한 내용이 /etc/host.conf 파일에 있다. 이 파일의 내용을 보면

```
order hosts,bind
```

위의 내용은 IP주소와 도메인에 대해 문의할 때 hosts 파일을 먼저 참고하고, 이 파일에서 찾지 못하면 bind(DNS)에 문의하라는 의미이다. hosts 파일의 자료 업데이트가 제대로 되지 않거나 잘못된 자료가 많아 DNS에 우선으로 문의할 수 있게 순서를 바꾸어도 상관없다. 하지만 하드디스크에 설치한 리눅스 배포판에서 네트워크가 연결되지 않은 경우, 즉 홀로standalone 동작시킬 때 부팅하는데 시간이 많이 걸려 불편할 때가 있으니 주의하길 바란다.

그러면 다음으로 ifconfig 명령어를 이용하여 네트워크 설정을 해보도록 하자. 이 방법은 오래되고 가장 낮은 레벨에 해당한다. 주의해야 할 것은 이 설정은 시스템이 동작하고 있는 상태에서만 유효하다는 것이다. 다시 말하면 설정한 내용을 파일로 저장하지 않기 때문에 컴퓨터를 종료하거나 다시 시작하게 되면 새로 설정한 내용이 반영되지 않는다는 것을 의미한다. 그래서 이 방법은 네트워크를 테스트하거나 원래 설정에 영향을 미치지 않으면서 일시적으로 설정을 바꾸어야 할 경우에 사용하는 것이 바람직하다. 네트워크 설정 정보는 앞에서 가정한 값을 바탕으로 한다. 설정 과정은 다음과 같다.

```
① ip link set 네트워크인터페이스장치 down
② ip addr add IP주소/넷마스크 dev 네트워크인터페이스장치
③ ip route add default via 게이트웨이주소
④ /etc/netplan/02-network-manager-all.yaml 편집 적용
```

```
① ifconfig  네트워크인터페이스장치 down
② ifconfig 네트워크인터페이스장치 IP주소 netmask 넷마스크 broadcast 브로드캐스트주소 up
③ route add default gw 게이트웨이주소
④ /etc/netplan/02-network-manager-all.yaml 편집 적용
```

설정을 바꾸기에 앞서 해당 네트워크인터페이스장치를 비활성화하여 동작을 멈추게 한다. 예를 들어 네트워크인터페이스장치가 **enp0s3**라고 가정한다.

```
$ sudo ip link set enp0s3 down
$ sudo ifconfig enp0s3 down
```

네트워크인터페이스장치의 동작이 멈춘 것을 확인하고 나시 다음 형식을 바탕으로 하여 그림 05-21과 같이 네트워크를 설정하고 장치를 활성화한다.

```
$ sudo ip addr add 10.0.2.15/24 dev enp0s3
$ sudo ifconfig enp0s3 10.0.2.15 netmask 255.255.255.0 up
```

그림 05-21 네트워크인터페이스장치 설정

여기서 **enp0s3**은 설정할 네트워크인터페이스장치를 지정한 것이고, **10.0.2.15**는 IP주소이다. 그리고 넷마스크는 **255.255.255.0**으로 C클래스 IP를 여러 개의 서브넷으로 나누지 않고 하나의 네트워크로 사용한다는 것으로 브로드캐스트주소로 **10.0.2.255**로 설정된다. 마지막의 **up**은 네트워크인터페이스장치를 활성화한다는 것이다. 수행한 결과를 다음과 같이 확인해 볼 수 있다.

```
$ ip a show enp0s3
2: enp0s3: <BROADCAST,MULTICAST,UP,LOWER_UP> mtu 1500 qdisc fq_codel state UP gr
oup default qlen 1000
    link/ether 08:a0:27:95:b0:9c brd ff:ff:ff:ff:ff:ff
    inet 10.0.2.15/24 brd 10.0.2.255 scope global enp0s3
       valid_lft forever preferred_lft forever
    inet6 fe80::a00:27ff:fe82:400c/64 scope link
       valid_lft forever preferred_lft forever

$ ifconfig enp0s3
enp0s3: flags=4163<UP,BROADCAST,RUNNING,MULTICAST>  mtu 1500
        inet 10.0.2.15  netmask 255.255.255.0  broadcast 10.0.2.255
        inet6 fe80::f31f:5e3:b2c5:5dbb  prefixlen 64  scopeid 0x20<link>
        ether 08:a0:27:95:b0:9c  txqueuelen 1000  (Ethernet)
        RX packets 31096  bytes 46607971 (46.6 MB)
```

```
        RX errors 0  dropped 0  overruns 0  frame 0
        TX packets 9407  bytes 612769 (612.7 KB)
        TX errors 0  dropped 0 overruns 0  carrier 0  collisions 0
```

네트워크인터페이스장치(enp0s3) 설정 확인

설정 내용을 살펴보면 다음과 같다.

HWaddr 08:a0:27:95:b0:9c	MAC주소
inet addr:10.0.2.15	IP주소
Bcast:10.0.2.255	브로드캐스트주소
Mask:24 또는 255.255.255.0	넷마스크
MTU:1500	최대전송단위
Rx packets:1668 errors:0 dropped:0 overruns:0 frame:0	받은 패킷정보
Tx packets:1221 errors:0 dropped:0 overruns:0 carrier:0	보낸 패킷정보
collisions:0	충돌난 패킷 수

다음은 라우팅 테이블에 게이트웨이주소를 추가한다. 여기서, **add**는 추가를, **default**는 목적지 값을 **0.0.0.0**으로 한다는 것을, **gw**는 게이트웨이(gateway)를, **dev**는 네트워크인터페이스장치$_{device}$를 의미한다.

```
$ sudo ip route add default via 10.0.2.2 dev enp0s3
$ sudo route add default gw 10.0.2.2 dev enp0s3
```

라우팅 테이블에 게이트웨이주소 추가

마지막으로 /etc/resolv.conf (/run/systemd/resolve/stub-resolv.conf) 파일에 DNS서버를 추가 설정한다.

```
nameserver 203.250.129.214                  # 배재대
nameserver 168.126.63.1                     # LG U+
nameserver 8.8.8.8                          # Google, 보조 서버: 8.8.4.4
```

CHAPTER 6

시스템 관리

6.1 사용자(계정) 관리

시스템을 사용할 수 있는 권한을 부여하는 것을 계정account을 할당한다고 말하며, 계정을 할당하는 작업은 시스템 관리자만이 가능하다. 시스템 내의 모든 파일에는 소유권한이 존재하며 파일의 소유권자에 따라 허가권한이 달라진다. 따라서 계정은 시스템 사용자의 허가와 통제 기능을 제공한다.

사용자 및 그룹 추가

사용자를 등록하기 위해서는 useradd 또는 adduser 명령어를 사용한다. 먼저 기본이 되는 useradd 명령어에 대해서 설명한다. 아래에 명령어 형식과 옵션을 나타낸다.

```
$ sudo useradd 사용자이름
* 현재 디렉터리에 무관한 경우에 한하여 userid@ubuntu:~$ 를 $ 로 표현하기로 한다.
  -b BASE_DIR    기본 홈디렉터리 (/home)
  -c COMMENT     사용자에 대한 설명
  -d HOME_DIR    사용자 홈디렉터리 (/home/사용자이름)
  -D             기본설정 확인
  -e EXPIRE_DATE 만료일 (유효기간)
  -f INACTIVE    비활성 기간
  -g GROUP       기본 그룹 (주그룹)
  -G GROUPS      다중 그룹 (부그룹: 공백 없이 콤마로 구분)
  -k SKEL_DIR    skel 디렉터리 지정 (사용자 공통 설정 파일)
  -m             사용자 홈디렉터리를 만듦
  -s SHELL       로그인 쉘 (/bin/bash)
  -u UID         사용자ID (우분투에서는 1001번부터 순서대로 할당)
```

사용자를 등록하기 전에 먼저 -D 옵션으로 기본설정이 어떻게 지정되어 있는지를 알아본다.

```
$ sudo useradd -D
GROUP=100
HOME=/home
INACTIVE=-1
EXPIRE=
SHELL=/bin/sh
SKEL=/etc/skel
CREATE_MAIL_SPOOL=no
```

그룹ID는 100이고, 홈디렉터리는 /home/사용자이름 으로, 쉘은 /bin/sh로 지정되어 있다. 그리고 홈디렉터리를 만들 때 /etc/skel 디렉터리에 있는 환경설정 파일을 복사해서 사용한다.

```
$ sudo useradd dotori
```

위의 명령을 실행하면 dotori라는 사용자를 추가하기만 하고, 앞에서 살펴본 기본설정을 제외하고는 어떠한 작업도 하지 않는다. 그러면 사용자 홈디렉터리는 기본설정에 의해 /home/dotori(베이스디렉터리+사용자이름)로 설정되지만, 홈디렉터리가 만들어지는 것은 아니다. 디렉터리를 만들기 위해서는 다음과 같이 -m 옵션을 사용하여야 한다.

```
$ sudo useradd -m dotori                              # 기본 홈디렉터리
$ sudo useradd -d /home/student/dotori –m dotori      # 홈디렉터리 지정
```

2번째 경우는 명시적으로 홈디렉터리로 /home/student/dotori를 지정하였기 때문에 기본 홈디렉터리, /home/dotori가 적용되지 않고 지정한 디렉터리가 적용된다. 그리고 -m 옵션에 의해 사용자 등록과 동시에 홈디렉터리를 만들게 된다.

```
$ sudo useradd -s /bin/bash -g users -G plugdev,cdrom -c "Test" -m dotori
```

이것은 일반적으로 쓰일 수 있는 사용자 추가 명령이다. 위와 같이 설정하면 기본그룹으로 dotori 그룹에 속하는 동시에 추가그룹으로 plugdev와 cdrom 그룹에 속하게 된다. 이때 그룹들은 콤마(,)로 구분하며, 이들 사이에 공백이 있어서는 안 된다.

설정 확인

사용자를 새로 추가하면 설정된 정보들이 /etc/passwd, /etc/shadow, /etc/group 파일의 마지막에 기록된다. 그래서 다음과 같이 이들 파일의 내용을 살펴보면 등록되었는지를 확인할 수 있다.

```
$ sudo cat [-n] 파일이름 ¦ tail –1           # 파일의 마지막 행 나타내기
```

```
$ sudo cat /etc/passwd ¦ tail -1
dotori:x:1001:100:Test:/home/dotori:/bin/bash
```

grep 명령어를 이용하여 해당 파일에서 위치에 관계없이 추가된 사용자이름으로 시작하는 행이 있는지를 찾아 확인할 수도 있다.

```
$ sudo grep '^사용자이름' 파일이름            # 사용자이름으로 시작하는 행 보기
```

```
$ sudo grep '^dotori' /etc/passwd
dotori:x:1001:100:Test:/home/dotori:/bin/bash
```

위의 결과를 보면 /etc/passwd 파일의 내용은 7개의 필드로 나누어져 있는 것을 알 수 있다. 각 필드의 내용을 표 6-1에 정리하였으며, 이 내용을 보면 등록된 사용자를 확인할 수 있다.

```
필드1      필드2      필드3      필드4      필드5        필드6            필드7
dotori  :    x   :   1001   :   100   :  Test   :  /home/dotori   :  /bin/bash
```

표 6-1 /etc/passwd 파일 내용

구분	내용
필드1	사용자이름
필드2	비밀번호 (/etc/shadow 파일에 암호화되어 있음)
필드3	사용자계정 UID
필드4	그룹계정 GID
필드5	사용자에 대한 설명
필드6	사용자 홈디렉터리
필드7	로그인 쉘

```
$ sudo grep '^dotori' /etc/shadow
dotori:!:19922:0:99999:7:::
```

/etc/shadow 파일의 내용은 다음과 같이 9개의 필드로 나누어져 있으며, 각 필드의 내용을 표 6-2에 정리하였다. 여기서 필드2가 !기호로 표시된 것은 비밀번호가 아직 지정되지 않은 상태를 나타내며, 이 상태로는 계정을 사용할 수 없다.

```
필드1     필드2     필드3     필드4     필드5      필드6    필드7    필드8    필드9
dotori  :   !   :  19922  :   0   :  99999  :   7   :        :        :
```

표 6-2 /etc/shadow 파일 내용 구분

구분	내용
필드1	사용자이름
필드2	비밀번호
필드3	파일 최종 수정일
필드4	비밀번호 변경 최소일
필드5	비밀번호 변경 최대일
필드6	비밀번호 만료기간
필드7	파기기간 (파기 후 계정 비활성화 기간)
필드8	계정 만료기간
필드9	예약

계정을 사용할 수 있게 하려면 아래에서 설명할 passwd 명령어로 비밀번호를 설정하여야 한다. 비밀번호를 설정하면 /etc/passwd 파일은 변함이 없으나, /etc/shadow 파일의 필드2의 내용이 !기호에서 암호화된 복잡한 기호로 바뀌는 것을 알 수 있다.

```
$ sudo passwd dotori
Enter new password:
Retype new password:
passwd: passwword updated successfully
$ sudo grep '^dotori' /etc/shadow
dotori:$y$j9T$cUqGuJpYJUr0NvimysB86.$HwgmOnXLIrnQUXC6vSklJdvgGJoSDLKF0XHzdnIOxq
9:19922:0:99999:7:::
```

후반부에서 자세히 설명하겠지만 연습하기 위해 임시로 만든 계정 **dotori**를 **userdel** 명령어를 이용하여 삭제해보도록 하자. 여기서 옵션 **-r**을 적용하면 홈디렉터리도 함께 삭제해준다.

```
$ sudo userdel -r dotori                    # -r: 홈디렉터리 삭제
$ sudo deluser -remove-home dotori          # -remove-home: 홈디렉터리 삭제
```

계정이 삭제되었는지는 **/etc/passwd**, **/etc/shadow** 파일 내용과 **/home** 디렉터리를 확인해보면 알 수 있다.

다음은 **useradd** 명령어에 익숙하지 않거나 적절하게 옵션을 적용하기 어려운 경우에 대화형으로 사용자를 등록할 수 있도록 지원해주는 **adduser** 명령어에 대해 알아본다.

```
$ sudo adduser [옵션] 사용자이름
  --home DIR        기본 홈디렉터리 (/home)
  --shell SHELL     사용자 설명
  --no-create-home 홈디렉터리 만들지 않음
  --uid ID          사용자ID (우분투에서는 1001번부터 순서대로 할당)
  --ingroup GROUP  기본 그룹
  --gid ID          그룹ID
  --group           사용자ID와 같은 이름
```

예를 들어 사용자이름을 **dotori**로 하여 실행하면 대부분은 기본값에 따라 설정되고 비밀번호와 주석에 해당하는 부분은 대화형으로 입력할 수 있게 되어 있다. 그래서 설정 항목을 빠트리는 일 없이 간단히 사용자를 등록할 수 있다.

```
$ sudo adduser dotori
Adding user `dotori' ...
Adding new group `dotori' (1001) ...
Adding new user `dotori' (1001) with group `dotori' ...
Creating home directory `/home/dotori' ...
Copying files from `/etc/skel'...
New password:
Retype new password:
```

```
passwd: password updated successfully
Changing the user information for dotori
Enter the new value, or press ENTER for the default
        Full Name []: Test
        Room Number []:
        Work Phone []:
        Home Phone []:
        Other []:
Is the information correct? [Y/n] y
```

다중 사용자 환경에서 일부 사용자를 같은 그룹으로 묶으면 그룹 소유의 파일에 대해 소속 멤버는 동일한 권한을 가지고 작업을 할 수 있게 된다. 사용자를 같은 그룹으로 묶으려면 그룹에 속한 사용자들의 GID를 동일하게 설정해야 한다. 그룹계정에 관한 정보는 /etc/group 파일에 기록되어 있다. 사용자에 따라서는 여러 그룹에 속할 수 있으며, 기본이 되는 그룹을 주그룹$_{\text{primary group}}$, 그 외의 소속된 그룹을 부그룹$_{\text{sub group}}$이라 한다.
등록된 사용자에 대해 알려진 그룹을 간단하게 추가하려면 다음 usermod 명령어를 사용할 수 있다. 그리고 그룹이 추가되었는지는 명령어를 사용하여 확인할 수 있다.

```
$ sudo usermod -aG 그룹이름 사용자이름
$ id 사용자이름

$ sudo usermod -aG cdrom dotori
$ id dotori
uid=1001(dotori) gid=1001(dotori) groups=1001(dotori),24(cdrom)
```

앞에서 sudo 이슈를 해결하기 위해 c105 사용자를 sudo 명령어를 사용할 수 있는 시스템 관리자로 등록하는 예를 살펴보자.

```
c105@ubuntu:~$ su
Password:
root@ubuntu:/home/c105# usermod -aG sudo c105
```

여기서는 c105가 sudo 그룹에 등록되어 있지 않기 때문에 바로 sudo를 사용할 수 없다. 그래서 c105를 sudo 그룹에 등록하기 위해 usermod 명령어를 사용하려면 터미널에서 먼저 su 명령어로 시스템관리자로 사용자 전환을 해야 한다. 시스템관리자로 사용자가 제대로 전환되면 프롬프트가 $에서 #으로 바뀌게 되고 usermod 등의 시스템관리자용 명령어를 사용할 수 있게 된다. 그 다음은 앞에서 설명한 것과 마찬가지로 usermod -aG sudo c105 명령어를 실행하여 sudo 그룹으로 c105 사용자를 등록해주면 된다.

groupadd 명령어는 새로운 그룹을 만들기 위해 사용되는 명령어이다. 아래와 같은 형식에 따르면 새로운 그룹이 **/etc/group** 파일에 추가된다.

```
$ sudo groupadd [옵션] 그룹이름
   -g GID           그룹ID (일반적으로 0~499는 시스템 계정으로 사용함)
   -o               GID가 중복되더라도 오류 메세지를 나타내지 않음
```

```
 필드1       필드2       필드3       필드4
dotori   :    x     :   500    :
```

표 6-3 /etc/group 파일 내용

구분	내용
필드1	그룹이름
필드2	그룹 비밀번호 (일반적으로 사용하지 않음)
필드3	그룹ID (GID)
필드4	그룹에 속한 멤버 리스트 (콤마로 구분함)

groupadd 프로그램에서 **0**에서 **499**까지는 **root**나 **bin**, **mail** 등 시스템 계정에 사용하기 위해 예약되어 있는 등의 이유로 우분투에서 새로운 그룹으로 **1000**번 이상의 **GID**를 부여하게 된다. 추가된 그룹에 대해서는 아래와 같이 **cat** 명령어로 **/etc/group** 파일의 내용을 보거나 **groups** 명령어로 확인해 볼 수 있다.

```
$ sudo groupadd -g 1001 dotori
$ sudo grep '^dotori' /etc/group
dotori:x:1001:
$ groups dotori
dotori : dotori
```

GUI를 이용한 사용자 추가

우분투에서는 GUI 환경을 지원하기 때문에 윈도우즈에서와 같이 쉽게 사용자 관리를 할 수 있다. GUI를 이용해서 사용자를 추가하려면 [Application]메뉴에서 Settings 로 검색해서 [Settings]→[System]→[Users]를 선택한다.

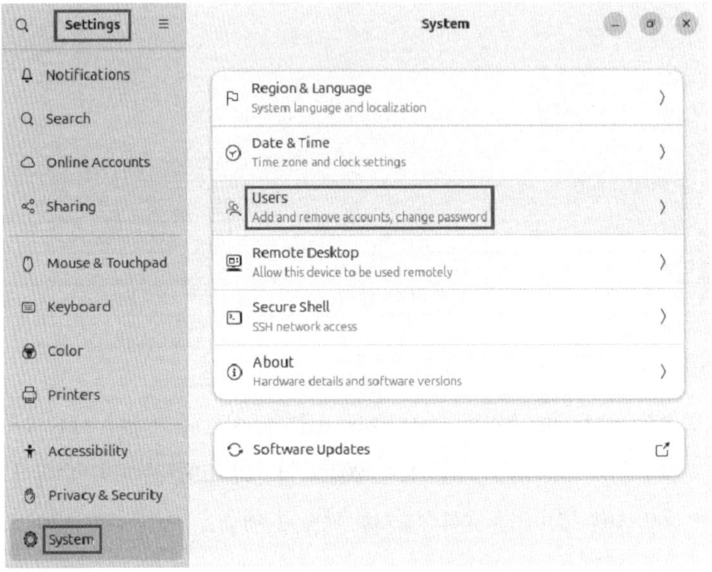

[Users] 설정을 선택하여 열어서 시스템관리자 권한으로 실행할 수 있도록 [Unlock](잠금해제)를 클릭하여 관리자 비밀번호를 입력한다.

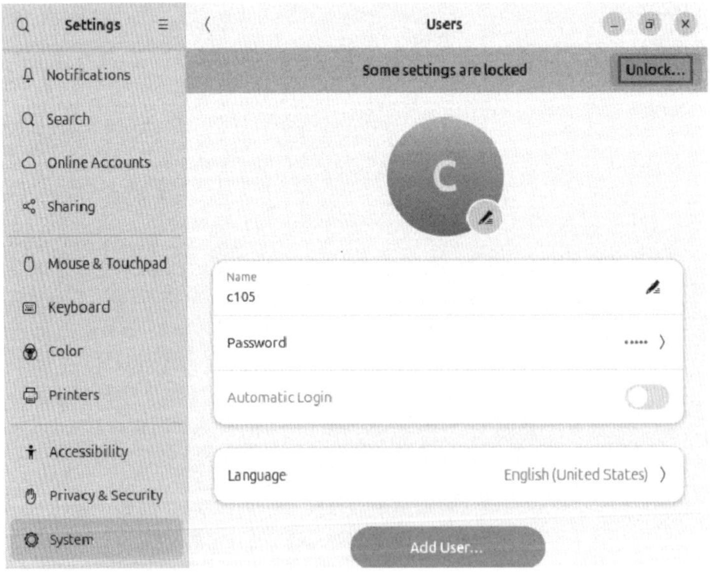

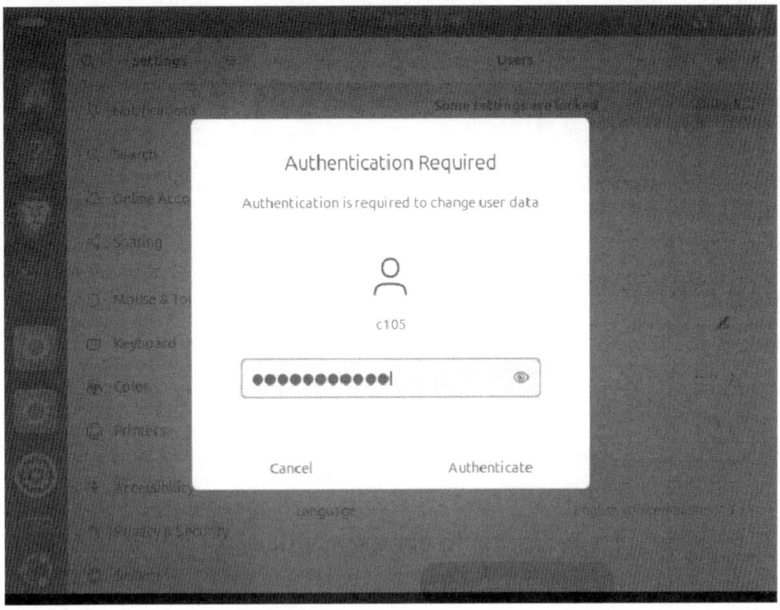

[Add User](사용자 추가) 버튼을 선택하여 사용자 등록을 시작한다. 이 때 시스템관리자인지 일반 사용자인지를 구분하고, 사용자 상세 정보인 **Full Name**(이름), **Username**(사용자이름) 설정을 확인한 후에 오른쪽 위에 있는 주황색 [Add](추가) 버튼을 누르면 사용자가 등록된다. Password(비밀번호)는 [Set password now]를 선택하여 설정할 수 있지만 개인정보보호를 위해 사용자가 처음으로 로그인할 때 설정하도록 [User sets password on first login]을 선택하는 것을 권장한다.

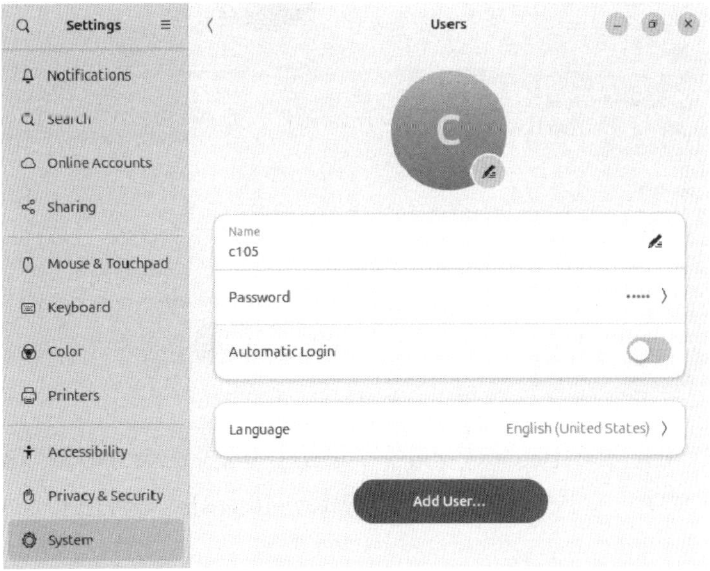

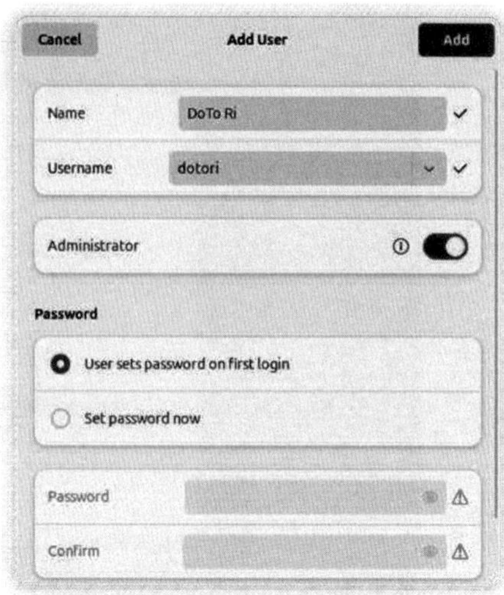

설정을 확인한 후에 우상단의 주황색 [Add]를 누르고 시스템 관리자 권한을 얻어 사용자가 등록된다. 새로운 사용자가 등록된 것을 알 수 있다.

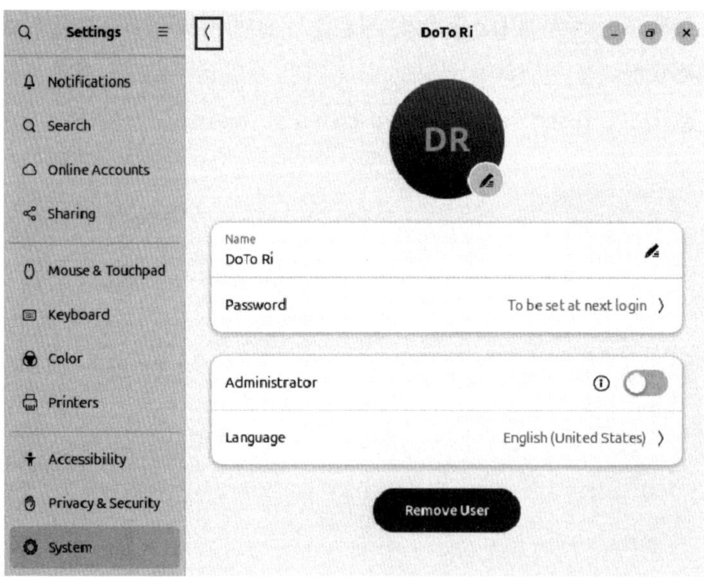

시스템 관리자 권한을 얻은 [Unlock] 상태에서 등록된 사용자를 삭제하려면 [Remove User]를 눌러 삭제할 수 있다. 좌상단 [<]을 누르면 [System]→[Users]로 돌아간다.

비밀번호 설정

useradd 명령어를 사용해서 사용자를 추가한 경우에는 다음과 같이 꼭 그 사용자를 위한 비밀번호를 지정해 주어야 한다.

```
$ sudo passwd 사용자이름
```

비밀번호를 지정해 줄 때는 passwd 명령어를 사용하는데 이 명령어 뒤에 사용자이름을 적어주면 그 사용자의 비밀번호를 물어보는 메시지가 나타난다. 비밀번호를 입력하면 확인을 위해 다시 입력하라는 메시지가 나오면, 한 번 더 입력을 해준다. 그러면 만들어진 계정을 사용할 수 있게 되는 것이다.

```
$ sudo passwd dotori
Enter new password:
Retype new password:
passwd: passwword updated successfully
```

테스트를 해보려면 다음과 같이 사용자 전환을 위한 su 명령어로 해당 계정, 예를 들어 여기서는 dotori 사용자로 전환하여 로그인을 해서 쉘 프롬프트 혹은 whoami 명령어를 이용하여 사용자를 확인해 볼 수 있다.

```
$ su -l dotori
$ whoami
dotori
$ pwd
/home/dotori
```

비밀번호 변경

맨 처음 비밀번호를 설정해 주는 것은 관리자이겠지만, 일단 사용자계정으로 로그인한 후에 제일 먼저 해야 할 일이 비밀번호를 바꾸는 것이다. 현재 우분투를 사용하고 있기 때문에 언제든 마음만 먹으면 관리자로 작업을 할 수 있겠지만, 여기서는 sudo 명령어를 사용하지 않고 사용자 권한으로만 일을 수행한다고 생각하자. 쉽게 이야기하자면 비밀번호 변경을 관리자가 마음대로 한다는 것은 관리자의 권한을 넘어선 행위이며, 사생활 침해와 권리 남용 행위로 볼 수 있다. 그래서 설령 이러한 것이 가능하다고 하더라도 권한을 넘어선 행위는 하지 않는 습관을 들이는 것이 중요하다.
자 그럼 일반 사용자로 비밀번호를 바꾸어 보기로 하자. 우분투에서 비밀번호를 바꾸려면, 터미널을 열어 passwd 명령어를 실행하는 방법과 설정 GUI를 사용하는 방법이 있다.
먼저 터미널에서 비밀번호를 바꾸는 방법을 설명한다. passwd 명령어를 실행하여 현재 비밀번호를 입력한다. 일반적으로 초기 상태에서는 시스템 관리자가 지정해주거나 사용자가 신청한 비밀번호가

될 것이다. 여기서 현재 비밀번호가 일치하지 않은 경우와 현재 비밀번호를 정확히 입력한 후 새로운 비밀번호를 설정하는 과정에서 새로운 비밀번호를 입력하고 나서 동일한 비밀번호를 다시 입력하여 확인하는 과정에서 비밀번호가 일치하지 않은 경우에 다음과 같은 오류 메시지가 나타난다.

```
$ passwd
Changing password for dotori
passwd: Authentication failure
passwd: password unchanged
$ passwd
Changing password for dotori
Enter new password:
Retype new password:
Sorry, passwords do not match
passwd: Authentication inforamtion cannot be recovered
passwd: password unchanged
```

새로운 비밀번호가 일치하여 비밀번호 바꾸기에 성공한 경우를 다음과 같은 메시지가 나타낸다.

```
$ passwd
Changing password for dotori
Enter new password:
Retype new password:
passwd: passwword updated successfully
```

GUI 환경에서 비밀번호를 변경하려면 앞에서와 같이 [Application] 메뉴에서 [Settings]→[System]→[Users]를 선택하여 해당 사용자를 찾아서 변경할 수 있다. 비밀번호 해독 난이도에 따라 초록색, 주황색, 빨간색으로 표시된다.

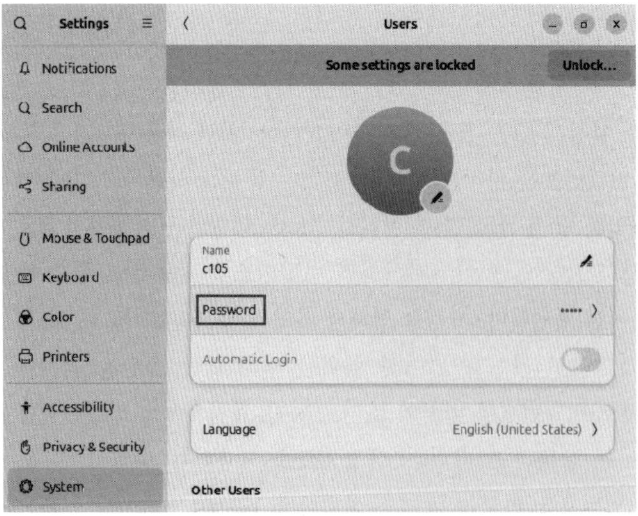

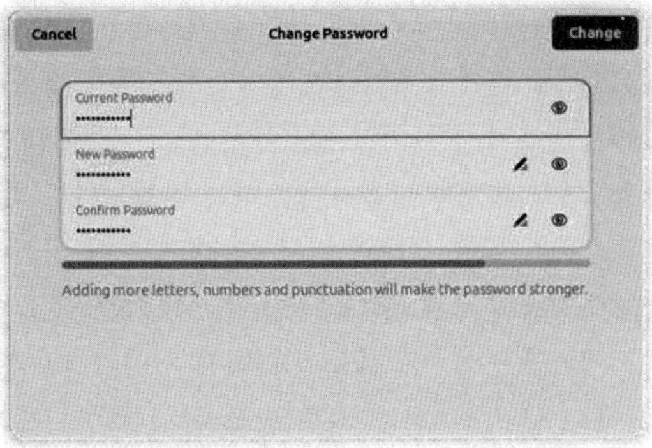

계정 변경 및 계정 삭제

사용자 계정의 설정을 바꾸고 싶을 경우에는 usermod 명령어를, 사용자 그룹을 바꾸고 싶을 때는 groupmod 명령어를 사용하여 내용을 변경할 수 있다. 다음은 이들 명령어의 각 필드의 내용을 나타낸 것이다.

```
$ sudo usermod [옵션] 사용자이름
  -c COMMENT     사용자 설명, 정보
  -d HOME_DIR    사용자 홈디렉터리
  -e EXPIRE_DATE 만료일 (유효기간)
  -f INACTIVE    비활성 기간
  -g GROUP       기본 그룹 (주그룹)
  -G GROUPS      다중 그룹 (부그룹: 공백 없이 콤마로 구분)
  -a             그룹 덧붙이기 -G 옵션과 함께 사용
  -l NEW_LOGIN    로그인 이름
  -L             사용자 계정 잠그기 (lock)
  -m             홈디렉터리의 내용을 새로운 곳으로 옮김
  -s SHELL       로그인 쉘
  -u UID         사용자ID
  -U             사용자 계정 풀기 (unlock)
```

그룹의 내용을 수정하는 것도 마찬가지이다. 새로운 그룹이름으로 바꾸기 위한 -n 옵션이 있다는 것이 그룹 추가와 다른 점이다.

```
$ sudo groupmod [옵션] 그룹이름
  -g GID         그룹ID (일반적으로 0~499는 시스템 계정으로 사용함)
  -o             GID가 중복되더라도 오류 메시지를 보이지 않음
  -n NEW_GROUP            새로운 그룹이름으로 변경
```

시스템에서 사용자의 계정과 정보를 지울 때는 사용자의 모든 정보와 환경들을 모두 지워야 한다는 의미인데 이는 단순히 ID와 패스워드 및 홈디렉터리를 삭제한다는 의미를 넘어서 데이터베이스를 사용한 경우에는 이에 대한 정보도 함께 지워야하며 응용소프트웨어, 예를 들어 삼바와 같은 소프트웨어를 사용했다면 ID와 비밀번호가 만들어져 있을 것이므로 이에 대한 정보들도 모두 삭제를 해주어야 한다. 따라서 시스템에서 새로운 사용자 생성하는 작업보다도 더 신중함을 요하며 효율적으로 시스템을 사용하고 관리하기 위해 삭제되는 사용자의 정보를 꼼꼼하게 챙겨서 모두 삭제를 해 주어야한다. 이 때 삭제하기 전에 반드시 백업을 받아 두어야 하는 것을 기억하기 바란다. 가입해지를 했던 사용자가 자기의 홈페이지 등을 백업해두지 않아서 서버관리자에게 복구를 요청하는 일은 서버를 운용해 본 경험이 있는 사람들이라면 자주 경험하는 일이라 생각한다. 그래서 삭제하기 전에 반드시 백업을 고려하기 바란다. 사용자를 삭제할 때에는 다음과 같은 작업들을 해야 한다.

① /etc/passwd 파일에서 사용자의 ID 및 비밀번호 삭제
② /etc/group 파일에서 사용자의 그룹삭제
③ /home에 위치한 사용자의 홈디렉터리 삭제
④ /var/spool/mail에서 사용자의 메일삭제
⑤ 관련 데이터베이스에서 사용자ID 및 비밀번호 삭제
⑥ 기타 응용 프로그램에서 사용자의 정보 삭제

다음 userdel 명령어를 이용하면 사용자 계정과 비밀번호에 대한 정보가 삭제된다. 하지만 사용자 홈디렉터리 및 사용자가 생성한 파일은 삭제되지 않는데, 홈디렉터리까지 삭제하려면 -r 옵션을 사용하면 된다.

```
$ sudo userdel 사용자이름
$ sudo userdel -r 사용자이름                    # 홈디렉터리까지 삭제
```

현재 시스템에 존재하는 그룹을 삭제하려면 groupdel 명령어를 사용한다. /etc/group 파일의 내용에서 지정한 그룹이 삭제되었음을 확인할 수 있다.

```
$ sudo groupdel 그룹이름
$ sudo grep '^그룹이름' /etc/group               # 그룹 삭제 후 확인
```

터미널에서 실행한 결과를 바탕으로 사용자를 추가하는 방법에 대해 설명한다.

```
① $ sudo groupadd -g 2000 dotori
② $ id ubuntu
③ $ sudo useradd -u 2000 -g 2000 -c DOTORI -s /bin/bash -G  20,21,
   22,24,25,26,27,29,30,44,60,106,110,115,128 -m dotori
④ $ sudo userdel -r 사용자이름
⑤ $ sudo passwd dotori
⑥ $ id dotori
⑦ $ ls -a /home/dotori
```

① 과정 3에서 사용자를 추가하려면 -g 옵션으로 소속 그룹을 지정할 때 해당 그룹이 존재해야

하기 때문에 dotori의 기본 그룹(주그룹)을 먼저 만들어 둔다.

② 사용자 ubuntu와 같은 환경을 제공하기 위해 ubuntu가 속한 그룹을 알아 본다. GUI도구로 개인 신상을 관리자로 선택하면, 이들 그룹은 자동적으로 포함되게 된다.

③ 사용자 dotori를 추가한다. 사용자 dotori를 앞에서 나타낸 것과 같은 옵션을 지정하여 추가한다. -m 옵션으로 홈디렉터리를 만들게 되는데, 이때 /etc/skel 디렉터리에 있는 환경설정 파일을 참조하도록 되어 있으므로 홈디렉터리를 만들면서 환경설정 파일을 복사하게 된다. 이 과정을 수동으로 하는 것은 좀 귀찮은 일이기 때문에 설정 옵션을 잘 활용하기 바란다.

④ 사용자를 추가하는 것만으로는 비밀번호가 비어있는 상태로, 이대로는 로그인할 수 없다. 그래서 passwd 명령어를 사용하여 비밀번호를 설정한다.

⑤ 추가한 dotori의 정보를 확인한다. 과정 2에서 알아본 사용자 ubuntu의 소속 그룹과 같은지, 과정 3에서 지정한 설정들이 제대로 반영되었는지 확인한다.

⑥ 추가된 사용자 dotori의 홈디렉터리가 만들어졌는지, 환경설정 파일이 제대로 복사되었는지를 확인한다.

⑦ 추가로 GUI 도구(Settings)를 실행하여 설정이 올바로 되었는지를 확인한다.

다음은 사용자ID(uid)와 기본 그룹ID(gid)를 바꾸는 방법에 대해 설명한다. 그림 06-18에 처리 과정을 나타낸다. 이미 존재하는 사용자의 속성을 바꾸려면 usermod 명령어를 사용한다. 단 이것만으로는 문제가 쉽게 해결되지 않기 때문에 다소 주의가 필요하다.

uid를 변경하는 것은 아무 문제가 없지만, 기본 그룹(주그룹)을 같은 이름으로 다른 gid로 변경할 경우에는 문제가 좀 복잡하기 때문에 다음과 같은 과정을 거쳐야 한다. 해결 방법은 일시적으로 대피용 gid를 만들어 이를 이용하여 gid를 바꾸는 것이다. 자세한 과정은 다음 예를 통해 설명한다.

```
① $ sudo useradd -u 2100 test
② $ id test
③ $ sudo usermod -u 2200 test
④ $ id test
⑤ $ sudo usermod -g 2200 test
⑥ $ sudo groupadd -g 2200 test
⑦ $ sudo groupdel test
⑧ $ sudo groupadd -g 2300 tmpgroup
⑨ $ sudo usermod -g tmpgroup test
⑩ $ id test
⑪ $ sudo groupdel test
⑫ $ sudo groupadd -g 2200 test
⑬ $ sudo usermod -g 2200 test
⑭ $ id test
⑮ $ sudo groupdel tmpgroup
```

① gid를 지정하지 않고 uid를 2100으로 하여 사용자 test를 추가한다.
② 사용자 test의 uid가 맞는지 확인한다. 기본 그룹을 지정하지 않았기 때문에 gid가 2100으로 자동 할당된다.
③ 사용자ID를 2200으로 변경한다.
④ 사용자ID가 바뀌었는지를 확인한다. 이때 그룹ID는 당연히 2100 그대로인 것을 알 수 있다.
⑤ 그룹ID를 uid와 같은 2200으로 변경되는지를 시도해 본다. 실행해보면 [usermod: unknown group 2200]이라는 오류 메시지가 나타난다. 다시 말해 2200이라는 그룹이 존재하지 않기 때문에 그룹ID를 바꿀 수 없다는 의미이다.
⑥ 앞에서 보았듯이 2200이라는 그룹ID가 없기 때문에 새로 그룹을 추가하여 변경하여야 함을 어렴풋이 느낄 것이다. 그러면 같은 그룹이름, test로 그룹ID 2200을 추가해 보도록 한다. 그런데 역시 그룹이름이 같기 때문에 [groupadd: group test exists]라는 오류 메시지가 나타난다.
⑦ 그룹 test를 삭제할 수 있는지를 시도해 본다. 이것 또한 사용자 test가 아직 그룹 test에 기본적으로 속해 있어 [groupdel: cannot remove groupdel test] 오류 메시지를 나타내게 된다.
⑧ 앞의 과정에서 보았듯이 같은 그룹이름으로 다른 gid를 설정할 수 없고, 기본 그룹으로 되어있어 삭제할 수도 없는 상황이다. 그래서 임시로 대피용 그룹을 만들어 이용해 보는 방법을 사용해 보기로 한다. 임시로 그룹 tmpgroup를 2300으로 추가한다.
⑨ 사용자 test의 그룹을 tmpgroup로 변경한다. 앞에서 임시로 새롭게 tmpgroup를 추가하였기 때문에 아무 문제가 없다.
⑩ 사용자 test의 그룹이 원하는 대로 바뀌었는지를 확인한다.
⑪ 자 이제 사용자 test는 tmpgroup가 기본 그룹으로 바뀌었기 때문에 그룹 test는 삭제할 수 있게 된다.
⑫ 이로써 test라는 그룹이름은 없어졌기 때문에 새로이 추가가 가능하게 되었다. 그래서 그룹이름 test와 그룹ID 2200으로 그룹을 추가한다.
⑬ 그러면 이제 사용자 test의 기본 그룹을 그룹 test로 변경한다.
⑭ 사용자 test의 uid가 2200이고, gid 또한 2200으로 바뀌었는지를 확인한다.
⑮ 제대로 변경되었으면 임시 대피용으로 만든 tmpgroup를 삭제한다.

이 과정은 똑같은 두개의 컵, A와 B가 있을 때 이들의 내용물을 바꾸는 것과 유사하며 이때 임시 컵 Tmp가 하나 더 필요하다는 것이고 이를 이용하여 내용물을 서로 맞바꾸는 것을 스왑(swap)이라고 한다. 스왑을 이해하였다면 다음과 같이 groupmod 명령어를 이용하면 조금 더 쉽게 일을 처리할 수 있을 것이다. 이것이 이해가 되었다면 일반적인 사용자 및 그룹 변경에 관한 문제는 쉽게 해결할 수 있을 것으로 생각된다.

```
① $ sudo useradd -u 2100 test
② $ id test
③ $ sudo usermod -u 2200 test
④ $ id test
⑤ $ sudo groupmod -n tmpgroup test
⑥ $ sudo groupadd -g 2200 test
⑦ $ sudo usermod -g 2200 test
⑧ $ id test
⑨ $ sudo groupdel tmpgroup
```

6.2 프로세스 관리

동작하고 있는 프로그램 또는 실행중인 명령어를 프로세스라고 하는데, 리눅스에서는 동시에 여러 개의 프로그램(프로세스)을 실행할 수 있다. 이때 쉘 창에 나타나는 프로그램이 있는가하면, 쉘 창에 나타나지 않으면서 동작하는 프로그램도 있다. 쉘 창에 나타나서 동작하는 프로그램을 전면 foreground 프로세스라 하고, 반대로 그렇지 않으면서 뒤에서 동작하는 프로그램을 후면background 프로세스라고 한다. 명령어나 응용 프로그램을 실행하면 쉘에 의해 서브 쉘이 만들어져 실행된다. 이 서브 쉘은 하나의 프로세스로 주(부모) 쉘이 커널에 의뢰해서 만들고, 만들어진 서브 쉘은 각기 일을 처리하게 된다. 여기서는 이러한 프로세스와 관련한 다음 명령어에 대해서 설명한다.

· 프로세스 표시 (ps 명령어)
· 프로세스 종료 (kill 명령어)
· 전면에서 후면으로, 후면에서 전면으로 바꾸기 (fg 명령어, bg 명령어)
· 후면 프로세스(작업번호) 표시 (jobs 명령어)

현재 어떠한 프로세스가 어떤 상태로 동작하고 있는 지는 psprocess status 명령어로 알아볼 수 있다.

```
$ ps [옵션]
  a          세션 리더를 제외한 터미널이 있는 모든 프로세스를 보여줌
  r          현재 실행중인 프로세스만 보여줌
  u          사용자가 보기 쉽게 보여줌 (user oriented display)
  x          제어 터미널이 없는 프로세스(커널 프로세스)를 보여줌
  -e         모든 프로세스를 보여줌
  -f         부모/자식 관계를 표시 (PPID를 보여줌)
  -l         세부 내용을 보여줌
```

```
$ ps
PID TTY          TIME CMD
4779 pts/1    00:00:00 xclock
4780 pts/0    00:00:00 ps
```

필드를 나타내는 정보는 왼쪽에서부터 프로세스ID(ProcessID), 명령어를 실행한 터미널(TTY), 상태(STATus), 실행시간(TIME), 명령어(CMD)를 나타낸다. 옵션을 지정하지 않으면 동작하고 있는 프로세스만을 표시하고, -ef 또는 aux 옵션을 지정하면 시스템에서 동작하고 있는 모든 프로세스를 표시한다.

표 6-4 ps 필드 내용

이름	내용
USER	프로세스 소유자의 이름
UID	프로세스를 실행한 소유자의 식별 번호
PID	프로세스 식별번호
%CPU	CPU 사용 비율의 추정치
%MEM	메모리 사용 비율의 추정치
VSZ	가상 메모리 사용량
RSS	실제 메모리 사용량
TTY	프로세스와 연결된 터미널 포트
STAT	프로세스의 현재 상태
TIME	총 CPU 사용 시간
COMMAND	프로세스 실행 명령어 (CMD)
START	프로세스가 시작된 날짜, 시간
WCHAN	프로세스가 기다리고 있는 이벤트
PRI	실제 실행 우선 순위(자동으로 재계산)
NI	프로세스의 nice 수치
PPID	부모 프로세스의 PID
F	프로세스의 플래그

표 6-5 프로세스 상태 표시

표시	내용
D	구동을 일시 중지하고 인터럽트에 의해 재실행 가능 (Disk wait)
R	실행 중 (Running)
S	대기 상태 (Sleeping)
T	정지 상태 Ctrl+Z (Traced or sTopped)
W	메모리를 사용하지 않는 스왑아웃 상태(2.4 Kernel과 이전 버전) (sWapout)
X	종료 (Dead)
Z	좀비 프로세스 (Zombie)

표 6-6 BSD형식 추가 표시

추가표시	내용
<	높은 우선순위 작업
N	낮은 우선순위 작업
L	메모리상에서 페이지 잠김(리얼타임과 사용자정의 입출력 장치를 위해)
s	세션 지시자
+	전면 프로세스 그룹

-ef 옵션의 경우는 부모 프로세스ID(PPID)를 보여주기 때문에 프로세스 사이의 관계를 파악할 수 있다.

```
$ ps -ef
UID          PID    PPID  C STIME TTY          TIME CMD
root           1       0  0 13:20 ?        00:00:01 /sbin/init splash
root           2       0  0 13:20 ?        00:00:00 [kthreadd]
root           3       2  0 13:20 ?        00:00:00 [rcu_gp]
...
c105        4779    4270  0 14:57 pts/1    00:00:00 xclock
c105        4780    1507  0 14:58 pts/0    00:00:00 ps -ef
```

또한 aux 옵션의 경우는 CPU 사용률을 나타내는 %CPU 필드와 해당 프로세스의 메모리 사용률을 나타내는 %MEM 필드 그리고 프로세스의 상태를 나타내는 STAT 필드를 나타내주므로 프로세스에 대한 보다 상세한 정보를 얻을 수 있다.

```
$ ps aux
USER         PID %CPU %MEM    VSZ   RSS TTY      STAT START   TIME COMMAND
root           1  0.0  0.1 167936 13268 ?        Ss   13:20   0:01 /sbin/init splas
h
root           2  0.0  0.0      0     0 ?        S    13:20   0:00 [kthreadd]
root           3  0.0  0.0      0     0 ?        I<   13:20   0:00 [rcu_gp]
...
c105        4618  0.0  0.5 2805420 59504 ?       Sl   14:40   0:00 gjs
c105        4682  0.0  0.0  22636  3816 pts/0    R+   14:46   0:00 ps aux
```

어떤 명령어를 쉘을 통해 실행하였다면 해당 명령어가 종료될 때까지는 같은 쉘에서 다른 명령어를 실행할 수 없다. 다음 명령어는 화면에 시계를 나타내는 것이다. 전면 프로세스로 동작하며 현재 시각을 계속해서 표시해 주기 때문에 이 작업을 멈추기 전에는, 즉 쉘 프롬프트가 나타나기 전에는 같은 쉘에서 다른 명령어를 실행할 수 없다.

```
$ xclock
```

전면$_{\text{foreground}}$ 프로세스 예 (xclock)

여러 명령을 같은 쉘에서 동시에 실행하기 위해서는 다음과 같이 명령어의 끝에 &기호를 붙여서 후면 프로세스로 실행되도록 하면 된다. 이와 같이 실행하면 그림과 같이 해당 프로그램은 후면에서 실행되게 되어 쉘은 다른 명령어를 수행할 수 있는 상태, 즉 쉘 프롬프트 상태로 된다. 여기서 xcalc는 계산기 프로그램이다.

```
$ xclock & xcalc &                              // 후면 프로세스 실행 예
```

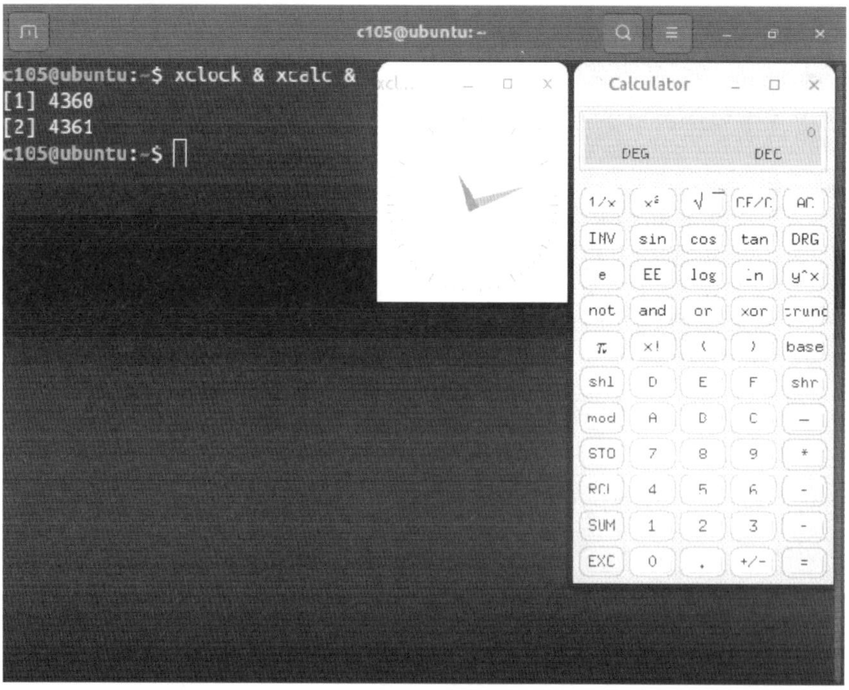

후면$_{\text{background}}$ 프로세스 예 (xclock, xcalc)

```
$ jobs [옵션] [%작업번호]                        // 후면 프로세스 표시
```

```
$ jobs
[1]-  Running                     xclock &
[2]+  Running                     xcalc &
$ jobs -l
[1]-  4360 Running                    xclock &
[2]+  4361 Running                    xcalc &
```

작업(job)번호를 지정한 경우는 지정한 후면 프로세스만 표시하고, 생략한 경우는 현재 실행중인 후면 프로세스를 모두 표시한다. -l 옵션을 지정하면 프로세스ID도 함께 표시한다. 여기서, [1]과 [2]는 작업번호를 나타내고, 4360와 4361은 프로세스ID(PID)를 나타낸다.

```
$ fg [옵션] [%작업번호]                 // 후면 프로세스를 전면 프로세스로 바꾸기
```

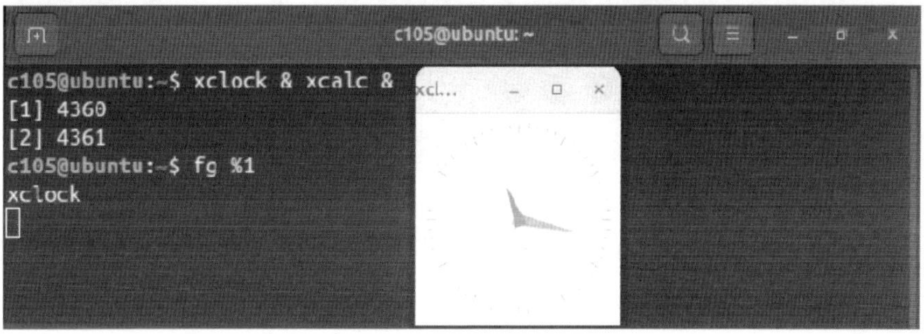

작업번호로 지정된 후면 프로세스를 전면 프로세스로 바꾼다. 작업번호를 생략한 경우는 최근 실행한 후면 프로세스를 대상으로 한다. 여기서는 위의 그림과 같이 작업번호 %1인 xclock 프로세스를 전면 프로세스로 바꾸었다. 전면 프로세스로 실행 중이므로 프롬프트가 나타나지 않는다. 이때 Ctrl+z를 입력하면 다음 그림과 같이 전면 프로세스가 일시 정지한다.

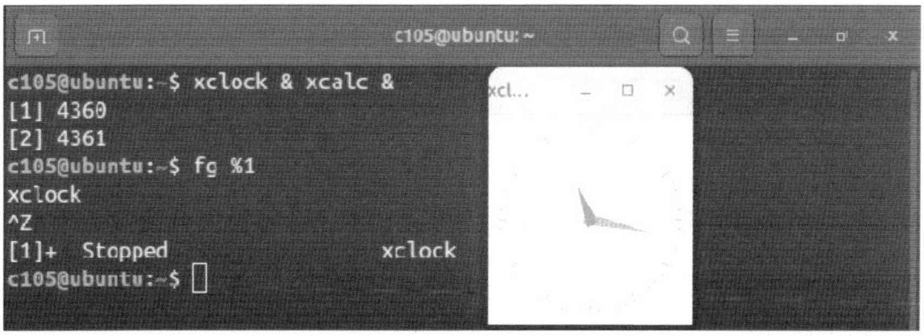

```
$ fg %1
xclock
^Z
[1]+  Stopped                    xclock
$ jobs -l
[1]+  4360 Stopped                    xclock
[2]-  4361 Running                    xcalc &
```

프로세스 일시 정지 확인 (**작업번호 %1**)

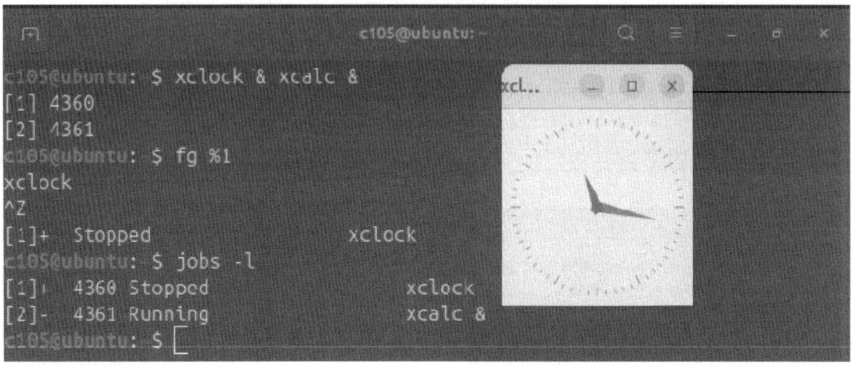


```
$ bg [옵션] [%작업번호]          // 일시 정지 프로세스를 후면 프로세스로 바꾸기
```

```
$ jobs -l
[1]+  4360 Stopped                    xclock
[2]-  4361 Running                    xcalc &
$ bg %1
[1]+  xclock &
$ jobs -l
[1]-  4360 Running                    xclock &
[2]+  4361 Running                    xcalc &
```

일시 정지된 프로세스를 후면 프로세스로 동작 (**bg %작업번호**)

작업번호로 지정된 중지된 프로세스(%1)를 후면 프로세스로 바꾸고, 프로세스의 동작을 확인한다.

```
$ kill [옵션]
$ kill [-신호이름] [%작업번호 | 프로세스ID]
```

```
$ jobs -l
[1]-  4360 Running                    xclock &
[2]+  4361 Running                    xcalc &
$ kill %1
```

```
$ kill 3840
[1]-  Terminated                xclock
$ jobs -l
[2]+  3840 Terminated                xcalc
```

프로세스 종료 (kill **%작업번호** 혹은 kill **프로세스ID**)

프로세스를 종료하기 위해서는 전면 프로세스인 경우에는 **Ctrl+c**를 입력하면 프로세스를 강제로 종료한다. 후면 프로세스인 경우에는 **jobs** 명령어로 프로세스를 확인한 뒤에 **kill** 명령어로 종료할 수 있다. 이때 옵션을 생략한 경우는 **TERM**terminate 신호를 보내 프로세스를 종료한다. 지정된 신호를 보낼 프로세스는 **%작업번호**로 정하거나 프로세스**ID**로 정할 수 있다. 여기서는 작업번호 %1인 **xclock**과 프로세스**ID 3840**인 **xcalc**를 종료한다.
kill 명령어에 옵션 **-l**을 이용하면 다음과 같이 프로세스에 보낼 신호를 지정하는데 사용되는 신호번호와 신호이름 목록을 볼 수 있다.

```
$ kill -l
 1) SIGHUP       2) SIGINT       3) SIGQUIT      4) SIGILL       5) SIGTRAP
 6) SIGABRT      7) SIGBUS       8) SIGFPE       9) SIGKILL     10) SIGUSR1
11) SIGSEGV     12) SIGUSR2     13) SIGPIPE     14) SIGALRM     15) SIGTERM
16) SIGSTKFLT   17) SIGCHLD     18) SIGCONT     19) SIGSTOP     20) SIGTSTP
21) SIGTTIN     22) SIGTTOU     23) SIGURG      24) SIGXCPU     25) SIGXFSZ
26) SIGVTALRM   27) SIGPROF     28) SIGWINCH    29) SIGIO       30) SIGPWR
31) SIGSYS      34) SIGRTMIN    35) SIGRTMIN+1  36) SIGRTMIN+2  37) SIGRTMIN+3
38) SIGRTMIN+4  39) SIGRTMIN+5  40) SIGRTMIN+6  41) SIGRTMIN+7  42) SIGRTMIN+8
43) SIGRTMIN+9  44) SIGRTMIN+10 45) SIGRTMIN+11 46) SIGRTMIN+12 47) SIGRTMIN+13
48) SIGRTMIN+1449) SIGRTMIN+15  50) SIGRTMAX-14 51) SIGRTMAX-13 52) SIGRTMAX-12
53) SIGRTMAX-1154) SIGRTMAX-10  55) SIGRTMAX-9  56) SIGRTMAX-8  57) SIGRTMAX-7
58) SIGRTMAX-6  59) SIGRTMAX-5  60) SIGRTMAX-4  61) SIGRTMAX-3  62) SIGRTMAX-2
63) SIGRTMAX-1  64) SIGRTMAX
```

옵션이 없는 경우에 **kill** 명령어로 종료할 때에도 해당 프로세스가 종료되지 않는 경우가 있다. 이러한 경우에는 부모/자식 프로세스 관계(프로세스의 트리 구조)를 통해 해당 프로세스의 부모 프로세스를 찾아 이를 종료하면 해당 프로세스를 종료시킬 수 있다. 어떤 경우는 프로그램에 문제가 있거나 강제로 프로세스를 종료한 경우에 비정상적으로 부모 프로세스가 자식 프로세스 보다 먼저 종료되어 자식 프로세스가 고아로 남는 경우가 있다. 이렇게 서로 관련이 있는 프로세스가 모두 종료되지 않고 비정상적으로 동작하는 프로세스가 남아있을 수도 있다. 이와 같이 실행이 끝났는데도 죽지도 못하고 마땅히 하는 역할도 없이 구천을 떠도는 프로세스를 좀비zombie 프로세스라고 부른다. 좀비 프로세스를 없애기 위해서는 다음과 같이 좀비 프로세스를 찾아 종료시켜야 한다.

```
$ ps -ef ¦ grep defunct ¦ awk '{print $3}' ¦ xargs kill -9
또는
$ ps aux ¦ awk '{print $2 " " $8}' ¦ grep Z ¦ awk '{print $1}' ¦ xargs kill -9
```

여기서, 옵션 -9 (-SIGKILL)은 강제로 종료하는 것을 의미한다. 물론 이렇게 해도 죽지 않는 경우에는 관리자 권한으로 실행을 해보기 바란다. 만약 관리자 권한으로도 없어지지 않는다면 시스템을 다시 시작하는 수밖에 없을 것이다.

프로그램의 버그가 수정되거나 성능이 향상된 프로그램을 업그레이드하여 새로운 프로그램으로 바꾸고 싶은데 서버와 같이 잠시라도 멈추기가 곤란한 경우에는 -SIGHUP 옵션을 이용하면 프로세스를 교체해 주기 때문에 도움이 될 것이다.

또한 pstree 명령어를 이용하면 프로세스 사이의 부모와 자식 관계를 그래프 형태로 일목요연하게 알아볼 수 있다.

```
$ pstree
systemd-+-ModemManager---2*[{ModemManager}]
        ¦-NetworkManager---2*[{NetworkManager}]
        ¦-accounts-daemon---2*[{accounts-daemon}]
        ¦-acpid
        ¦-anacron
        ¦-avahi-daemon---avahi-daemon
        ¦-colord---2*[{colord}]
        ¦-cron
        ¦-cups-browsed---2*[{cups-browsed}]
        ¦-cupsd
        ¦-dbus-daemon
        ¦-gdm3-+-gdm-session-wor-+-gdm-wayland-ses-+-gnome-session-b---2*[{gnome-se
ssion-b}]
        ¦      ¦                 ¦                 `-2*[{gdm-wayland-ses}]
        ¦      ¦                 `-2*[{gdm-session-wor}]
        ¦      `-2*[{gdm3}]
        ¦-gnome-keyring-d---3*[{gnome-keyring-d}]
```

top 명령어는 시스템 실행시간, 시스템 사용자 수, 평균 부하량, 프로세스의 수와 현황, CPU 사용 현황, 메모리 사용 현황 및 프로세스에 대한 정보를 5초 간격으로 조사하여 CPU 사용 순위별로 나타내 준다. 이것은 윈도우즈에서 Ctrl+Alt+Del를 누르면 나타나는 [Windows 작업 관리자]에서 [프로세스] 탭을 선택하였을 때와 유사하다고 말할 수 있다. 이를 이용하면 어떤 프로세스가 메모리나 CPU를 많이 사용하고 있는지 등을 쉽게 알아 볼 수 있어 시스템을 점검할 때 자주 사용한다. 종료하고 싶으면 q를 누르면 빠져나오게 된다.

```
$ top                          // 프로세스별 CPU와 메모리 점유율 모니터링
```

표 6-7 top 필드 내용

이름	내용
PID	프로세스 식별번호
USER	프로세스 소유자의 이름
PRI	실제 실행 우선 순위(자동으로 재계산)
NI	프로세스의 nice 수치
SIZE	데이터 크기 (단위 KB)
RSS	프로세스가 사용하는 실제 메모리 량
SHARE	프로세스가 사용하는 공유 메모리 량
STAT	프로세스의 현재 상태
LIB	라이브러리 페이지 크기
%CPU	CPU 사용 비율의 추정치
%MEM	메모리 사용 비율의 추정치
TIME	총 CPU 사용 시간

```
$ top
top - 13:48:21 up 28 min,  1 user,  load average: 0.09, 0.11, 0.09
Tasks: 188 total,   2 running, 186 sleeping,   0 stopped,   0 zombie
%Cpu(s):  4.5 us,  0.7 sy,  0.0 ni, 94.8 id,  0.0 wa,  0.0 hi,  0.0 si,  0.0 st
MiB Mem :   9956.0 total,   6797.4 free,    873.2 used,   2285.4 buff/cache
MiB Swap:   1873.3 total,   1873.3 free,      0.0 used.   8782.9 avail Mem
    PID USER      PR  NI    VIRT    RES    SHR S  %CPU  %MEM     TIME+ COMMAND
    927 c413      20   0 4131232 399408 147132 S   5.0   3.9   1:17.39 gnome-s+
   1489 c413      20   0  573060  53500  40568 S   1.0   0.5   0:05.51 gnome-t+
      1 root      20   0  167936  13268   8300 S   0.0   0.1   0:01.31 systemd
      2 root      20   0       0      0      0 S   0.0   0.0   0:00.00 kthreadd
      3 root       0 -20       0      0      0 I   0.0   0.0   0:00.00 rcu_gp
      4 root       0 -20       0      0      0 I   0.0   0.0   0:00.00 rcu_par+
      6 root       0 -20       0      0      0 I   0.0   0.0   0:00.00 kworker+
      9 root       0 -20       0      0      0 I   0.0   0.0   0:00.00 mm_perc+
     10 root      20   0       0      0      0 S   0.0   0.0   0:00.00 rcu_tas+
     11 root      20   0       0      0      0 S   0.0   0.0   0:00.00 rcu_tas+
     12 root      20   0       0      0      0 S   0.0   0.0   0:00.43 ksoftir+
     13 root      20   0       0      0      0 R   0.0   0.0   0:00.84 rcu_sch+
     14 root      rt   0       0      0      0 S   0.0   0.0   0:00.05 migrati+
     15 root     -51   0       0      0      0 S   0.0   0.0   0:00.00 idle_in+
     16 root      20   0       0      0      0 S   0.0   0.0   0:00.00 cpuhp/0
     17 root      20   0       0      0      0 S   0.0   0.0   0:00.00 kdevtmp+
     18 root       0 -20       0      0      0 I   0.0   0.0   0:00.00 netns
```

6.3 시스템 정보

uname 명령어는 시스템의 각종 정보(OS, 커널 버전 등)를 표준출력으로 표시한다.

```
$ uname [옵션]
  -a          모든 정보 표시
  -m          컴퓨터 하드웨어 이름
  -n          호스트이름
  -o          OS 이름
  -r          커널 릴리즈 버전
  -s          커널 이름
  -v          커널 버전
```

-a 옵션을 주면 시스템 정보를 모두 보여준다.

```
$ uname -a
Linux ubuntu 6.8.0-51-generic #52-Ubuntu SMP PREEMPT_DYNAMIC Thu Dec  5 13:09:44 UT
C 2024 x86_64 x86_64 x86_64 GNU/Linux
```

여기서, 커널 이름은 Linux, 호스트이름은 ubuntu, 커널 릴리즈 버전은 6.8.0-51, 하드웨어 이름은 x86_64, OS는 GNU/Linux, 커널 버전은 나머지 가운데 값이다.

arch 명령어는 시스템 아키텍처를 보여준다. uname -m 과 동일한 결과를 나타낸다.

```
$ arch                                        // uname -m
x86_64
```

hostnamectl hostname 또는 hostname 명령어는 시스템의 호스트이름을 보여준다. 이 명령어는 uname -n 과 동일한 결과를 나타낸다.

```
$ hostnamectl hostname                    // uname -n
ubuntu
```

free 명령어는 실제적인 메모리와 스왑 공간의 용량과 남은 공간, 사용량 등을 보여준다.

```
$ free [옵션]
  -b          크기를 바이트(bytes) 단위로 보여줌
  -k          크기를 1K 단위로 보여줌
  -m          크기를 1M 단위로 보여줌
```

```
  -o          버퍼/캐시 행을 보여주지 않음
  -s delay    delay 초마다 업데이트 정보를 보여줌
  -t          전체 합계를 계산함
```

다음은 우분투에서 free 명령어로 본 메모리의 사용 현황을 나타낸다. 사용자가 사용할 수 있는 메모리는 free(2140124MB)가 아니라 available(3107504MB)가 된다. buffers/cache(1869312MB) 중 실제로 사용 중인 메모리는 used(1017632MB)이다. 이것은 OS가 메모리를 효율적으로 운영하기 위해 전체 메모리에서 미리 buffers/cache 값을 자동으로 할당하기 때문이다.

```
$ free -m
              total        used        free      shared  buff/cache   available
Mem:        5027068     1017632     2140124      661324     1869312     3107504
Swap:        945368           0      945368
```

uptime 명령어는 부팅한 이후로 얼마나 오랫동안 시스템이 사용되었는지 보여준다. 현재 시간, 사용된 시간, 현재 로그인한 수, 평균 부하 등의 정보를 나타낸다. 평균 부하는 최근 1분, 5분, 10분 동안의 시스템의 사용 정도를 보여주는데, 0에 가까운 값은 시스템이 거의 사용되지 않고 있다는 것을, 1에 가까운 값은 시스템의 처리 능력 내에서 최대로 사용하고 있는 상태를, 1이상의 큰 값은 여러 프로그램이 동시에 실행중인 상태로 시스템에 과부하가 걸리는 정도를 나타낸다. 시스템의 부하가 어떤 추세로 움직이고 있고 어느 정도 수치로 작동하는지 확인을 한다.

```
$ uptime                                            // 시스템 부하 확인
 15:11:38 up  1:48,  1 user,  load average: 0.06, 0.13, 0.15
```

vmstat 명령어는 프로세스, 가상 메모리, 페이징, 디스크, CPU와 같은 시스템 자원의 상황을 모니터링 할 수 있는 명령어이다. 가상 메모리의 통계치를 보여준다.

```
$ vmstat [옵션]        [delay [count]]          // 가상 메모리 통계 정보
  -n             헤더 표시를 한번만 함
  -a             활성/비활성인 메모리 표시
  -d             디스크의 통계를 보여줌
  -p             파티션 이름을 붙이면 상세한 통계 정보를 보여줌
  -s             vm 통계표를 보여줌
  -S unit_size unit_size k:1000, K:1024, m:1000000, M:1048576 (기본: K)
  delay          업데이트 간격 (단위: 초)
  count          업데이트 횟수
```

표 6-8 proc 항목

표시	내용
r	현재 실행중인 프로세스의 수
b	인터럽트가 불가능한 휴면(sleep) 상태에 있는 프로세스의 수 (I/O 처리를 하는 동안 블록 처리된 프로세스)
w	강제로 스왑-아웃된 프로세스

표 6-9 memory 항목

표시	내용
swpd	사용하고 있는 스왑(swap) 메모리 양
free	사용가능한 메모리 양
buff	버퍼로 사용되고 있는 메모리 양
cache	캐시로 사용되고 있는 메모리 양

표 6-10 swap 항목

표시	내용
si	스왑-인(swap in)
so	스왑-아웃(swap out)

표 6-11 io 항목

표시	내용
bi	초당 블록 디바이스로 보내는 블록 수
bo	초당 블록 디바이스로부터 받은 블록 수

표 6-12 system 항목

표시	내용
in	초당 인터럽트 되는 양
cs	초당 context switch되는 양

표 6-13 cpu 항목

표시	내용
us	사용자의 CPU 사용 시간 비율
sy	시스템의 CPU 사용 시간 비율
id	휴지 시간(idle)

```
$ vmstat 3 5
procs   -----------memory---------- ---swap-- -----io---- -system-- ------cpu-----
 r  b   swpd    free   buff   cache   si   so    bi    bo   in    cs us sy id wa st
 0  0      0 2117068  75120 1848908    0    0    86    12  193   174  2  1 97  0  0
 1  0      0 2117068  75120 1848940    0    0     0     5  384   293  1  1 98  0  0
 0  0      0 2117068  75128 1848932    0    0     0    11  491   382  1  1 98  0  0
```

vmstat 3 5 명령은 3초 간격으로 모니터링 정보를 5번 출력하는 것을 의미한다. 결과에서 첫 번째 행은 부팅한 후부터 각 통계치에 대한 평균값을 보여주기 때문에 무시하고 두 번째 행부터 나타나는 통계를 보면 된다. 각 필드가 나타내는 의미는 다음과 같다.
스왑아웃이 지속적으로 발생한다면 메모리가 부족하다는 것이다. w필드의 값이 증가하면 메모리가 부족하다는 의미이므로 메모리를 늘려야한다. so필드(swap out)는 0에 가까워야 좋다. 평소에 swpd필드의 값이 높다고 하더라도 free 메모리에 여유가 있다면 메모리가 부족한 것이 아니다. sy필드는 시스템 시간system time을 의미하며, 이 값이 지나치게 높으면 디스크 I/O에 문제가 있을 가능성이 크다. 그리고 시스템 전체의 부하가 높은데 id필드의 값이 일반적으로 10%를 넘는다면 I/O나 메모리에 문제가 있을 가능성이 있다. I/O에 문제점이 있다는 것을 발견하면 iostat 등의 명령어를 추가로 사용하여 세부사항을 분석할 수 있다. id필드는 휴지 시간idle time을 의미하고, 이 값이 0이라면 CPU를 100%를 사용하고 있다는 것을 의미한다. 이와 같이 CPU의 기능을 최대한 활용하는 것은 좋은 현상이다. 하지만 항상 100%를 사용하고 있다면 어떤 작업이 계속 누적되고 있으며 CPU에 과부하가 걸린다는 것을 의미한다. 이때는 top이나 ps 등의 명령어를 사용하여 CPU를 계속 사용하고 있는 프로세스를 찾아 적절하게 대응해야 한다.

du 명령어는 지정한 디렉터리의 하위 디렉터리를 포함하여 재귀적으로 파일시스템의 사용량을 보여준다. 특별히 지정하지 않으면 현재 디렉터리를 기준으로 한다. 각 사용자가 홈 디렉터리나 홈 페이지로 파일시스템을 얼마나 사용하고 있는지를 확인할 때 자주 사용한다.

```
$ du [옵션] <경로>                          // 디렉터리 사용량
  -a            디렉터리뿐만 아니라 모든 파일에 대해서 처리함
  -b, -k, -m    크기를 각각 바이트(bytes), 1K, 1M 단위로 나타냄
  -c            전체 합계를 계산함
  -h            인간 친화적 표현 (1K, 234M, 2G)
  -S            하위 디렉터리 크기를 포함하지 않음
  -s            각 인수에 대한 합계만 나타냄
```

-a 옵션을 사용하면 /usr/bin 디렉터리에 포함된 모든 파일의 사용량을 나타내고 맨 마지막에 나온 결과가 전체 사용량을 나타낸다. 옵션 없이 du 명령어를 사용하면 결과를 알아보기가 힘들기 때문에 -h 옵션을 사용하였다. -s 옵션은 개별 파일에 대한 것은 나타내지 않고 전체 사용량만을 나타내도

록 한 것이다.

```
$ du -ah /usr/bin
20K     /usr/bin/sepdebugcrcfix
...
40K     /usr/bin/realpath
212M    /usr/bin
$ du -sh /usr/bin
212M    /usr/bin
```

df 명령어는 마운트한 파일시스템에 대한 전체 크기, 사용 중인 공간, 사용 가능한 공간, 사용률, 마운트포인트 등의 정보를 보여준다. 파일시스템의 사용 가능한 공간을 확인하고 마운트 여부를 점검할 때 사용한다.

```
$ df [옵션]                                    // 마운트한 파일시스템 정보
  -a            모든 정보 표시
  -h            인간 친화적 표현 (1K, 234M, 2G)
  -l            로컬 파일시스템으로 제한함
```

```
$ df -a
Filesystem     1K-blocks     Used Available Use% Mounted on
sysfs                  0        0         0    - /sys
proc                   0        0         0    - /proc
udev             2474868        0   2474868   0% /dev
devpts                 0        0         0    - /dev/pts
tmpfs             502708     1588    501120   1% /run
/dev/sda3       19946096 17730728   1176828  94% /
securityfs             0        0         0    - /sys/kernel/security
...
```

lastlog 명령어는 /var/log/lastlog 파일을 참조하여 시스템의 모든 사용자가 마지막으로 로그인한 시간을 보여준다.

```
$ lastlog [옵션]                               // 마지막으로 로그인한 정보
  -b DAYS       DAYS 일 전의 로그인 기록을 보여줌
  -t DAYS       최근 DAYS 일 간의 로그인 기록을 보여줌
  -u LOGIN      LOGIN 사용자에 대한 로그인 기록을 보여줌
```

```
$ lastlog -t 1
Username       Port         From              Latest
c105           pts/3        192.168.11.5      Fri Jul 19 13:23 +0900 2024
```

last 명령어는 /var/log/wtmp 파일을 참조하여 시스템에 접속했던 사용자의 이름, 접속 시 사용한 터미널 이름, 어떠한 시스템에서 접속을 했는지에 대한 IP 주소나 호스트 이름, 도메인 이름과 같은 주소 그리고 언제부터 언제까지 시스템에 접속해 있었으며 얼마동안 로그인해 있었는지, 아직까지 로그인해 있는지 등의 정보를 보여준다.

```
$ last                                            // 시스템 접속 정보
  -n num        num 행만큼의 기록을 보여줌
  -R            호스트이름을 보여주지 않음
  -a            호스트이름을 마지막에 보여줌
  -d            다른 호스트에서 접속한 것만 보여줌
  -x            shutdown이 일어난 상태나 실행레벨이 바뀐 상태도 보여줌
```

last 명령어와 함께 특정 사용자이름을 명시하면 그 사용자가 로그인한 정보만을 보여준다. 현재 접속 중일 때는 다음과 같이 [still logged in]이라고 표시된다. 접속한 사용자이름에 reboot라고 나오는 것은 시스템이 reboot된 것을 나타낸다.

```
$ last
c105     tty2          tty2              Fri Jul 19 14:20   still logged in
c105     tty2          tty2              Fri Jul 19 13:23 - 14:19  (00:56)
reboot   system boot  6.5.0-44-generic Fri Jul 19 13:23   still running
...
wtmp begins Tue May 10 23:28:37 2022
```

procinfo 명령어는 /proc 파일시스템을 참조하여 시스템의 하드웨어 정보와 시스템상태 정보를 나타낸다. 이 명령어를 사용하기 앞서 procinfo 패키지를 설치해야 한다.

```
$ procinfo [옵션] [-Ffile]                        // 시스템 상태 표시
  -f            5초에 한번 업데이트
  -n delay      delay 초단위로 업데이트
  -m            추가로 모듈정보와 디바이스정보, 파일시스템 사용정보를 보여줌
  -a            모든 하드웨어 정보를 보여줌
  -d            초단위로 정보를 보여줌
  -Sd           다양한 형태의 하드웨어 사용정보를 보여줌
  -SD           -Sd와 같지만 메모리는 전테 사용량에 대한 정보를 보여줌
```

```
-F filename  사용현황을 지정한 파일로 저장함
-i           IRQ 채널 정보만 확인
-r           메모리 버퍼, 캐시 정보도 함께 보여줌
```

```
$ sudo apt install procinfo                                   // procinfo 패키지 설치
```

표 6-14 기본 IRQ 할당값

표시	내용
0	timer channel 0
1	keyboard
2	cascade for controller2
3	serial port2
4	serial port1
5	parallel port2
6	floppy diskette controller
7	parallel port1
8	real-time clock
9	redirected to IRQ2
13	Math Coprocessor
14	Hard Disk Controller

인터럽트요구(IRQ), 메모리 사용상태, 메모리 페이징$_{Paging}$정보, 디스크 사용현황, 시스템 부팅정보, 부하율과 같은 하드웨어적인 측면의 상태를 확인할 수 있다.

```
$ sudo apt install procinfo
Memory:      Total        Used        Free     Buffers
RAM:       5027068     2974520     2052548       77884
Swap:       945368           0      945368
Bootup: Fri Jul 19 13:23:25 2024   Load average: 0.59 0.32 0.22 1/474 4827
user  :   00:03:43.72   1.6%  page in :            1119867
nice  :   00:00:10.17   0.1%  page out:             224049
system:   00:01:26.18   0.6%  page act:                  0
IOwait:   00:00:17.42   0.1%  page dea:                  0
hw irq:   00:00:00.00   0.0%  page flt:            2588872
sw irq:   00:00:52.90   0.4%  swap in :                  0
idle  :   03:47:25.95  97.2%  swap out:                  0
uptime:   01:58:15.31         context :            2485906
irq   0:         35  2-edge timer        irq  15:        7116  15-edge ata_piix
irq   1:       2561  1-edge i8042        irq  18:           3  18-fasteoi vmwgfx
irq   8:          0  8-edge rtc0         irq  19:        3857  19-fasteoi enp0s3
irq   9:          0  9-fasteoi acpi      irq  20:       13356  20-fasteoi vboxgu
irq  12:       1658  12-edge i8042       irq  21:       44275  21-fasteoi ahci[0
irq  14:          0  14-edge ata_piix    irq  22:          32  22-fasteoi ohci_h
enp0s3      TX 39.34KiB      RX 207.92KiB      lo          TX 201.28KiB      RX 201.2
8KiB
```

6.4 패키지 관리

리눅스 운영체제에서 소프트웨어 패키지를 설치, 업데이트, 제거하는 데 사용되는 도구를 패키지 매니저Package Manager라고 한다. 하나의 패키지가 다른 패키지나 공유 라이브러리 등을 필요로 하는 관계를 패키지 간의 의존성dependency이라고 하는데 이를 해결하는 기능을 제공하는 것이 리눅스 패키지 관리 시스템의 주요 역할이다. 간단히 말하면 리눅스에서 소프트웨어를 더 쉽고 안전하게 관리하는 도구이고, 일종의 스마트폰 앱스토어App Store라고 이해할 수 있다.

패키지Package는 소프트웨어 프로그램을 구성하는 파일의 집합을 의미하고, 프로그램을 실행하거나 개발하는 데 필요한 모든 파일, 실행/소스 파일, 라이브러리 및 설정 파일 등이 포함되어 있다. 패키지는 소스코드와 바이너리 형태로 구분하여 배포하고 있으며, 소스코드 패키지의 경우 일반적으로 하나의 아카이브 파일로 묶은 후 압축해서 배포하고, 바이너리 패키지의 경우에는 응용 프로그램, 라이브러리, 버전 정보나 의존성 등의 메타정보 파일 등을 포함하여 배포하고 있다. 패키지는 저장소repository에 저장되어 있으며, HTTP 또는 FTP 서버를 통해 다운로드할 수 있다.

리눅스 배포판에 따라 apt(Debian, Ubuntu), yum(RedHat, CentOS, Fedora), pacman(Arch Linux) 등의 패키지 매니저를 사용하여 소프트웨어 패키지를 관리한다.

동작 과정

다음은 패키지 매니저가 동작하는 과정을 나타낸다.

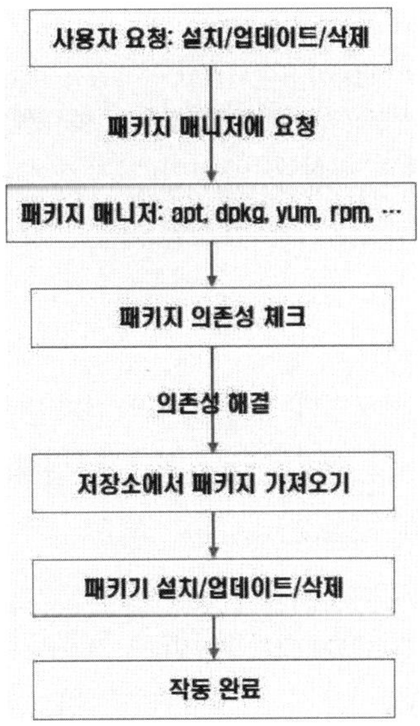

1. 설치/업데이트/삭제 명령어로 요청한다.
2. 패키지 매니저가 해당 명령어로 요청받는다.
3. 의존성을 확인한다.
4. 저장소로 부터 파일 다운로드를 요청한다.
5. 해당 명령을 종료한다.

패키지를 관리할 때 원격 저장소에 접근하는데 이 과정에서 네트워크 통신 및 보안과 밀접한 관계가 있어 패키지들을 설치하기 전에 디지털 서명 검증을 활용하고 있다.

원격 저장소

기존 Ubuntu에서는 /etc/apt/sources.list에 어떤 원격 저장소에서 찾는지 표현되어 있었다. Ubuntu 24.04에서는 /etc/apt/sources.list에 /etc/apt/sources.list.d/ubuntu.sources로 이전되었다고 설명되어 있다. 기존과 비교해 심플한 구조의 설정으로 바뀌었다.

```
$ more /etc/apt/sources.list.d/ubuntu.sources
Types: deb
URIs: http://kr.archive.ubuntu.com/ubuntu/
Suites: noble noble-updates noble-backports
Components: main restricted universe multiverse
Signed-By: /usr/share/keyrings/ubuntu-archive-keyring.gpg
Types: deb
URIs: http://security.ubuntu.com/ubuntu/
Suites: noble-security
Components: main restricted universe multiverse
Signed-By: /usr/share/keyrings/ubuntu-archive-keyring.gpg
```

ubuntu.sources에 제공된 설정 세부 사항은 지정된 저장소에서 패키지를 가져오기 위해 APT를 설정하도록 설계된 패키지 관리 시스템의 구성 요소를 나타낸다. 설정 파일의 구조와 목적은 다음과 같다.

- **Types(유형)**: 저장소의 형식을 지정한다. deb는 미리 컴파일이 된 바이너리 패키지를 나타내고, deb-src는 컴파일이 필요한 소스 코드 패키지를 나타낸다.
- **URIs(통합자원식별자)**: URI$_{\text{Uniform Resource Identifier}}$는 APT 시스템이 패키지를 가져올 위치를 지정한다.
    - http://kr.archive.ubuntu.com/ubuntu/ Ubuntu와 호환되는 방대한 소프트웨어 모음을 호스팅 하는 Ubuntu 패키지 아카이브의 한국 미러를 가리킴
    - http://security.ubuntu.com/ubuntu/ 보안 업데이트 전용으로 알려진 취약점으로부터 시스템을 안전하게 유지하는 데 중요한 리소스

- **Suites(제품군)**: Ubuntu 릴리스 주기의 다른 버전 또는 단계와 일치하는 특정 패키지 세트를 나타낸다. 예를 들어
  - **noble, noble-updates, noble-backports**: 버전 코드명 **Noble**에 연결되어 있으며 각 제품군은 고유한 목적을 제공함
    - **noble**: **Ubuntu** 버전 코드명으로 초기 릴리스 패키지
    - **noble-updates**: 초기 릴리스 후 발견한 주요 버그 수정 및 소소한 개선 사항이 포함된 패키지
    - **noble-backports**: **Noble**과 함께 작동하도록 백포트backports 이전 버전으로의 이식된 일부 패키지의 최신 버전에 대한 접근을 제공함
  - **noble-security**: 특히 **Noble** 릴리스의 보안 취약점을 해결하는 업데이트
- **Components(구성 요소)**: 지원 상태 또는 라이선스에 따라 패키지를 구성하는 저장소 내의 범주이다.
  - **main**: **Ubuntu**가 지원하는 무료 및 오픈소스 소프트웨어
  - **restricted**: **Ubuntu**가 지원하는 독점 드라이버 및 소프트웨어
  - **universe**: 커뮤니티 유지 관리 무료 및 오픈소스 소프트웨어
  - **multiverse**: 무료 또는 오픈소스가 아닐 수 있으며 공식 **Ubuntu** 팀에서 지원하지 않는 소프트웨어
- **Signed-By(서명키)**: 여기는 패키지의 진위 여부를 확인하는 데 사용되는 공개키가 포함된 키링 파일을 가리킨다. **/usr/share/keyrings/ubuntu-archive-keyring.gpg** 파일에 공식 **Ubuntu** 아카이브 서명키가 포함되어 있다. 검증을 통해 패키지가 변경되지 않았으며 설치해도 안전한지 확인할 수 있다.

ubuntu.sources를 잘 이해하고 설정하면 맞춤형 소프트웨어 관리가 가능해지며, 특정 요구 사항이나 환경 설정을 충족하는 소프트웨어를 설치할 수 있고 시스템 보안이 강화되어 **Ubuntu** 시스템의 소프트웨어가 최신 상태로 기대대로 작동하는지 확인할 수 있다.

저장소 파일 수정 및 생성

Ubuntu에서 소프트웨어 소스 관리는 시스템 관리자와 사용자 모두에게 중요한 작업이다. 안전하고 효율적인 시스템을 유지하려면 기존 저장소 구성을 수정하는 방법과 새로운 저장소를 추가하는 방법을 알아야한다.

/etc/apt/sources.list.d/ 디렉터리에는 소프트웨어 저장소를 정의하는 2가지 유형의 파일로 **.list**와 **.sources** 파일이 있는데, 이 두 유형의 차이점을 이해하는 것이 소프트웨어 소스를 효과적으로 관리하는데 중요하다. **.list**와 **.sources** 파일의 특징을 요약하면 다음과 같다.

- .list: 전통적으로 Ubuntu 및 기타 UDebian기반 배포판이 추가 APT 소프트웨어 저장소를 정의하기 위해 .list 파일을 사용해왔다. .list 파일의 각 줄은 단일 저장소를 지정하므로 이 파일은 형식이 아주 간단하다. 그래서 .list 파일에 저장소를 추가하는 것이 쉽고 간단하다.
- .sources: 이 형식은 보다 체계적이고 다양한 방법을 제공하기 위해 도입된 새로 추가된 것이다. 이 파일은 한 파일에 추가 메타 데이터를 포함할 수 있고 여러 저장소를 정의할 수 있으므로 설정이 복잡할 때 특히 유용하다.

저장소에 대한 전형적인 .list 파일은 다음과 같다.

```
deb http://kr.archive.ubuntu.com/ubuntu/ noble main restricted
deb-src http://kr.archive.ubuntu.com/ubuntu/ noble main restricted

deb http://security.ubuntu.com/ubuntu/ noble-security
deb-src http://security.ubuntu.com/ubuntu/ noble-security
```

이 예는 main과 restricted를 포함한 noble 릴리즈에 대한 바이너리와 소스 저장소를 정의한다. 한편 유사한 저장소 정보를 제공하는 .sources 파일은 다음과 같다.

```
Types: deb deb-src
URIs: http://kr.archive.ubuntu.com/ubuntu/
Suites: noble
Components: main restricted
Signed-By: /usr/share/keyrings/ubuntu-archive-keyring.gpg
```

여기서는 패키지의 Types, URIs, Suites, Components, Signed-By를 포함한 통합 구조로 보다 자세한 저장소 사양을 정할 수 있다.
예를 들어 Suites: noble noble-updates noble-backports의 저장소만 https://mirror.kakao.com/ubuntu/로 바꿔주려면 다음과 같이 표현하면 된다.

```
Types: deb
URIs: https://mirror.kakao.com/ubuntu/
Suites: noble noble-updates noble-backports
Components: main restricted universe multiverse
Signed-By: /usr/share/keyrings/ubuntu-archive-keyring.gpg
Types: deb
URIs: http://security.ubuntu.com/ubuntu/
Suites: noble-security
Components: main restricted universe multiverse
Signed-By: /usr/share/keyrings/ubuntu-archive-keyring.gpg
```

패키지 관리

패키지 업데이트와 업그레이드는 패키지 관리에 있어 중요한 역할을 한다. 간략히 설명하면 **apt update**는 설치 가능한 패키지 목록만 최신으로 갱신하고, **apt upgrade**는 이 목록을 바탕으로 패키지를 다운로드받아 실제 설치한다.

항상 그렇듯이 다음과 같이 패키지를 업데이트하는 것으로 시작한다. 이는 설치된 패키지들의 새로운 버전이 나왔는지 확인하기 위해 사용 가능한 모든 저장소로부터 패키지 목록을 최신 상태로 갱신한다. 이 과정에서 실제 패키지의 다운로드나 설치는 이루어지지 않는다. 저장소의 색인만 업데이트함으로써 시스템에 설치된 패키지가 최신 버전인지 확인할 수 있다.

```
$ sudo apt update
```

```
$ sudo apt update
Hit:1 http://kr.archive.ubuntu.com/ubuntu noble InRelease
Get:2 https://brave-browser-apt-release.s3.brave.com stable InRelease [7,547 B]
Get:3 http://security.ubuntu.com/ubuntu noble-security InRelease [126 kB]
Get:4 http://kr.archive.ubuntu.com/ubuntu noble-updates InRelease [126 kB]
Get:5 https://brave-browser-apt-release.s3.brave.com stable/main amd64 Packages
[18.3 kB]
Get:6 http://security.ubuntu.com/ubuntu noble-security/main amd64 Packages [588
kB]
Get:7 http://kr.archive.ubuntu.com/ubuntu noble-backports InRelease [126 kB]
Get:8 http://kr.archive.ubuntu.com/ubuntu noble-updates/main amd64 Packages [782
kB]
Get:9 http://security.ubuntu.com/ubuntu noble-security/main Translation-en [114
kB]
Get:10 http://security.ubuntu.com/ubuntu noble-security/main amd64 Components
[7,224 B]
Get:11 http://security.ubuntu.com/ubuntu noble-security/restricted amd64 Package
s [573 kB]
Get:12 http://kr.archive.ubuntu.com/ubuntu noble-updates/main Translation-en [17
8 kB]
Get:13 http://security.ubuntu.com/ubuntu noble-security/restricted Translation-e
n [111 kB]
Get:14 http://security.ubuntu.com/ubuntu noble-security/restricted amd64 Compone
nts [212 B]
Get:15 http://security.ubuntu.com/ubuntu noble-security/universe amd64 Packages
[800 kB]
Get:16 http://kr.archive.ubuntu.com/ubuntu noble-updates/main amd64 Components
[151 kB]
Get:17 http://kr.archive.ubuntu.com/ubuntu noble-updates/restricted amd64 Packag
es [584 kB]
Get:18 http://security.ubuntu.com/ubuntu noble-security/universe amd64 Component
s [52.0 kB]
```

```
Get:19 http://security.ubuntu.com/ubuntu noble-security/multiverse amd64 Compone
nts [212 B]
Get:20 http://kr.archive.ubuntu.com/ubuntu noble-updates/restricted Translation-
en [113 kB]
Get:21 http://kr.archive.ubuntu.com/ubuntu noble-updates/restricted amd64 Compon
ents [212 B]
Get:22 http://kr.archive.ubuntu.com/ubuntu noble-updates/universe amd64 Packages
[977 kB]
Get:23 http://kr.archive.ubuntu.com/ubuntu noble-updates/universe Translation-en
[243 kB]
Get:24 http://kr.archive.ubuntu.com/ubuntu noble-updates/universe amd64 Componen
ts [309 kB]
Get:25 http://kr.archive.ubuntu.com/ubuntu noble-updates/multiverse amd64 Compon
ents [940 B]
Get:26 http://kr.archive.ubuntu.com/ubuntu noble-backports/main amd64 Components
[208 B]
Get:27 http://kr.archive.ubuntu.com/ubuntu noble-backports/restricted amd64 Comp
onents [216 B]
Get:28 http://kr.archive.ubuntu.com/ubuntu noble-backports/universe amd64 Compon
ents [11.7 kB]
Get:29 http://kr.archive.ubuntu.com/ubuntu noble-backports/multiverse amd64 Comp
onents [212 B]
Fetched 6,001 kB in 4s (1,597 kB/s)
Reading package lists...
Building dependency tree...
Reading state information...
35 packages can be upgraded. Run 'apt list --upgradable' to see them.
```

다음 명령어로 설치할 수 있는 모든 패키지 목록을 볼 수 있다. 마지막에 패키지_이름을 추가하면 해당 목록을 출력해준다. 이름이 확실하지 않거나 모르는 경우 *를 사용해서 검색할 수도 있다.

```
$ sudo apt list
$ sudo apt list [package-name]
```

```
$ sudo apt list nano*
Listing... Done
nano-tiny/noble-updates,noble-security 7.2-2ubuntu0.1 amd64
nano/noble-updates,noble-security,now 7.2-2ubuntu0.1 amd64 [installed,automatic]
nanobind-dev/noble 1.9.2-1 all
nanoc/noble 4.12.18-1 all
nanofilt/noble 2.8.0-1 all
nanolyse/noble 1.2.0-4 amd64
nanomsg-utils/noble 1.1.5+dfsg-1.1 amd64
nanook-examples/noble 1.33+dfsg-5 all
nanook/noble 1.33+dfsg-5 all
```

```
nanopb/noble 0.4.8-1 all
nanopolish/noble 0.14.0-1ubuntu3 amd64
nanostat/noble 1.4.0-3 all
nanosv/noble 1.2.4+git20190409.c1ae30c-6 all
nanovna-saver/noble 0.6.3-1 all
```

옵션 **--installed**를 사용하면 설치된 모든 패키지 목록을 볼 수 있다.

```
$ sudo apt --installed list
```

```
$ sudo apt –installed list na*
Listing... Done
nano/noble-updates,noble-security,now 7.2-2ubuntu0.1 amd64 [installed,automatic]
nautilus-data/noble-updates,now 1:46.2-0ubuntu0.2 all [installed,automatic]
nautilus-extension-gnome-terminal/noble,now 3.52.0-1ubuntu2 amd64 [installed,aut
omatic]
nautilus-sendto/noble,now 3.8.6-7build2 amd64 [installed,automatic]
nautilus/noble-updates,now 1:46.2-0ubuntu0.2 amd64 [installed,automatic]
```

옵션 **--upgradable**을 사용하면 설치된 패키지 중에 업그레이드할 수 있는 모든 패키지 목록을 볼 수 있다.

```
$ sudo apt --upgradable list
```

```
$ sudo apt –upgradable list
Listing... Done
grub-common/noble-updates 2.12-1ubuntu7.1 amd64 [upgradable from: 2.12-1ubuntu7]
grub-pc-bin/noble-updates 2.12-1ubuntu7.1 amd64 [upgradable from: 2.12-1ubuntu7]
grub-pc/noble-updates 2.12-1ubuntu7.1 amd64 [upgradable from: 2.12 1ubuntu7]
grub2-common/noble-updates 2.12-1ubuntu7.1 amd64 [upgradable from: 2.12-1ubuntu
7]
python3-distupgrade/noble-updates 1:24.04.23 all [upgradable from: 1:24.04.22]
ubuntu-release-upgrader-core/noble-updates 1:24.04.23 all [upgradable from: 1:2
4.04.22]
ubuntu-release-upgrader-gtk/noble-updates 1:24.04.23 all [upgradable from: 1:24.
04.22]
```

apt upgrade를 통해 갱신된 패키지 목록을 바탕으로 이미 설치된 패키지를 최신 버전으로 업그레이드한다. 이 과정은 기존에 설치되어있지 않은 패키지를 설치하는 것은 아니며, 기존 패키지를 제거하는 것도 아니다. 오직 기존에 설치된 패키지와 의존성이 있는 패키지만 업그레이드한다. 의존성 문제나 중요한 시스템 변경이 필요한 경우 해당 패키지가 업그레이드되지 않을 수도 있다.

```
$ sudo apt upgrade -y
```

```
$ sudo apt upgrade -y
Reading package lists... Done
Building dependency tree... Done
Reading state information... Done
Calculating upgrade... Done
The following package was automatically installed and is no longer required:
  python3-netifaces
Use 'sudo apt autoremove' to remove it.
The following upgrades have been deferred due to phasing:
  grub-common grub-pc grub-pc-bin grub2-common python3-distupgrade
  ubuntu-release-upgrader-core ubuntu-release-upgrader-gtk
The following packages will be upgraded:
  alsa-ucm-conf bsdextrautils bsdutils eject fdisk libblkid1 libfdisk1
  libmount1 libsmartcols1 libuuid1 mount rfkill util-linux uuid-runtime
14 upgraded, 0 newly installed, 0 to remove and 7 not upgraded.
Need to get 2,184 kB of archives.
After this operation, 9,216 B of additional disk space will be used.
Get:1 http://kr.archive.ubuntu.com/ubuntu noble-updates/main amd64 bsdutils amd6
4 1:2.39.3-9ubuntu6.2 [95.2 kB]
Get:2 http://kr.archive.ubuntu.com/ubuntu noble-updates/main amd64 util-linux am
d64 2.39.3-9ubuntu6.2 [1,127 kB]
...
Fetched 2,184 kB in 3s (764 kB/s)
(Reading database ... 154356 files and directories currently installed.)
Preparing to unpack .../bsdutils_1%3a2.39.3-9ubuntu6.2_amd64.deb ...
Unpacking bsdutils (1:2.39.3-9ubuntu6.2) over (1:2.39.3-9ubuntu6.1) ...
Setting up bsdutils (1:2.39.3-9ubuntu6.2) ...
...
(Reading database ... 154356 files and directories currently installed.)
Preparing to unpack .../0-eject_2.39.3-9ubuntu6.2_amd64.deb ...
Unpacking eject (2.39.3-9ubuntu6.2) over (2.39.3-9ubuntu6.1) ...
...
Preparing to unpack .../5-rfkill_2.39.3-9ubuntu6.2_amd64.deb ...
Unpacking rfkill (2.39.3-9ubuntu6.2) over (2.39.3-9ubuntu6.1) ...
Setting up bsdextrautils (2.39.3-9ubuntu6.2) ...
Setting up alsa-ucm-conf (1.2.10-1ubuntu5.4) ...
Setting up eject (2.39.3-9ubuntu6.2) ...
Setting up rfkill (2.39.3-9ubuntu6.2) ...
Setting up libfdisk1:amd64 (2.39.3-9ubuntu6.2) ...
Setting up mount (2.39.3-9ubuntu6.2) ...
Setting up uuid-runtime (2.39.3-9ubuntu6.2) ...
uuidd.service is a disabled or a static unit not running, not starting it.
Setting up fdisk (2.39.3-9ubuntu6.2) ...
Processing triggers for man-db (2.12.0-4build2) ...
Processing triggers for libc-bin (2.39-0ubuntu8.3) ...
```

앞 예에서 보면 (의존성에 따라) 자동으로 설치가 되었지만 더 이상 필요 없어진 경우 자동으로 삭제하도록 알려주고 있다. 이런 경우 **autoremove**를 사용하면 사용되지 않는 패키지를 자동으로 삭제해준다.

```
...
The following package was automatically installed and is no longer required:
  python3-netifaces
Use 'sudo apt autoremove' to remove it.
...
```

```
$ sudo apt autoremove
```

```
$ sudo apt autoremove
Reading package lists...
Building dependency tree...
Reading state information...
The following packages will be REMOVED:
  python3-netifaces
0 upgraded, 0 newly installed, 1 to remove and 7 not upgraded.
After this operation, 58.4 kB disk space will be freed.
Do you want to continue? [Y/n]
(Reading database ...
(Reading database ... 5%
(Reading database ... 10%
(Reading database ... 15%
(Reading database ... 20%
(Reading database ... 25%
(Reading database ... 30%
(Reading database ... 35%
(Reading database ... 40%
(Reading database ... 45%
(Reading database ... 50%
(Reading database ... 55%
(Reading database ... 60%
(Reading database ... 65%
(Reading database ... 70%
(Reading database ... 75%
(Reading database ... 80%
(Reading database ... 85%
(Reading database ... 90%
(Reading database ... 95%
(Reading database ... 100%
(Reading database ... 154362 files and directories currently installed.)
Removing python3-netifaces:amd64 (0.11.0-2build3) ...
```

저장소에서 원하는 패키지를 검색하려면 **search**를 사용한다. 여기서는 **nano** 편집기를 검색해보기로 하자. **nano**와 관련된 모든 패키지를 보여준다.

```
$ sudo apt serch [package-name]
```

```
$ sudo apt search nano
Sorting... Done
Full Text Search... Done
alpine-pico/noble 2.26+dfsg-1build3 amd64
  Simple text editor from Alpine, a text-based email client
...
nano/noble-updates,noble-security,now 7.2-2ubuntu0.1 amd64 [installed,automatic]
  small, friendly text editor inspired by Pico
...
yanosim/noble 0.1-5 amd64
  read simulator nanopore DRS datasets
```

패키지의 버전, 의존성 및 설치 크기를 포함한 세부 정보를 표시하려면 **show**를 사용한다.

```
$ sudo apt show [package-name]
```

```
$ sudo apt show nano
Package: nano
Version: 7.2-2ubuntu0.1
Priority: standard
Section: editors
Origin: Ubuntu
Maintainer: Ubuntu Developers <ubuntu-devel-discuss@lists.ubuntu.com>
Original-Maintainer: Jordi Mallach <jordi@debian.org>
Bugs: https://bugs.launchpad.net/ubuntu/+filebug
Installed-Size: 856 kB
Depends: libc6 (>= 2.38), libncursesw6 (>= 6), libtinfo6 (>= 6)
Suggests: hunspell
Conflicts: pico
Breaks: nano-tiny (<< 2.8.6-2)
Replaces: nano-tiny (<< 2.8.6-2), pico
Homepage: https://www.nano-editor.org/
Task: standard, ubuntu-wsl
Download-Size: 282 kB
APT-Manual-Installed: no
APT-Sources: http://kr.archive.ubuntu.com/ubuntu noble-updates/main amd64 Packag
es
Description: small, friendly text editor inspired by Pico
 GNU nano is an easy-to-use text editor originally designed as a replacement
 for Pico, the ncurses-based editor from the non-free mailer package Pine
```

```
(itself now available under the Apache License as Alpine).
.
However, GNU nano also implements many features missing in Pico, including:
 - undo/redo
 - line numbering
 - syntax coloring
 - soft-wrapping of overlong lines
 - selecting text by holding Shift
 - interactive search and replace (with regular expression support)
 - a go-to line (and column) command
 - support for multiple file buffers
 - auto-indentation
 - tab completion of filenames and search terms
 - toggling features while running
 - and full internationalization support
```

설치되어있지 않은 새로운 패키지를 설치할 때는 install을 사용한다. 이미 설치된 패키지의 경우 최신 버전으로 유지한다.

```
$ sudo apt install [package-name]
```

```
$ sudo apt install nano -y
Reading package lists... Done
Building dependency tree... Done
Reading state information... Done
Suggested packages:
  hunspell
The following NEW packages will be installed:
  nano
0 upgraded, 1 newly installed, 0 to remove and 7 not upgraded.
Need to get 282 kB of archives.
After this operation, 856 kB of additional disk space will be used.
Get:1 http://kr.archive.ubuntu.com/ubuntu noble-updates/main amd64 nano amd64 7.
2-2ubuntu0.1 [282 kB]
Fetched 282 kB in 2s (172 kB/s)
Selecting previously unselected package nano.
(Reading database ...
(Reading database ... 5%
(Reading database ... 10%
(Reading database ... 15%
(Reading database ... 20%
(Reading database ... 25%
(Reading database ... 30%
(Reading database ... 35%
(Reading database ... 40%
```

```
(Reading database ... 45%
(Reading database ... 50%
(Reading database ... 55%
(Reading database ... 60%
(Reading database ... 65%
(Reading database ... 70%
(Reading database ... 75%
(Reading database ... 80%
(Reading database ... 85%
(Reading database ... 90%
(Reading database ... 95%
(Reading database ... 100%
(Reading database ... 154279 files and directories currently installed.)
Preparing to unpack .../nano_7.2-2ubuntu0.1_amd64.deb ...
Unpacking nano (7.2-2ubuntu0.1) ...
Setting up nano (7.2-2ubuntu0.1) ...
update-alternatives: using /bin/nano to provide /usr/bin/editor (editor) in auto
mode
update-alternatives: using /bin/nano to provide /usr/bin/pico (pico) in auto mod
e
Processing triggers for man-db (2.12.0-4build2) ...
Processing triggers for install-info (7.1-3build2) ...
```

다음과 같이 remove를 사용하면 설치된 패키지를 삭제할 수 있다.

```
$ sudo apt remove [package-name]
```

예를 들어 설치된 nano 패키지를 삭제하려면 다음과 같다.

```
$ sudo apt remove nano -y
Reading package lists... Done
Building dependency tree... Done
Reading state information... Done
The following packages will be REMOVED:
  nano
0 upgraded, 0 newly installed, 1 to remove and 7 not upgraded.
After this operation, 856 kB disk space will be freed.
(Reading database ...
(Reading database ... 5%
(Reading database ... 10%
(Reading database ... 15%
(Reading database ... 20%
(Reading database ... 25%
(Reading database ... 30%
(Reading database ... 35%
(Reading database ... 40%
(Reading database ... 45%
```

```
(Reading database ... 50%
(Reading database ... 55%
(Reading database ... 60%
(Reading database ... 65%
(Reading database ... 70%
(Reading database ... 75%
(Reading database ... 80%
(Reading database ... 85%
(Reading database ... 90%
(Reading database ... 95%
(Reading database ... 100%
(Reading database ... 154352 files and directories currently installed.)
Removing nano (7.2-2ubuntu0.1) ...
update-alternatives: using /usr/bin/vim.basic to provide /usr/bin/editor (edito
r) in auto mode
Processing triggers for install-info (7.1-3build2) ...
Processing triggers for man-db (2.12.0-4build2) ...
```

앞에서와 같이 **remove**를 사용하는 것으로는 구성 파일까지 삭제하지 않으므로 **purge**를 사용하면 구성 파일까지 깨끗이 삭제할 수 있다.

```
$ sudo apt purge [package-name]
```

```
$ sudo apt purge nano -y
Reading package lists... Done
Building dependency tree... Done
Reading state information... Done
The following packages will be REMOVED:
  nano*
0 upgraded, 0 newly installed, 1 to remove and 7 not upgraded.
After this operation, 856 kB disk space will be freed.
(Reading database ...
(Reading database ... 5%
(Reading database ... 10%
(Reading database ... 15%
(Reading database ... 20%
(Reading database ... 25%
(Reading database ... 30%
(Reading database ... 35%
(Reading database ... 40%
(Reading database ... 45%
(Reading database ... 50%
(Reading database ... 55%
(Reading database ... 60%
(Reading database ... 65%
(Reading database ... 70%
```

```
(Reading database ... 75%
(Reading database ... 80%
(Reading database ... 85%
(Reading database ... 90%
(Reading database ... 95%
(Reading database ... 100%
(Reading database ... 154352 files and directories currently installed.)
Removing nano (7.2-2ubuntu0.1) ...
update-alternatives: using /usr/bin/vim.basic to provide /usr/bin/editor (edito
r) in auto mode
Processing triggers for install-info (7.1-3build2) ...
Processing triggers for man-db (2.12.0-4build2) ...
(Reading database ...
(Reading database ... 5%
(Reading database ... 10%
(Reading database ... 15%
(Reading database ... 20%
(Reading database ... 25%
(Reading database ... 30%
(Reading database ... 35%
(Reading database ... 40%
(Reading database ... 45%
(Reading database ... 50%
(Reading database ... 55%
(Reading database ... 60%
(Reading database ... 65%
(Reading database ... 70%
(Reading database ... 75%
(Reading database ... 80%
(Reading database ... 85%
(Reading database ... 90%
(Reading database ... 95%
(Reading database ... 100%
(Reading database ... 154280 files and directories currently installed.)
Purging configuration files for nano (7.2-2ubuntu0.1) ...
```

패키지를 설치하기 위해 저장소에서 다운로드받아 임시로 저장해두는 디렉터리는 /var/cache/apt/archives/, /var/cache/apt/archives/partial/ 이다. 이 디렉터리의 용량을 다음과 같이 알아볼 수 있다.

```
$ sudo du -sh /var/cache/apt
```

```
$ sudo du -sh /var/cache/apt
1009M   /var/cahche/apt
```

이 디렉터리에 임시로 저장해둔 **.deb** 파일들 중에서 더 이상 사용하지 않거나 다운로드 될 수 없는 파일을 삭제하려면 **autoclean**을 사용한다.

```
$ sudo apt autoclean
```

```
$ sudo apt autoclean
Reading package lists... Done
Building dependency tree... Done
Reading state information... Done
Del rsync 3.2.7-1ubuntu1.1 [436 kB]
Del alsa-ucm-conf 1.2.10-1ubuntu5.3 [64.2 kB]
$ sudo du -sh /var/cache/apt
1009M   /var/cahche/apt
```

임시로 저장해둔 **.deb** 파일들을 모두 삭제하려면 **clean**을 사용한다. 설치한 패키지가 많으면 삭제 후 용량이 많이 줄어드는 것을 확인할 수 있다.

```
$ sudo apt clean
```

```
$ sudo apt clean
$ sudo du -sh /var/cache/apt
99M     /var/cahche/apt
```

해당 패키지의 의존성을 확인하려면 **depends**를 사용하여 모든 의존성 정보를 볼 수 있다.

```
$ sudo apt depends [package-name]
```

```
$ sudo apt depends vim
vim
  Depends: vim-common (= 2:9.1.0016-1ubuntu7.6)
  Depends: vim-runtime (= 2:9.1.0016-1ubuntu7.6)
  Depends: libacl1 (>= 2.2.23)
  Depends: libc6 (>= 2.38)
  Depends: libgpm2 (>= 1.20.7)
  Depends: libpython3.12t64 (>= 3.12.1)
  Depends: libselinux1 (>= 3.1~)
  Depends: libsodium23 (>= 1.0.14)
  Depends: libtinfo6 (>= 6)
  Suggests: <ctags>
    exuberant-ctags
    universal-ctags
  Suggests: vim-doc
  Suggests: vim-scripts
```

apt와 apt-get/apt-cache/dpkg 비교

apt-get은 패키지를 설치, 업데이트, 제거하는데 사용하며, apt-cache는 새 패키지를 검색하는데 사용한다. 이 외에도 dpkg라는 이미 설치되어있는 패키지를 조회하는 명령어가 있는데, 이들 명령어의 기능을 합쳐서 최종 사용자들이 한 번에 편리하게 사용할 수 있도록 통합한 것이 apt이다.

표 6-15 apt, apt-get/apt-cache/dpkg 비교

apt	apt-get/apt-cache/dpkg	요약
apt update	apt-get update	저장소 색인 갱신
apt install [package-name]	apt-get install [package-name]	패키지 설치
apt upgrade	apt-get upgrade	설치된 전체 패키지 업그레이드
apt full-upgrade	apt-get dist-upgrade	설치된 전체 패키지 업그레이드 (기존 패키지 삭제)
apt remove [package-name]	apt-get remove [package-name]	패키지 삭제
apt purge [package-name]	apt-get purge [package-name]	패키지 삭제 (설정파일 포함)
apt autoremove	apt-get autoremove	사용되지 않는 패키지 삭제
apt search [package-name]	apt-cache search [package-name]	패키지 검색 (정규식 사용)
apt show [package-name]	apt-cache show [package-name]	패키지 상세 정보 표시
apt list --installed	dpkg --list	설치된 패키지 목록

CHAPTER 7

파일 시스템

7.1 파일 시스템

파일 시스템File System은 디스크 드라이브 또는 파티션에 있는 구조화된 파일 모음이다. 데이터 관리에 사용되며 파티션에는 특정 데이터가 포함된다. 체계적인 데이터 저장의 목적은 파일에 빠르게 접근할 수 있다는 것이다. 파일 크기, 생성 날짜, 파일 이름 등 모든 정보를 관리한다.

파일로 프로그램을 실행하거나, 프로그램 설정을 파일로 읽어 들이거나, 자료를 파일로 저장하거나, 서버를 경유해서 파일을 클라이언트로 보내는 등 리눅스에서 하는 작업은 어떤 형태로든지 파일과 관계하고 있다. 다시 말하면 리눅스에서 자료를 읽고, 쓰고, 보내고, 받고, 저장하는 등의 일을 할 때 파일 단위로 작업을 한다. 이것이 가능한 것은 파일 시스템이 디스크 등의 기억 매체를 추상화하여 데이터를 다루는 중개 역할을 해주기 때문이다. 게다가 파일 시스템이 캐시를 효율적으로 이용해서 접근 속도가 느린 하드디스크와 같은 2차 기억장치에 대해서 비동기로 처리하여 응답시간을 향상시킬 수 있기 때문이다. 그래서 우리가 비교적 크기가 큰 파일을 읽거나 저장할 때도 그다지 스트레스를 받지 않고 작업을 할 수 있는 것이다. 자료를 계층적으로 저장, 탐색, 접근, 조작하기 위한 추상적 자료구조의 집합을 파일 시스템이라 한다. 파일 시스템이라는 말은 파일을 저장하는 데 사용되는 파티션이나 디스크를 가리킬 때나, 파일 시스템의 형식을 가리킬 때 사용되기도 한다.

리눅스에서 파일 시스템의 기반이 되는 부분은 커널의 가상 파일 시스템VFS: Virtual File System이라는 추상화된 관리기구이다. VFS를 이용하여 ext2, ext4, xfs 등 파일 시스템을 open(), read(), write()와 같은 일관된 함수를 통해 파일 시스템을 관리할 수 있다. 기존 파일 시스템의 기능과 용량 등을 확장한다는 의미로 Extended file system을 줄여 ext라는 파일 시스템을 리눅스 초기에 사용하였다. 리눅스에서 사용하는 표준 파일 시스템은 ext, ext2, ext3, ext4 순서로 발전해 왔다.

ext2 (Second Extended Filesystem)

파일 시스템에 필요한 대부분의 기능을 제공하며, 뛰어난 안전성과 빠른 속도로 지금도 많이 사용되는 파일 시스템이다. 여러 가지 기능들이 추가되어 발전된 ext3, ext4 와 같은 최신의 파일 시스템도 있지만, ext2는 호환성도 뛰어나며, 업그레이드도 쉽게 할 수 있도록 설계되어 있고, 간결함과 안정성으로 인해 여전히 많이 사용되고 있다.

ext2는 파일의 데이터와 메타-데이터(파일의 위치, 크기, 소유자, 접근 권한 등의 파일과 관련된 데이터)를 동시에 저장하지 않는 비동기식 파일 시스템이다. 비동기식 파일 시스템은 파일의 데이터를 저장할 때 메타-데이터를 함께 저장하는 것이 아니라, 메모리에 모아두었다가 일정한 시간 간격을 두고 저장한다. 이와 같은 메커니즘은 정전 등으로 인해 비정상적으로 시스템이 종료되었을 때 데이터의 일부가 손상되거나, 다시 부팅하는 과정에서 fsck 무결성 검사에 시간이 많이 걸려 중요한 서비스를 하는 서버에 있어 상당 시간 접속불능 상태에 놓이게 되는 문제점을 갖고 있다.

저널링 파일 시스템 Journaling File System은 데이터베이스 기술을 응용한 저널링 기법을 이용해서 앞에서 이야기한 문제를 해결하기 위해 개발된 것으로, 백업 및 복구 능력이 있는 파일 시스템을 말한다. 저널링 파일 시스템은 데이터 관리에 있어 신뢰성을 향상시키기 위한 한 방법으로, 리눅스에서 개별 파일 시스템의 신뢰성을 높이는 수단을 제공하며, 동시에 기반이 되는 VFS도 커널의 버전업과 더불어 확장성scalability 향상을 위해 개선되고 있는 것이 특징이라 할 수 있다. 디스크에 있는 색인index이 갱신되기 전에 관련 내용이 로그에 기록되기 때문에 정전이나 다른 문제로 인하여 색인에 이상이 생기더라도 시스템을 다시 부팅하면 운영체제가 로그를 보고 색인을 재작성하거나 복구할 수 있게 된다. 저널링 파일 시스템은 디스크에 적용되는 변화를 로그로 남기기 때문에 전통적인 파일 시스템보다 안전하다고 말할 수 있다.

ext3 (Third Extended FileSystem)

ext3 파일 시스템은 ext2의 저널링 버전으로 데이터의 일관성을 유지하기 위해 파일 시스템의 변경 사항을 저널에 기록하는 기능을 제공한다. 저널링 기능의 추가로 시스템이 갑작스럽게 종료되더라도 파일 시스템을 빠르게 복구할 수 있다. 그래서 ext3은 신뢰성이 높고 강력한 저널 파일 시스템이라는 명성을 얻고 있다. ext3은 ext2와 완전히 호환되며, ext2로 포맷된 파티션을 ext3로 업그레이드 하거나, ext3를 ext2로 다운그레이드하는 것이 가능하여 변환할 때 백업, 파티션 재설정, 복원이라는 절차를 거치지 않아도 된다는 장점도 있다. 확장성의 한계가 있으나 다음 ResierFS, XFS, JFS와 비교해서도 ext3은 매우 빠르고 대부분의 서버와 워크스테이션에서도 잘 작동된다.

ext4 (Fourth Extended FileSystem)

ext3의 개선된 버전인 ext4는 더 큰 파일과 파티션을 지원하며, ext3에 비해 더 빠른 파일 시스템 검사, 확장된 타임스탬프 기능 등의 개선 사항을 포함하고 있다. 대부분의 리눅스 배포판에서 사용하는 파일 시스템이다. ext4는 Windows, FreeBSD, macOS 등대부분의 OS에서 지원된다. ext4는 스토리지 제한을 확장하고 시스템 성능을 개선하기 위해 도입되었다. ext4는 1EB 불륨 크기와 표준 4K 블록 크기로 최대 16TB의 단일 파일을 지원할 수 있다.

Reiser FS (Reiser FileSystem)

Reiser FS는 독일의 한스 라이저Hans Rsiser가 개발하여 리눅스 커널 2.4.1에 처음 도입된 저널링 파일 시스템이다. 이것은 처음부터 리눅스용 저널링 파일 시스템으로 완전히 새로 설계된 것이어서 작은 파일을 다루는데 있어서 놀라운 성능을 보인다. 리눅스 커널 2.4.3, 2.4.9, 2.4.16에서는 안정성에 문제가 있었으나, 2.4.17 부터 안정화되기 시작하여 계속 발전해 가고 있다. 리눅스용 저널링 파일 시스템 중에서 가장 안정적이라는 평가를 받은 파일 시스템이었으나 2038년 문제 대응과 같은 파일 시스템의 기능상인 문제로 인하여 2022년 초에 리눅스 커널에서 삭제가 논의되었다. 리눅스 커널 5.18에서 지원이 중단되었고 2025년에 리눅스 커널에서 삭제될 예정이다.

XFS (eXtended FileSystem)

XFS는 SGI Silicon Graphics의 IRIX를 위해 개발되어, IRIX 플랫폼 위에서는 1990년대 중반부터 사용되어온 것으로 대용량 파일과 파티션을 처리하는 데 특화되어 있고, ext4보다 높은 성능을 제공할 수 있다. XFS는 높은 성능의 병렬 I/O 처리 능력과 강력한 저널링 기능을 가지고 있다. 이러한 기능으로 예상치 못한 상황으로부터 신속하게 파일 시스템을 복구하여 재시작할 수 있다. XFS는 완전한 64비트 파일 시스템이기 때문에 100만 테라바이트 크기의 파일도 다룰 수 있는 높은 확장성을 갖고 있다.

JFS (Journaled FileSystem)

JFS는 원래 1990년대 중반에 IBM의 AIX OS로 개발되어, OS/2에 이식된 후, 리눅스에 적용된 것이다. 그 사이에 충분한 테스트를 거쳤지만, 리눅스 버전의 JFS는 ext3와 ResiserFS에 비해 그다지 사용되고 있지 않다.

램디스크 (RamDisk)

램디스크 RamDisk란 메모리의 일부분을 사용하고자 하는 파티션으로 설정하는 것이다. 바꾸어 말하면 메모리를 디스크처럼 취급해서 메모리에 파일을 저장하는 것을 의미한다. 메모리는 디스크보다 훨씬 빨리 데이터를 읽고 쓸 수 있다. 하지만 디스크에 비해 용량이 적고 가격이 비싸기 때문에 응용 프로그램을 이용할 때 일시적으로 프로그램이나 데이터를 저장하여 처리할 때 일반적으로 이용한다.

주의할 점은 메모리는 원래 전원을 끄면 데이터가 사라지므로 당연히 램디스크에 저장된 파일은 전원을 끄면 없어진다는 것이다. 하지만 시스템을 종료할 때 자동적으로 램디스크에 있는 파일을 디스크와 같은 저장장치에 저장할 수 있게 되어 있으면, 실제로 램디스크를 아주 빠른 외부기억장치로 이용할 수 있다. 단, 이 경우에 OS가 멈추어 hang-up 버리면 데이터를 잃어버릴 수 있으므로 주의가 필요하다.

리눅스만을 사용할 경우에는 윈도우즈에서 주로 사용하는 파일 시스템에 대해서는 별로 생각할 필요가 없다. 왜냐하면 위에서 설명한 대표적인 파일 시스템들이 윈도우즈에서 제공하는 파일 시스템보다 기능이나 성능 면에서 뛰어나기 때문이다. 하지만 일반 사용자의 경우 PC에 윈도우즈 OS를 설치해서 사용하는 경우가 많을 것이다. 리눅스를 사용하더라도 멀티부팅이 가능하도록 설정하여 사용하거나, 리눅스에서 윈도우즈 파일 시스템을 마운트mount하여 자료를 공유하거나, 다른 윈도우즈 컴퓨터와 삼바를 이용해서 파일을 공유하는 등 대부분은 윈도우즈와는 불가분의 관계를 갖고 있는 것이 현실이다. 그래서 여기서 윈도우즈에서 사용하는 FAT12, FAT16, FAT32와 NTFS 파일 시스템에 대해 간단히 살펴본다.

FAT32 (File Allocation Table 32)

FAT32는 윈도우즈 95 OSR2에서 부터 사용된 파일 시스템으로 FAT16의 파티션 용량표현의 한계와 클러스터의 크기를 개선한 파일 시스템이다. 이 파일 시스템은 NTFS에 비해 기능이 제한적이지민, 간단함과 호환성으로 서의 보든 기기에서 인식하고 사용할 수 있다. 그래서 특히 다양한 기기와 OS 간에 데이터를 주고받아야 하는 경우에 매우 유용하다. 그러나 FAT32는 개별 파일 크기가 4GB를 초과할 수 없으므로 이보다 큰 파일을 주로 다루는 영상, 게임, 대용량 데이터베이스 등에는 제한적일 수 있다. 용량이 증가하면 FAT의 성능이 급격하게 떨어지는 문제가 있다.

NTFS (New Technology File System)

NTFS는 마이크로소프트가 개발한 파일 시스템으로, 현재 윈도우즈에서 가장 많이 사용하고 있는 파일 시스템이다. NTFS는 윈도우즈 NT에 기반을 둔 파일 시스템으로 FAT32 파일 시스템의 기능에 보안 기능, 압축 기능, 원격 저장소 기능 등 업그레이드 된 성능이 추가 되었다. 다시 말해 NTFS는 고용량 파일을 지원하며, 파일 암호화와 접근 권한 설정 등의 고급 기능을 제공한다. 이러한 기능들은 데이터 보호와 보안을 위해 중요하다. 하지만 NTFS는 Windows 외의 다른 OS에서는 완벽하게 화환되지 않기 때문에 다양한 기기 간에 데이터를 주고받을 때는 다른 파일 시스템을 고려할 필요가 있다. 이것은 다양한 OS를 사용하는 환경에서 중요한 고려 사항이다.

exFAT (Extended File Allocation Table)

exFAT는 FAT32의 단점을 보완한 파일 시스템이다. 이 파일 시스템은 FAT32와 마찬가지로 넓은 호환성을 갖추고 있지만, NTFS처럼 개별 파일의 크기 제한 없이 대용량 파일을 지원한다. 그래서 exFAT는 고용량 파일을 다루는 경우나 다양한 기기 간에 데이터를 주고받는 경우에 이상적이다. exFAT는 특히 HD 영상, 고해상도 사진, 대용량 게임 파일 등 큰 파일을 다루는 데 적합하다. 이는 콘텐츠 제작자, 게임 제작자, 영상 편집자 등에게 매우 유용한 특징이다.

7.2 파티션

하나의 큰 공간을 효율적으로 관리하고 이용하기 위해 기능이나 용도에 따라 몇 개의 작은 공간으로 나눈 것을 파티션partition, 분할영역이라 한다. 사무실의 칸막이를 떠올리면 이해가 쉬울 것이다. 빈 사무실에 처음 입주하면 관리부, 경리부 등 각 부서를 칸막이로 나누고, 나누어진 공간에서 각기 다른 업무를 본다. 마찬가지로 컴퓨터에서는 디스크를 논리적으로 분할하는 것으로서, 분할된 영역에 다른 운영체제를 설치하거나, 파일 및 사용자를 관리하는 등의 목적을 위해 별도의 디스크 드라이브를 가진 것처럼 보이게 할 수 있다. 파티션을 나누는 기본적인 이유는 공간을 효율적으로 관리하기 위함이다. 그리고 운영체제가 여러 가지인 경우 각각의 고유한 파일 시스템을 단일 영역에 독립적으로 유지할 수 있게 하는 것과 한 파티션이 손실되더라도 다른 파티션 영역은 손실로부터 보호할 수 있는 확률을 높이기 위한 이유도 있다. 파티션을 나누는 장점으로 다음과 같은 것을 들 수 있다.

- 부팅시간 절약
  시스템이 부팅될 때에는 항상 파일 시스템을 점검한다. 이때 거대한 하나의 파티션을 점검하는 속도보다는 여러 개로 나누어서 병렬로 점검하는 속도가 훨씬 빠르기 때문에 부팅 시간을 절약하는 효과를 얻을 수 있다.

- 시스템 복구시간 절약
  시스템이 정상적으로 종료되지 않은 경우에 부팅하면 자동적으로 파일 시스템을 복구하는 프로그램이 실행된다. 이때 파티션이 여러 개인 시스템에서는 문제가 발생한 파티션만 복구하면 되기 때문에 복구하는데 시간을 줄일 수 있다.

- 효율적인 자료 관리 및 보호
  중요한 자료를 보존용으로 지정한 파티션에 저장하면 운영체제를 업데이트할 때는 물론 다시 설치해야 하거나 다른 운영체제를 설치해야 하는 상황에서도 파티션을 포맷하지 않고 그대로 이용할 수 있다.

파티션 종류

파티션은 주(기본), 확장, 논리의 3영역으로 나누어진다.

- 주 파티션(primary partition) : 기본적인 파티션으로 하나의 하드디스크에는 주 파티션과 확장 파티션을 합해서 4개까지 만들 수 있다는 제한이 있다. 4개 이상의 파티션이 필요할 경우 확장 파티션을 만들어 그 안에 논리 파티션을 둘 수 있다.

- 확장 파티션(extended partition) : 여러 개의 파티션을 나누고자 할 때 만드는 파티션이다. 확장 파티션은 저장 공간이 없으며, 안에 논리 파티션을 만들 수 있게 해주는 커다란 그릇의 역할만 한다. 확장 파티션은 디스크에 하나만 만들 수 있다.

- 논리 파티션(logical partition) : 4개 이상의 파티션을 사용하게 되는 경우 확장 파티션을 지정하여 그 안에 논리 파티션을 만들어 사용할 수 있다. 하나의 하드디스크에서 논리 파티션은 최대 12개까지 만들 수 있다.

하나의 하드디스크 안에 만들 수 있는 파티션의 최대 수는 총 16개이다(주 파티션 3 + 확장 파티션 1 + 논리 파티션 12).

IDE 방식의 하드디스크는 hda(HardDisk A: 1번째 하드디스크), hdb, SCSI 방식의 하드디스크는 sda(Scsi hardDisk A), sdb 등으로 장치이름을 붙이고, 그 다음에 붙는 번호가 파티션 번호가 된다. 예를 들어, /dev/hdb3이라 표현한 것은 IDE 방식의 2번째 하드디스크의 3번째 파티션이라는 의미이다. 여기서 /dev는 주변장치를 관리하는 디렉터리를 나타낸다.

표 7-1 장치 및 파티션

구분	물리적인 디스크 장치명	파티션명(번호)
IDE 디스크	/dev/hda : 1번째 IDE디스크 PrimaryMaster /dev/hdb : 2번째 IDE디스크 Primary Slave /dev/hdc : 3번째 IDE디스크 Secondary Master /dev/hdd : 4번째 IDE디스크 Secondary Slave	/dev/hda : IDE디스크 전체 /dev/hda1 : IDE디스크의 1번째 파티션 /dev/hda2 : IDE디스크의 2번째 파티션 /dev/hda3 : IDE디스크의 3번째 파티션 /dev/hda4 : IDE디스크의 4번째 파티션 /dev/hda5 : IDE디스크의 5번째 파티션
SCSI 디스크	/dev/sda : 1번째 SCSI 디스크 /dev/sdb : 2번째 SCSI 디스크 /dev/sdc : 3번째 SCSI 디스크 /dev/sdd : 4번째 SCSI 디스크	/dev/sda : SCSI 디스크 전체 /dev/sda1 : SCSI디스크의 1번째 파티션 /dev/sda2 : SCSI디스크의 2번째 파티션 /dev/sda3 : SCSI디스크의 3번째 파티션 /dev/sda4 : SCSI디스크의 4번째 파티션 /dev/sda5 : SCSI디스크의 5번째 파티션

파티션 테이블 관리

fdisk$_{\text{format disk}}$는 디스크의 파티션 테이블을 만들거나 변경, 삭제하는 등 파티션을 관리하는 데 사용되는 강력한 대화형 도구이다. 디스크 장치의 파티션 정보를 확인하고 수정하려면 다음과 같이 사용한다.

```
$ sudo fdisk [옵션] 장치
  -l          파티션 테이블 (/dev/sda, /dev/sdb, /dev/sdc 등)
  -s 파티션   해당 파티션의 크기를 블록 단위로 출력
  -u          파키션 정보를 표시할 때 섹터 단위로 표시
  -d          파티션 테이블을 파일로 덤프
```

해당 하드디스크의 파티션 정보는 다음과 같이 옵션 -l을 사용하여 확인할 수 있다. 그리고 옵션 -s를 사용하면 해당 파티션의 크기를 알 수 있다.

```
$ sudo fdisk -l /dev/sda
Disk /dev/sda: 35 GiB, 37580963840 bytes, 73400320 sectors
Disk model: VBOX HARDDISK
Units: sectors of 1 * 512 = 512 bytes
Sector size (logical/physical): 512 bytes / 512 bytes
I/O size (minimum/optimal): 512 bytes / 512 bytes
Disklabel type: gpt
Disk identifier: 7B3ACF77-F37A-47DF-A568-293B8DBFD675

Device      Start      End  Sectors Size Type
/dev/sda1    2048     4095     2048   1M BIOS boot
/dev/sda2    4096 73398271 73394176  35G Linux filesystem
$ sudo fdisk -s /dev/sda2
36697088
```

MBR 백업

하드디스크의 파티션 정보를 편집하기 전에 꼭 해두어야 할 일이 있다. 그것은 작업을 하다가 문제가 발생하였을 때 원래대로 복구하기 위한 것으로 파티션 정보를 담고 있는 MBR$_{\text{Master Boot Record}}$을 백업하는 일이다. 이에 관한 자세한 설명은 시스템 복구에서 다루기로 하고 여기서는 MBR을 백업하는 방법에 대해 설명한다.

터미널에서 다음 명령어를 실행한다. 이때 숫자 등 입력이 잘못되지 않도록 주의하기 바란다. 여기서의 작은 실수는 나중에 시스템을 사용할 수 없을 정도의 영향을 끼칠 수도 있기 때문이다.

```
$ sudo dd if=/dev/sda of=/home/c105/mbr_backup bs=512 count=1
```

여기서, /dev/sda는 fdisk 명령어를 이용하여 내용을 편집하려는 장치이름이므로 사용자의 환경에 따라 다를 수 있다. 반드시 실제 백업하려는 디스크의 장치이름으로 지정해 주어야 한다. dd는 하드디스크의 이미지를 만들기 위한 명령어이고, if는 입력파일$_{\text{input file}}$을, of는 출력파일$_{\text{output file}}$을 의미한다. 그리고 bs$_{\text{byte size}}$ 옵션은 입출력을 최대 512바이트씩 처리하는 것을, count 옵션은 1번만 복사한다는 것을 나타낸다.

명령을 실행하면 홈디렉터리에 512바이트 크기의 mbr_backup이라는 파일이 만들어져 있을 것이다.

이것은 입력으로 지정된 하드디스크의 최초 512바이트가 **mbr_backup** 파일로 복사된 것이다. 홈디렉터리에 만들어진 백업파일을 안전한 다른 외장 저장 매체 로 옮겨 보관해 두기 바란다.

안전하게 **MBR**을 백업해 두었다면 **fdisk** 명령어를 사용하여 파티션 내용을 고쳐보도록 하자. 여기서는 **SATA** 하드디스크 **/dev/sda**의 파티션 정보를 편집하는 것으로 가정하고 설명하기로 한다. 다음은 **fdisk**를 실행한 예이다.

```
$ sudo fdisk /dev/sda
Welcome to fdisk (util-linux 2.39.3).
Changes will remain in memory only, until you decide to write them.
Be careful before using the write command.

This disk is currently in use - repartitioning is probably a bad idea.
It's recommended to umount all file systems, and swapoff all swap
partitions on this disk.

Command (m for help): m
Help:
  GPT
   M   enter protective/hybrid MBR
  Generic
   d   delete a partition
   F   list free unpartitioned space
   l   list known partition types
   n   add a new partition
   p   print the partition table
   t   change a partition type
   v   verify the partition table
   i   print information about a partition
  Misc
   m   print this menu
   x   extra functionality (experts only)
  Script
   I   load disk layout from sfdisk script file
   O   dump disk layout to sfdisk script file
  Save & Exit
   w   write table to disk and exit
   q   quit without saving changes
  Create a new label
   g   create a new empty GPT partition table
   G   create a new empty SGI (IRIX) partition table
   o   create a new empty MBR (DOS) partition table
   s   create a new empty Sun partition table


Command (m for help): q
```

실행하면 위와 같이 **Command(m for help):** 라는 프롬프트를 보여주며 명령을 기다린다. **m**을 입력하면 도움말을 보여준다. **fdisk** 내에서의 명령어에 대하여 표 7-2에 간단히 정리하였다.

표 7-2 fdisk 내에서의 명령

명령	역할
a	부팅 가능한 파티션으로 설정 (activate)
b	BSD 디스크라벨 설정 (BSD disklabel)
c	마운트 가능 플래그 설정
d	파티션 삭제 (delete)
l	파티션 형태 목록 출력 (list)
m	도움말 출력 (manual)
n	새로운 파티션 추가 (new)
p	파티션 테이블 출력 (print)
q	파티션 테이블 저장 없이 빠져나감 (quit)
s	SUN 디스크라벨 설정 (Sun disklabel)
t	파일 시스템 속성 변경 (transfer)
u	표시/엔트리 단위 변경 (units)
v	파티션 테이블 점검 (verify)
w	파티션 테이블 저장 후 빠져나감 (write)

p - 파티션 정보 보기

현재 디스크의 파티션 정보를 보기 위해서는 **p** 명령을 사용한다. 이것은 파티션 만들기/지우기/바꾸기 등의 과정을 수행한 뒤 적용된 내용을 확인하기 위해 자주 사용한다.

```
Command (m for help): p

Disk /dev/sda: 35 GiB, 37580963840 bytes, 73400320 sectors
Disk model: VBOX HARDDISK
Units: sectors of 1 * 512 = 512 bytes
Sector size (logical/physical): 512 bytes / 512 bytes
I/O size (minimum/optimal): 512 bytes / 512 bytes
Disklabel type: gpt
Disk identifier: 7B3ACF77-F37A-47DF-A568-293B8DBFD675

Device      Start      End  Sectors Size Type
/dev/sda1    2048     4095     2048   1M BIOS boot
/dev/sda2    4096 73398271 73394176  35G Linux filesystem

Command (m for help): █
```

q - 저장하지 않고 끝내기

실수로 파티션을 지웠거나 잘못 설정한 경우에는 **q** 명령으로 변경 내용을 반영하지 않고 끝내면 시스템에 아무런 영향을 미치지 않는다. 다음과 같이 **q** 명령을 내리면 바뀐 내용을 반영하지 않고 **fdisk**가 종료된다.

```
Command (m for help): q
```

w - 저장 후 끝내기

일련의 작업이 끝난 뒤 실제로 설정한 내용을 반영시키기 위해서 **w**명령으로 바뀐 내용을 저장하고 나서 종료한다. 만약 새로 파티션을 생성하는 경우라면 다시 부팅을 해야 새로운 파티션이 인식이 된다. 이와 같이 새로운 파티션이 인식이 되어야 포맷을 할 수 있다.

```
Command (m for help): w
The partition table has been altered.
Syncing disks.
$ █
```

d - 파티션 지우기

지워야할 파티션이 있다면 **d** 명령을 사용하여 파티션을 삭제할 수 있다. 다음과 같이 **p** 명령으로 지울 파티션을 확인한 뒤, **d** 명령을 실행하면 **Partition number (1-4):** 와 같이 지울 파티션 번호를 물어온다. 번호를 입력하면 해당 파티션을 지운다. 여기서는 생략하였으나 **p** 명령으로 파티션이 지워졌는지를 확인하기 바란다.

```
Command (m for help): p

Disk /dev/sda: 35 GiB, 37580963840 bytes, 73400320 sectors
Disk model: VBOX HARDDISK
Units: sectors of 1 * 512 = 512 bytes
Sector size (logical/physical): 512 bytes / 512 bytes
I/O size (minimum/optimal): 512 bytes / 512 bytes
Disklabel type: gpt
Disk identifier: 7B3ACF77-F37A-47DF-A568-293B8DBFD675

Device      Start      End  Sectors Size Type
/dev/sda1    2048     4095     2048   1M BIOS boot
/dev/sda2    4096 73398271 73394176  35G Linux filesystem

Command (m for help): d
Partition number (1,2, default 2): 2

Command (m for help): █
```

n - 파티션 새로 만들기

주 파티션의 수는 4개까지 만들 수 있다. 리눅스의 경우 효율적으로 파일 시스템을 관리하기 위해 하나의 디스크를 여러 개의 파티션으로 나누어 사용하는 것이 일반적이다. 게다가 윈도우즈와 멀티로 사용하는 경우에는 더욱 많은 파티션이 필요하게 된다. 이와 같이 여러 개의 파티션을 만들어야 할 경우에 확장 파티션을 만들어 그 속에 논리 파티션을 여러 개를 만드는 것이 현실적으로 가능한 접근 방법이다. 그래서 여기서는 확장 파티션과 논리 파티션을 중심으로 설명한다.

새로운 파티션을 만들려면 n 명령어를 사용한다. 다음과 같이 n을 입력한다. 그 다음 어떠한 형태의 파티션을 만들 것인지를 선택해야 하는데, 주 파티션을 만들 경우에는 p를, 확장 파티션을 만들 경우에는 e를 입력한다. 여기서는 확장 파티션을 만들어 보기로 한다. 다음과 같은 프롬프트에서 확장을 나타내는 e를 선택한다.

```
Command action
    e extended
    p primary partition (1-4)
e▌
```

그러면 그 다음 프롬프트에서는 파티션 번호를 선택한다.

```
Partition number (1-4) : 3
```

1번째 파티션 이라면 1을, 2번째는 2를 입력한다.

그 다음에는 파티션의 시작 블록 번호를 입력해야 한다. 괄호 안에 있는 숫자는 파티션으로 지정할 수 있는 블록의 범위를 나타낸다. 새로 만들려는 파티션의 영역을 지정하기 위해서는 시작 지점과 끝 지점의 실린더 값을 입력해야 한다. 여기서는 남은 영역을 모두 확장 파티션으로 만들기 위해 시작과 끝 지점을 기본값인 19325와 19452로 한다. 그래서 따로 값을 입력할 필요 없이 Enter를 누르면 된다. 기본값이 아니라 사용자가 직접 해당 영역을 지정하고 싶을 때는 다음과 같이 시작 지점을 물어오면 적절한 값을 입력하면 된다.

```
First cylinder (19325-19452, default 19325) : 19325▌
```

마찬가지로 다음과 같이 끝 지점을 물어오면 직접 값을 입력하거나 필요한 크기를 + 기호를 사용하여 입력해도 된다. 지정할 수 있는 크기의 단위로는 바이트, 킬로바이트, 메가바이트가 있다.

```
Last cylinder or +size or +sizeM or + sizeK (19325-19452, default 19452): +100M
▌
```

다음은 위에서 설명한 확장 파티션을 만드는 과정을 나타낸 것이다.

```
Command (m for help): n
Command action
    e extended
    p primary partition (1-4)
e
Partition number (1-4): 3
First cylinder (19325-19452, default 19325):
Using default value 19325
Last cylinder or +size or +sizeM pr +sizeK (19325-19452, default 19452):
Using default value 19452

Command (m for help): █
```

파티션이 잘 만들어 졌는지 다음과 같이 확인을 해야 한다. 파티션 정보를 보려면 명령어 p를 사용한다.

```
Command (m for help): p

Disk /dev/sda: 35 GiB, 37580963840 bytes, 73400320 sectors
Disk model: VBOX HARDDISK
Units: sectors of 1 * 512 = 512 bytes
Sector size (logical/physical): 512 bytes / 512 bytes
I/O size (minimum/optimal): 512 bytes / 512 bytes
Disklabel type: gpt
Disk identifier: 7B3ACF77-F37A-47DF-A568-293B8DBFD675

Device      Start      End  Sectors Size Type
/dev/sda1    2048     4095     2048   1M BIOS boot
/dev/sda2    4096 73398271 73394176  35G Linux filesystem
/dev/sda3  19325     19452    00000   1M Extended

Command (m for help): █
```

확장 파티션이 만들어졌으므로 n 명령으로 파티션 새로 만들기를 실행하면 다음과 같이 논리 파티션에 대한 내용이 표시된다. 여기서 확장 파티션 안에 700M바이트의 논리 파티션을 만들어 보기 위해 l을 선택한다.

```
Command action
    l logical (5 or over)
    p primary partition (1-4)
l▌
```

위에서 설명한 것과 마찬가지로 지정할 영영의 범위를 물어오면 적절하게 입력하면 된다. 여기서 시작 지점은 기본 값으로 하고 크기를 기준으로 끝 지점을 정하기 위해 다음과 같이 끝 지점으로는 **+700M**을 입력한다.

```
Command (m for help): n
Command action
    l logical (5 or over)
    p primary partition (1-4)
l
First cylinder (19325-19452, default 19325):
Using default value 19325
Last cylinder or +size or +sizeM pr +sizeK (19325-19452, default 19452): +700M

Command (m for help): █
```

다음은 남은 영역에 논리 파티션을 추가로 만들어 보기로 한다. 여기서는 간단히 시작과 끝 지점을 기본 값으로 지정한다.

```
Command (m for help): n
Command action
    l logical (5 or over)
    p primary partition (1-4)
l
First cylinder (19411-19452, default 19411):
Using default value 19411
Last cylinder or +size or +sizeM pr +sizeK (19325-19452, default 19452):
Using default value 19452

Command (m for help): █
```

p 명령을 이용하여 지정한 대로 파티션이 잘 만들어졌는지를 확인한다.

```
Command (m for help): p

Disk /dev/sda: 35 GiB, 37580963840 bytes, 73400320 sectors
Disk model: VBOX HARDDISK
Units: sectors of 1 * 512 = 512 bytes
Sector size (logical/physical): 512 bytes / 512 bytes
I/O size (minimum/optimal): 512 bytes / 512 bytes
Disklabel type: gpt
Disk identifier: 7B3ACF77-F37A-47DF-A568-293B8DBFD675

Device      Start      End  Sectors Size Type
/dev/sda1    2048     4095     2048   1M BIOS boot
/dev/sda2    4096 73398271 73394176  35G Linux filesystem
/dev/sda3  19325     19452    00000   1M Extended
/dev/sda3  19325     19410   686603+  1M Linux filesystem
```

```
/dev/sda3  19411    19452   337333+  1M Linux filesystem

Command (m for help): █
```

t - 파일 시스템 ID 바꾸기

만들어진 파티션의 시스템 ID는 기본적으로 번호가 83번으로 Linux 파일 시스템으로 된다. 그렇지만, 경우에 따라서 스왑swap 파티션 혹은 W95 FAT32, HPFS/NTFS 파티션을 만들어야 하는 경우도 있다.

```
Command (m for help): t
Partition number (1-6): 6
Hex code *type L to list codes): 82
Changed system type of partition 6 to 82 (Linux swap / Solaris)

Command (m for hclp): █
```

이 때 파일 시스템의 ID를 바꾸어 주기 위해서 t 명령어를 사용한다. 위의 t 명령어를 사용해서 83번으로 되어 있던 6번째 파티션(/dev/sda6)의 파일 시스템 ID를 82번인 Linux swap 파일 시스템으로 바꾸는 과정을 나타낸다. 다음은 파일 시스템 ID가 바뀌었는지 확인한 결과를 나타낸다.

```
Device     Start      End  Sectors Size Type
/dev/sda1   2048     4095     2048   1M BIOS boot
/dev/sda2   4096 73398271 73394176  35G Linux filesystem
/dev/sda3  19325    19452    00000   1M Extended
/dev/sda3  19325    19410   686603+  1M Linux filesystem
/dev/sda3  19411    19452   337333+  1M Linux filesystem

Command (m for help): █
```

l - 파일 시스템 ID와 이름 보기

위와 같이 파일 시스템을 바꿀 경우 ID번호를 입력해야 하는데 ID번호를 기억하지 못하는 일이 많이 있다. 이 때 사용가능한 파일 시스템과 ID번호가 정리되어 있으면 도움이 될 것이다. 이때 l 명령을 사용하면 다음과 같이 파일 시스템의 ID와 이름을 함께 볼 수 있다.

```
  1 EFI System                C12A7328-F81F-11D2-BA4B-00A0C93EC93B
  2 MBR partition scheme      024DEE41-33E7-11D3-9D69-0008C781F39F
  3 Intel Fast Flash          D3BFE2DE-3DAF-11DF-BA40-E3A556D89593
  4 BIOS boot                 21686148-6449-6E6F-744E-656564454649
  5 Sony boot partition       F4019732-066E-4E12-8273-346C5641494F
  6 Lenovo boot partition     BFBFAFE7-A34F-448A-9A5B-6213EB736C22
  7 PowerPC PReP boot         9E1A2D38-C612-4316-AA26-8B49521E5A8B
  8 ONIE boot                 7412F7D5-A156-4B13-81DC-867174929325
```

```
  9 ONIE config                      D4E6E2CD-4469-46F3-B5CB-1BFF57AFC149
 10 Microsoft reserved               E3C9E316-0B5C-4DB8-817D-F92DF00215AE
 11 Microsoft basic data             EBD0A0A2-B9E5-4433-87C0-68B6B72699C7
 12 Microsoft LDM metadata           5808C8AA-7E8F-42E0-85D2-E1E90434CFB3
 13 Microsoft LDM data               AF9B60A0-1431-4F62-BC68-3311714A69AD
 14 Windows recovery environment     DE94BBA4-06D1-4D40-A16A-BFD50179D6AC
 15 IBM General Parallel Fs          37AFFC90-EF7D-4E96-91C3-2D7AE055B174
 16 Microsoft Storage Spaces         E75CAF8F-F680-4CEE-AFA3-B001E56EFC2D
 17 HP-UX data                       75894C1E-3AEB-11D3-B7C1-7B03A0000000
 18 HP-UX service                    E2A1E728-32E3-11D6-A682-7B03A0000000
 19 Linux swap                       0657FD6D-A4AB-43C4-84E5-0933C84B4F4F
 20 Linux filesystem                 0FC63DAF-8483-4772-8E79-3D69D8477DE4
 21 Linux server data                3B8F8425-20E0-4F3B-907F-1A25A76F98E8
...
213 DragonFlyBSD Legacy              BD215AB2-1D16-11DC-8696-01301BB8A9F5
214 DragonFlyBSD HAMMER              61DC63AC-6E38-11DC-8513-01301BB8A9F5
215 DragonFlyBSD HAMMER2             5CBB9AD1-862D-11DC-A94D-01301BB8A9F5
Aliases:
   linux          - 0FC63DAF-8483-4772-8E79-3D69D8477DE4
   swap           - 0657FD6D-A4AB-43C4-84E5-0933C84B4F4F
   home           - 933AC7E1-2EB4-4F13-B844-0E14E2AEF915
   uefi           - C12A7328-F81F-11D2-BA4B-00A0C93EC93B
   raid           - A19D880F-05FC-4D3B-A006-743F0F84911E
   lvm            - E6D6D379-F507-44C2-A23C-238F2A3DF928
```

MBR 복구

앞서 백업해 둔 mbr_backup 파일을 Ubuntu의 홈디렉터리로 복사해서 다음과 같이 실행하면 파티션 테이블이 복구된 된다.

```
$ sudo dd if=/home/c105/mbr_backup of=/dev/sda bs=512 count=1
```

여기서, if 항목에는 MBR 백업을 한 실제 파일이름이어야 하고, of 항목에는 fdisk로 작업하였던 하드디스크 장치이어야 올바로 복구됨에 주의하기 바란다. 여기도 마찬가지로 복구해야할 장치를 잘못 지정하면 더 큰 문제가 발생할 수 있기 때문에 거듭 확인과 주의를 기울이기를 바란다. 그리고 이 명령으로는 446바이트에 있는 부트 코드도 함께 복구된다는 사실을 기억하기 바란다.

파일 시스템 생성

편집된 파티션을 사용하기 위해서는 파일 시스템을 작성(포맷)해야 한다. 이를 위한 명령어가 mkfs 이다.

```
$ sudo mkfs [-V][-t fstype][fs-options] filesys [blocks]
```

filesys	작성할 장치이름 (/dev/hda1, /dev/sda2 등) 또는 마운트 포인트 (/, /usr/home 등)
blocks	작성할 파일 시스템의 블록수
-t fstype	작성할 파일 시스템의 형식을 지정함 (기본형식: ext2)
fs-options	실제 파일 시스템 작성을 하는 명령어에 넘겨줌, 파일 시스템 고유의 옵션을 지정함
-c	파일 시스템을 작성하기 전에 장치의 불량 블록을 검사함
-l filename	불량 블록의 목록을 filename에서 읽음
-v	처리과정을 자세히 나타냄

실제로는 **mkfs**는 단지 프론트엔드front-end에 지나지 않는다. 리눅스에서 사용할 수 있는 파일 시스템에는 여러 가지가 있는데 실제 파일 시스템을 작성하는 것은 **mkfs.fstype** 라는 전용 프로그램이다. Ubuntu에서는 /sbin 디렉터리에 다음과 같은 명령어들이 준비되어 있다.

```
mkfs.cramfs, mkfs.ext2, mkfs.ext3, mkfs.jfs, mkfs.minix,
mkfs.msdos,mkfs.ntfs, mkfs.reiserfs, mkfs.vfat, mkfs.xfs, mkswap
```

이 명령어에서 알아야하는 것은 파일 시스템의 작성 결과로 설정되는 항목들이다. 즉, 파일 시스템을 작성하면 다음과 같은 세부항목들이 파일 시스템 내에 만들어진다.

. 블록 크기 (block size)
. 프래그먼트 크기 (fragment size)
. inode의 수
. 수퍼유저(관리자)가 사용할 블록의 수 (전체 블록의 5%를 차지함)
  . 1번째 데이터 블록
. 블록 그룹(block group)의 수
  . 그룹당 블록수
  . 그룹당 프래그먼트의 수
  . 그룹당 inode의 수

위의 설명이 복잡하다면 자세한 옵션들은 기본값으로 정하면 다음과 같이 간단히 실행할 수 있다. 단 새로운 파일 시스템을 작성한다는 것은 포맷한다는 의미로 기존에 있던 자료를 모두 지우게 된다는 사실을 기억하기 바란다.

```
$ sudo mkfs -t fstype filesys
또는
$ sudo mkfs.fstype filesys
```

시간이 좀 걸리지만 디스크 장애를 사전에 예방하기 위해 파일 시스템을 작성할 때 배드블록$_{\text{bad block}}$을 점검하려면 다음과 같이 -c 옵션을 사용한다.

```
$ sudo mkfs -c -t fstype filesys
또는
$ sudo mkfs.fstype -c filesys
```

위의 과정을 통해 파일 시스템이 작성되었으면 장치를 마운트하여 사용할 수 있다. 하드디스크를 추가로 장착할 때 해야 할 작업을 순서대로 정리하면 다음과 같다.

. 하드디스크 장착(연결)
. fdisk 명령어로 파티션 작성 및 편집
. mkfs 혹은 mkfs.fstype 명령어로 파일 시스템 작성(포맷)
. mount 명령어로 지정한 파일 시스템을 마운트하여 사용
. 부팅시 자동으로 마운트하기 위하여 /etc/fstab에 설정

파일 시스템 크기 변경

아무리 꼼꼼하게 계획을 세웠다고 하더라도 실제 시스템을 운영해보면 일부 파티션이 파일로 가득 차 버릴 때가 있다. 디스크가 여러 파티션으로 나누어져 있는 경우 파티션을 백업하고 나서 다른 디스크로 옮긴다. 그 다음으로 파일 시스템의 활용도에 따라 파티션 크기를 늘리거나 줄이는 등 크기를 바꾼다. 크기를 바꾸었으며 각 파일 시스템을 포맷하고 백업해 둔 파일을 다시 복구하면 된다. 이러한 일련의 과정은 용량이 더 큰 하드디스크를 준비하여 정상적인 절차를 밟아 진행하는 가장 기본적이며 안전한 방법이다. 필자는 이 방법을 적극적으로 권장한다. 왜냐하면 시간이나 비용을 아끼기 위해 기교를 부리게 되면 예기치 못한 곳에서 문제가 발생하여 낭패를 보는 일이 흔히 있기 때문이다.

물론 하드디스크의 백업/복구하기 위해서는 중요한 파일을 보존하는데 충분한 크기의 여유 공간을 가진 드라이브가 필요하지만, 그러한 드라이브가 항상 준비되어 있는 것은 아니다. 이와 같은 경우 LiveCD/USB(https://gparted.org/livecd.php)가 있으면 디스크를 백업/복구하지 않고 파티션 크기를 변경할 수 있다. 파티션을 동적으로 바꿀 수 있다면 아주 편리하다. 하지만, 파티션을 동적으로 바꾸어주는 도구는 그 성격상 위험한 도구이다. 정전이나 시스템 폭주(고장), 버그 등으로 인해 파티션에 심각한 손상을 줄 수 있기 때문이다. LiveCD/USB가 편리한 도구이지만 이 경우에도 가능하면 중요한 자료는 반드시 백업을 해두기 바란다.

ext2와 ext3의 크기 변경

resize2fs는 거의 대부분의 배포판에 포함되어 있는 e2fsprogs 패키지의 일부 프로그램으로, ext2와 ext3 파일 시스템의 크기를 바꾸는 명령어이다. 이 프로그램은 언마운트된 파일 시스템을 확대하거나 축소한다. resize2fs 프로그램의 사용법은 다음과 같다.

```
$ sudo resize2fs [옵션] 장치이름 [크기]
  -d flags    디버그 속성
              1 - 모든 디스크 I/O 표시
              2 - 블록 재할당을 디버깅함
              8 - inode 재할당을 디버깅함
              16 - inode 테이블 이동을 디버깅함
  -S RAID     RAID stdride를 휴리스틱하게 결정함
  -p          진행 상황을 백분율로 표시함
  -f          안전성 확인을 하지 않고 강제적으로 진행함
  -F          크기 변경을 하기 전에 장치의 버퍼캐시를 삭제함
```

예를 들어, /dev/hda2 파일 시스템의 크기를 바꾸고 싶으면 resize2fs /dev/hda2와 같이 하면 된다. 이것은 /dev/hda2 파일 시스템의 크기가 대상 파티션의 크기에 맞추어 바뀐다. 또한 resize2fs /dev/hda2 256000과 같이 크기를 지정하게 되면 파일 시스템의 크기를 256,000블록으로 바꿀 수도 있다. resize2fs 프로그램이 변경하는 것은 파티션의 크기가 아니라, 그 파티션이 들어 있는 파일 시스템의 크기이다. 따라서 파티션과 그 파일 시스템의 크기를 바꾸기 위해서는 resize2fs와 fdisk를 같이 사용해야한다. 파일 시스템을 줄일 경우에는 먼저 파일 시스템을 줄이고 나서 그에 따라 fdisk로 파티션을 줄이게 된다. 반대로 파티션을 늘릴 경우에는 먼저 fdisk를 사용해서 설정을 바꾸고 나서, resize2fs를 사용한다. 파일 시스템과 파티션의 크기를 일치시키는 일은 실수를 일으키기 쉬운 작업이기 때문에, 일반적으로는 resize2fs보다도 다음 절에서 소개하는 GNU Parted를 사용하는 것이 바람직하다.

ReiserFS의 크기 변경

resize_reiserfs는 ReiserFS 파일 시스템의 크기를 바꾸어주는 명령어이다.

```
$ sudo resize_reiserfs [옵션] 장치이름
  -s [± size] 새로운 크기를 바이트 단위로 설정함 (K, M, G)
  -j dev      저널 장치이름을 설정함
  -f          안전성 확인을 하지 않고 강제적으로 진행함
  -q          오류 메시지 외에 아무것도 나타내지 않음
```

resize2fs와 마찬가지로 파티션이 아니라 그 속의 파일 시스템의 크기를 바꾸는 도구이므로 fdisk와 함께 사용해야 한다. 이 명령어에 파티션 식별자만 넘겨주면 그 파티션에 맞추어 파일 시스템의

크기가 바뀐다. -s 옵션으로 크기를 지정할 수 있다. 예를 들어, resize_reiserfs -s -500M /dev/sda2는 /dev/sda2에 있는 파일 시스템의 크기를 기존의 크기보다 500MB줄인다.

XFS의 크기 변경

xfs_growfs는 XFS 파일 시스템의 크기를 늘리는 명령어이다. 이름에서도 알 수 있듯이 파일 시스템의 크기를 줄일 수는 없고 늘리는 것만 가능하다. 또한 대부분의 크기 변경 프로그램과는 달리 마운트된 파일 시스템에 대해서만 적용할 수 있다. 대상 파일 시스템을 언마운트해서, fdisk로 파티션을 지우고, 그 곳에 새로운 파티션을 작성하고 나서 파일 시스템을 마운트하고서 xfs_growfs 명령을 실행하는 것이 가장 안전한 사용법이다.

```
$ sudo xfs_growfs [옵션] 마운트포인트
    -d,-D size  크기를 블록 단위로 설정함
```

JFS의 크기 변경

JFS 파일 시스템 변경 기능은 커널의 JFS 드라이버에 포함되어 있다. 이 기능을 사용하면 크기를 줄일 수는 없지만, 늘리는 것은 가능하다. 대부분의 크기 변경 프로그램처럼 fdisk로 파티션을 지우고서 크기를 키우는 방법을 사용하기 때문에 파티션 크기를 먼저 바꾸어주어야 한다. 이것이 끝나면 파티션을 마운트해서 다음 명령을 실행한다. 마운트 포인트에 마운트된 파일 시스템의 크기가 파티션의 빈 공간 전체를 차지하도록 변경된다.

```
$ sudo mount -o remount,resize 마운트포인트
```

앞서 설명한 것과 같이 파일 시스템의 크기를 바꾸는 것이지, 파티션의 크기를 바꾸는 것은 아니다. 그래서 일반적으로 사용자가 원하는 기능은 파티션과 파일 시스템의 크기를 함께 바꾸는 것이다. 이와 같은 결과를 얻기 위해서는 파일 시스템 크기 변경 프로그램과 fdisk 명령을 병행해야 한다. 하지만, 크기를 늘릴 경우와 줄일 경우에 실행해야하는 순서를 지켜야하는 것과 크기를 일치시켜주어야 하는 문제가 있어 명령어로 크기를 동시에 변경하는 것은 그리 쉬운 작업이 아니다.

7.3 파티션 관리 도구

GParted (Gnome Partition Editor)

GParted는 리눅스에서 디스크를 관리하기 위한 그래픽 도구이다. GParted를 사용하면 거의 모든 유형의 파티션 및 디스크 관리를 수행할 수 있다. GParted는 GUI로 되어 있어 사용하기가 매우 쉽습니다. 요즘 디스크는 용량이 크기 때문에 하나 이상의 파티션으로 나누어 사용하는 것이 일반적이고, 리눅스를 설치하여 멀티 부팅하여 사용하는 경우에는 효율적으로 파일 시스템을 관리하기 위해 더 많은 파티션을 나누어 사용하게 된다. 그런데 파티션 크기를 조정하기 위해 기존 파티션을 지우게 되면 해당 파티션 속에 있던 데이터가 사라지기 때문에 백업을 받아놓고 지워야하는 등의 불편함이 따르게 된다. GParted는 이런 불편함 없이 GUI로 기존 파티션의 크기 조정과 이동, 복사, 삭제 및 새로운 파티션의 생성 등을 할 수 있는 강력한 파티션 관리도구이다. GParted에 대한 보다 자세한 내용은 GParted 홈페이지(https://gparted.org/index.php)를 참조하기 바란다.

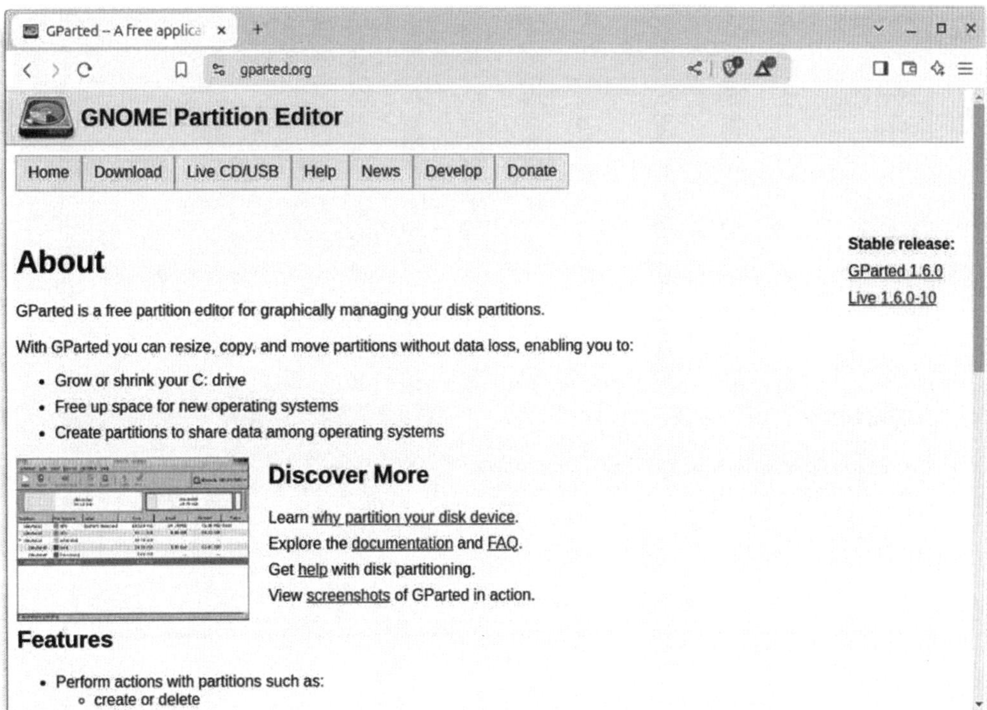

다음 명령으로 GParted 패키지를 설치한다.

```
$ sudo apt install gparted -y
```

다음은 GParted가 지원하는 파일 시스템과 기능을 나타낸 것이다.

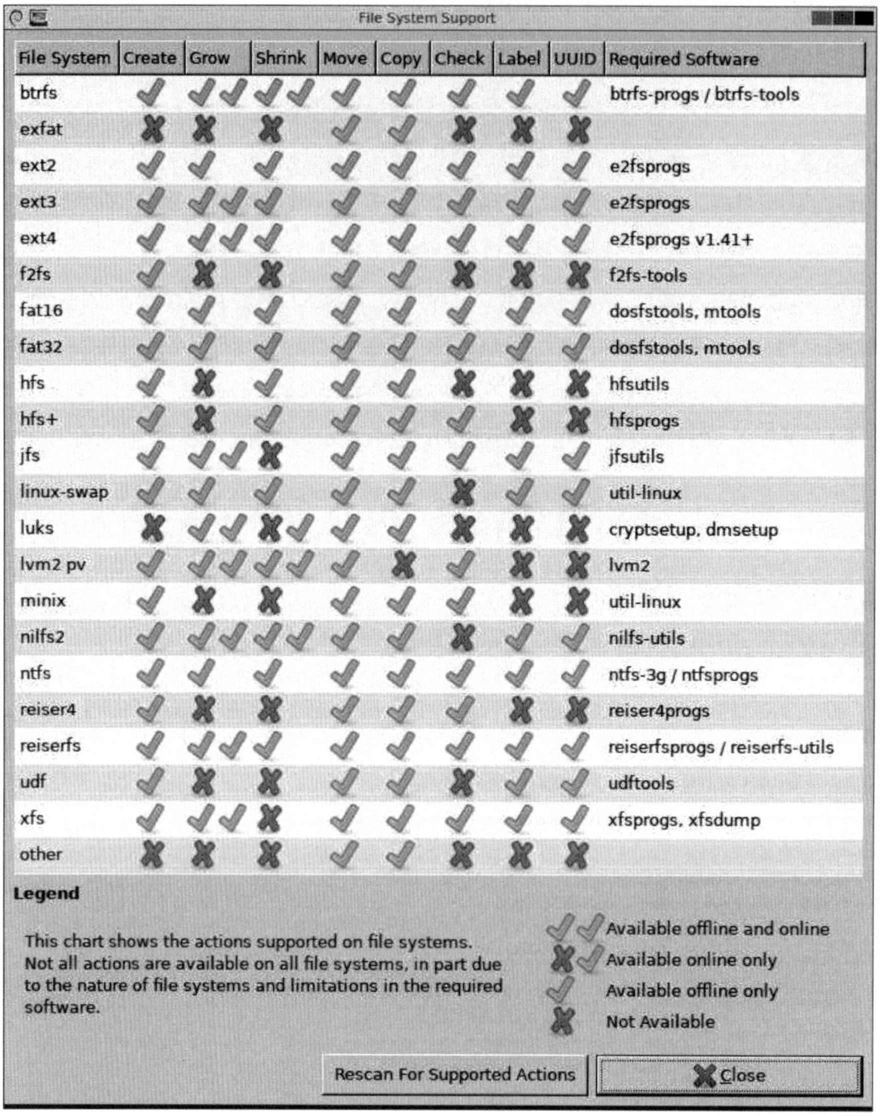

* 주의

파티션을 다루는 것은 프로그램의 버그나 하드웨어적인 요인으로 하드디스크의 데이터가 망가지는 일이 있다. 작업하기에 앞서 중요한 파일은 백업을 해둘 것을 권장한다. 또한 모든 작업은 자신의 책임아래서 해주기를 바란다. 상용 프로그램이나 자유 소프트웨어에 상관없이 데이터가 손상되는 일이 있기 때문에 신중하게 작업하기를 당부한다.

GParted가 설치되었으면 다음 그림과 같이 Ubuntu 애플리케이션 메뉴에서 [Show Applications]→[Type to search]→[GParted]→[GParted]를 시작할 수 있다.

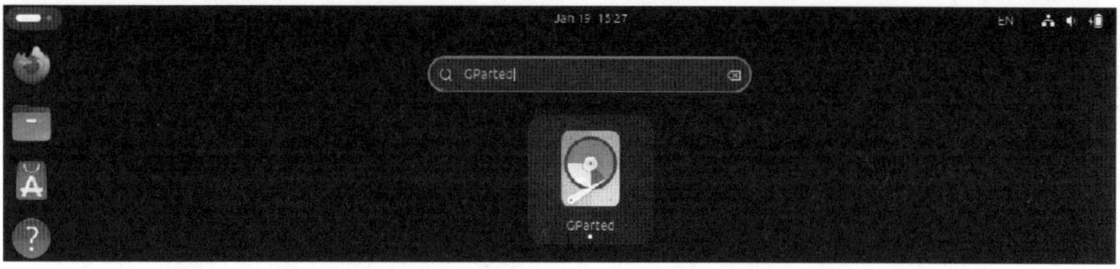

GParted를 실행하기 위해서는 시스템 관리자 권한이 필요하다.

비밀번호를 입력하고 [Authenticate]를 누르면 GParted가 시작된다.

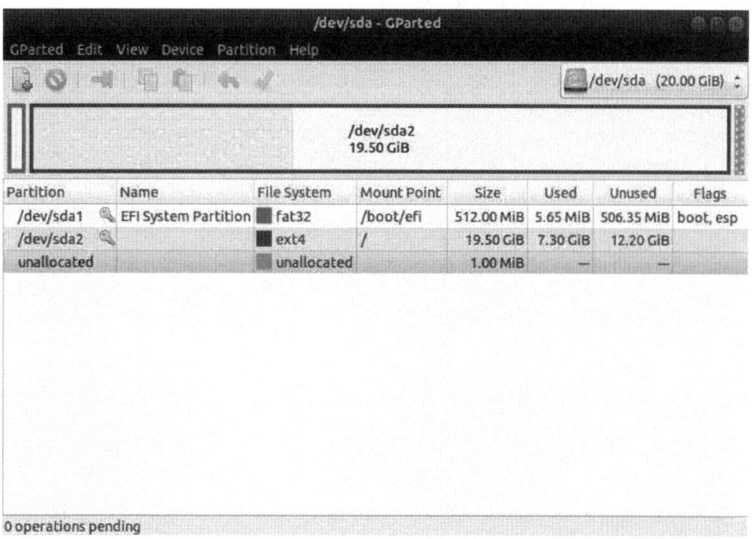

저장 장치 선택

GParted에서 가장 먼저 해야 할 일은 작업할 저장 장치를 선택하는 것이다. 저장 장치를 선택하려면 GParted의 우상단 모서리에 있는 드롭다운 메뉴를 누른다.

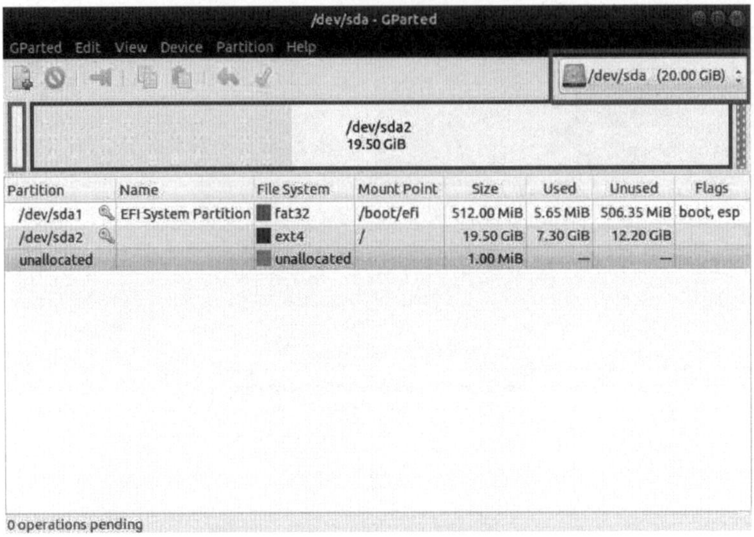

여러 저장 장치가 나타나면 그 중에 작업할 저장 장치를 선택한다.

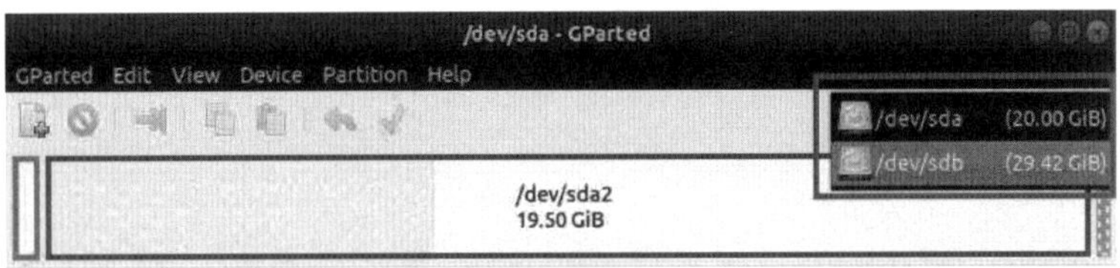

여기서는 32GB(29.42GB) USB 드라이브를 선택한다.

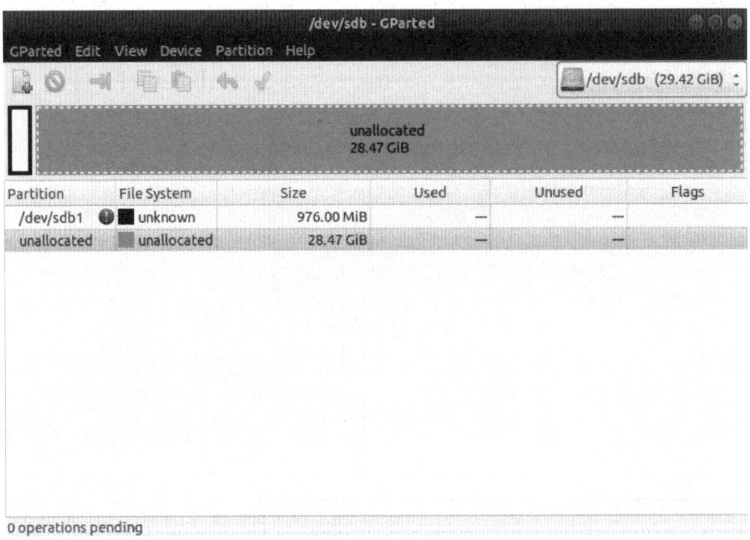

새 파티션 테이블 만들기

GParted를 사용해서 새 파티션 테이블을 만들려면 [Device]→[Create Partition Table...]을 선택한다.

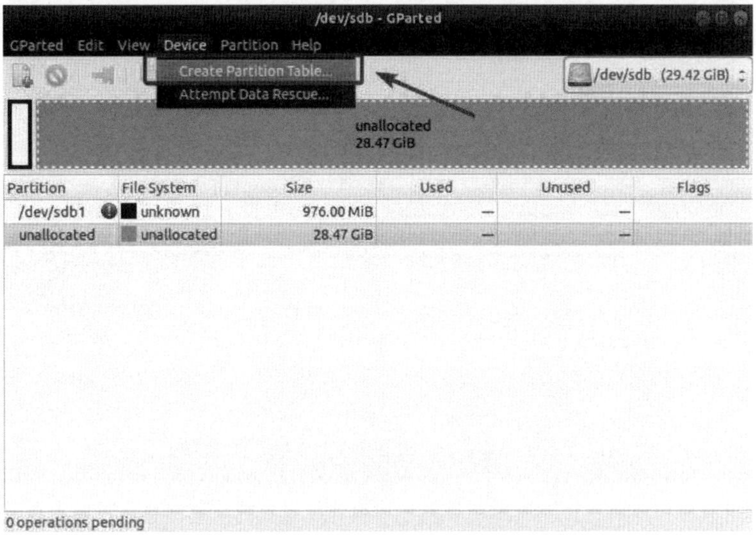

다음 대화 상자가 나타나면 원하는 파티션 테이블 유형을 선택할 수 있다. 가장 널리 알려진 파티션 테이블 유형은 msdos 및 gpt이고, 기본적으로 msdos가 선택되어 있다. 드롭다운 메뉴를 클릭하여 파티션 테이블 유형을 변경할 수 있다.

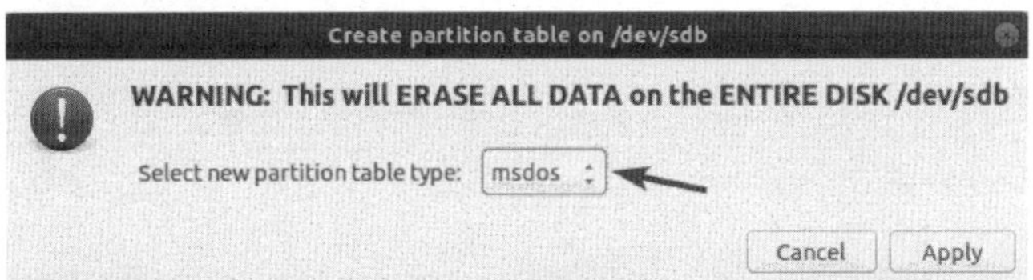

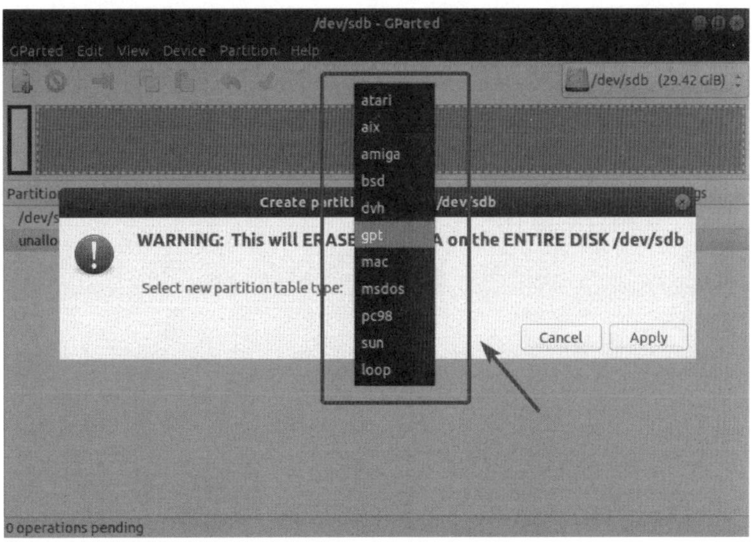

파티션 테이블 유형을 선택하였으면 [Apply] 버튼을 누른다.

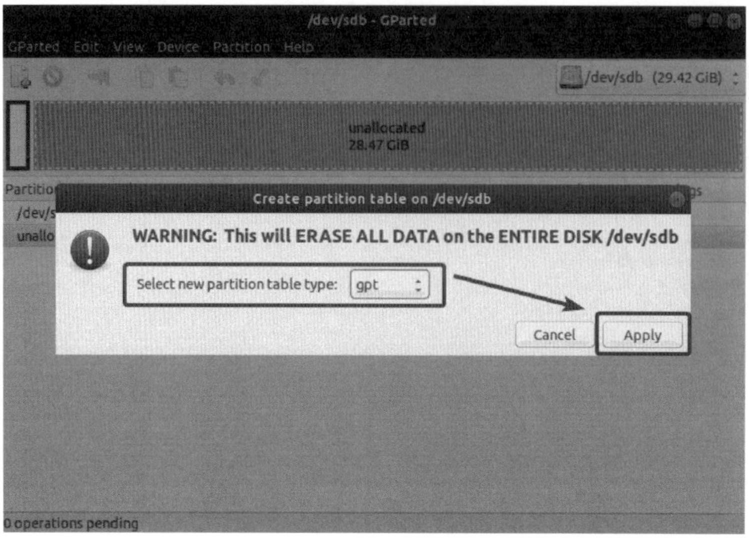

다음 그림과 같이 비어있는 파티션 테이블이 생성된다.

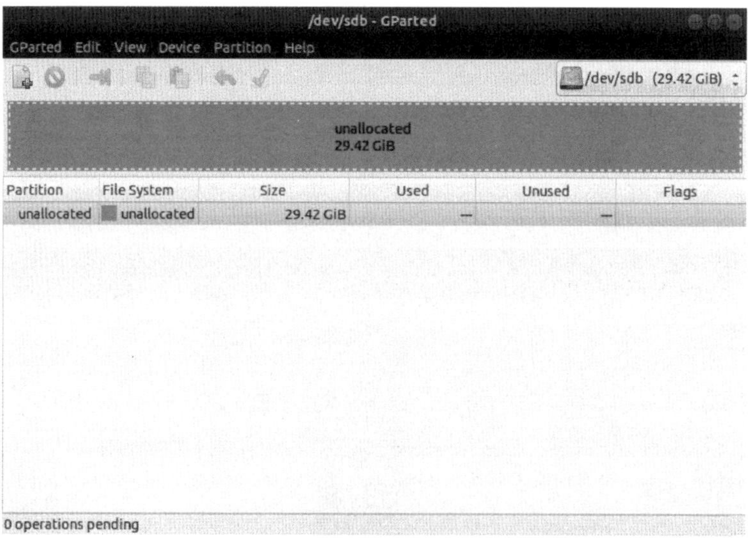

새 파티션 만들기

새 파티션을 만들기 전에 할당되지 않은 여유 공간이 충분한지 확인한다. GParted로 새 파티션을 만들려면 할당되지 않은 공간을 선택하고 [Partition]→[New]를 누른다.

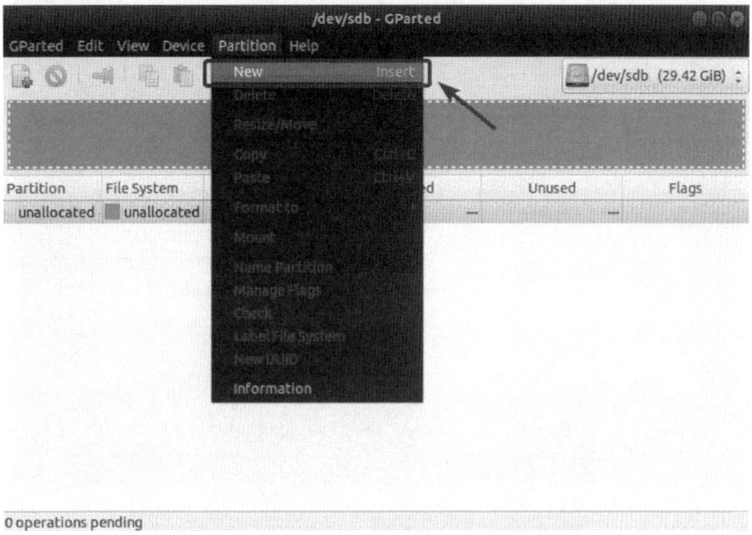

[Create new Partition] 창이 나타난다. 슬라이더를 앞뒤로 움직여 파티션 크기를 변경할 수 있다. 다음 그림에 표시된 대로 새 크기(MiB) 텍스트 상자에 새 파티션의 크기를 직접 입력할 수도 있다.

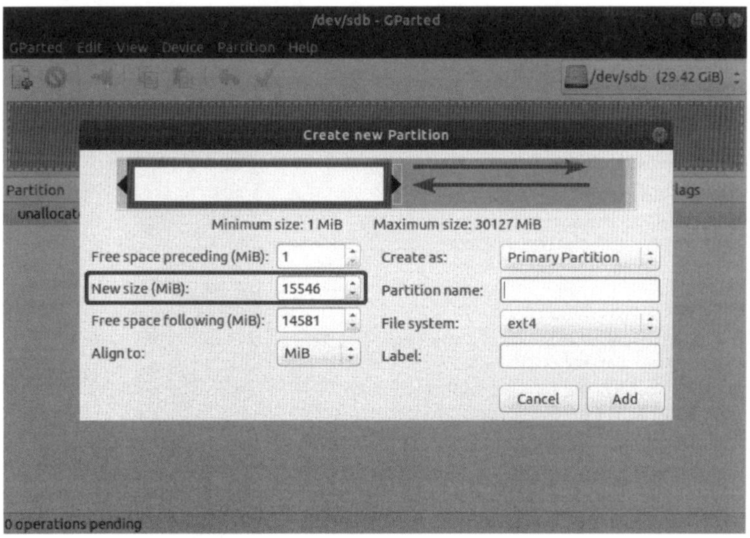

파일 시스템 드롭다운 메뉴를 사용하여 새 파티션의 파일 시스템을 선택할 수도 있다. 기본적으로 ext4가 선택된다. 새 파티션을 만들 때 파티션을 원하는 파일 시스템으로 포맷할 수 있다.

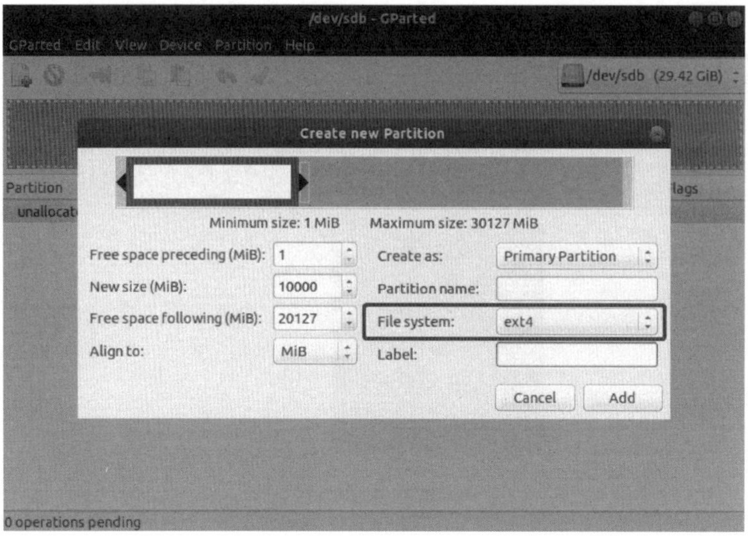

GParted는 많은 파일 시스템을 지원한다. 설치되지 않은 것은 현재 비활성화되어 있으므로 여기서 비활성화된 시스템을 활성화하려면 컴퓨터에 파일 시스템을 설치해야 한다.

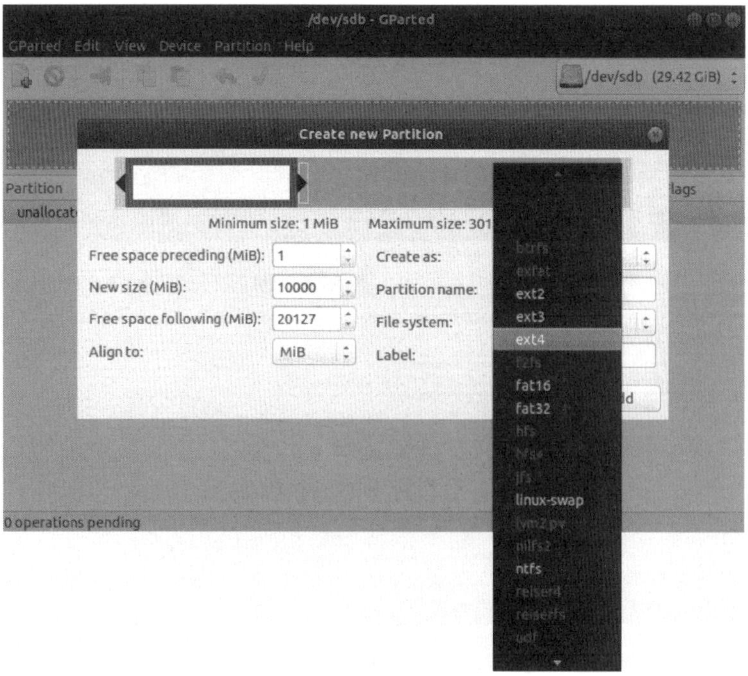

새 파티션의 파티션 이름 및 레이블을 입력할 수도 있다. 이들은 파티션을 쉽게 식별할 수 있도록 하는 데 사용되는 선택 사항이다. 원하는 경우 비워둘 수도 있다.

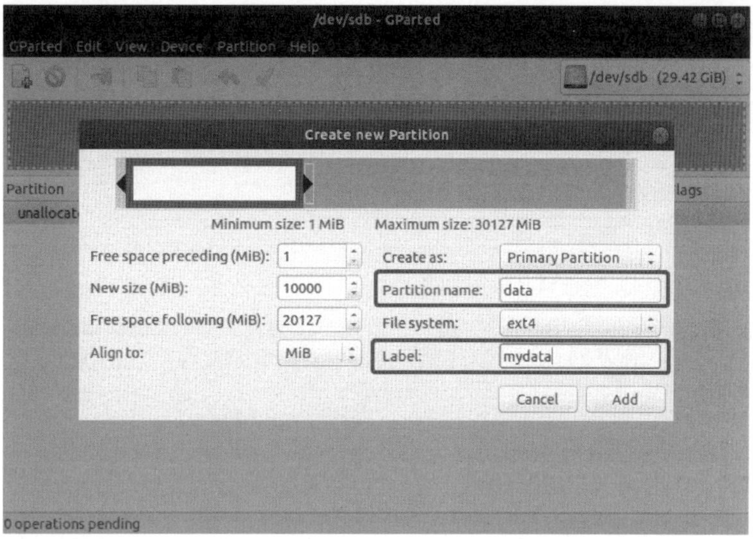

다음 그림과 같이 파티션이 생성된다. 그러나 변경 사항은 영구적으로 저장되지 않으므로 변경 사항을 저장하려면 [Add] 버튼을 누른다. 그 다음 [Apply] 버튼을 누른다.

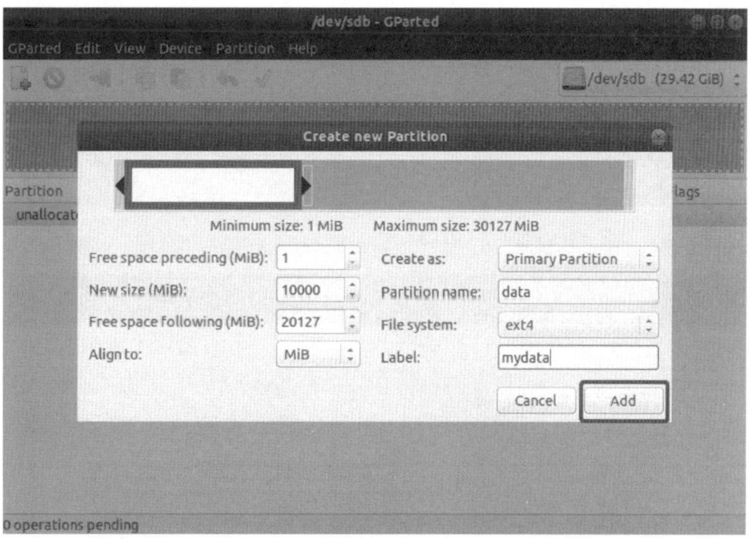

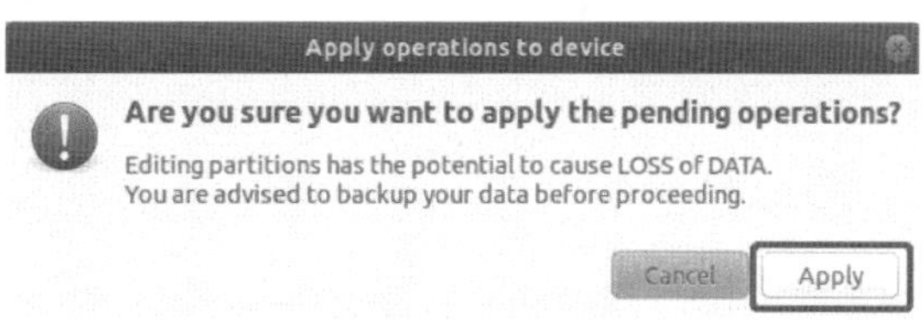

새 파티션을 포맷 중임을 나타낸다.

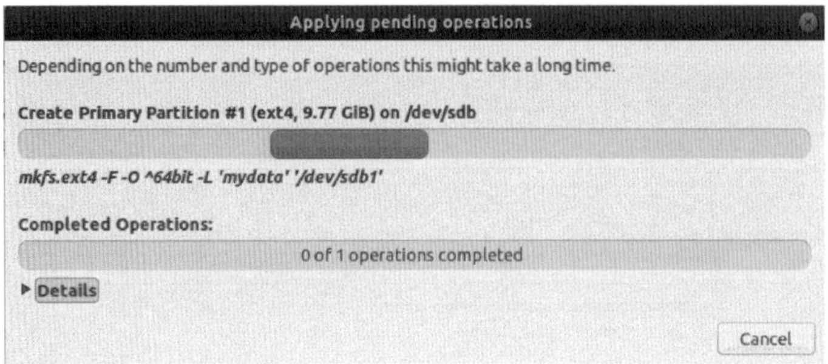

완료되면 [Close] 버튼을 누른다.

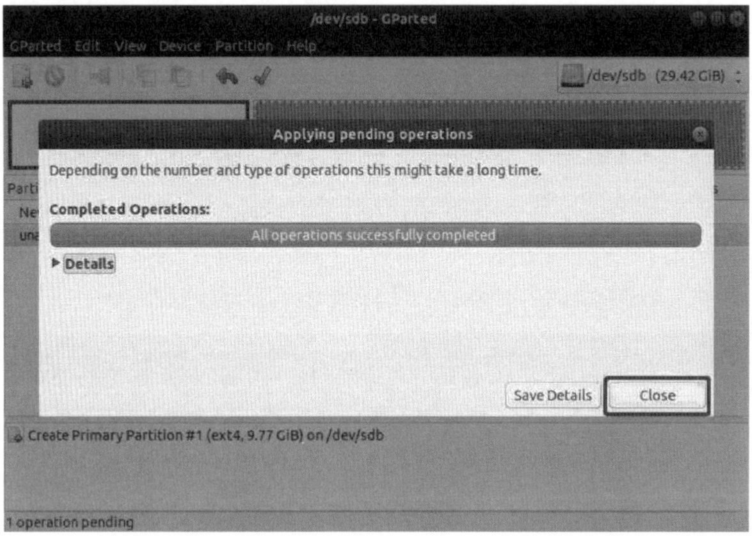

새 파티션이 만들어진 것을 확인할 수 있다.

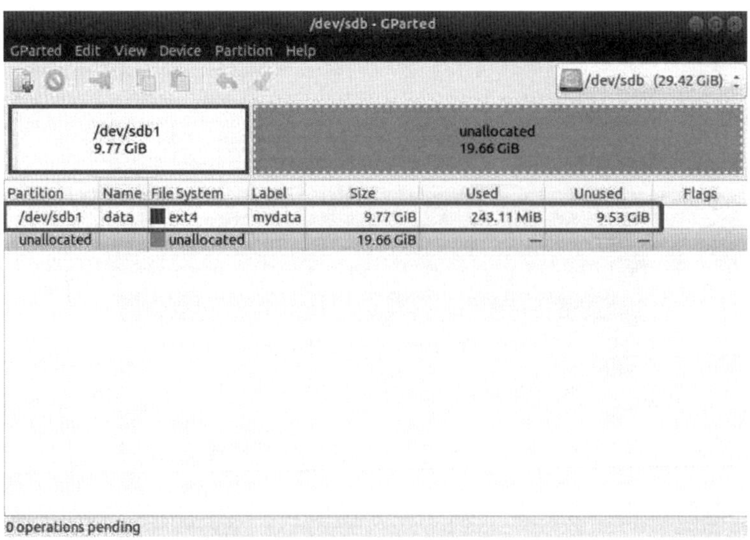

파티션 크기 조정

파티션 크기 조정을 시작하기 전에 몇 가지 기본적인 사항에 대해서 이해를 해둘 필요가 있다. 컴퓨터를 떠나서 크기를 바꿀 때 발생하는 기본적인 문제를 한번 생각해보자.

먼저 작은 집에서 큰 집으로 이사를 갈 때를 생각해보자. 이 경우에는 당연히 작은 공간에서 큰 공간으로 옮기기 때문에 물건의 배치에 크게 구애받지 않고 물건을 쉽게 옮길 수 있을 것이다. 게다가 방의 구조나 배치도 비슷하다면 더더욱 옮기기 쉬울 것이다. 만약 그렇지 않은 경우라도 이사하기 전에 정리정돈을 잘 하면 훨씬 옮기기가 수월하다는 것은 잘 알고 있을 것이다. 여기까지 동감한다면 파일 시스템의 크기 변경도 쉽게 이해될 것이다. 구조나 배치가 완전히 같은 조건에서 작은 공간에서 큰 공간으로 바꾸는 것은 같은 파일 시스템에서 크기를 늘리는 경우에 해당한다. 구조나 배치가 거의 같은 경우는 완전히 같은 것 보다는 조금 불편하더라도 바꾸는 데는 큰 어려움은 없을 것이다. 파일 시스템에서 이야기하면 ext2에서 ext4로 파일 시스템을 바꾸는 것과 유사하다. 구조나 배치가 다르지만 더 넓은 공간으로 바꾸는 경우는 ext2에서 NTFS로 바꾸는 경우에 해당한다고 볼 수 있다.

다음은 사정이 여의치 않아 큰 집에서 작은 집으로 이사를 가야하는 경우이다. 이 경우에는 구조와 배치가 같다고 하더라도 그다지 만만하게 보이지는 않을 것이다. 이 상황이 이해가 된다면 파일 시스템에서 그 크기를 줄이는 일이 쉽지 않다는 것도 이해가 될 것이다. 그래서 아직 파일 시스템에 따라서는 이러한 문제를 쉽게 해결하지 못하고 있는 것이다. GParted 기능 중에서 크기를 줄일 수 있다고 나와 있는데 실제로 해보니 줄일 수 없었다고 호소하는 사용자가 상당수가 있다. 이것은 아마 큰 집에서 작은 집으로 이사를 가는데 아무리 정리정돈을 잘 하더라도 짐을 작은 공간에 넣을 수 없는 경우일 것이다. 이제 그 이유가 조금 납득이 갈 것이다. 다시 말하면 적어도 크기를 바꾸려면 내용물을 넣을 수 있는 최소한의 공간이 필요하다는 것이다. 그렇지 않은 경우 강제로 옮기려면 무언가를 버려야하는 것은 당연한 이치이다. 즉, 파일의 손실이나 파괴가 발생한다는 것을 의미한다. 그러면 이제 FAT계열 혹은 NTFS 파일 시스템의 크기를 바꾸기 전에 디스크 조각모음을 하라는 것도 충분히 이해가 될 것이다.

윈도우즈를 사용하는 많은 사용자들이 묻는 질문 중 하나는 윈도우즈에서는 디스크 조각모음 기능이 있는데 왜 리눅스에는 이러한 기능이 없는가 하는 것이다. 물론 리눅스나 유닉스 계열 OS에서도 조각들이 전혀 발생되지 않는다고는 말할 수 없다. 이해를 돕기 위해 다음과 같은 것을 생각해 보자. A라는 사무실에서는 사원들이 일을 하거나 움직일 때마다 사물이나 자료가 조금씩 흐트러지고 너저분하게 되고 관리가 잘 되지 않는 다고 하자. 즉 이것은 일이나 자료를 관리하고 보관하는 일이 체계적이지 못하다는 것을 의미한다. 그래서 자주 정리를 해주지 않으면 쌓여서 일의 효율성이나 공간의 활용성이 떨어진다는 것이다. 반면 B라는 사무실에서는 사원들의 개별 자료는 각 자가 보관하고 있어 복잡하게 분산되어 있지만 공통 자료는 한 곳에 모아두고 자료의 목록을 만들어 둠으로써 언제든지 원하는 자료를 일목요연하게 찾아 볼 수 있게 되어 있다고 하자. 그러면 당연히

A보다는 일의 효율성이나 공간의 활용성이 높을 것이다. 여기서 이야기하는 파일 시스템이 바로 자료를 효율적으로 다루기 위한 체계이다. 다시 말하면 FAT계열이나 NTFS 파일 시스템의 경우도 많은 장점을 가지고 있지만, 파일을 관리하고 보관하는 구조나 체계라는 면에서 보면 아직 좀 뒤떨어지는 시스템이라는 말할 수 있다. 실제로 ext3나 ext4의 경우도 자료는 디스크의 이곳저곳에 분산되어 기록되어 있지만 그것을 관리하고 처리하는 체계가 잘 갖추어져 있다고 말할 수 있다.

파티션에서 수행할 수 있는 크기 조정 작업에는 확장 및 축소가 있다. 파티션을 확장하려면 해당 파티션 뒤에 할당되지 않은 여유 공간이 있어야 한다. 파티션 크기를 조정하려면 파티션을 마우스 오른쪽 버튼으로 클릭하고 크기 [Resize/Move]을 누른다.

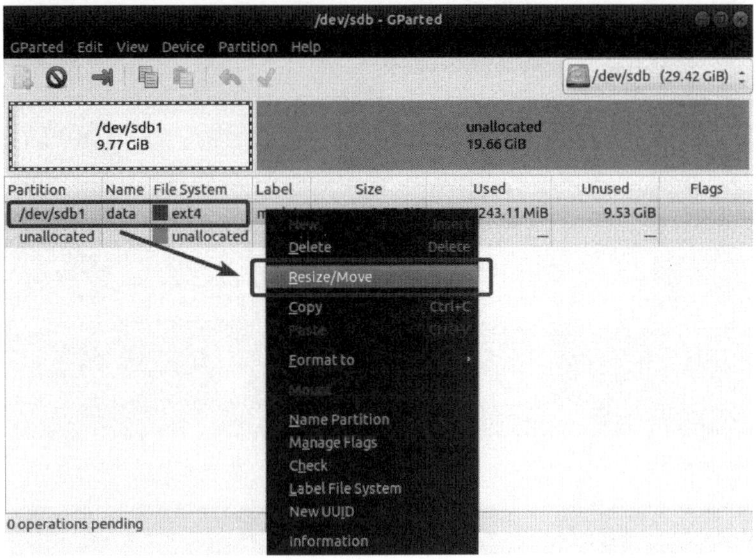

이제 핸들을 사용하여 파티션을 확장하거나 축소할 수 있다. 새 크기(MiB) 텍스트 상자에 파티션의 새 크기를 직접 입력할 수도 있다.

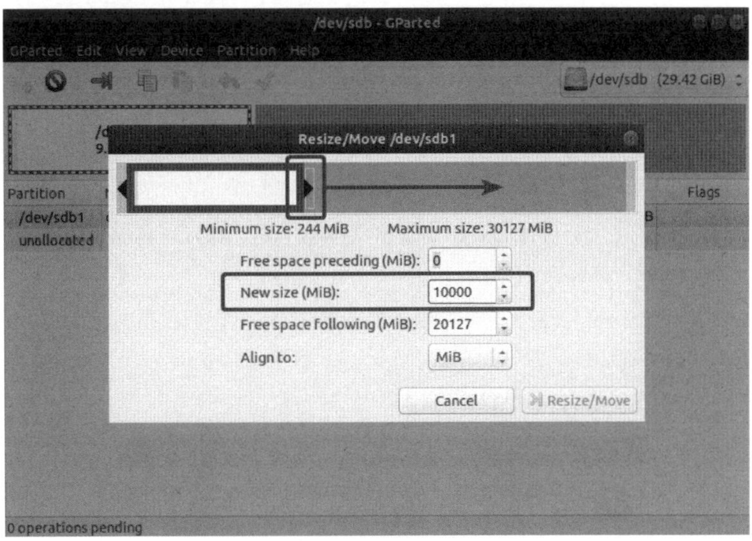

완료되면 [Resize/Move]을 누른다.

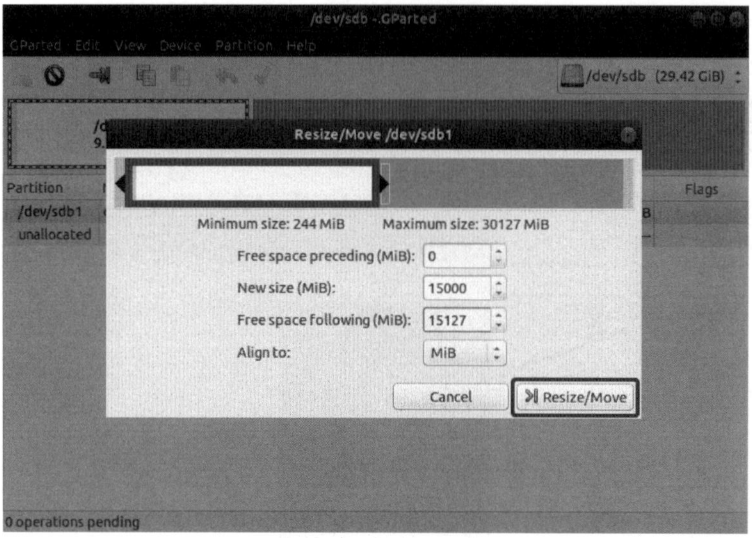

모든 것이 정상이면 체크 아이콘을 클릭하여 변경 사항을 영구적으로 저장한다.

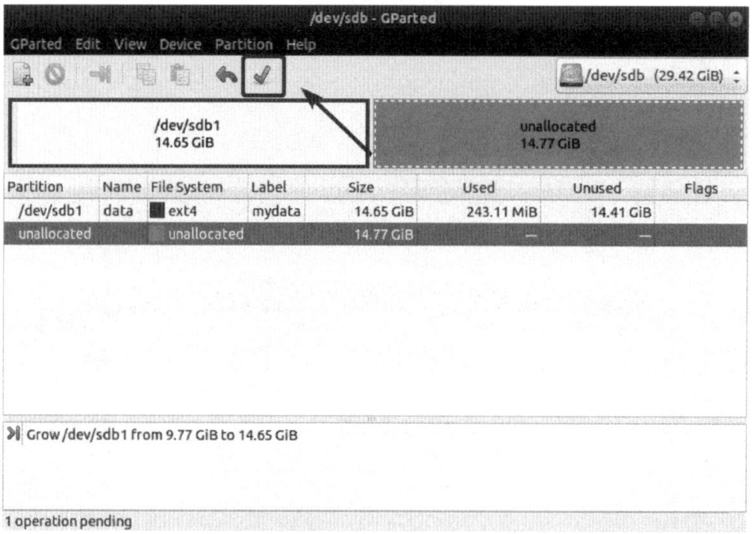

이제 [Apply]를 눌러 작업을 확인한다.

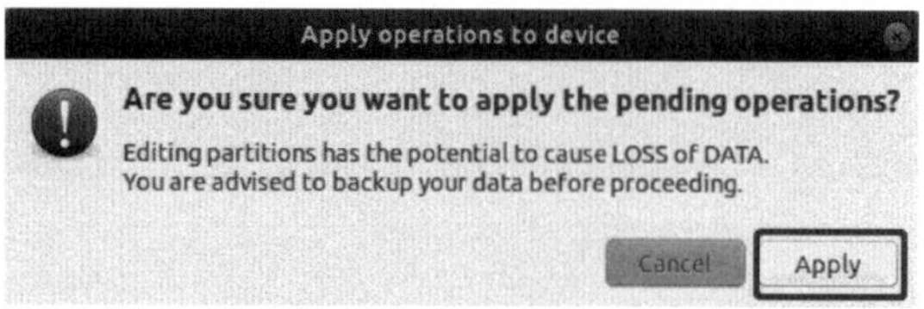

변경 사항을 적용한다. 자세한 처리 내용을 보고 싶으면 [Detail]을 선택하여 확인할 수 있다. 처리가 완료되면 [Close] 버튼을 눌러 작업을 마친다.

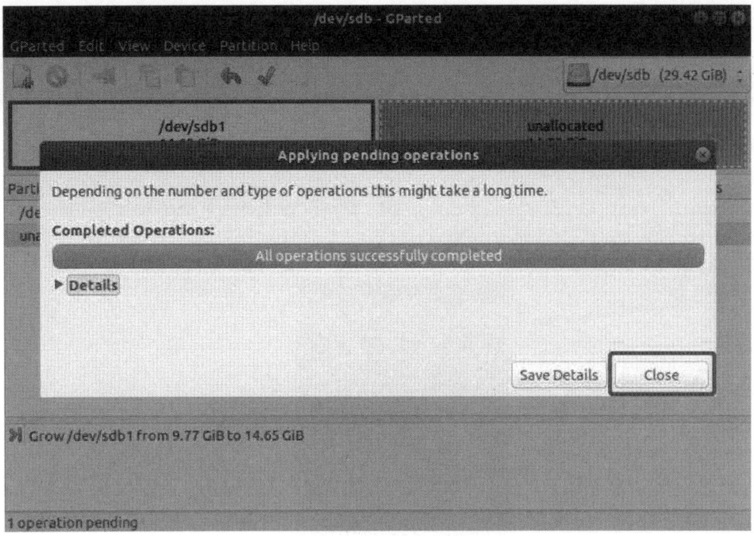

파티션 크기가 조정된 것을 확인한다.

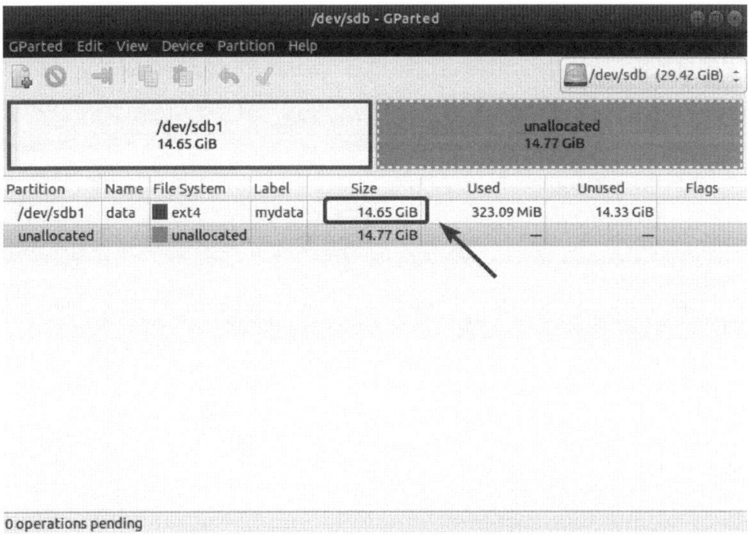

파티션 삭제

현재 파티션 테이블은 다음과 같다. GParted로 파티션을 삭제하려면 삭제할 파티션 /dev/sdb2를 마우스 오른쪽 버튼으로 클릭하고 삭제를 선택한다.

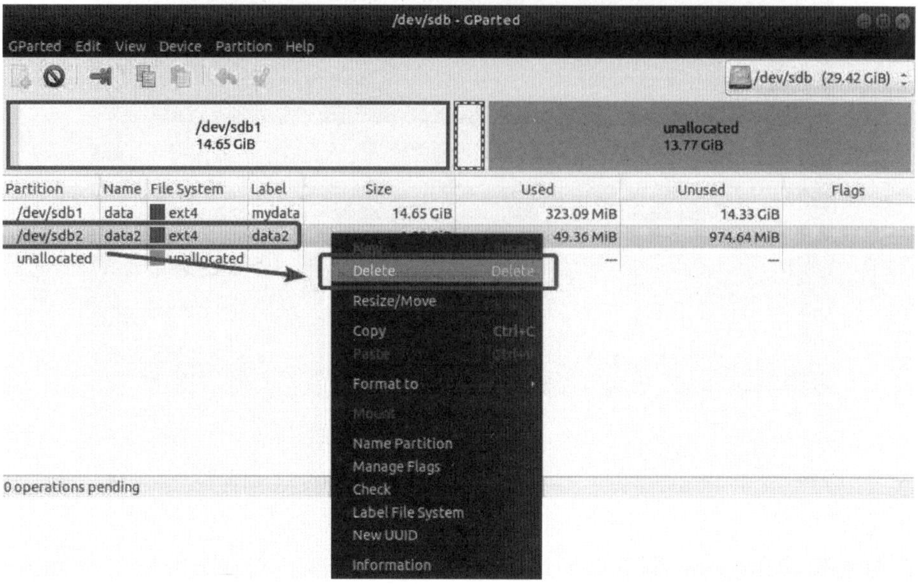

변경 사항을 영구적으로 저장하기 위해 다음 그림에 표시된 체크 아이콘을 클릭한다.

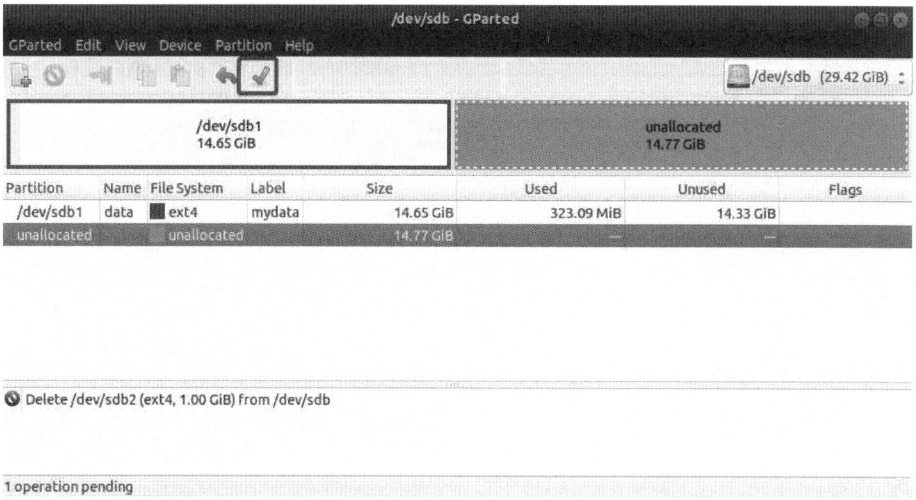

이제 작업을 확인하려면 [Apply] 버튼을 누른다.

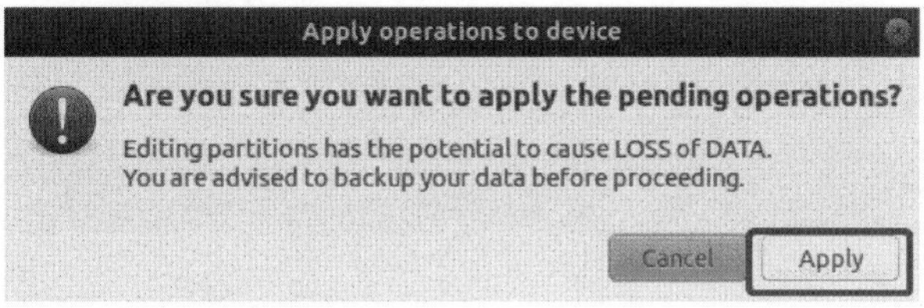

작업이 완료되면 [Close] 버튼을 누른다.

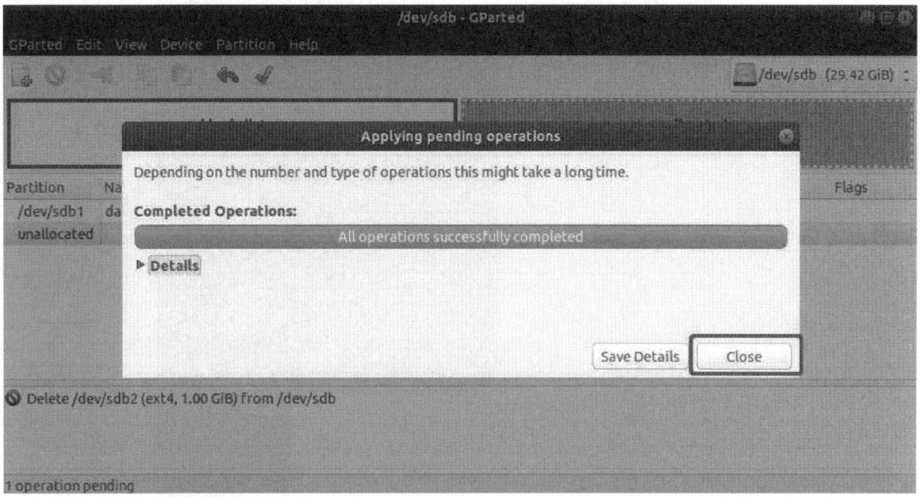

파티션이 삭제된 것을 확인한다.

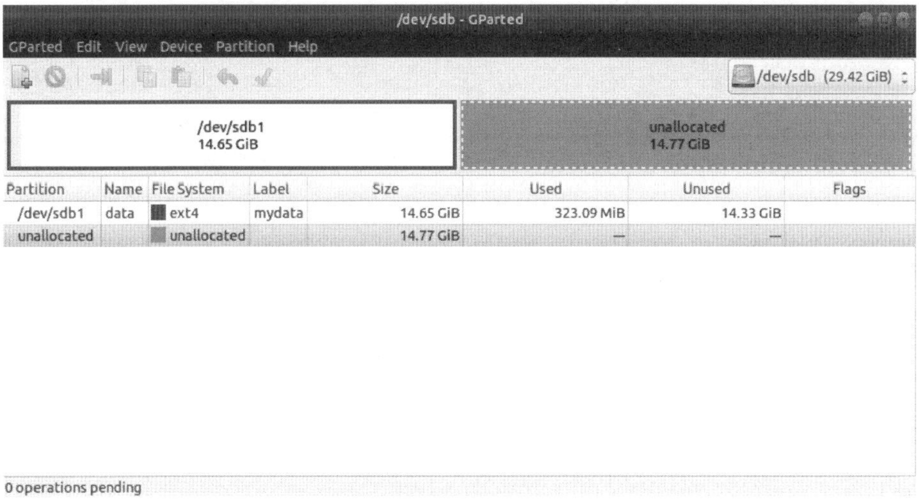

파티션 포맷

GParted로 파티션을 포맷하려면 파티션을 마우스 오른쪽 버튼으로 클릭하고 포맷 대상을 클릭한 다음 파티션을 포맷할 파일 시스템 유형을 선택한다.

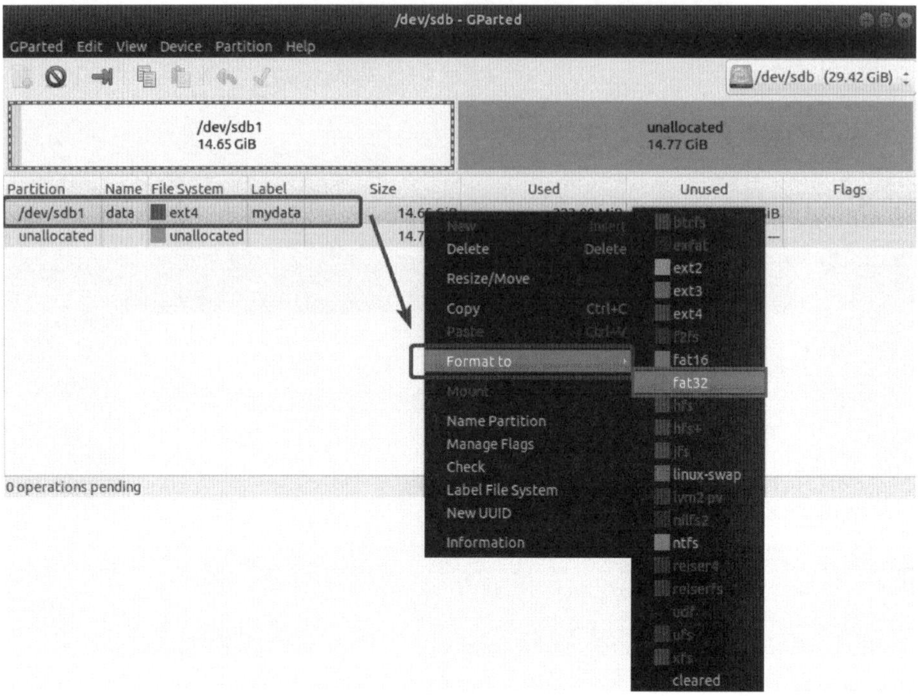

변경 사항을 영구적으로 저장하려면 다음 그림에 표시된 체크 아이콘을 클릭한다.

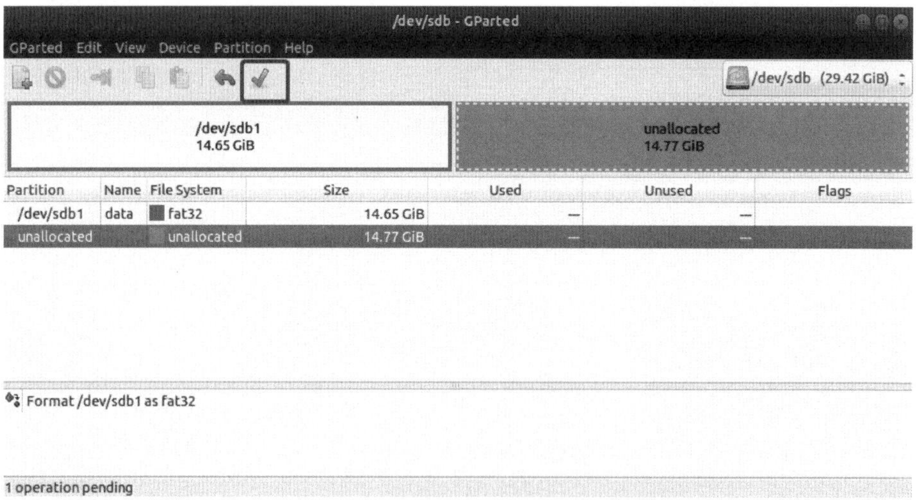

[Apply] 버튼을 누른다.

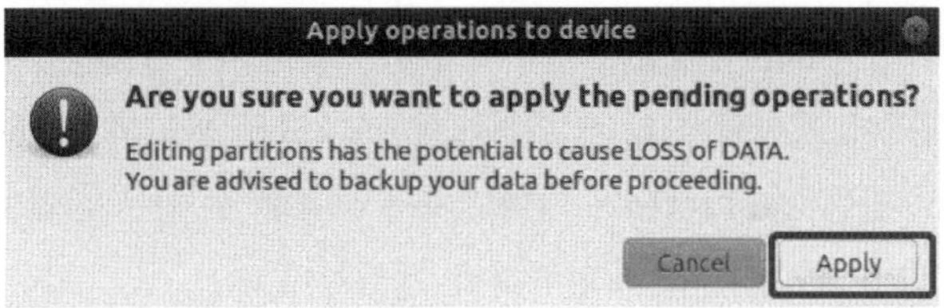

작업이 완료되면 [Close] 버튼을 누른다.

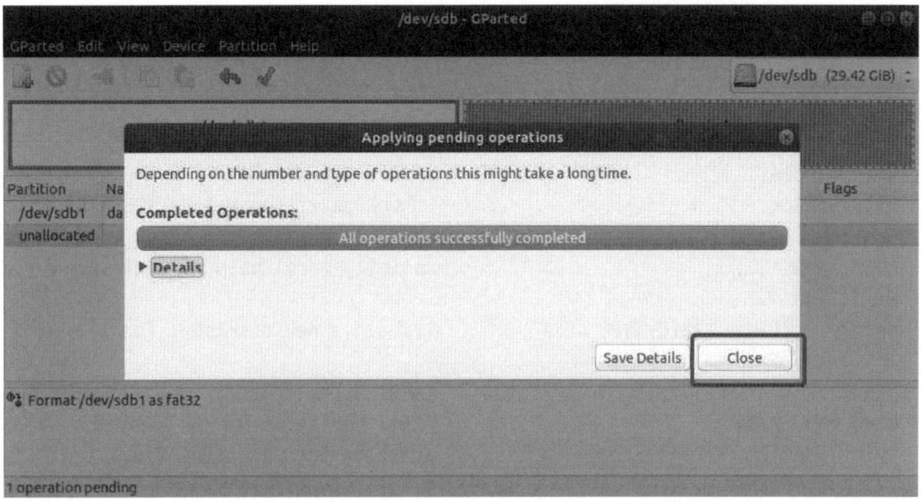

해당 파티션은 새로 선택한 파일 시스템 유형으로 포맷된 것을 확인한다.

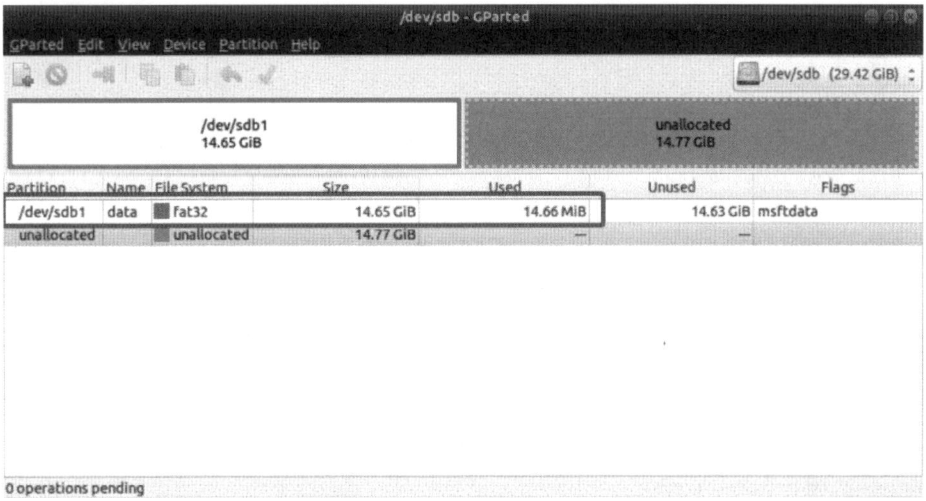

GNU Parted

GParted는 사용하기 편리한 GUI 프로그램이지만, X 윈도우를 사용할 수 없는 환경에서는 사용할 수 없다. 그래서 그래픽이 지원되지 않는 환경에서 파티션을 관리하는 방법에 대해 알아본다. GParted의 바탕이 되고 있는 GNU Parted가 터미널에서 사용할 수 있는 관리도구이며, parted라는 명령어를 사용할 수 있다. 다음과 같이 입력하여 실행한다.

```
$ sudo parted 장치이름                              //  장치이름 : /dev/sda
```

```
$ sudo parted /dev/sda
GNU Parted 3.6
Using /dev/sda
Welcome to GNU Parted! Type 'help' to view a list of commands.
(parted) help
  align-check TYPE N                        check partition N for TYPE(min|opt)
        alignment
  help [COMMAND]                            print general help, or help on
        COMMAND
  mklabel,mktable LABEL-TYPE                create a new disklabel (partition
        table)
  mkpart PART-TYPE [FS-TYPE] START END      make a partition
  name NUMBER NAME                          name partition NUMBER as NAME
  print [devices|free|list,all]             display the partition table, or
        available devices, or free space, or all found partitions
  quit                                      exit program
  rescue START END                          rescue a lost partition near START
        and END
  resizepart NUMBER END                     resize partition NUMBER
  rm NUMBER                                 delete partition NUMBER
  select DEVICE                             choose the device to edit
  disk_set FLAG STATE                       change the FLAG on selected device
  disk_toggle [FLAG]                        toggle the state of FLAG on selected
        device
  set NUMBER FLAG STATE                     change the FLAG on partition NUMBER
  toggle [NUMBER [FLAG]]                    toggle the state of FLAG on partition
        NUMBER
  type NUMBER TYPE-ID or TYPE-UUID          type set TYPE-ID or TYPE-UUID of
        partition NUMBER
  unit UNIT                                 set the default unit to UNIT
  version                                   display the version number and
        copyright information of GNU Parted
(parted) █
```

특정 명령어의 도움말을 참조하고 싶은 경우에 다음과 같이 입력한다.

```
(parted) help <명령어>
```

디스크 정보 확인

parted를 사용해 디스크 정보를 확인하려면 다음과 같이 print를 사용하여 실행한다.

```
$ sudo parted 장치이름 print
```

```
$ sudo parted /dev/sda print
Model: ATA ST1000DM003 (scsi)
Disk /dev/sda: 1000GB
Sector size (logical/physical): 512B/4096B
Partition Table: gpt
Disk Flags:

Number  Start   End     Size    File system  Name  Flags
 1      1049kB  538MB   537MB   fat32              boot, esp
 2      538MB   1000GB  999GB   ext4
```

이 명령어는 /dev/sda 디스크의 파티션 테이블을 출력한다. 위 예시에서는 GPT 파티션 테이블이 사용되고 있으며, 각 파티션의 시작, 끝, 크기, 파일 시스템 등이 나타난다.

파티션 만들기

새로운 파티션을 만들려면, 먼저 mkpart를 사용한다. 예를 들어, ext4 파일 시스템으로 100GB 크기의 파티션을 생성하려면 다음과 같이 실행한다.

```
$ sudo parted 장치이름 mkpart primary ext4 0% 100GB
```

```
$ sudo parted /dev/sda mkpart primary ext4 0%
100GB
Warning: The resulting partition is not properly aligned for best performance.
Ignore/Cancel? Ignore
```

위 명령은 /dev/sda 디스크에 ext4 파일 시스템으로 primary 파티션을 0%부터 100GB까지 생성한다.

파티션 삭제

기존의 파티션을 삭제하려면 rm을 사용한다. 파티션 번호를 지정하여 해당 파티션을 삭제할 수 있다.

```
$ sudo parted 장치이름 rm 파티션번호
```

```
$ sudo parted /dev/sda rm 2
```

이 명령은 /dev/sda에서 2번 파티션을 삭제한다.

파티션 크기 조정

resizepart를 사용하여 파티션의 크기를 변경할 수 있다.

```
$ sudo parted 장치이름 resizepart 파티션번호 크기
```

예를 들어, 1번 파티션의 크기를 200GB로 확장하려면 다음과 같이 명령을 실행한다.

```
$ sudo parted /dev/sda resizepart 1 200GB
Warning: Partition /dev/sda1 is being used. Are you sure you want to continue?
Yes/No? Yes
```

디스크 포맷

parted는 디스크 파티션 생성에 특화되어 있지만, 생성한 파티션에 파일 시스템을 지정하려면 mkfs를 사용해야 한다.

```
$ sudo mkfs.ext4 장치이름
```

예를 들어, 앞에서 생성한 파티션에 ext4 파일 시스템을 적용하려면 다음과 같이 실행한다.

```
$ sudo mkfs.ext4 /dev/sda1
mke2fs 1.45.5 (07-Jan-2020)
Creating filesystem with 52428800 4k blocks and 13107200 inodes
Filesystem UUID: 7c4394f2-8d38-4c52-a845-86f9ff1b0625
Superblock backups stored on blocks:
      32768, 98304, 163840, 229376, 294912, 819200, 884736, 1605632
Allocating group tables: done
Writing inode tables: done
Creating journal (262144 blocks): done
Writing superblocks and filesystem accounting information: done
```

parted는 리눅스에서 디스크 파티션을 관리하는 데 매우 유용한 도구이다. 2TB 이상의 대용량 디스크나 GPT 파티션을 사용하는 시스템에서는 parted가 필수적이다. 파티션 생성, 삭제, 크기 조정 등의 작업을 쉽게 처리할 수 있어, 시스템 관리자는 이를 통해 디스크 공간을 효율적으로 관리할 수 있다.

부록

라즈베리파이 OS설치 및 환경 설정

라즈베리파이 OS 설치

라즈베리파이 SBC Single Board Computer는 라즈베리파이 재단에서 개발한 운영체제로 데비안 Debian을 기반으로 한 Raspberry Pi OS 이전 Raspbian을 사용하고 있으며 OS 교체 등 편의성을 위해 외부 디스크 저장장치인 microSD 카드에 설치하여 사용한다. 최소 8GB의 microSD 카드를 권장하고 있다. 또한 서치는 일반 컴퓨터와 같은 과정을 거치지 않고 이미 설치가 완료된 이미지를 메모리에 그대로 복사하여 사용하는 방식으로 진행된다. 여기서는 라즈베리파이 홈페이지(https://www.raspberrypi.com/software/)를 통해 제공하는 Raspberry Pi Imager를 사용하여 라즈베리파이 5에 Raspberry Pi OS를 설치하는 과정을 다룬다.

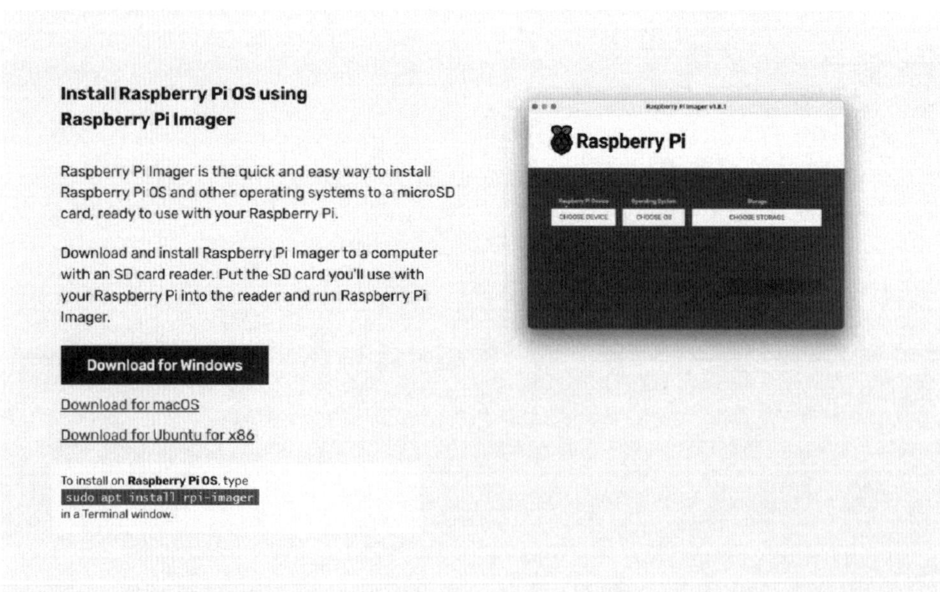

설치하기 전에 라즈베리파이 본체, microSD 카드(최소 8GB 권장), SD 카드 리더기, 컴퓨터, 라즈베리파이 전원 공급장치, HDMI 케이블 및 모니터, 키보드와 마우스를 준비한다. 일반적으로 라즈베리파이에는 32GB의 microSD 카드가 적합한데, 라즈베리파이 5의 경우에는 UHS-I의 적용으로 인해 1TB 이상도 인식된다. Raspberry Pi OS를 설치하기 위해 Raspberry Pi Imager 다운로드 페이지에서 운영체제에 맞는 버전을 다운로드한 후 다운로드한 파일을 실행하여 Raspberry Pi Imager를 설치한다.

Raspberry Pi Imager 실행: 설치가 완료되면 Raspberry Pi Imager를 실행한다.
장치 선택: [장치선택] 버튼을 클릭한다.

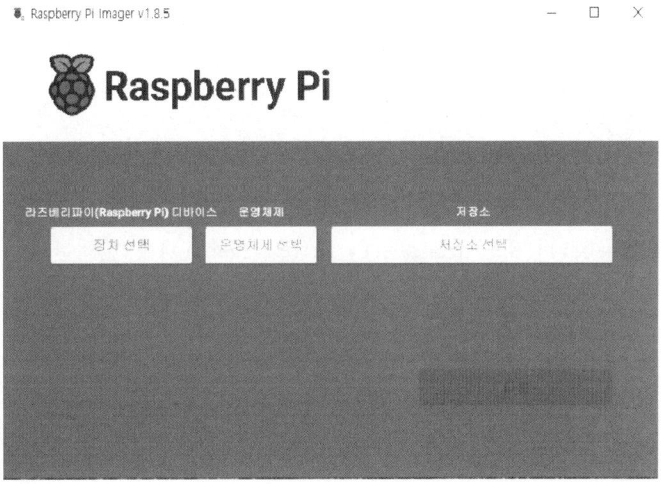

사용하려는 Raspberry Pi 모델을 선택한다.

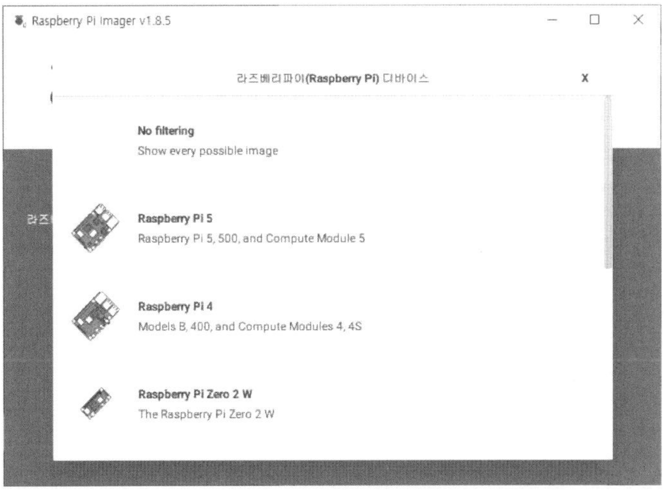

운영체제 선택: [운영체제 선택] 버튼을 클릭한다.

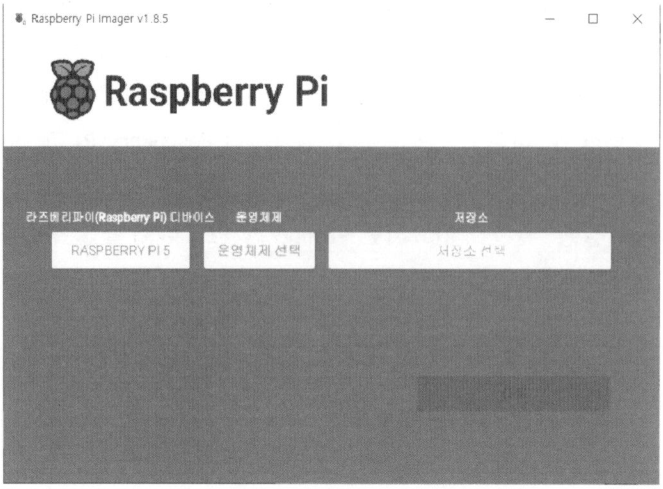

[Raspberry Pi OS (64-bit)] 또는 [Raspberry Pi OS (32-bit)]를 선택한다.

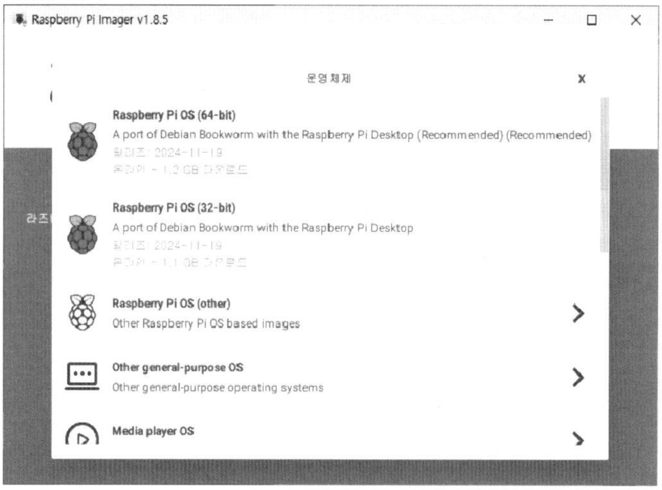

SD **카드 선택**: **[저장소 선택]** 버튼을 클릭한다.

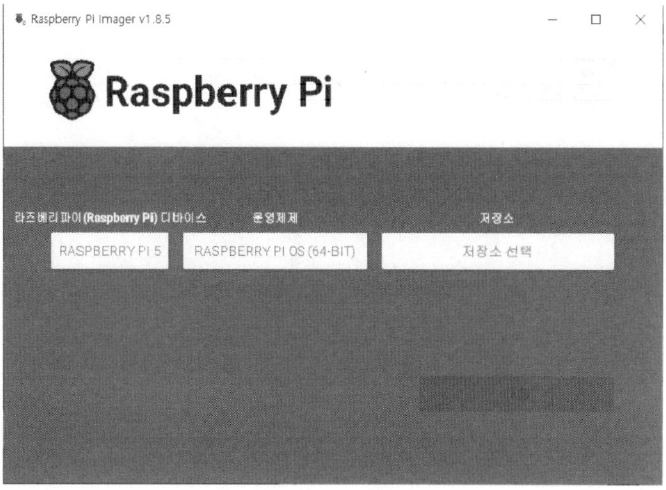

microSD 카드를 선택한다.

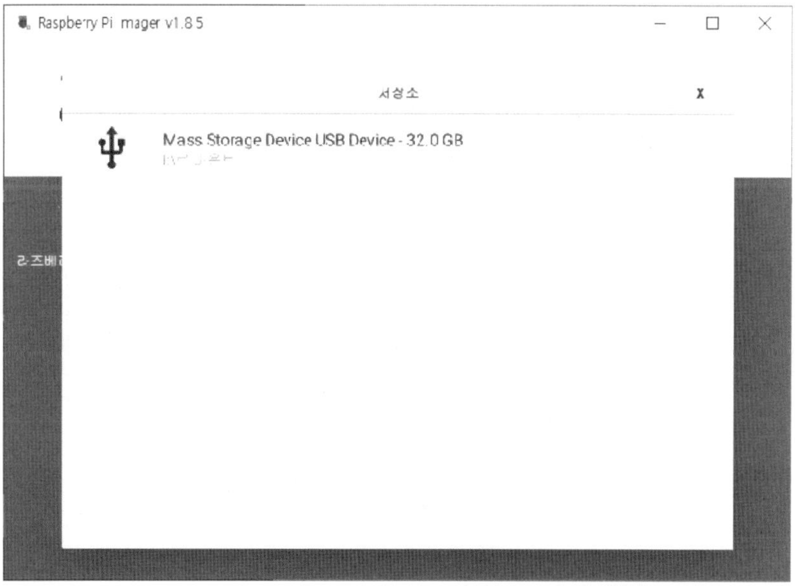

우측 하단의 **[다음]** 버튼을 클릭한다.

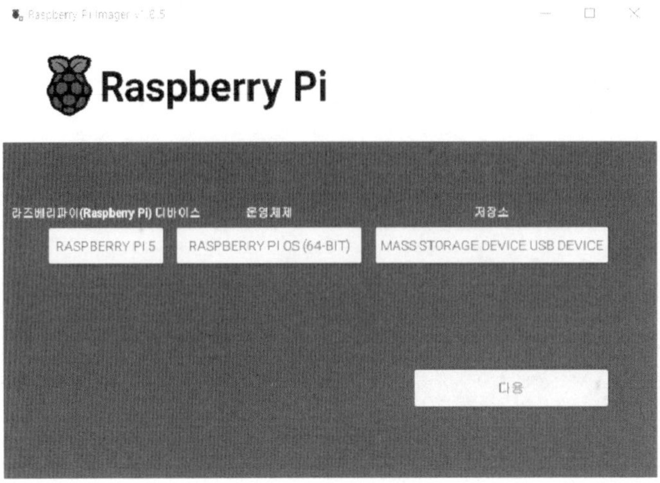

설정 편집: 미리 설정을 편집하려면 **[설정을 편집하기]** 버튼을 클릭 후 OS 커스터마이징 설정을 적용할 수 있다.

[일반] 탭에서 사용자 이름과 비밀번호, 무선 LAN(WiFi), 로케일 설정을 입력한다.
[서비스] 탭을 보면 SSH 사용이 체크되어 있고 비밀번호 인증 사용이 선택되어 있다.
[옵션] 탭에서 필요한 선택한 후 **[저장]** 버튼을 클릭한다.

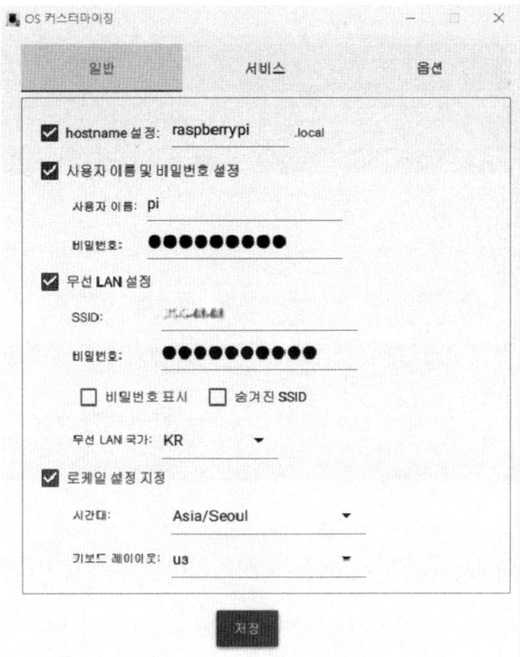

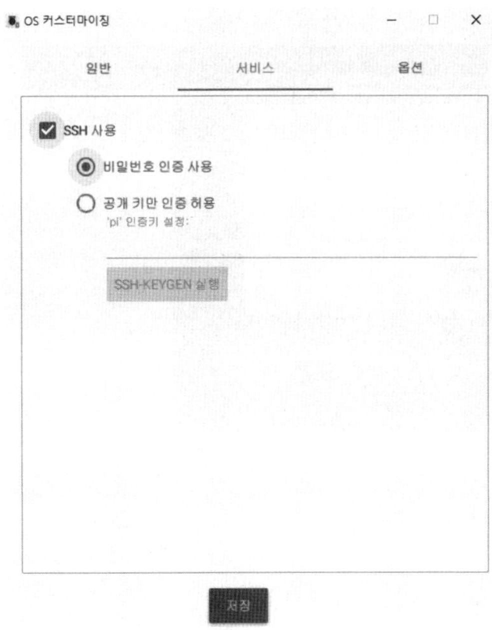

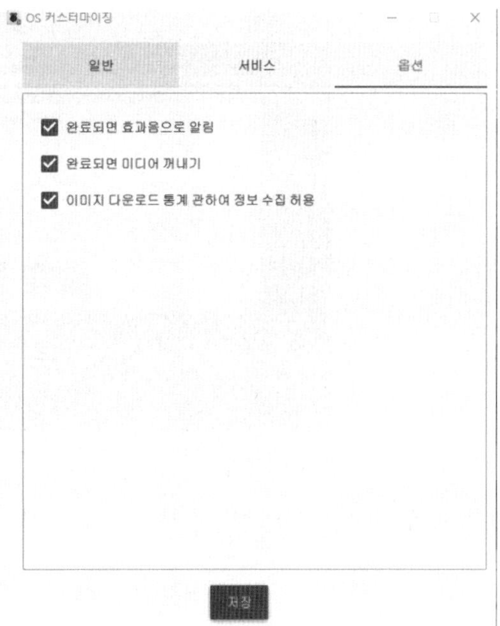

[예]를 클릭하여 OS 커스터마이징 설정을 적용한다.

'Mass Storage Device USB Device'에 존재하는 모든 데이터가 지워진다는 **[주의]** 창이 나타나면 확인 후 **[예]**를 클릭한다.

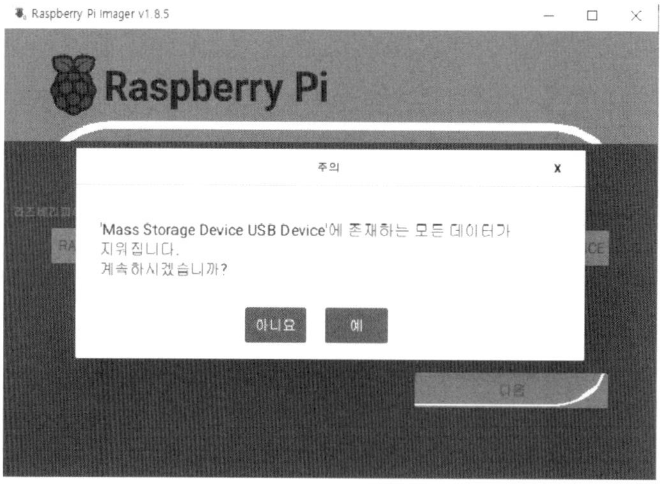

다음 창이 보이면 **[취소]**를 클릭하고 창을 닫는다.

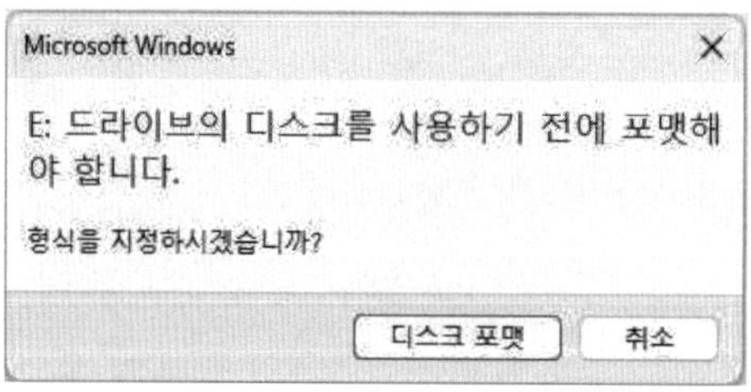

microSD 카드에 OS 이미지를 쓰기 시작하여 **[쓰기 완료]** 창이 나타나면 **[계속]**을 클릭하여 프로그램을 종료한다. 그 다음 microSD 카드를 PC에서 제거한다.

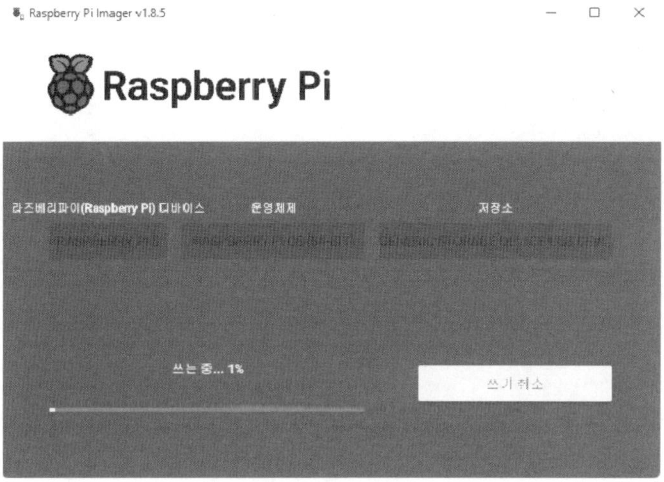

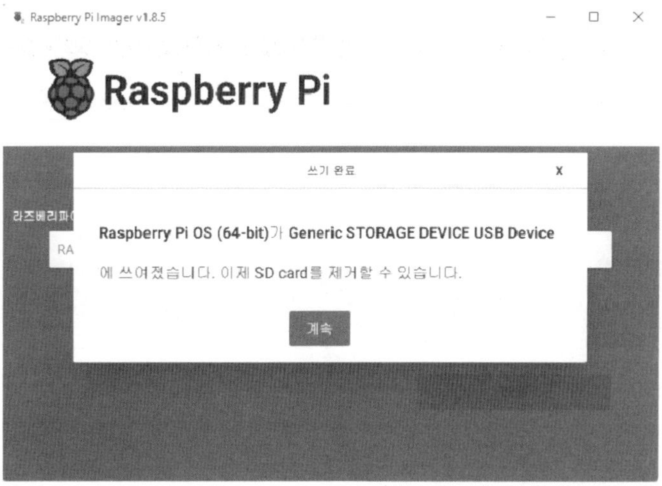

라즈베리파이 OS 기본 설정

라즈베리파이 OS를 설치하고 처음 사용할 때 라즈베리파이 설정 도구 raspi-config를 실행하여 설정해야 하는 항목들을 설명한다.

```
pi@raspberrypi:~$ sudo raspi-config
```

진행 중인 보드 이름이 왼쪽 위에 표시된다.

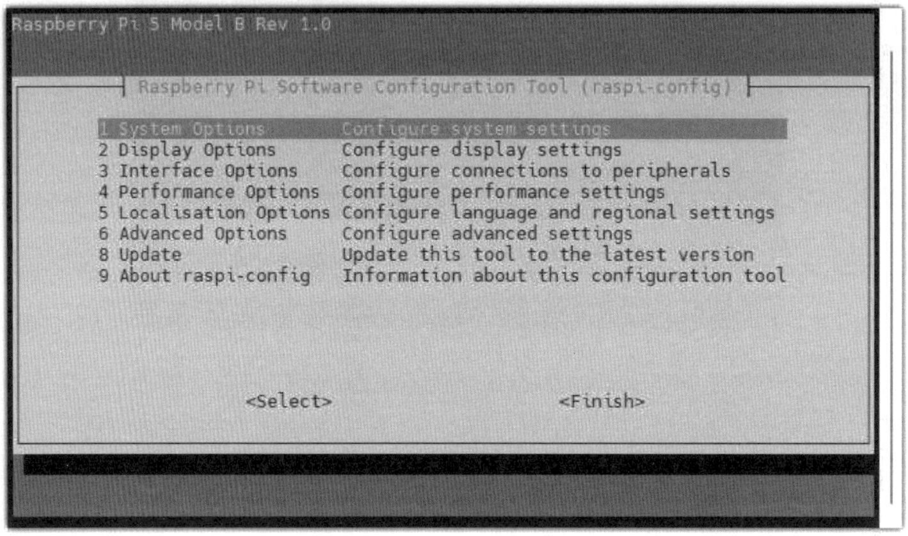

[Password] 항목 에서 비밀번호를 변경할 수 있다. 이미 microSD 카드에 쓰기 전에 진행했기 때문에 해줄 필요가 없다.

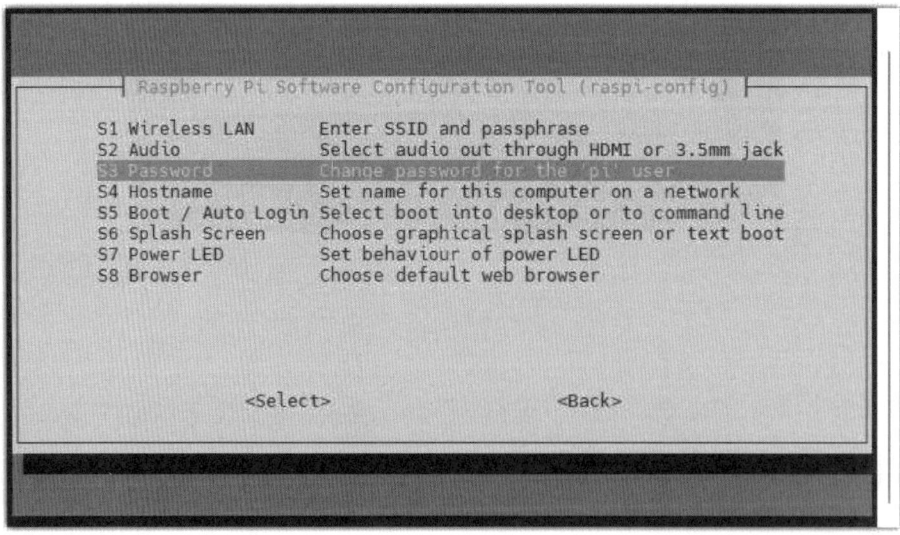

초기화면으로 돌아가기 위해 ↑↓←→로 이동하여 <Back>으로 이동 후 Enter를 누른다.

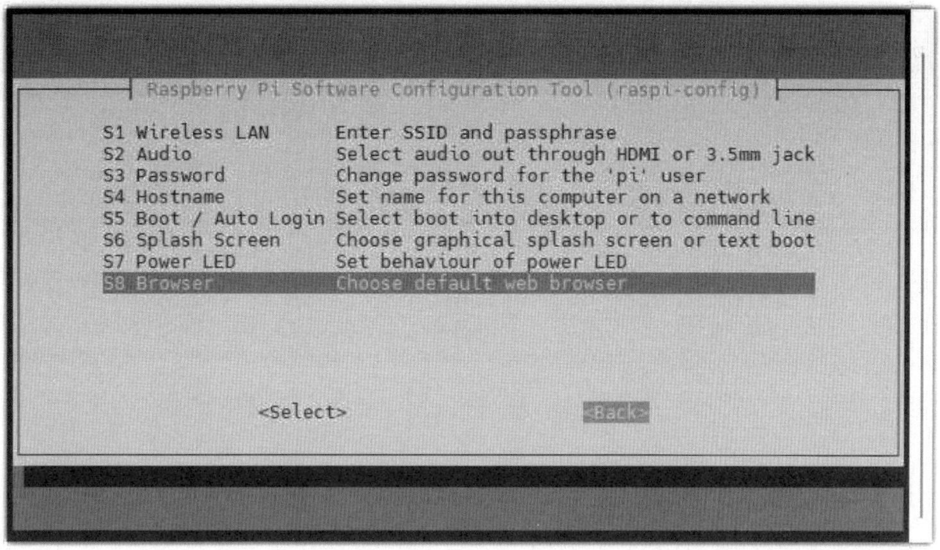

[Localisation Options]에서 시간대를 변경할 수 있다. 이미 microSD 카드에 쓰기 전에 진행했기 때문에 해줄 필요가 없다. 올바르게 변경해줘야 라즈베리파이에서 올바른 시간이 보입니다.

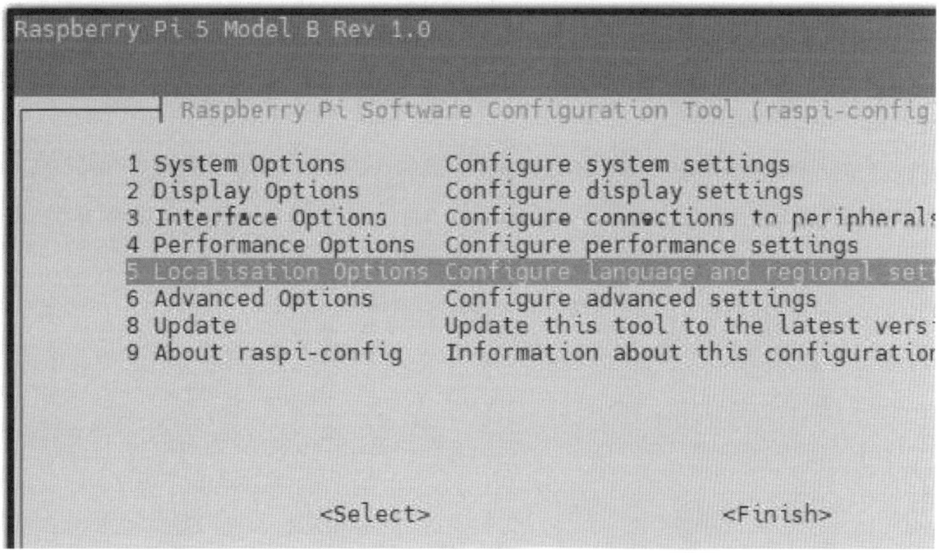

외부 장치와의 연결을 설정하기 하려면 [Interfacing Options]을 선택한다.

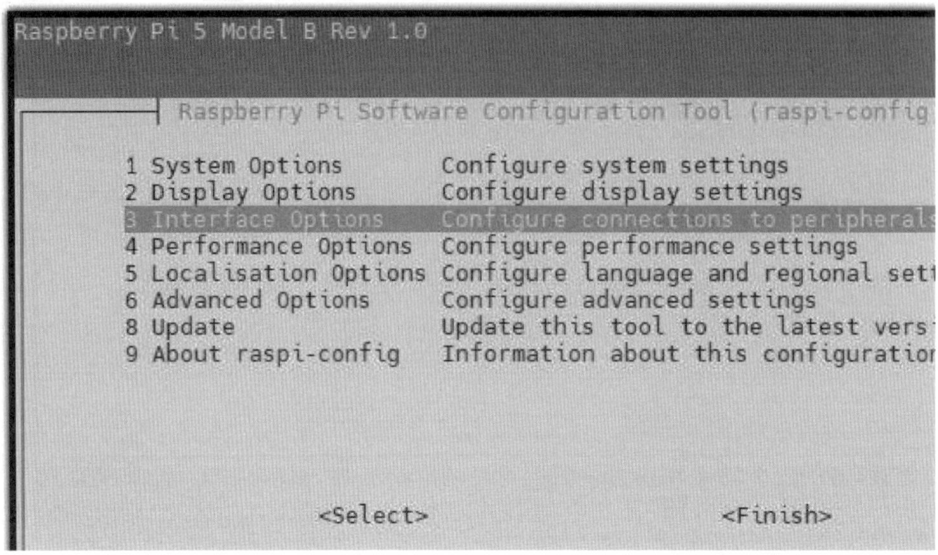

SPI, I2C, Serial, 1-Wire 등을 사용할 때 해당 항목을 선택하여 활성화시키면 된다. 지금은 해줄 필요가 없다.

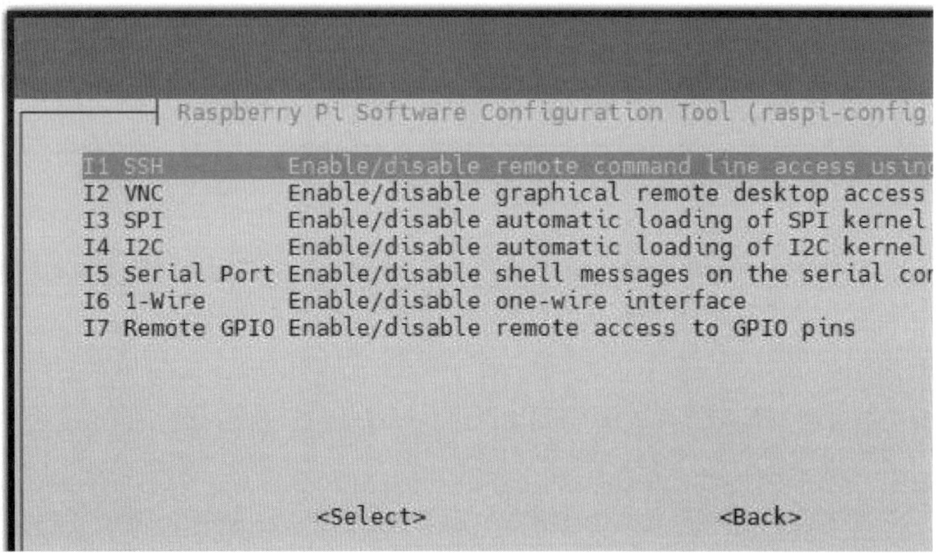

앞에서와 같이 초기화면으로 돌아가기 위해 ↑↓←→로 이동하여 <Back>으로 이동 후 Enter를 누른다.

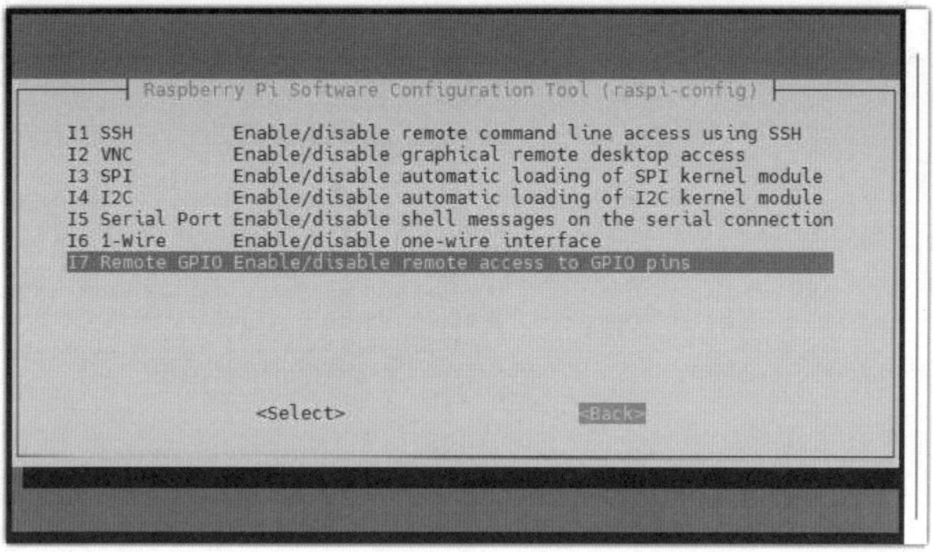

microSD 카드 전체 공간을 사용하기 위해 [Advanced Options]를 선택한다.

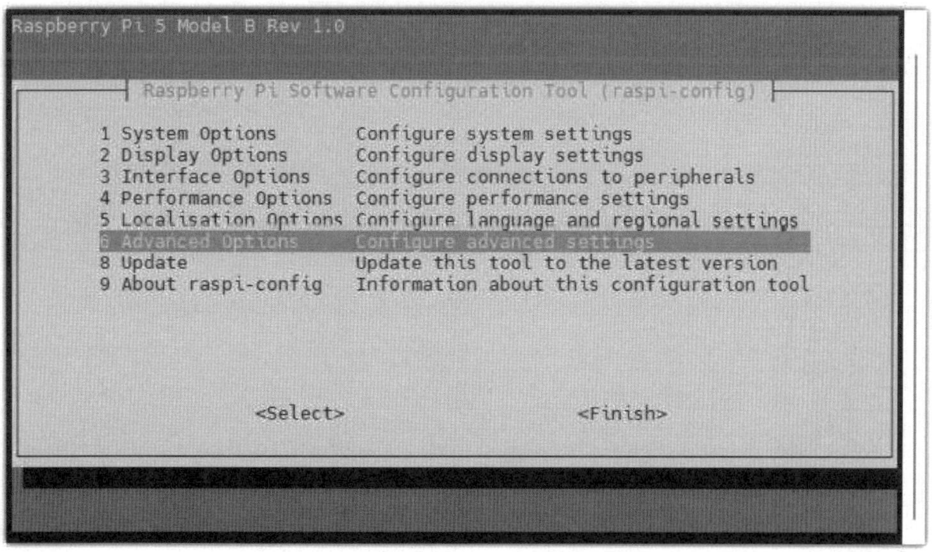

microSD 카드 전체 공간을 사용하기 위해 [Expand Filesystem]을 선택한다. 이렇게 하지 않으면 microSD 카드 전체 공간을 다 사용할 수 없다. 특정 크기 파티션으로 구성된 이미지 파일을 가지고 microSD 카드에 쓰기 때문이다.

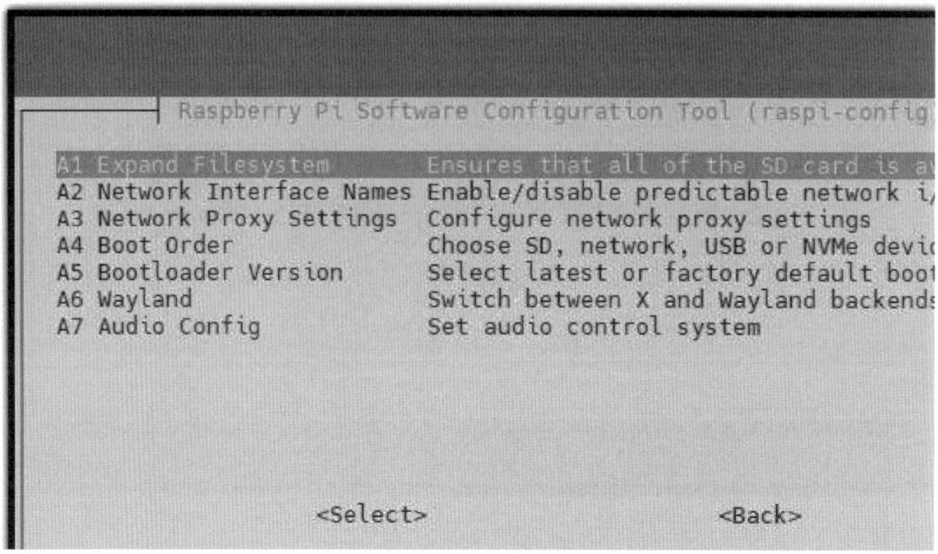

Enter를 누른다. 라즈베리파이를 다시 시작해야 변경된 파티션 크기가 적용된다.

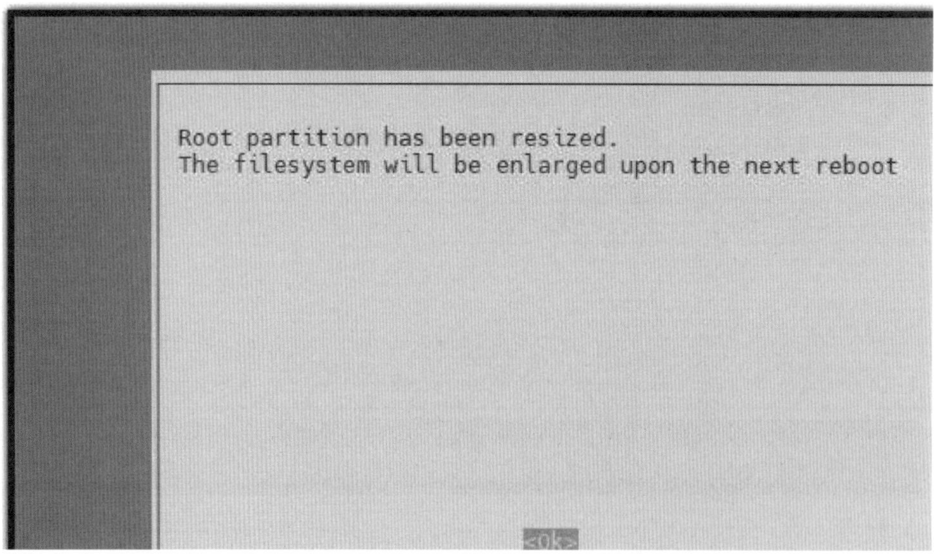

↑↓←→로 이동하여 <Finish>로 이동 후 Enter를 누른다.

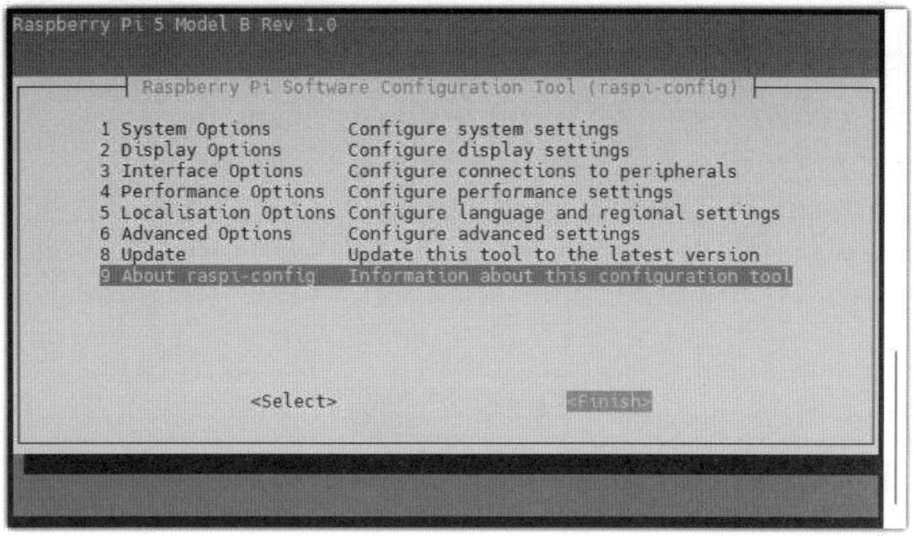

<Yes>를 선택하면 SSH 연결이 끊어지게 되지만, 라즈베리파이가 부팅이 완료될 때까지 기다렸다가 다시 접속하면 된다. 다시 시작하는데 15초 정도 걸린다.

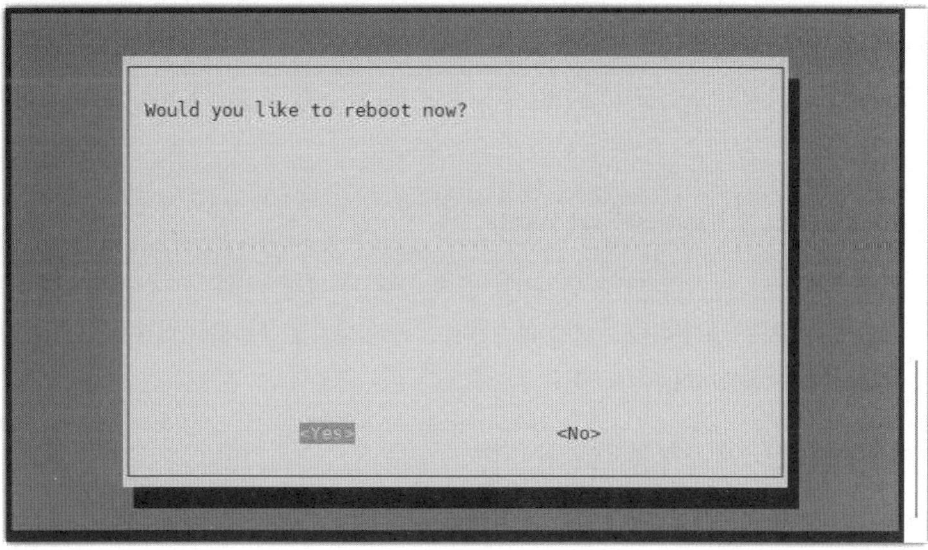

한글 설정

한글 관련 패키지 설치 (글꼴, 입력기)

일반적으로는 다음에 설명할 기본설정을 먼저 실행하는 경우가 많지만, 한글이 깨지는 등 오히려 불편함을 가중시킬 수 있어 한글 관련 패키지 설치를 먼저 하기로 한다.
한글과 관련한 패키지로는 웹브라우저 등에서 한글이 보일 수 있도록 글꼴이 필요하다. 이와 더불어 검색 등 한글을 입력할 수 있도록 한글입력기가 필요하다. 이를 위해 다음 과정에 따라 관련 패키지를 설치해보자.

터미널 아이콘

그림에 나타난 아이콘을 클릭하면 터미널창이 열리고, **pi@raspberrypi ~ $** 프롬프트가 나타날 것이다.

```
pi@raspberrypi:~$
```

패키지 업데이트 및 업그레이드 (Update & Upgrade)

라즈베리파이 OS의 최신 패키지를 확인하여 업그레이드를 해주면 쾌적한 환경에서 작업을 할 수 있다.

```
pi@raspberrypi ~ $ sudo apt-get update
```

사용 가능한 패키지들과 그 버전들의 리스트를 업데이트하는 명령어이다. 이 작업은 실제 패키지 버전을 업그레이드하는 것이 아니라 최신 버전 패키지가 있는지를 확인하여 다음의 업그레이드할 목록을 작성해주는 용도이다.

```
pi@raspberrypi ~ $ sudo apt-get upgrade
```

위의 apt-get update 명령어를 수행했을 때 확인된 최신 버전의 패키지 목록을 바탕으로 실제로 최신 버전으로 업그레이드 하는 명령어이다. 실제 패키지 파일을 다운로드해서 프로그램을 바꾸는 작업을 수행하기 때문에 경우에 따라서는 시간이 좀 걸리는 경우도 있다.

```
pi@raspberrypi ~ $ sudo reboot
```

이제 다음과 같은 명령어를 실행하여 한글과 관련된 패키지를 설치한다. 인터넷이 연결되어 있지 않으면 이들 명령어는 정상적으로 패키지를 설치할 수 없기 때문에 이 작업을 수행하기 전에 반드시 이더넷(Ethernet)이나 WiFi가 연결되어 있는지 확인하기 바란다.

```
pi@raspberrypi ~ $ sudo apt install fonts-nanum fonts-unfonts-core   # 글꼴 설치
pi@raspberrypi ~ $ sudo apt install ibus                             # 다국어 입력기 설치
pi@raspberrypi ~ $ sudo apt install ibus-hangul                      # 한글 입력 지원
```

여기서, sudo는 관리자권한으로 지정한 명령어를 수행하게 하는 명령어이다. 그리고 apt은 데비안 계열 OS 패키지 관리 명령어로 옵션인 install은 그 다음에 지정한 패키지, fonts-nanum, fonts-unfonts-core, ibus, ibus-hangul 등을 설치하라는 의미이다. 마지막에 옵션 -y를 넣으면 설치 과정 중에 대화형으로 물어보는 경우 Yes를 의미하는 y를 자동으로 입력하게 된다.

라즈베리파이 OS를 설치하고 곧바로 한글로 된 웹사이트를 방문하게 되면 네모 모양으로 한글이 깨져서 나타나는 경우가 있는데, 이와 같은 문제를 해결하기 위해 한글 글꼴을 설치할 필요가 있다. 이를 위한 패키지가 fonts-nanum, fonts-unfonts-core 패키지이다.

글꼴을 설치하면 깨진 한글을 바로 표기할 수 있게 되더라도, 아직 한글을 입력할 수 있는 상태가 아니라서 여전히 불편할 것이다. 이럴 때 필요한 것이 ibus와 ibus-hangul 패키지이다. ibus 패키지는 한글뿐만 아니라 여러 나라의 언어 입력을 가능하게 지원하는 다국어 입력기이고, ibus-hangul은 다국어 입력기에서 한글을 사용할 수 있도록 지원하는 패키지이다.

한글 입력기를 설치하고서 바로 한글 입력이 가능한 것은 아니기 때문에, 입력기 설정에서 [Korean]을 추가해주어야 한다. [시작메뉴]-[Preferences]-[IBus Preferences]에서 [Input Method]탭을 선택하여, [Add]버튼을 누르고, [Korean]을 찾아서 선택하면 한글이 추가된다. 메뉴 창에서도 추가하는 것이 가능하지만 다음과 같이 터미널에서 좀 더 간단하게 추가할 수도 있다. 이것으로 태극마크의 한글입력기가 나타날 것이다.

```
pi@raspberrypi ~ $ ibus engine hangul
```

오른쪽 상단 메뉴에 [EN]을 클릭하면 영어와 한국어를 선택할 수 있는데 한국어를 선택하면 [EN]이 태극문양으로 바뀌면서 한국어 입력이 가능해진다. 기본적으로 한영전환키는 Shift+Spacebar 버튼이고, 만약 한/영키를 변환키로 지정하고 싶으면 태극문양을 클릭하여 설정으로 들어가서 한영전환키 부분에 추가버튼을 누른 뒤에 한/영키를 눌러주면 한영전환키가 추가된다. 확인을 누르면 일반 키보드에서처럼 한영전환이 한/영키로 가능하게 된다.

지역 설정 (Localisation)

라즈베리파이 OS는 영국에서 개발되었기 때문에 기본 설정들이 모두 영국을 기준으로 되어 있다.

그래서 각 나라에서 적절하게 사용하기 위해서는 그 지역(현지)에 맞게 설정을 변경할 필요가 있다. 이를 위해서 다음 그림과 같이 **[시작메뉴]-[Preferences]**에서 **[Raspberry Pi Configuration]**을 선택한다. 선택창이 열리면 지역설정을 위한 **[Localisation]** 탭을 클릭한다.

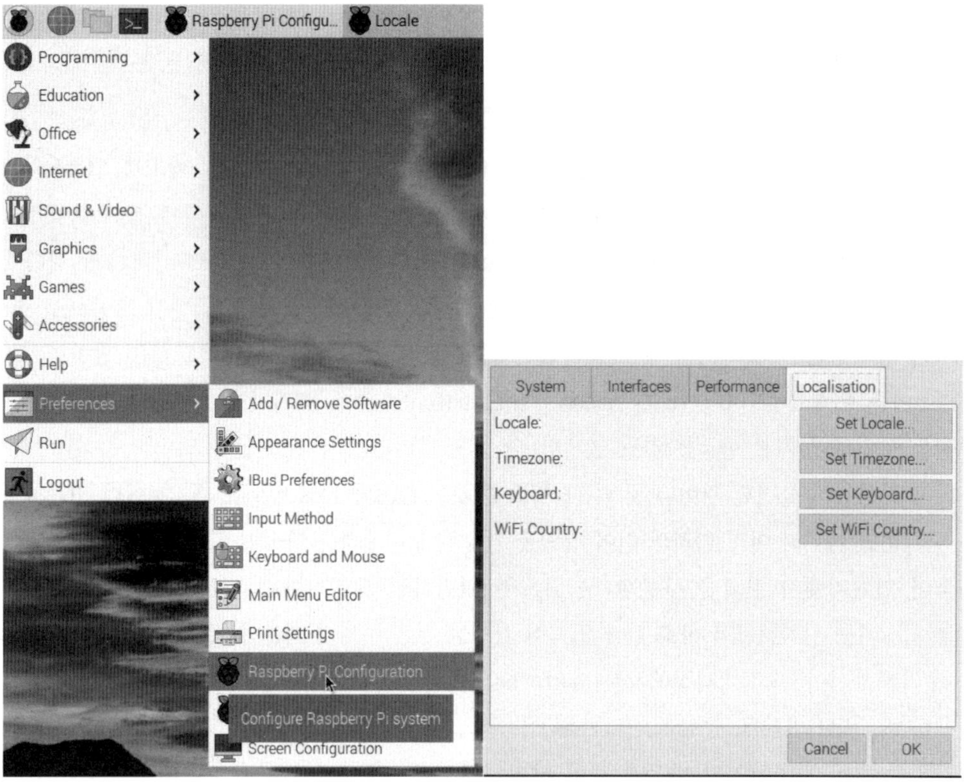

지역설정을 위한 선택창

현지 시간 설정

한국에서 사용하기 위해서는 먼저 다음과 같이 시간을 서울을 기준으로 맞출 필요가 있다. [Timezone]의 [Set Timezone]을 클릭하여, [Area]로 [Asia]를 선택하고, [Location]으로 [Seoul]을 찾아서 선택한다.

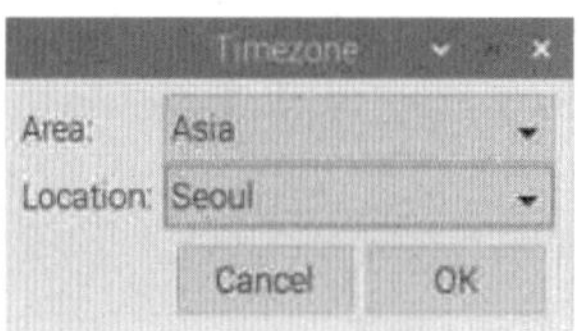

Timezone 설정

다음은 키보드 설정으로 영국의 경우 알파벳은 위치가 동일하지만 특수키의 위치가 한글 키보드와 다르기 때문에 다음과 같이 키보드 설정을 한글 키보드로 변경한다.

한글 키보드 설정

[Keyboard]의 [Set Keyboard]를 클릭하여, [Country]에서 [Korea, Republic of]를 선택하면, [Variant]로 [Korean]-[Korean (101/104 key compatible)]이 선택된다.

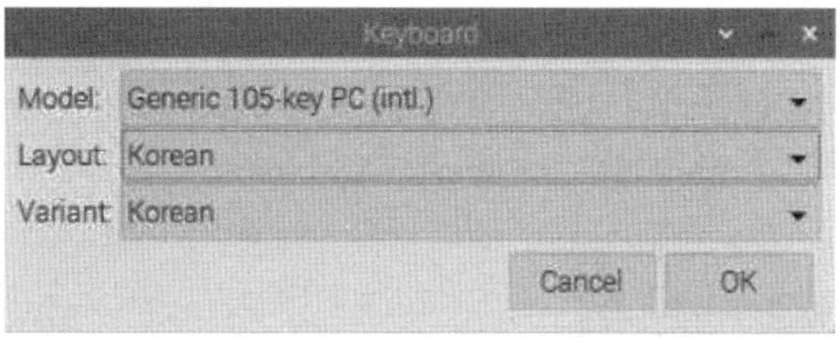

키보드(Keyboard) 설정

참고로 [Set WiFi Country]설정의 경우 [KR]로 변경 시에 일부 국내 공유기가 WiFi 신호를 잡지 못하는 오류가 이전 버전에서 발생했었기 때문에 가능하면 초깃값 [UK]로 두는 것을 추천한다. (현재 최신 버전에서는 오류가 해결된 것으로 보인다.)
마지막으로 로케일(locale) 설정을 하게 되면 OS에서 메뉴 등 한글화된 부분은 한글로 표현이 된다. 로케일이란 사용자의 언어, 국가뿐 아니라 사용자 인터페이스에서 사용자가 선호하는 사항을 지정한 매개 변수를 모아둔 것을 의미한다. 로케일을 설정하기 전에 반드시 앞에서 설명한 한글 글꼴을 먼저 설치하기 바란다. 그렇지 않으면 메뉴에서의 한글 이름이 모두 깨져서 나타나기 때문에 불편함을 느낄 수 있다.

로케일(Locale) 설정

[Locale]의 [Set Locale]을 클릭하여, [Language]에서 [ko(Korean)]을 선택하면, [Country]로 [KR (South Korea)]와 [Character Set]으로 [UTF-8]이 선택된다.

로케일(Locale) 설정

로케일은 OS에 직접 관련되기 때문에 변경 후에 변경 사항을 반영하기 위해서는 **[다시 시작(Reboot)]**이 필요한 점을 기억하기 바란다.

IBus 기본 설정

[시작메뉴]-[기본 설정]에서 **[IBus 기본 설정]**을 선택한다. **[입력 방식]**탭에 태극마크가 달린 **[한국어-Hangul]**이 없을 경우 오른쪽 **[추가(A)]**를 눌러 한글을 추가한다. 태극마크가 달린 한글로 설정하고 다시 시작해준다.

우상단에 있는 태극마크를 클릭하여 한글 상태에 체크가 되어 있는지 확인하고 입력해본다.

〈저자소개〉

동경공업대학 지능시스템과학 박사
동경공업대학 지능시스템과학 전문연구원
한국과학기술연구원 휴먼로봇연구센터 위촉연구원
배재대학교 전자공학과 교수
현재, 배재대학교 컴퓨터공학과 및 드론로봇공학과 교수